羅振玉　著
羅繼祖　主編
王同策　副主編

羅振玉學術論著集

第五集／上

叢文俊　張中澍　王同策　管成學　陳維禮　整理

第五集目次

金石萃編校字記

王述庵少寇《金石萃編》成於耄年，迫於授梓，讐校之功頗疏，「魯魚亥豕」觸目皆是，讀者恒厭苦之。聞吾鄉魏稼孫先生錫曾有校正之作，然大江南北，徧詢無傳本，殆已成書，未板行也。玉以光緒壬午廣購碑板，校勘是書。譌文誤字，悉爲糾正。碑字漫漶，幸可辨認，而《萃編》缺如者亦爲補出。五閱月，甫校七百餘碑，旋赴試虎林，遂尔中輟，鍵槀匧中。匆匆三歲，今春暴書得舊槀，鼠蝕大半。舊蓄諸碑亦多淪失，無从輯補。而事故日紛，恐無復著書之樂。亟拾蠹餘，寫存十之三四爲《校字記》一卷。世之讀少寇書者，或有取於斯。乙酉夏首，上虞羅振玉。

周

壇山石刻

「地□□□□數千年」。振玉案：碑作「地荒且僻經數千年」。

「自亳社之鎮陽」。振玉案：碑作「亳社之鎮鎮陽」。

「閒　　郡守王君」。振玉案：碑作「閒□後郡守王君」。

「令趙□□誌」。振玉案：碑作「令趙㞐誌」。又案，此行後尚有「□□書」三字，此失録。

「匠人王和刻字」。振玉案：「王和」，碑作「任和」。

漢

祀三公山碑

「□貟瓦行」。振玉案：碑作「祭奠瓦行」。

「蝗旱鬲我」。振玉案：「我」，碑作「并」。

開母廟石闕銘

「原祥符瑞」。振玉案：「原」，碑作「[illegible]」，乃「貞」字，非「原」。

「相肩我君」。振玉案：「肩」，碑作「[illegible]」，乃「肎」字，非「肩」。

「穎芬兹淋于圃疇」。振玉案：「淋」，碑作「[illegible]」，乃「楙」字，非「淋」。

北海相景君銘

「惟漢安三年」。振玉案：「三年」，碑作「二年」。

「躬作遜讓」。振玉案：「躬作」，碑作「躬伯」。

「息彌盛兮」。振玉案：「息」，碑作「恖」。

「□石勒銘」。振玉案：碑作「刊石勒銘」。

武氏石闕銘

「使石工孟孚李弟卯造此闕」。振玉案：「李弟」，碑作「季弟」。

孔廟置守廟百石卒史碑

「今□加寵子孫」。振玉案：碑作「今欲加寵子孫」。

李孟初神祠碑

「吏佐□元舉」。振玉案：碑作「吏佐揚元舉」。

孔君墓碣

「約身□□」。振玉案：碑作「約身守道」。

韓勑造孔廟禮器碑陰

「遼西陽樂張普仲堅□百」。振玉案：「□百」，碑作「二百」。

郎中鄭固碑

「吏諸曹掾史」。振玉案：「吏」，碑作「更」。

蒼頡廟碑

「老名永久」。振玉案：碑作「垂名永久」。

孔宙碑

「延熹七年□月戊□造」。振玉案：「□月」，碑作「七月」。

禹陵窆石題字

「□□□□無暇日□□□見聖躬勢古栢□□□□氣梅梁□海作波濤」。振玉案：碑作「沐雨櫛風無暇日，胼胝□見聖功勢。古柏參天□元氣，梅梁近海作波濤」。

張壽碑

「婁□忠謇」。振玉案：碑作「婁炳忠謇」。

夏承碑

「積德勤絡」。振玉案：碑作「積德勤約」。

析里橋郙閣頌

「以建寍五年二月辛巳到官」。振玉案：「五年」，碑作「三年」。

魯峻碑

「字仲巗」。振玉案：碑作「字仲嚴」。

校官碑

「郡位既里」。振玉案：碑作「郡位既畢」。

魏

「言靈評平柄煥」。振玉案：「柄」，碑作「炳」。

晉

任城太守孫夫人碑

「孤宣□□」。振玉案：碑作「孤寡□□」。

梁

始興忠武王碑

「□百脅會」。振玉案：碑作「八百胥會」。

「必毗贊訏謨」。振玉案：「必」，碑作「公」。

「苞含蠻埏」。振玉案：碑作「苞含蠻蜒」。

「鬈眉糹髮」。振玉案：碑作「鬈眉縮髮」。

「哀瘠在皇」。振玉案：「皇」，碑作「皀」，乃「皃」之别字。

「兼總關拆」。振玉案：碑作「兼總關柝」。

「寘迎□罔」。振玉案：碑作「寘御□惘」。

北魏

孝文弔比干墓文

「徒委質而巔亡」。振玉案：「巔」，碑作「巓」。

碑陰

「河南郡元朴」。振玉案：「朴」，碑作「禧」。

「上黨郡白勑」。振玉案：「勑」，碑作「慗」。

「箒□聞令臣廣平郡游綏」。振玉案：「□聞令」，碑作「登聞令」。

「□□陵令臣高平郡徐丹」。振玉案：「□□陵令」，碑作「守蘭陵令」。

始平公造象記

「真□□於上齡」。振玉案：「真□」，碑作「真顔」。

「□□照則万□□□」。振玉案：「□□照」，碑作「□玄照」。

「若悟落人間」。振玉案：「落」，碑作「洛」。

孫秋生等造象記

「大魏太和七年」。振玉案：「大魏」，碑作「大代」。

「王洛州張□□□□□□」。振玉案：碑作「王洛州張龍鳳董洪□王醜」。

「和龍度□□□諸□□□」。振玉案：碑作「和龍度邉□熾諸葛頎德」。

「賈款子賈□□」。振玉案：碑作「賈款子賈万壽」。

「郭志相」。振玉案：碑作「郭志明」。

「張卄」。振玉案：碑作「張花」。

「孫𥫗」。振玉案：碑作「孫箖」。

「董万遮」。振玉案：碑作「董万度」。

「嶉𨛬米法興」。振玉案：碑作「嶉郙朱法興」。

「王韻□」。振玉案：碑作「王龍□」。

「嶉𨛬朱祖香」。振玉案：碑作「嶉郙來祖香」。

「邑子中散大夫□陽太守」。振玉案：碑作「邑主中散大夫滎陽太守」。

「安城　□白犢」。振玉案：碑作「安城令衛白犢」。

比丘法生造象記

「以申□□□生□始王□□□夙□歸功帝主」。振玉案：碑作「以申接遏法生□始王家助終夙霄締敬歸功帝主」。

石門頌

「□岨□迂」。振玉案：碑作「峭岨□迂」。

「扌境糹邊」。振玉案：碑作「撫境綏邊」。

「□天嶮難升」。振玉案：碑作「以天嶮難升」。

「皆□□棧□□□及□迴□□□□」。振玉案：碑作「皆塡石棧鏨石嶮□及迴車□□□」。

「□蓂四方」。振玉案：碑作「□宣四方」。

「河山帷□」。振玉案：碑作「河山帷險」。

「水□悠□□□□長」。振玉案：碑作「水眺悠皛林望幽長」。

「以紀□塵」。振玉案：碑作「以紀鴻塵」。

「河南郡□陽縣」。振玉案：「□陽縣」，碑作「洛陽縣」。

元萇温泉頌

「駛及奔星」。振玉案：碑作「馳及奔星」。

「乃自然之經方」。振玉案：碑作「即自然之經方」。

「無公蕀之探」。振玉案：「探」，碑作「粿」。

「朝舞於水湄」。振玉案：「舞」，碑作「發」。

「列□而環渚」。振玉案：「列□」，碑作「列錦」。

「手□□犬」。振玉案：碑作「手掌白犬」。

「俊我□堂而」。振玉案：碑作「俊我于堂而」。

齊郡王祐造象記

「跡遠於鹿開」。振玉案：「鹿開」，碑作「塵開」。

「齊郡王祐」。振玉案：「祐」，碑作「祜」。

「臨觀浄境□絶□□」。振玉案：碑作「超觀浄境□絶塵□」。

「□□□□福田有慶」。振玉案：「福田」上一字，碑作「空」。

刁遵墓誌

「都督洛兖州□□□□」。振玉案：碑「州」下一字作「諸」，未泐。

賈思伯碑

「□州刺史高祖朕□事兼州别駕」。振玉案：碑作「徐州刺史高祖朕□燕冀州别駕」。

「本州□中正」。振玉案：碑「中」上無泐字。

「□□太和中」。振玉案：碑「太和中」上泐一字，非二字。

「□遊雅素」。振玉案：碑作「優遊雅素」。

「□君仍授輔國將□」。振玉案：「□君」，碑作「□拜」。

「一載□召拜滎陽太守」。振玉案：碑「載」下無泐字。

「官任未朞」。振玉案：碑作「在任未朞」。

「□有懋德矣」。振玉案：碑「有」字上無泐字。

「君按之以□」。振玉案：碑作「君接之以□」。

「闕境懷仁」。振玉案：碑作「闔境懷仁」。

「士女□詠仰□□□□□□□□□□□□□□□□□□□」。振玉案：「士女□詠仰□□□□□□□」，碑作「士女□詠仰□□徽□□□石」。「石」字下碑本無字，此本泐十四字，誤。

「照灼英徽」。振玉案：「照灼」以下乃銘文，當跳行別寫，不應接書。

「繪藻□□華」。振玉案：「藻」字下泐一字，非二字。

「□績既□」。振玉案：碑作「内蹟既□」。

張猛龍清頌碑

「以延□中出身除奉朝請」。振玉案：「延□」，碑作「延昌」。

「□乃辭金退玉之貞」。振玉案：「□乃」，碑作「至乃」。

「正元三年正月廿三日訖」。振玉案：「正元」，碑作「正光」。

碑陰

「散祖憖」。振玉案：碑作「敨祖憖」。「敨」即「嚴」字，「憖」即「憐」字。

「敨武□孔□□」。振玉案：「孔□□」，碑作「孔伏恩」。

「户曹椽卜僧禮」。振玉案：「禮」，碑作「化」。

「西曹佐薛文會」。振玉案：此款在弟三列「西曹佐星桃符」之次，此奪書，當補。

路僧妙造象記

「□鍾善集」。振玉案：碑作「福鍾善集」。

「舍門□□辨」。振玉案：碑作「舍門□曇辨」。

東魏

敬史君碑

「世阜哲人」。振玉案：「阜」，碑作「𨸏」。

「化貊絲□」。振玉案：碑作「化貊絲䌵」。

「檀越□景和」。振玉案：碑作「檀越馮景和」。

碑陰

「民望許容」。振玉案：碑作「民望許雲」。

「司馬王貝輝」。振玉案：碑作「司馬王買輝」。

「邑吴成奇」。振玉案：碑作「邑吴六奇」。

李仲琁脩孔廟碑

「若木嘉祥」。振玉案：碑作「若水嘉祥」。

碑陰

「長流□參軍林盌」。振玉案：碑作「長流參軍□叔盌」。

「□父令朱槃父」。振玉案：碑作「□父令朱槃甫」。

「祭酒從事史禮當德」。振玉案：「當德」，碑作「當徒」。

太公呂望表

「碑萬載之後」。振玉案：「碑」，碑作「俾」。

北齊

夫子廟碑

「字□□□□開封人」。振玉案：「字□□」，碑作「字恭文」。

姜纂造像記

「澤治遏地」。振玉案：「治」，碑作「沽」。

宋買造象記

「據□曹掾之故堰」。振玉案：「據□」，碑作「據在」。

「都邑主趙崇化」。振玉案：「化」，碑作「仙」。

臨淮王像碑

「伏闍㞢之狂鳥」。振玉案：「狂鳥」，碑作「狂烏」。

道興造象碑

「早託續門」。振玉案：碑作「早託縉門」。

「六月甲申日功訖」。振玉案：「訖」，碑作「記」。

「□□半升吴茱萸半升酒五升」。振玉案：「□□半升」，碑作「生薑半升」。

「柰膏豉等分合擣如彈丸」。振玉案：「柰」，碑作「来」，即「棗」字。

「頭髮灰一柰大」。振玉案：碑作「頭髮灰一来大」。

「古屋上凡打碎一斗五升水三升」。振玉案：碑作「又方古屋上凡打碎一斗五升水二升」。

「灸兩手外研骨正大頭」。振玉案：「大」，碑作「尖」。

「鬼皺形如地菌虆生耋埠」。振玉案：碑「虆生」上有「多」字，奪録當補。

「療反花瘡」。振玉案：碑作「療反花瘡方」，此奪「方」字。

「又方以酢二升置口勿使氣泄」。振玉案：碑作「又方以酢二升置口中取熱燒灰一升投之以被刻處内大口中燻之勿令著酢即以衣擁口勿令氣泄」。此奪書二十九字。

「急攬以絹攄頡服取汗」。振玉案：「攄」，碑作「濾」。

「取方□候乙發日平旦和酒」。振玉案：「取方□候乙發日」，碑作「取方寸七候發日」。

「隨年□又方以繩遶項下□至兩□□閒」。振玉案：「隨年□」，碑作「隨年壯」。又「□至兩」，碑作「垂至兩」。

「獨顆蒜□頭書墨如渫大」。振玉案：「渫」，碑作「来」。

「取小□一石煮令極爛取汁四五升」。振玉案：「小□」，碑作「小豆」。「四五升」，碑作「四五斗」。

「使不下闕一握以水三升和煮消盡」。振玉案：「使不」，碑作「大便不」。

「以菘葉小頭去□內□行孔中」。振玉案：「去□」，碑作「去尖」。「內□行」，碑作「內小行」。

「燒薦經繩灰三指撮頡服」。振玉案：「頡服」，碑作「酒服」。

「療赤白利方取鼠尾草花下闕服三方□□又方」。下闕振玉案：碑此下有「服並良又白利麻子汁煮菉豆空腹飽服又方赤石脂五兩干薑二兩擣末飲服三方寸七日再□又方赤下闕擣車前草□□蜜一匙頓」下闕五十一字，此奪録。

「骨鯁方含水獺骨。立□」振玉案：碑作「魚骨鯁方含水獺骨。立出。」

「□□吐逆□乳□□□」。振玉案：碑作「又卆吐逆灸乳下。□□□壯。」

「噎方下闕每取□內酒中温服」。振玉案：碑作「噎方□□生薑□□升合微火煎五六沸每取□內酒中温服」。

馬天祥等造象記

「㐌子馬天成」。振玉案：「㐌子」，碑作「色子」。

「㐌子馬天相」。振玉案：「㐌子」，碑作「㐌字」。

「道民王成人」。振玉案：「道民」，碑作「道氏」。

〔北〕周

聖母寺四面像碑

「□□□□非積行何能□□」。振玉案：碑「非」字上乃「家」字，未泐。

「大□□□和儁」。振玉案：碑作「大僞主□和儁」。

「識□□常體□□□」。振玉案：碑作「識四□常體□九㝵」。

「□□□之□工」。振玉案：碑作「娉□□之□工」。

「邑　眷屬」。振玉案：碑作「邑子眷屬」。

「邑子雷定袪」。振玉案：「袪」，碑作「袟」。

「邑子雷顯順」。振玉案：「順」，碑作「慎」，即「順」別字。

「邑子雷蒲□」。振玉案：碑作「邑子雷蒲智」。

華嶽頌

「坐石□而穿陷」。振玉案：「石□」，碑作「石闕」。

「能挫恒娥之驂」。振玉案：「挫」，碑作「挂」。

「□履陰晉」。振玉案：碑作「巡履陰晉」。

「以大統十季」。振玉案：「十季」，碑作「七季」。

曹袚樂碑

「君諱□」。振玉案：碑作「君諱恪」。

隋

龍藏寺碑

「揖讓而升大寶」。振玉案：「升」，碑作「斗」，即「升」別字。

「建取勝之幢」。振玉案：「取」，碑作「㝡」。

「虔心從石」。振玉案：「從」，碑作「徙」。

「峥嶸醪葛」。振玉案：「醪」，碑作「膠」。

「州谷苞異」。振玉案：碑作「川谷苞異」。

「惟此大城□□□踐」。振玉案：碑作「惟此大城瓌□所踐」。

碑陰

「行參軍楊砏」。振玉案：「砏」，碑作「砎」，即「砎」字。
「州光初主簿房嶮」。振玉案：「嶮」，碑作「峻」。
「明威將軍□□□□廣陽令」。振玉案：「□□□□」，碑作「□□司馬」。
「平等沙門曇令」。振玉案：以下十七欵《萃編》原缺，今爲補録。
「正定沙門玄宗」。
「斷事沙門智超」。
「前知事上坐僧恍」。
「知事上坐法朗」。
「前知事上坐道圓」。
「寺主惠瑩」。
「寺主明建」。
「翊軍將軍恒州長史遊愔」。
「翊軍將軍恒州司馬趙穆」。

「驃騎大將軍開府儀同三司五郡守京并二省尚書左右承三州刺史前常山六州領民都督内丘縣散伯叱李顯和」。

「驃騎將軍開府儀同三司領恒州左十七府兵東燕縣開國侯高子王」。

「上儀同三司邵州蒲原縣開國伯副領右十八開府李平」。

「上儀同三司恒州右十七開府安德縣開國公石元使持節驃騎將軍儀同三司恒州左十七開府永固公劉達」。

「儀同三司恒州右十七開府副懷仁縣開國伯曹明合州道俗邑義一万人等」。

張景略銘

「大隋車騎祕書郎張君之銘」。振玉案：此行在文前，《萃編》原奪録，今爲補此。

「尤輝朗潤」。振玉案：「尤」，碑作「光」。

曹植碑

「其ㄋ這國啟基」。振玉案：碑作「其後建國開基」。

「太祖武皇帝」。振玉案：碑「武」下空一格。

安喜公李君碑

「□□逸使持□□南道都□狄□□□□子」。振玉案：碑作「父通逸使持節東南道都督狄道縣開國子」。

「百□□□十尋□上」。振玉案：碑作「百鍊不□千尋直上」。

「府□□重」。振玉案：碑作「府望隆重」。

「□氏徵□鞠□」。振玉案：碑作「齊氏徵兵鞠旅」。

「□□□□□　司武□□大夫」。振玉案：碑作「宣政元年□左司武熊□大夫」。

「進□□公」。振玉案：碑作「進爵爲公」。

「□□祭□□□之□莫傳」。振玉案：碑作「王褒祭馬得賢之頌莫傳」。

「空有□□之□」。振玉案：碑作「空有延齡之術」。

「□□□□動唯仁是託」。振玉案：碑作「非義不動唯仁是託」。

「□□軍□雅善兵□」。振玉案：碑作「□心軍決雅善兵□」。

「而才□半古□不充□」。振玉案：碑作「而才踰半古位不充量」。

「安□先□之狀」。振玉案：碑作「安有先賢之狀」。

陳叔毅脩孔廟碑

「應斯命世」。振玉案：碑作「應期命世」。

唐

宗聖觀記

「韓□未隋」。振玉案：碑作「韓嵆未墮」。

孔子廟堂碑

「皆絶乎竹素」。振玉案：「絶」，碑作「紀」。

「一日萬幾」。振玉案：「幾」，碑作「機」。

昭仁寺碑

「我皇基與浄刻」。振玉案：「浄刻」，碑作「浄剥」。

房彦謙碑

「者也玉質金相」。振玉案：「者也」，碑作「昔也」。

「□慕容氏□度」。振玉案：碑作「隨慕容氏□度」。

「竦搆于霄」。振玉案：碑作「竦搆干雲」。

碑陰

「賵贈優渥□□□□」。振玉案：碑作「賵贈優渥特異恒倫」。

「別加兵千功役」。振玉案：「兵」，碑作「三」。

「臨葬□」。振玉案：碑作「臨葬日」。

碑側

「太子左庶子」。振玉案：「左」，碑作「右」。

「太子中允□□彳扌」。振玉案：碑作「太子□□□渤海男」。

化度寺塔銘

「碑其慮者百端」。振玉案：「碑」，碑作「研」。

「□□寡要」。振玉案：碑作「□□而寡要」。

「致捕影之□」。振玉案：碑作「致捕影之譏」。

「極衆妙之門爲□」。振玉案：碑作「拯衆妙而爲言」。

「太原分陰人」。振玉案：「分陰」，碑作「介休」。

「豨即郭也曾祖豨叔」。振玉案：碑作「豨者郭也豨叔」。

「依山稠禪師」。振玉案：碑作「山□雲門寺依稠禪師」。

「嘗撫禪師而□諸門徒□」。振玉案：碑作「嘗撫禪師而啟諸門徒曰」。

「餌□茅成□」。振玉案：碑作「葺茅成室」。

「螢蕙之□」。振玉案：碑作「螢蕙之輩」。

「放祉呈祥」。振玉案：碑作「效祉呈祥」。

九成宫醴泉銘

「維貞觀□年」。振玉案：「□年」，碑作「六年」。

「北□元闕」。振玉案：碑作「北拒元闕」。

「冰凝鏡激」。振玉案：「鏡激」，碑作「鏡澈」。

裴鏡民碑

碑高七尺七寸，廣三尺七寸七分，二十七行，行五十二字。《萃編》據裝本入録，不載高廣字數，爲補著之。

「宜其計功代」。振玉案：「代」，碑作「伐」。

「仲衍有其餘慶」。振玉案：「有」，碑作「膺」。

「虚𤘓與貞固同歸」。振玉案：「𤘓」，碑作「牝」。

「日開靈鑒」。振玉案：碑作「自開靈鑒」。

「多從□奪」。振玉案：碑作「多從權奪」。

「咸事無迷」。振玉案：「迷」，碑作「遺」。

「除尚書左□兵郎」。振玉案：碑作「除尚書左外兵郎」。

「是非器重望□」。振玉案：「是」，碑作「自」。

「以□子之□」。振玉案：碑作「以帝子之尊」。
「□序銜須」。振玉案：碑作「温序銜須」。
「关能□重義」。振玉案：碑作「眷熊掌□重義」。
「□□道於□□搆丕基於□緒」。振玉案：碑作「□雅道於周行搆丕基於鴻緒」。
「□四序之遞□」。振玉案：「遞□」，碑作「遞變」。
「大寺流光」。振玉案：碑作「大時流光」。
「高門鍾□世□旗□」。振玉案：碑作「高門鍾鼎世□旗常」。
「□靈氵峻」。振玉案：碑作「仰之□峻」。
「□□資□公府馳名」。振玉案：碑作「□纓資始公府馳名」。
「□掌書記亻屬銓衡」。振玉案：碑作「爰掌書記俄屬銓衡」。
「□仰之府亣□軍政」。振玉案：碑作「靈開□府典□軍政」。
「層梁及□」。振玉案：碑作「層梁毀才」。
「青□□風□□紀□」。振玉案：碑作「靖□□風□戈紀德」。
「□靈開□」。振玉案：碑作「萬古書忠」。
「明□重□」。振玉案：碑作「明□重世」。

「追風□緒□□□□」。振玉案：碑作「追風頹緖以□□□」。

「□□□□□□□□□□□□□萬古書忠」。振玉案：碑末無「萬古書忠」句，此句在前「九京不作」句下，錯列此。又「萬古」上原碑無泐字，此作泐十七字，誤。

「建□縣開國男」。振玉案：「建□」，碑作「建安」。

皇甫誕碑

「激清風於□□」。振玉案：碑作「激清風於後葉」。

「□□□其勳德」。振玉案：碑作「茅社表其勳德」。

「□□□□□奇采於隨珠」。振玉案：碑作「媚川照闕曜奇采於隨珠」。

「父□使持節□騎大將軍」。振玉案：碑作「父璠使持節車騎大將軍」。

「□貞體道」。振玉案：碑作「居貞體道」。

「忠□□救之道」。振玉案：碑作「忠盡匡救之道」。

「則譽加上客」。振玉案：「加」，碑作「光」。

「作□銅梁」。振玉案：碑作「作鎮銅梁」。

「授□并州捴管府司馬」。振玉案：「授□」，碑作「授公」。

「萬機□殲良之歎」。振玉案：碑作「萬機起殲良之歎」。

「賜帛五千□□三千石」。振玉案：碑作「賜帛五千段粟三千石」。

「踐□□隅」。振玉案：碑作「踐其隩隅」。

「□命輕於鴻毛」。振玉案：「□命」碑作「性命」。

「可謂□□雅俗」。振玉案：碑作「可謂楷模雅俗」。

「参綜機□」。振玉案：碑作「参綜機務」。

「奄鍾非□□□」。振玉案：碑作「奄鍾非命之酷」。

「□□□仲之墳」。振玉案：碑作「莫識祭仲之墳」。

「□陵之東」。振玉案：碑作「平陵之東」。

「庶葛亮之□□□禁之以樵蘇」。振玉案：碑作「庶葛亮之隴鍾生禁之以樵蘇」。

「□后□□□□□□人物□□□□□世」。振玉案：碑作「殷后華宗名卿冑系人物代德衣冠重世」。

「夜光愧□」。振玉案：碑作「夜光愧寶」。

「抑揚元□□□□□□□□□伏□青□」。振玉案：碑作「抑揚元輔參贊機鈞王葉東封貳圖北啓伏奏青蒲」。

「晉陽□□□重府□□聞震□」。振玉案：碑作「晉陽就職望重府朝譽聞宸極」。

「煙□□□□□□□□□□德永□□□」。振玉案：碑作「煙横古樹雲鎖喬松敬銘盛德永播笙鏞」。

姜行本碑

「□化所沾」。振玉案：碑作「仁化所沾」。

「濛汜之鄉成暨」。振玉案：「成」，碑作「咸」。

「菀天山而池□海」。振玉案：「□海」，碑作「瀚海」。

伊闕佛龕碑

「未從海若而泳天地也」。振玉案：「天地」，碑作「天池」。

段志元碑

「□聲稱頌」。振玉案：碑作「□聲雅頌」。

「考偃師散騎常侍」。振玉案：「偃師」，碑作「優師」。

「就列踰蜀漢□□」。振玉案：碑作「就列踰蜀漢之士」。

「與□□劉元静破□□□屈突通」。振玉案：「元静」，碑作「文静」。

「又從上□王世充」。振玉案：碑作「又從上平王世充」。

「撿校武□大將軍」。振玉案：「武□」，碑作「武候」。

「中使結徹於□□」。振玉案：碑作「中使結徹於里閭」。

「雖□之□□孫□君之悲仁祖」。振玉案：碑作「雖漢后之痛□孫晉君之悲仁祖」。

「□質運始□□□□」。振玉案：碑作「委質運始宣力□□」。

「言□木訥」。振玉案：碑作「言思木訥」。

「□道既融」。振玉案：碑作「帝道既融」。

晉祠銘 **碑字行書，《萃編》作正書，誤。**

「資懿親以化輔」。振玉案：「化」碑作「作」。

「襟帶遏亨」。振玉案：「亨」，碑作「亭」。

「名鏡流輝」。振玉案：「名」，碑作「石」。

「油雲膏雨□□」。振玉案：碑作「油雲膏雨是起」。

「體聖□之屈伸」。振玉案：碑作「體聖賢之屈伸」。

「□□□□爲珎」。振玉案：碑作「帶仙宇而爲珎」。

「玉幣豐□」。振玉案：碑作「玉幣豐粢」。

「神光望之而逾□」。振玉案：「逾□」，碑作「逾顯」。

「□□□之爲惠」。振玉案：碑作「豈筐篚之爲惠」。

「□□□柝」。振玉案：碑作「爰初鞠柝」。

「□□□□□茫茫万頃」。振玉案：碑作「寔賴神功故知茫茫万頃」。

「則有□□之害」。振玉案：碑作「則有炎枯之害」。

「不資□□□靈福者乎」。振玉案：碑作「不資靈福者乎」，中間無泐字。

「此乃庸鄙之享」。振玉案：「之享」，碑作「是享」。

孔穎達碑

「若□□□□□□帝」。振玉案：碑作「若夫順天問□□帝」。

「風俗以之肅□」。振玉案：碑作「風俗以之肅清」。

「父□□□州法曹參軍」。振玉案：「父□」，碑作「父安」。

「□□□大之操」。振玉案：碑作「少懷遠大之操」。

「聞之者□面而虛□」。振玉案：「□面」，碑作「未面」。

「苞□□□牢籠□□□育□□」。振玉案：碑作「苞□百氏牢籠□許孕育毛□」。

「紀地□□濫觴」。振玉案：碑作「紀地由乎濫觴」。

「爲□府文□館學士」。振玉案：「□府」，碑作「秦府」。

「實□於關右」。振玉案：碑作「實招於關右」。

「□太子中允」。振玉案：碑作「行太子中允」。
「前鄭後鄭之□疑」。振玉案：「□疑」，碑作「危疑」。
「以公□□副□」。振玉案：碑作「以公匡弼副□」。
「□户多□□舉雲梯□□□戟」。振玉案：碑作「閉户多精□舉雲梯争迴雄戟」。
「□春反旆」。振玉案：碑作「大春反旆」。
「□□可略而言之」。振玉案：碑作「書記可略而言之」。
「鑑□□隨□□愴恨」。振玉案：碑作「鑑乎秦隨豈不愴恨」。
「□朩□夢」。振玉案：碑作「兩楹□夢」。
「□衣博帶」。振玉案：碑作「裦衣博帶」。
「五經正義一□□十□」。振玉案：碑作「五經正義一百七十□」。
「邁南董於曩□」。振玉案：「曩□」，碑作「曩策」。
「帝□□尚□□制□□振」。振玉案：碑作「帝□□尚后倉制擅□振」。
「□専之藥無效」。振玉案：「□専」，碑作「魏専」。
「□光闕里□□□□」。振玉案：碑作「道光闕里績著旗常」。
「□□孫筆世尚□□」。振玉案：碑作「策高孫筆世尚典故」。

孫思邈福壽論

「金翠之有□」。振玉案：碑作「金翠之有餘」。

「以致蠹魚鼠□」。振玉案：「鼠□」，碑作「鼠口」。

「其所鬻者□所□者貴」。振玉案：碑作「其所鬻者賤所價者貴」。

「池陽清安人揚素一」。振玉案：「清安人」，碑作「清安老人」。

王師德等造象記

「淳于敬一制文」。振玉案：此欵當在文後年月前一行，此誤列文前，當改正。

「張苟子徐□」。振玉案：「徐□」，碑作「徐凱」。

「同希浮境」。振玉案：碑作「同希净境」。

「邑□達人」。振玉案：碑作「邑里達人」。

「愛□斯□」。振玉案：碑作「愛流斯涸」。

薛收碑

「作敬造壁畫元始天尊萬福天尊像四鋪功德既畢孫文儁奉　而册金輪璧神皇帝肆𠥱□𡆠勑」。振玉案：「□𡆠」，碑作「伍𡆠」。

「愽城縣主簿闞譚愽」。振玉案：「譚愽」，碑作「彥愽」。

「并壁畫而尊一鋪廿二事」。振玉案：「廿二事」，碑作「廿三事」。

「專管官宣德郎行兖州都督府參軍事全處廉」。振玉案：「專管官」，碑作「專當官」。又，碑此行前尚有「岱岳觀主倫虚白」一行，此奪。

「專管官文林郎」。振玉案：碑作「專當官文林郎」。

「專管官岳令」。振玉案：碑作「專當官岳令」。

許洛仁碑

「代忻□蔚四州□□□代州刺史」。振玉案：「□蔚」，碑作「朔蔚」。

「山岳閉其寶」。振玉案：「閉」，碑作「閟」。

「望□爲隣」。振玉案：碑作「望古爲隣」。

「顯於西京□戚」。振玉案：「□戚」，碑作「外戚」。

「襲爵盜□縣公」。振玉案：碑作「襲爵盜國縣公」。

「節慕原當志淩□□」。振玉案：碑作「節慕原甞志淩韓□」。

「援旗異野」。振玉案：碑作「援旗巽野」。

「典□之勤宣繞□□之□□」。振玉案：「□之□□」，碑作「弗之尚也」。

「擊□州□陳」。振玉案：碑作「擊蒲州□陳」。

「仍治平京□□□□□」。振玉案：碑作「仍治平京城積前後勞」。

「段□喬軌□莫府功臣」。振玉案：碑作「叚雄喬軌並莫府功臣」。

「悉在部□」。振玉案：碑作「悉在部内」。

「薛仁□妄假大名」。振玉案：碑作「薛仁果妄假大名」。

「□承竇融之機」。振玉案：碑作「弗承竇融之檄」。

「及飲至□勳」。振玉案：碑作「及飲至策勳」。

「遂停嚴會既而□□□□」。振玉案：碑作「遂停嚴會既而妭蔟前□」。

「公翊衛□陳□□」。振玉案：碑作「公翊衛釒陳歷兹」。

「十八年除□監門將軍」。振玉案：「除□」，碑作「除左」。

「帝圖莫刜」。振玉案：碑作「帝圖草刜」。

「聖旨自謂其目」。振玉案：「謂」，碑作「爲」。

「又感□仁誠節」。振玉案：碑作「又感洛仁誠節」。

「命刻石圖像□於　□□」。振玉案：碑作「命刻石圖像置於昭陵」。

「恒出□馬」。振玉案：碑作「恒出好馬」。

「公自以莫府宀　舊」。振玉案：「宀　舊」，碑作「寮舊」。

「令□鄉親」。振玉案：碑作「令其鄉親」。

「以雲麾將軍□參」。振玉案：「□叅」，碑作「朝叅」。

「□□□乎苟何庸勳齊乎絳灌」。振玉案：「苟何」，碑作「荀何」。

「張至篤□俄軒白駒之歎」。振玉案：碑作「張至篤巢俄軨白駒之歎」。

「以爲東觀紀□□餰□□」。振玉案：碑作「以爲東觀紀言隨餰□□」。

「横圖禁闥」。振玉案：「横」，碑作「黄」。

「或清玉軌□□帝難」。振玉案：碑作「式清玉軌爰膺帝難」。

杜君綽碑《萃編》所據本失下截，今據蔣君伯斧黼校寫本，録全文於此。

大唐故左戎衛大將軍兼太子左典戎衛率贈荊州都督上柱國懷盜縣開國襄公杜公碑

上闕臺司藩大夫隴西李儼字仲思撰

上闕六十二字績□□草昧執□衛□之美寵茂□闕而□德秉□徽猷闕七字垂芳衮侍中□□□□□金之□尚書□□□□當塗□史□□峻代可略言焉闕三十二字以□□□□歌而闡化祖□北齊舉秀才授□□□功曹□□□□□□令揔□□而揚□包水鏡以凝情効五美於亨闕三十字　皇朝拜使持節汝州諸軍事汝州刺史納靈秀起含章□□□□□藝隱扣□□生前之德既□身後之榮彌峻公公蓄闕二十九字之□昭乎弁歲□忠信之甲冑□儒墨之域□□讓惟於仁□□詰□於義室雖□紫紆青一□之業可尚而圖

功立事六闕二十八字闕折鍵之材踰羣拔□落雁吟猿之技槩俗標時□夫旬闕九字區宇□□黎元吸霜衣霧搆怨早禍郊原於闕二十六字朝□劍而帰□輸誠　陝主義盜之始□□都投義闕三十字鳳邸于時國步□艱方隅未一闕二十九字已摧未金□於夏縣雖運□舞地縱以神□而勢詰亻□資乎□□公□□□□著勞績既竭力勤彌荷　恩顧尋夫闕九字　御輦矢及□　宸闈闕二十八字人闕二十九字尋封□城縣開國侯食邑一百户□食亻□除闕三十八字公闕二十二字六□□□□斯極闕八字之□册□俟之闕九字年授忠武將軍行左監門中郎將加護軍□衛綰忠酭踐中郎之職韓□聰達歷護軍之位在於漢魏是□得人以公方之彼未爲重明年闕十六字　詔於元武北門留守賜綵一百段洎　鑾輿旋闕賚物如前迨乎從幸靈武又賜馬兩匹雜綵五十段尋拜兼領軍將軍□□翠微玉華等宫又並　詔公居守宫闕之重帑藏之寄亟承　天眄彌効忠肅廿三年正除右領軍將軍加上護軍撿校左武侯將軍扌屯營兵知□□□屯羽林於中壘嚴肅可□擁緹騎□□術奸凶自屏豈止運以明謨篤以□慎稱乎損益統彼兵權而已哉永徽之初兼撿挍左武衛將軍又撿挍右武侯大將軍兼知右箱諸門兵馬隊使許仲康□忠勇乃隮其位□昭妹□□妙□泹其職至乎　恩禮綢繆亻□□□□□我彼亦多愧河鞏之地是□舊京近控三州遙分九谷測圭定鼎宅中觀陝華闕□雲雕宫納景眷言監守式俟朝賢其年奉　□馳驛往東都留守改授左領軍將軍勵以公方盡闕七字都城載謐加上柱國及　天蹕□巡以公留守稱旨賜黃金一百兩絹一百五十匹從幸許州奉　勑撿挍左衛將軍氵广京室又撿挍右衛將軍禦衛之重心膂攸託寵授頻加人□景貞□之

□□太子左衛率　　詔曰左領軍將軍懷盜縣開國公杜君綽志性沈果識懷惇愨時逢締搆宣力於霸朝
運偶□平効官於陛戟儲宮禁衛勞舊斯伫宜令叅典以申幹□尋授撿闕六字飛華紫禁奉　□柃蘭□騰
芬青陸警周廬於桂宮兼綜斯美忠勤允著頃之奉使於鄘州道簡點明年又□□東道經略大使賜物一百
五十段金帶一□駿馬一匹弭節馳原揚鑣□□□等□□□甸闕五字宣秘□節於遐□三韓之酋載惕朝
嘉其美錫以崇章拜左領軍大將　茂登壇榮高坐樹董司戎政爰戒不虞同羊祜　密類陶回之方範
其年　□駕闕十七字京龍朔　冊拜左戎衛大將軍兼太子左典戎衛率　冊曰夫五□斯重允切於
惟舊三宮以穆□伫於時英咨爾□氣昭果英姿沈毅功宣闕二十字西□光膺卜洛之寄羽旆東臨克隆翦華
之守綢繆心膂□懷弼亮□□鈎陳僉望攸屬徃欽□□其□徽前烈允□圖始方謂麥丘貽祉槐路騰□□
月□於膠庠奉　天遊於□奕豈□逝川□反□□涉洹之祓藏山不留俄深遊岱之恨春秋六十有二以
龍朔□年□□廿五日□朝薨於□廡　天子震悼廢朝三日乃下　詔曰□緩之榮□□於遐冊□
棺褥禮事鬱於遥□故左戎衛大將軍兼太子左典戎衛率杜君綽器用□□體局淹邃興王在運誠盡
　覇□□照登□功宣代邳當五營之劇務總七萃之機謀時歷二朝年將四紀永言勳舊情義兼常少選
□□俄從怛化□心驚悼□□□忄□茂徽章式旌忠烈可贈使持節都督荊硤岳明四州諸軍事荊州刺史
餘如故仍贈絹□四百段□粟四百石陪葬於　昭陵賜東園秘器凶事葬事所須並令官給鼓吹儀□送
至墓所往還仍令司庫大夫氵□□□□　闕十四字并贈物一百匹粵以三年歲次癸亥二月乙酉朔十

□日壬寅遷窆于　陵東南一十□奉常𡪞謚曰襄公禮闕十字礻運琁質而巖峙摠瓌闕二十字智燭機初神深慮表在物奚忤見烈火而猶安□□□□墜曾臺而靡□□其趫勇雄毅絶衆□□斬□□之虬格不虞之獸金匱□□之術得闕二十一字爰屬隆□陪風竦翰襲英緹于俊路楊茂軌於清朝鸞闕增巖龍□□祕□私於已公平之道克彰不謀其慾忠亮之規弥遠雖徂齡弗駐九原闕二十五字上柱國之基等並光凌謝玉移嗣韋珠充窮之酷既深苦㮚之容弥切泣清儀之永□懼徽□之將泯載刊□琬式樹昭亭與山川而並下闕

上闕三十二字須□矯矯風標□令中山愔愔佟資□正於鑠顯考立德無競□□可稱追崇景命偉哉上哲茂質□興迦善若流闕三十一字節氣摠奇□依仁踐孝服義基忠輯顏允德□訁脩躬徃屬道□韜□戢翼今逢□始攀雲騁力影照□鉤光浮越棘闕二十九字迴　天顧寄重神京肅肅□欶昭昭迺誠萬化無期九泉俄閟弔鶴先□□鷄□萃壠𠃜雲愁山空月思書芳篆石此詞□□

上闕日建　殷王府闕八字文館高正臣書　萬寶哲刻字

道因法師碑

「乃伐宏誓」。振玉案：碑作「乃發宏誓」。

「證釋梵本」。振玉案：碑作「證繹梵本」。

李文墓誌

「曾祖□」。振玉案：碑「曾祖」下原空一字，非泐。

「隟馬難□」。振玉案：碑作「隟馬難留」。

紀國陸妃碑

「□□靈泉」。振玉案：碑作「□啓靈泉」。

「靈液手□」。振玉案：碑作「靈液手歇」。

「□□命□中陽」。振玉案：碑作「始錫命於中陽」。

「□生□流之藝」。振玉案：碑作「更生九流之藝」。

「端□之情彌厲」。振玉案：碑作「端已之情彌厲」。

「□□□□□□石室藏書一覽□探奥賾」。振玉案：碑作「□□即究精微石室藏書一覽便探奥賾」。

「縱□體於銀鉤垂□文□繡篆」。振玉案：碑作「縱八體於銀鉤垂六文□繡篆」。

「紫□□□姓之□」。振玉案：碑作「紫泥除□姓之□」。

「□□□□□□□□□□鴻動表於維翰」。振玉案：碑作「□車命秩盛德□於建侯□玉□□鴻動表於維翰」。

「□□□□之□三星□照」。振玉案：碑作「□□□鳴之兆三星始照」。

「鳲鳩□養蓼莪□□」。振玉案：碑作「鳲鳩均養蓼莪□恩」。

「終□之於□□」。振玉案：碑作「終□之於緅褓」。
「□□芳□□□賢罕能□□」。振玉案：碑作「或聯芳彤管□賢罕能齊躅」。
「道□粱藩」。振玉案：碑作「道邁粱藩」。
「舉族□其徽音□□□其懿範」。振玉案：碑作「舉族挹其徽音□□傾其懿範」。
「□愛子而爲一」。振玉案：碑作「方愛子而爲一」。
「□金□之□室」。振玉案：碑作「□金芝之照室」。
「□□登辰俱□斷機之訓」。振玉案：碑作「□髮登辰俱稟斷機之訓」。
「□□□之□□□□□□棠棣之花□□」。振玉案：碑作「□□□之芬芳膏壤分□□棠棣之花□實」。
「謂□□九□永保□筵之□」。振玉案：碑作「謂浮觴九獻永保長筵之□」。
「而福謙𢖾□」。振玉案：「𢖾」，碑作「愆」。
「□液□痾」。振玉案：碑作「金液□痾」。
「□□□流俄啜仲由之泣」。振玉案：碑作「□隟易流俄啜仲由之泣」。
「□麟德□年□月」。振玉案：碑作「□麟德二年六月」。
「□□□□□陪葬於昭陵」。振玉案：碑作「米粟二百石陪葬於昭陵」。

「揚知正監護儀仗」。振玉案：碑作「楊知止監護儀仗」。

「榮辱一致偏□□□之言」。振玉案：碑作「榮辱一致偏崇柱下之言」。

「□□□山□歌」。振玉案：碑作「□□塗山□歌」。

「雅會□□之曲」。振玉案：碑作「雅會娥臺之曲」。

「禮備於飾□□□戒□」。振玉案：碑作「禮備於飾終鸞輅戒徒」。

「□鐫金褐以樹山□」。振玉案：碑作「□鐫金碣以樹山門」。

「□□□□□□□□□□。□□」振玉案：碑作「□□祚繁門□黄閤路□□□。其二」

「□□□□行迺專一」。振玉案：碑作「□□□□四行迺專一」。

「學□□史」。振玉案：碑作「學該□史」。

「□潢□□」。振玉案：碑作「□潢垂耀」。

「蓁藹□丹」。振玉案：碑作「蓁藹書丹」。

「曹□月明」。振玉案：碑作「曹□月朗」。

「水言孝思」。振玉案：碑作「永言孝思」。

「悼□捐玦」。振玉案：碑作「悼深捐玦」。

「庶貽範於穹□」。振玉案：碑作「庶貽範於穹壤」。

張阿難碑

「□望兼華」。振玉案：碑作「門望兼華」。

「公禀靈川　」。振玉案：碑作「受禀靈川嶽」。

「□□問於青規」。振玉案：碑作「受顧問於青規」。

「茅□用□」。振玉案：碑作「茅土用□」。

「公□德□□」。振玉案：碑作「公□德逾□」。

「聲□騰於萬古」。振玉案：碑作「聲徽騰於萬古」。

「可謂□□□□□□範著歟」。振玉案：碑作「可謂立□□□□□□範者歟」。

「□陳□□勇冠三軍」。振玉案：碑作「□陳九德勇冠三軍」。

「掃定河□□□□□□分」。振玉案：碑作「掃定河汾皇極□建茅土遂分」。

「□□長秋□□大樹」。振玉案：碑作「□迹長秋□暉大樹」。

阿史那忠碑

「□□□□　□爲使□□長□道行軍大揔管」。振玉案：碑作「顯慶□□詔爲使持節長□道行軍大揔管」。

「四州諸軍事荆州刺□」。振玉案：碑作「四州諸軍事荆州刺史」。

明徵君碑

「履步林亭」。振玉案：碑作「屣步林亭」。

「□幽尋之曩跡」。振玉案：碑作「憑幽尋之曩跡」。

開業寺碑

「故使天隆異人」。振玉案：碑作「故使天降異人」。

「四□八藏之文」。振玉案：碑作「四韋八藏之文」。

「都幾壯而　帝服開」。振玉案：碑作「都畿壯而帝服開」。

「並董脩戎範」。振玉案：「董」，碑作「薰」。

「遠人隆百代之基」。振玉案：「遠人」，碑作「達人」。

「而仕□還鄉」。振玉案：碑作「而仕必還鄉」。

「傍詢碧殿」。振玉案：碑作「傍詢碧礎」。

「凌雲之□」。振玉案：碑作「凌雲之搆」。

「勝彼伽藍」。振玉案：「勝」，碑作「睠」。

「四□標榮」。振玉案：碑作「四牡標榮」。

王徵君臨終□授銘

「不俟嘗爲」。振玉案：「俟」，碑作「俟」。

乙速孤神慶碑

「浄□寺釋行滿書」。振玉案：「行滿書」款及「苗神客撰」款並在文後，此誤録在文前。

「而推産不□□式之資□給」。振玉案：碑作「而推産不干卜式之資□給」。

「□枝楊葉」。振玉案：碑作「戟枝楊葉」。

「卓矣高□」。振玉案：碑作「卓矣高縱」。

「寓省□□」。振玉案：碑作「寓省才高」。

「□跡鄉□」。振玉案：四字在年月前一行，此誤列年月後一行。

□震經幢

「□□縣開國侯□震敬造并撰文及書」。振玉案：「□震」，碑作「嚴震」。

盧正道勑

「今贈卿禄秩」。振玉案：「贈」，碑作「增」。

田義起石浮圖頌

「香烏登津」。振玉案：「烏」，碑作「烏」。

契苾明碑

「□纆不留」。振玉案：碑作「〇纆不留」。

「擅班馬之雄辨」。振玉案：「班馬」，碑非「馬」。

法藏禪師塔銘

「□備師資」。振玉案：碑作「禮備師資」。

葉有道碑《萃編》本乃贗託。同治初，宣平縣署掘得原碑，正書二十二行，行五十六字，以校《萃編》，譌誤甚多，具録於左。

「唐故葉有道先生神道碑并序」。振玉案：原本作「唐有道先生葉國重墓碑」。

「栝州刺史李邕文并書」。振玉案：原本「作江夏李邕撰並書」。

「道純天地」。振玉案：原本作「道統天地」。

「生得夫子」。振玉案：原本作「生德夫子」。

「埋照後谷」。振玉案：原本作「埋照浚谷」。

「潛盤窮山」。振玉案：原本作「潛螌窮山」。

「自少典錫羡高卒纂緒」。振玉案：原本作「自少典錫美高辛纂緒」。

「率神從天」。振玉案：原本作「帥神從天」。

「特起五部」。振玉案：原本作「特超五部」。

「俟誰嗣哉」。振玉案：原本作「俟誰嗣哉」。

「幼尚純篤」。振玉案：原本作「幼尚真篤」。

「聰以達遠」。振玉案：原本作「聰以知遠」。

「嘗静貞動耗」。振玉案：原本作「故静貞動耗」。

「雲外□壑」。振玉案：原本作「雲卧牝壑」。

「放聞保和」。振玉案：原本作「放閑保和」。

「緇髪純漆」。振玉案：原本作「緇鬢純漆」。

「駿發皇眷」。振玉案：原本作「跡發皇眷」。

「速之以暢轂」。振玉案：原本作「速之以暢轂」。

「終處子之業」。振玉案：原本作「終處士之業」。

「偏貢介性」。振玉案：原本作「偏質介性」。

「將探道慕類坐致奇齡」。振玉案：原本作「將探道慕德坐致遐齡」。

「使者蓄而之疑」。振玉案：原本作「使者蓄無言之疑」。

「慙歎聞列」。振玉案：原本作「塹放閑列」。

「聆嘉聲而屬□者」。振玉案：原本作「聆嘉聲而屬想者」。

「謬四時之分」。振玉案：原本作「謬四時之序」。

「荆鬼越祥不知所况子亥母癸烏識其原」。振玉案：原本作「天道運行不知所况子亥丑癸焉識其原」。

「皆乘遽遠尋」。振玉案：原本作「皆乘遍遠尋」。

「豈伊小説鲰生」。振玉案：原本作「豈期小説鲰生」。

「卜兆幽石」。振玉案：原本作「卜兆幽谷」。

「道微若聲」。振玉案：原本作「道徵若聲」。

「運轚知天」。振玉案：原本作「運磨知天」。

「孫子景龍觀道士鴻臚卿越國公」。振玉案：原本作「孫景龍觀道士鴻臚卿越國公法善」。

「出也法玉京」。振玉案：原本作「出也發玉京」。

「作仁宗師」。振玉案：原本作「作人宗師」。

「宗門素履」。振玉案：原本作「宗文素履」。

「黄公術左」。振玉案：原本作「黄公術在」。

「性與真筌」。振玉案：原本作「性與真詮」。

「一門累祖四世百年」。振玉案：原本作「一門累組四至百年」。

「全樸爲利」。振玉案：原本作「全璞爲利」。
「志嘗無忝」。振玉案：原本作「心嘗無忝」。
「載違廷闕」。振玉案：原本作「載達闕廷」。
「孝終事立」。振玉案：原本作「孝忠事立」。
「侍者清溪觀主詹玄」。振玉案：原本有此八字，《萃編》無，當補。

正覺浮圖銘

「聞銷意垢□□」。振玉案：碑「意垢」下空二格，非泐。

吴文碑

「惟大將軍吴公諱文」。振玉案：「吴」，碑作「矣」。

娑羅樹碑

「推藏薪盡之餘」。振玉案：「推」，碑作「摧」。
「方岫駿邁」。振玉案：碑作「方舳駿邁」。
「卿望司徒顰蔄」。振玉案：「卿望」，碑作「鄉望」。
「休徵各徵兮」。振玉案：「各」，碑作「咎」。
「土人西還兮」。振玉案：「土」，碑作「上」。

「刻石東海元省巳」。振玉案：此行原列文前、李邕款後一行，此誤列文後。

思恒律師誌文

「曾祖明周在監門大將軍」。振玉案：「在監門」，碑作「左監門」。

大智禪師碑陰記

「通宣郎行河南府伊闕縣尉集賢院待制兼校理史惟則書」。振玉案：此款碑列文後劉同款前一行，此誤列文前。

周尉遲迥廟碑

「前華州鄭縣尉□伯□敘」。振玉案：「□伯□」，碑作「□伯璵」。又案，「□伯璵敘」及「顔真卿銘」、「蔡有鄰書」三款碑列文末，此誤録在文前。

「兼益梁□□八州諸軍事益州刺史」。振玉案：「□八州」，碑作「十八州」。

「改□蜀郡公」。振玉案：碑作「改盜蜀郡公」。

「豈獨長安置□□□成都□□□□□」。振玉案：碑作「豈獨長安置郊勞之禮」。

「俄拜大右弼□□大□□」。振玉案：「大□□」，碑作「大前疑」。

「不憚□□以勸事君」。振玉案：碑作「不憚征繕以勸事君」。

「唯幼孫獲□」。振玉案：碑作「唯幼孫獲宥」。

「立朝則兼掌□□」。振玉案：碑作「立朝則兼掌巡□」。

「□稱多□」。振玉案：碑作「□稱多崇」。

「匹夫匹婦强□者」。振玉案：「强□者」，碑作「强死者」。

「□巾□□」。振玉案：碑作「緑巾□□」。

易州鐵象頌

「□□□通車道三所」。振玉案：碑作「開北山通車道三所」。

「□□□□營入城」。振玉案：碑作「移高陽軍營入城」。

唐儉碑

「見之□□莒公矣」。振玉案：碑作「見之開府莒公矣」。

「□門大章之樂」。振玉案：「□門」，碑作「雲門」。

「翻然改□」。振玉案：碑作「翻然改圖」。

隆闡法師碑

「比連河於陽面」。振玉案：「比」，碑作「北」。

「並入擅航」。振玉案：「航」，碑作「舡」。

石臺孝經

「朕聞上古其楓朴略」。振玉案：「楓」，碑作「風」。

劉感墓誌銘

「左武衛翊府右郎將」。振玉案：碑此下有「賜紫金魚袋旋授定遠將軍行左龍武軍翊府右郎將」二十一字，此缺録。

「葬於咸寍縣黄臺卿之原」。振玉案：「卿」，碑作「鄉」。

少林寺還神王師子記

「不知□由」。振玉案：碑作「不知所由」。

「天巧自然　神之力」。振玉案：「神」上泐一字，非空格。

「鳥鵲不□」。振玉案：碑作「鳥鵲不汙」。

「二師子郎常相□□」。振玉案：碑作「二師子郎常相採弄」。

顔魯公與郭僕射書

「尊者爲賤所逼」。振玉案：「賤」，碑作「賊」。

臧懷恪碑

「李秀巖題額」。振玉案：「題額」，碑作「模勒」。

「□兊羽儀」。振玉案：碑作「光兊羽儀」。

臧希晏碑

「滜覃存没」。振玉案：「覃」，碑作「彰」。

「□兵斷□於匈奴」。振玉案：碑作「短兵斷臂於匈奴」。

「□□以盜是用咨於多□也」。振玉案：碑作「周武以盜是用咨多士也」。

「鎮六龍之旂」。振玉案：「鎮」，碑作「頡」。

「□□父子」。振玉案：碑作「陳氏父子」。

「□紀忠□」。振玉案：碑作「長紀忠貞」。

八關齋會報德記

「感懷歡欣」。振玉案：「感」，碑作「咸」。

「州縣□畏」。振玉案：碑作「州縣震畏」。

「亦皆毀而瘞藏之」。振玉案：「毀而」，碑作「毀折」。

「□□□失文義乖絶」。振玉案：碑作「瘢痍壞失文義乖絶」。

「□不能窺涉其門宇」。振玉案：「□不能」，碑作「纔不能」。

「然惜其高□堙没」。振玉案：「高□」，碑作「高躓」。

「遂命攻治□□□□續其次」。振玉案：碑作「遂命攻治□□殘補續其次」。

「曹州□□縣主簿□師□傳打石本」。振玉案：碑作「曹州乘□縣主簿唐師□傳打石本」。

李陽冰書黄帝祠宇額

「丹陽葛蒙勒石」。振玉案：「丹陽」，碑作「丹楊」。

元結墓表

「名雖成而官未立」。振玉案：「官」，碑作「宦」。

文宣王廟新門記

「裴平下丹篆額」。振玉案：碑作「裴平下丹並篆額」。

干禄字書跋 原録譌奪太多，兹據盩厔路氏所藏宋本録入。

柳公權對穆宗用筆法曰心正則筆正是言也雖公權時以筆諫然論書法理固如是余觀顔魯公筆蹟乃知公權之言不妄魯公忠正人也功名事業列於國史其全德偉行英風義烈貫映千古文學之外尤工隸書大小二體筆力遒勁如服介冑如冠獬廌凛凛乎若誚盧杞而叱希烈有不可犯之勢盖其心畫所寓誠可畏而仰之往由左宦臨牧吴興暇隙書干禄字樣鐫刻于石傳示後生然石刻在刺史宅東廳院傳之惟難故世罕得善本而蜀士大夫所見惟板刻尤鮮得其真　　府尹　龍閣　宇文公比刺湖州得魯公所書與楊漢公所摹二本特爲精詳公深喜魯公書於干禄字樣尤致意焉非獨愛其字樣而且愛其書法之工非止

愛其書法而又愛其心術之正惟愛之篤故惜其久而淪廢於是俾以楊蜀二本參校若顏書之刓缺者以二本補焉不可推究者闕之命通顏書之士摹勒刊石於泮使學者矜式且欲所傳之廣噫魯公所書實大曆九年自大曆至開成僅踰甲子石已刓缺姪顒欲移他石不果後剌史楊漢公摹勒成顒志時開成四禩也自開成歷五季迄皇朝距今凡五甲子漢公傳本亦寖磨滅魯公真蹟所存纔十四五爾矧公去郡今復幾載其石存亡不可知幸而存焉無好古博雅君子寶而護之且有風雨摧剥之虞則彼筆□□未可保今公再傳兹石雖謂摹刻失真然梗槩猶在學者意解神悟尚庶幾得髣髴□□抑自公始也紹興壬戌八月既望梓學教授成都句詠記左遂王紹文宗王材刻

真化寺尼如願墓誌

「隴西秦昊書」。振玉案：此款碑原列文後，此誤列文前。

無憂王寺寶塔銘

「得□清浄」。振玉案：碑作「得眼清浄」。

「刻名以紀之」。振玉案：「名」，碑作「石」。

「改爲誠實道場」。振玉案：「誠實」，碑作「成實」。

「賡其銘矣」。振玉案：「賡」，碑作「賡」。

「□德□年□□法門□」。振玉案：碑作「武德八年改爲法門寺」。

「□□及物」。振玉案：碑作「咸□及物」。

「精□動　　天」。振玉案：碑作「精感動天」。

「□□初五月十□日」。振玉案：「□□初」，碑作「上元初」。

「聖躬臨□」。振玉案：碑作「聖躬臨涖」。

「王簡及瑟瑟數珠」。振玉案：「王」，碑作「玉」。

「痛□□乎海裔」。振玉案：「□乎」，碑作「達乎」。

「□大慈悲聿宏製之」。振玉案：碑作「起大慈悲聿宏製造」。

「八音希聲」。振玉案：碑作「大音希聲」。

「□□□□□量宏深」。振玉案：碑作「令王千□雅量宏深」。

「樹□□□相與□簡□□頌□」。振玉案：碑作「樹此□福相與授簡畀予頌□」。

「□金□兮□□□」。振玉案：「金□」，碑作「金軀」。

「對真容兮忘□情」。振玉案：「□情」，碑作「宦情」。

不空和尚碑

「□知至道」。振玉案：碑作「周知至道」。

「代□初以特進大鴻臚、褒表之」。振玉案：「代□」，碑作「代宗」。

「即時成佛之速」。振玉案：「即」，碑作「則」。

朱巨川告身

「吴郡開國公臣真卿」。振玉案：「吴郡」，碑作「魯郡」。

「建中三年八月十四日」。振玉案：「八月」，碑作「六月」。

張敬詵墓誌

「命公爲狎衙」。振玉案：「狎」，碑作「押」。

軒轅鑄鼎原銘 **額題「軒轅皇帝鑄鼎原銘」八字，篆書，此失記，當補。**

軒轅黄帝鑄鼎原碑銘　序振玉案：「黄」，碑作「黄」。又「序」字上有「并」字。

「黄帝宫一□□三墳」。振玉案：碑作「黄帝宫一會孫三墳」。

「灋老秦皇　焚徒」。振玉案：碑作「灋老秦皇燬焚徒勤」。

「廿惟爵□」。振玉案：「廿」，碑作「芯」。

「□原王顔擬」。振玉案：「□原」，碑作「泰原」。

「老滋書」。振玉案：碑作「老滋籀書」。

碑陰釋文

「軒轅皇帝鑄鼎原碑銘并序」。振玉案：以上十一字失録，當據碑補。

「□月□□朔□日建」。振玉案：碑作「□月癸巳朔十日建」。
「進□□□表」。振玉案：碑作「進上石□表草」。
「□詳史册」。振玉案：碑作「備詳史册」。
「獨此□原」。振玉案：碑作「獨此鼎原」。
「麻代□循」。振玉案：碑作「麻代㠯循」。
「□知官軍將□晏等」。振玉案：「□知」，碑作「專知」。
「時□□□所□」。振玉案：碑作「時爲□□所損」。
「臣以此□」。振玉案：碑作「臣以此處」。
「差朝請□行司兵□軍暢賞」。振玉案：碑作「差朝請郎行司兵參軍暢賞」。

諸葛武侯祠堂碑

「□嘗以筆法對穆宗」。振玉案：「□」，碑作「弟」。
「人傳者人亦重」。振玉案：碑作「人傳者文亦重」。

李輔光碑

「或以長師薨歿」。振玉案：「師」，碑作「帥」。即「帥」字。
「皆恃塞怙險」。振玉案：「怙」，碑作「怗」。

「次曰希昇」。振玉案：「昇」，碑作「昪」。

使院石幢記

「激誠淚　俯仰交感」。振玉案：碑「淚」下有「血」字。

「大宋皇祐六年甲午歲二月二日申使乞差兵匠自金銅門外出取到舊使院碑幢二座于新使院内竪立都孔目官銀青光禄大夫撿校國子祭酒兼監察御史武騎尉朱吉」。振玉案：已上六十七字碑列文後，此失録，當據補。後又有「乾隆五十八年永齡跋此」，並缺。

南海神廟碑

「陳諫書」。振玉案：碑「陳諫書」下有「並篆額」三字。

「今　王亦爵也」。振玉案：碑「王」字上不空格。

「祀號祭式」。振玉案：「祀」，碑作「祝」。

「故明言齋廬」。振玉案：「言」，碑作「宫」。

「某恭且嚴如是」。振玉案：「某」，碑作「其」。

「武夫舊棹」。振玉案：「棹」，碑作「掉」。

「誅其尤無良不聽令者」。振玉案：「良不聽令」以下文均未泐，述庵先生跋云泐百八十三字，誤。

「即祀于旁」。振玉案：「祀」，碑作「祝」。

「海濱之陬」。振玉案：碑作「海嶺之陬」。

「元和十五年十月一日建　刻字人李廾齊」。振玉案：立碑年月、並刻石人名，碑列文末，完好未泐。此缺録，當據補。

苻璘碑

「翰林學士承　旨兼□侍書」。振玉案：碑「侍書」上原空一字，非泐。

「督□軍合討之」。振玉案：「□軍」，碑作「諸軍」。

「悦賊虐日□」。振玉案：「日□」，碑作「日甚」。

「自安□以還」。振玉案：「安□」，碑作「安史」。

「先公曰不□」。振玉案：「不□」，碑作「不然」。

「潛通其□」。振玉案：碑作「潛通其誠」。

「李懷光𢽿蒲反」。振玉案：「𢽿」，碑作「據」。

「又按□葬」。振玉案：碑作「又按窀葬」。

元秘塔碑

「一教談論」。振玉案：「一教」，碑作「三教」。

薛行周題名

「吕宂夫」。振玉案：「宂」即「大」字，釋文作「宂」誤。

「三粹孨」。振玉案：「孨」即「子」字，釋文未詳。

包公夫人墓誌

「恩通己子」。振玉案：碑作「恩過己子」。

高元裕碑《萃編》所録譌奪太多，不勝補正，茲録全文於後。

唐故銀青光祿大夫守吏部尚書上柱國渤海縣開國男食邑三百户贈尚書右僕射高公神道闕

翰林學士承　旨朝散大夫守尚書户部□□知　　制誥上柱國彭城縣開國男食邑三百户賜紫金魚袋□□□

金紫光祿大夫左散騎常侍上柱國河東郡開國公食邑二百户柳公權書

公諱元裕字景圭六代祖申國公諱士廉　皇朝爲侍中尚書右僕射右佐命之勳謚文□公與房玄齡魏徵等□□□□□□□□□之苗裔也在陶唐氏爲姜姓末□以隱德起爲周文王師者號爲太公望始受封於呂子孫世仕於齊八世孫公子高□孫傒與管敬仲俱爲齊上卿合諸侯有功□侯命傒以□□字爲氏傒廿七世孫洪後漢末爲渤海太守因家焉高氏故著爲渤海□□□平□□□□後魏太尉録尚書事生岳北齊侍中封清河王生敬德開府儀同三司改封樂安王申公即樂安之令子也□□　　高祖諱□□

皇朝蒲州長史撰小史行於代　曾祖諱迥杭州餘杭令贈尚書户部員外郎　大父諱虘秘書省
著作郎贈右諫議大夫　皇考諱集太原少尹兼御史中丞□司徒　公即司徒府君之少子也幼而
穎悟及長魁岸秀發弱冠博學工文擢進士上第調補祕書省正字佐山南西道荆南二鎮爲掌書記轉試協
律郎大理評事攝監察御史入拜真御史轉右□□復□侍御史以彈奏不□豪舉擢拜司勳員外郎
公之佐山南西道也節度使崔公從以清明藻鑒推重簪組洎　公抗揖上席雅望益洽及登御史府好
爲犖犖事自荆涉商於是列□□住□□備急宣居常稚秣在櫪廐吏多山甿不□條制争□過客□呵□導
者必恐遽惟迫授以驛馬不敢問積習爲弊剌史不能治有道士趙歸真者長慶初用黄老秘言得恩倖□□
旁午自言神恠在驛脅吏以馬自給時　公方　徵入遇歸真於途連叱之謂曰汝妄人耳　天子置驛馬
俾尔鼠輩疾駈耶且黄冠驛馳用何條制顧左右牽躓之歸真沮撓不敢仰視　□□□奏以□□□未
幾歸真投竄荒裔聞者懼焉　公之爲柱國也當寶廟諱初　天子年少新即位事多決於内
或坐　朝頗曠旬朔大臣罕得　對謁　公上疏指斥極言不避中外之嫌以鎮□□人人爲　公
懼方處之偘然　公之爲吏部郎也精□簡峻胥徒懔戢若蹉刀戟未竟南曹事會與銓長以公事争短
長剛憤不能下請急□□□去出□道除左司□□遷諫議大夫中書舍人　公之爲諫議也屬　朝
廷多故李訓鄭注貽禍□亂欲先立威定事　公察其必變鋭以勁氣捽其頭角章疏繼上
文宗知而不能用及爲中書舍人逆注益用事注初以藥道進至是熾然以才望自居會注遷秩

□□□□□□□揚其□□□狀注方倚　恩自大恚不能堪遽出　公爲□州刺史注敗復入爲諫
大夫兼充　侍講學士尋兼太子賓客　文宗重儒術尊奉講席　公發揮教化之本依
經傳納　上傾心焉又以□□□儲□冑筵之選爲念故□□護之授　公雖以通經文雅任
職而操剸强濟素重　朝廷　上復欲□之未幾擢拜御史中丞兼金章紫綬之錫　公正色立
朝百吏震肅當暑霜風凜凜生□節下搜擢僚吏率多賢畯崇獎體□不篤濟辦□倪甚威邪朋自遠班行
相顧聳動屏息議者以爲風憲振職自元和以來惟　公爲稱首遷尚書右丞改京兆尹未幾授左散騎
常侍遷兵部侍郎轉尚書左丞知吏部尚書銓事會　恭僖皇太后陵寢有日充禮儀使　公
爲左右轄也郎吏藉公岸谷之峻皆砥礪凝檢□事迎理及銓綜衡鏡之務抉奸與善如見肝膽猾吏變□異
端□□□易又字□竄□記□爲防虞□迷視聽　公指摘□病是非立辨摽爲成憲迄今賴焉不扙一人
九流式□尋改宣歙池等州觀察使兼御史大夫入拜吏部尚書　懿□皇太后遷殯□兩儀
殿充□明□□守復爲□□使□事遷檢校吏部尚書山南西道節度觀察等使　公友睦清約車服飲食
比寒士而勤於吏職奉公拯物汲汲如嗜慾居一室凝塵積机澹如也於宛陵以三郡理於漢南以八郡化率
用慈儉□□□□□□興利除害刊爲故實在漢南奏免管内積年逋租七千八百餘万貫節用勤已公私充羡
百姓歌舞之初　公自　侍講爲御史中丞　文宗久難其繼　公内舉母兄少逸
上嘉納而遂其志少逸果能以二帝三王之業發明□□　上益敬重當時□者咸謂　公

以誠事君者也愛□不忘舉其親舉親不忘存其義眉壽景福宜其有歸　公爲襄州之五歲慨然有懸車
之念累章陳懇故復有□□冢宰之命即日渡江將休于□且行□志□大中六年夏六月廿日次于鄧無疾
暴薨于南陽縣之官舍享年七十六　上聞撫机震悼廢　朝一日贈尚書右僕射其年十一月
十日歸葬于河南府伊闕縣□□之南原以李夫人合窆從祔于　□府君之兆次□□公前娶隴西李□吉
州刺史宣之女也再娶京兆韋氏鄭國公孝寬七代孫也皆一時冠族□□□□　先考司徒府君才高位
屈□□□國太夫人□氏陰教修備及　公貴盛累贈至□服□□□□哀榮之禮渥縟矣有子□一人曰
璩李出也進士擢第試祕書省校書郎文行脩潔□服無□記曰有大德者必得其祿其位其名其壽□
公始終可謂全德矣銘曰　烈山之□源□太古磻溪之高起作周輔齊
卿演盛隆公錫姓申公嗣興攀龍佐命蟬聯焕赫代延秀令降及　公生□□□□道爲時師才爲廿資人
瑞□闕□深二□行茂曾顔□高終賈霜松迴靄玉□清寫化動毫端政嚴官下世競睥游我敦德義時慕清
談我□吏事神鋒有斷大羹無味君□之容□□□□奸妄者誰□兇稔□闕我堅豸觸天方相道以斥而徵
禁林密侍講席陪昇因經納誨承　問□能輔道□□忠良所憑委講□□□□□道□曰□□承
□文昌闕以節以□□分兩地　□□□□□□羊杜□□□□撫字□□□□　朝傾多士□庭望□
闕止闕門原沙永□兆宅闕

杜國告石刻

「領宣爵賞」。振玉案：「領」，碑作「頒」。

福田寺三門記

「今聖朝頗□□紀」。振玉案：碑作「今聖朝頗變星紀」。

「鴻□西化」。振玉案：碑作「鴻颺西化」。

「有恪山離塵禪□師之門人」。振玉案：「□師」，碑作「大師」。

魏公先廟碑《萃編》録此碑錯列倒置之處太多，不勝舉正，兹録全文於此。

上闕特進侍中贈太尉鄭國文貞公魏氏在貞觀立家廟于長安昌樂里□二百卌五年有來闕歲既協于
帝道化光洽前此　詔贈先□□□侍御史□君爲吏部侍郎先夫人南陽□□闕姓曰吾惟聖訓祭器
不假宗廟爲先今吾□□德慙前人而□位卿相歲時尚祭寢秩然崇祀之闕廟而新之則流光歸　烈祖雖
非達禮必稽于有司□□太常順孝禮令酌損前文□勳勞闕考公於是靖端虛中列上感疢既獲　俞命
□□□□□□□□書練時日□工興事陶斲築□堅闕物宿設助祭夜鼓四通公祇祓夙興纓冠鳴玉入進
于位賢親就列祝史贊導虔奉　祖考鄭公府君諱闕部府君諱畀□神主第升于室室上□□以　祖考妣
鄭國夫人河東裴氏皇考妣河東裴氏王考妣闕堂之事既成而退他日使門吏左補闕鄭愚□謂璵曰其滌
慮虔思由教以移忠竭忠以致位因位以有□闕詳求能敵予之重託者宜莫如子璵聞命震悚即走相君之

門固辭不獲歸次其世胄德行官業垂承烈休闕文侯能師聖門人而不好古樂故風頹而不得□五伯至無
忌而不□□而封信陵與齊趙楚公子相矜奮爲闕派緒滋廣因自別爲西祖暨諸戎盜華晉鼎凌□舉宗隨
遷世仕□朝頡㐅四世之孫曰釗樹勳捍難爲義闕懷忠亂朝直封誳政侵轢姧倖不容於時出長屯留去無
慍色或有以詞致誚者方激發慷吒志氣橫厲權□闕屬時濁昏劻勷西東懷奇含耀濡足霧晦竟逢　大晨
助　日月□龍攄鳳鳴爲祥輔昌□　闕見國書爲臣克配於　國享爲祖不遷於家祀雖童子婦
人亦識□然□鄭公□司業府君諱□琬祏訓闕□成師儒道光教源益濬於世次爲顯考以　相國位猶滯
於三品室未備數尚□孝思司業□潁州府君是爲第□室闕□積慮洽聞業履無忝命塞不讎咎宜孰歸第
三室河西府君天資恢□抱器卓邁□無不通而以先德實嘗以□□闕於時爲邑南陽當希烈猖猘之餘邑
□蕩枵殘躪狼藉半空於牖耕無以力乃用古□□□□犂作爲區□歲大有秋宿秉攢闕長有爲中貴人于
政者違言交肆□□□□蔽罪無頗邑長獲申剛中特操前無□□□是舉出爲□□猗氏令人咸爲□
闕四室即吏部府君渾粹秀發識洞玄□□□□機難尚□中□□立德無方而□□□□蘊之華藻當
時賢□遴聽風徽□闕遷始以大理評事兼監察換殿中侍□闕召拜大理司直□□□小大時當性不苟
合□□當官以□□□□□　泰陵□□闕鄭公忘勞大代爲　唐室闕出比四世無□□□□没振
謂天道□□　相國承之公□□□□□□□□闕終始一德命求昆裔期肖前人以闕□□□□
可朝聞夕拜疏視之下□病猶在□□言之□□□闕上書草充溢囊篋使好事者得之皆闕　文宗益欲

寘於側即以爲右史入　侍未嘗不使之闕故會昌中權倖惡忌擠之外郡聞□闕征兼領邦憲閒歲進陟
公台仍專闕索將勇□整易于城之不材者蚤□孳孳□征繕是圖而□公府大體闕之舊宅永興里肇卜貞
觀闕材以成之厥後綿歷祀藂爲他人有元和□興闕猗猗後爲右補闕至公恭守儉闕中被衮朝　天又葺
故廟奉時□蒸□□□之維忠與孝可謂大備闕銘石於麗牲其烝夷之志歟闕孔昭㢊緒益遥人爵或替闕
檝爰操肇□　皇□廂端諫闕魏還祖居旌直　恩購闕□居第奉祠不敢改爲衮職舊官載□闕□聞
躬潔裸羞俎折闕緩嘏錫□□□□□考私□□報□闕

五代晉

羅周敬墓誌

「倜儻不羣」。振玉案：「羣」，碑作「郡」。

「大盜助興」。振玉案：「助」，碑作「勃」。

「梁□主宣召入內」。振玉案：「□主」，碑作「末主」。

「俄偕會尸之期」。振玉案：「尸」，碑作「屬」。

宋

勸愼刑文

「□續之以贊」。振玉案：碑作「故續之以贊」。

「廣樹無疆□□也」。振玉案：碑作「廣樹無疆□福也」。

「□得情勿喜」。振玉案：碑作「夫得情勿喜」。

「遂抵罪髟鉗」。振玉案：碑作「遂抵罪髡鉗」。

「嘗推芳州刺史李□□」。振玉案：碑「李」下原空二字，非泐。

「其後見□□」。振玉案：碑「見」下原空二字，非泐。

「至□□國爲丞相」。振玉案：碑作「至子定國爲丞相」。

「吾在□□時」。振玉案：碑作「吾在□書時」。

愼刑箴

「河□府進士盧經書」。振玉案：「盧經書」及「龎房篆額」款，碑原列文後年月之下一行，此誤録文前。

「則仁德之□」。振玉案：碑作「則仁德之厚」。

「安衆禪院主悟本大師惠□監刻字」。振玉案：碑「惠」下無泐字。又此款原在「李周士」款之前，此誤列「李周士」款後。

游師雄墓誌

「蔡挺師涇原」。振玉案：「師」，碑作「帥」。「帥」即「帥」字。

「公言曬兀無并泉」。振玉案：「并」，碑作「井」。

「尚委公以行諸壘振貸」。振玉案：「尚」，碑作「尙」。

「秦師呂大防」。振玉案：「師」，碑作「帥」。

嘉熙題名

「嘉熙己亥歲□□□□」。振玉案：此無錫惠山題名，未注明。

橋亭卜卦硯銘

「趙元記二行在左正書」。振玉案：「趙元記」乃行書，非正書。

金

黄花老人詩刻

「名陽欲下山更好」。振玉案：「名陽」，碑作「夕陽」。

寰宇訪碑録刊謬

孫季仇、邢雨民兩先生《寰宇訪碑録》採取詳備，爲金石目録諸書之冠。然紕謬觸目，讀者病之。方春晴和，齋居鮮事，輟旬日之力，爲之校讎。匡正凡三百餘處，尚苦搜討未廣，遺脱孔多，嗣有所獲，當續書之。丙戌四月，上虞羅振鈺叔堅甫。

卷一

比干墓題字《漢隸字原》引石公弼跋云：「上世傳爲孔子書。」振鈺案：石氏語不可信，婁氏已辨之，不當用其説。

祀三公山碑八分書，元初四年。振鈺案：元氏有兩《三公山碑》，一八分書、光和四年立，一篆書、元初四年立。此既列元初四年，則當云「篆書」，不應云「八分」。

開母廟石闕銘《金石文字記》云延光二年。振鈺案：碑末「延光二年」字顯然，無俟引《金石文字記》。

淮源桐柏廟碑元至正四年二月，吴炳重書。振鈺案：碑作「至正四年三月」，非「二月」。

孔宙碑振鈺案：碑有陰，此缺録。

史晨饗孔廟碑建寧元年四月。振鈺案：碑與奏銘同時立，此仍《金石史》之誤。以史晨到官年月爲立石年月，殊誤。

陳德殘碑振鈺案：碑有陰，此缺録。

鄭季宣碑中平二年四月。振鈺案：碑中平「三年」，非「二年」。

禪國山碑振鈺案：碑蘇建書，注缺。

任城太守羊□夫人孫氏碑振鈺案：當依碑額書《任城太守夫人孫氏碑》。

卷二

廣武將軍□産碑建元二年十月。振鈺案：碑作「建元四年」，非「二年」。

蕭憺碑振鈺案：碑有陰，此缺録。

始平公造象記太和十二年。振鈺案：碑作「廿二年」，非「十二年」。

孝文皇帝弔比干墓文八分書。振鈺案：碑正書，非八分書。

仩和寺造象正書。振鈺案：碑行書，非正書。

大基山銘告無年月。振鈺案：《銘告》旁署「歲在壬辰建」。考壬辰爲延昌元年，是此碑當列延昌初。

大基山石人題字無年月。振鈺案：碑有「甲申年造，乙酉年成」字。攷乙酉爲正始元年，是此碑當列正始初。

賈思伯碑神龜二年六月。振鈺案：碑作「己亥四月」，非「六月」。

比邱慧暢造象記正書。振鈺案：碑字行書，非正書。

李超墓志銘泰武二年正月。振鈺案：碑無年月。《中州金石記》因碑有「正光五年卒，越六年葬」語，遂云「武泰二年立」，不知武泰無二年。正光五年又越六年，乃永安二年耳。此既承《金石記》之誤，又訛「武泰」爲「泰武」。

僧□演造象記振鈺案：「演」上無缺字。「僧演」即造象比邱名。觀碑又有「比邱僧端」、「僧曠」諸名可證。又，碑字正書，注並缺。

岐法起造象記正書。振鈺案：碑字行書，非正書。

司馬昇墓志天平二年二月。振鈺案：碑叙昇以天平二年二月薨，其年十一月葬。是此碑當列十一月，不應列二月。

李仲璇修孔廟碑振鈺案：碑王長儒書，注缺。

濟州刺史誦德碑武定二年八月。振鈺案：碑已有「武定八年二月辛巳朔」字，非「二年八月」可知。又，碑作「冀州刺史」，非「濟州」。

李洪演造象碑武定三年三月。振鈺案：碑武定「二年」，非「三年」。

朱曇思等造象記振鈺案：碑在博興，注缺。

雲居館鄭述德題名振鈺案：碑作「鄭述祖」，非「述德」。

朱道威等造象頌振鈺案：碑無「道威」名，僅有「朱道延」，疑「威」即「延」字之誤。

徂徠山佛號摩崖八分書。振鈺案：碑字正書，非八分。

映佛巖佛經摩崖八分書。振鈺案：碑字正書，非八分。

馮暉穸等造象銘振鈺案：此即上《董洪達造象碑》，誤以爲二刻。緣洪達銘内有「暉賓」名故也。

平等寺碑八分書，武平二年。振鈺案：碑字正書，雜篆隸，非八分書。又，碑武平「三年」，非「二年」。

參軍趙桃等造象記振鈺案：此碑爲《參軍趙桃□婁即妻字。劉造象記》，此訛作「趙桃等」，謬謁可笑。

南陽寺碑振鈺案：此即上《臨淮王象碑》，《金石存》諸書多稱《臨淮王象碑》爲《南陽寺碑》，此又誤認爲二刻，複出當删。

等慈寺殘碑武平五年。振鈺案：等慈寺據唐顔師古《等慈寺塔記》稱，寺乃唐太宗爲兵死士卒建，武平五年焉得有等慈寺，訛謬無疑。

董洪達造象記振鈺案：此碑已列上武平元年，此又列武平九年，複出當删。

程憙等造七級浮圖記振鈺案：碑字正書，注缺。

王瓮生四面造象銘正書。振鈺案：碑字行書，非正書。

華岳頌万紐于撰。振鈺案：碑万紐于瑾撰，此脱「瑾」字。

趙芬碑開皇五年。振鈺案：開皇五年乃芬除蒲州刺史年月，此以爲立碑年月，誤。

仲思那等造橋碑八分書。振鈺案：碑字正書，非八分。

王忻造象記開皇七年七月。振鈺案：碑作「開皇六年」，非「七年」。

杜乾緒等造象記開皇十二年二月。振鈺案：碑作「十二月」，注脱「十」字。

澧水石橋纍文碑開皇十六年。振鈺案：碑無年月，《授堂金石跋》云當在開皇十六年後，《金石萃編》攷爲開皇十八年。此列十六年，不知何據。

澧水石橋碑開皇十六年。振鈺案：碑有「開皇十一年經始數年乃就」語，不能確定何年。此列十六年，未詳何本。

陳茂碑開皇十八年。振鈺案：碑泐年月，《金石萃編》攷爲開皇十四年，此不知何據云「開皇十八年」。

李淵爲子祈疾疏大業元年十一月。振鈺案：碑作「大業二年正月」，非「元年十一月」。

姚辯墓志虞世南撰。振鈺案：碑「虞世基」撰，非「世南」。

卷三

孔子廟堂碑武德九年十二月。振鈺案：碑貞觀初立，不應列此。

隋皇甫誕碑無年月，當在貞觀初。振鈺案：碑貞觀十七年立，非貞觀初。說詳《讀碑小箋》。

等慈寺碑《金石録》云「貞觀二年」。振鈺案：碑立於貞觀十一年後，非「貞觀二年」。說詳《讀碑小箋》。

豳州昭仁寺碑貞觀四年十月。振鈺案：碑無年月，《金石文字記》作「貞觀四年十一月」，此作「十月」，疑脱「一」字。

龍門山楊僧造象振鈺案：此即上《楊僧威造象》，複出。

高士廉塋兆記無年月。振鈺案：碑立於顯慶元年，說詳《讀碑小箋》。

淤泥寺心經振鈺案：碑在京師秀峯寺，注缺。

張琮碑貞觀十三年二月。振鈺案：碑無年月，以于志寧系銜攷之，當在貞觀十七年。說詳見《讀碑小箋》。此作「十三年」，蓋誤以琮葬時爲立碑年月。

蓋文達碑貞觀二十三年。振鈺案：碑無年月，以于志寧系銜攷之，當立於永徽二年。說詳見《讀碑小箋》。此作貞觀廿三年，誤。

陸讓碑貞觀二十七年。振鈺案：碑署「貞觀□□年歲次癸卯」。攷癸卯爲「貞觀十七年」，非「二十七年」。

龍門山□威等造象振鈺案：此即上《楊僧威造象》，複出。

海禪師方墳記顯慶二年四月。振鈺案：碑顯慶三年二月建，此誤以起墳年月爲立碑年月。

尉遲敬德碑顯慶四年三月。振鈺案：碑「四月」，非「三月」。

紀功頌顯慶四年十月。振鈺案：碑作「八月」，非「十月」。

平百濟碑後半缺，不見年月，當在顯慶五年。振鈺案：碑末「顯慶五年八月」款顯然，後半亦未缺，注謬。又權懷素書碑，注並脱。

岱嶽觀郭行真題名振鈺案：此乃行真弟子陳蘭茂等造象記，非行真題名。

濟度寺尼法願墓誌龍朔三年八月。振鈺案：法願八月卒，十月葬，此當列十月，注誤。

孔宣公碑陰行書。振鈺案：碑字八分書，惟「明昌二年高德裔記」行書，注誤。

碧落碑李訓誼篆書。振鈺案：碑爲韓王元嘉子訓、誼、譔、諶四人造天尊象記，無書人名。李璿以爲陳惟玉，李漢以爲黄公李譔，龔聖予以爲宗室瓘，諸説莫決孰是。此云「李訓誼篆書」，誤以「訓、誼」爲一人名，謬甚。

馬周碑上元元年十月。振鈺案：碑無年月，《金石録》以爲「上元二年」，此云「上元元年」，不知何據。

修孔子廟詔表振鈺案：此即上乾封元年《贈泰師孔宣公碑》陰，複出。

姜遐斷碑振鈺案：碑爲遐姪晞撰並書，注缺。

梁師亮墓誌萬歲通天二年七月。振鈺案：碑「三月」，非「七月」。
王仁求碑振鈺案：碑閭邱均撰，注缺。
割牛溝小石橋碑聖厤元年八月。振鈺案：碑作「證聖元年」，非「聖厤」。
李君清德碑聖厤元年十月。振鈺案：《渭陽縣志》云當作「聖厤二年」，作「元年」者訛。
夏日游石淙詩竝序諸臣撰。振鈺案：武曌撰，諸臣和，注誤。
秋日宴石淙叙久視元年。振鈺案：碑無年月。《中州金石記》云是「大足元年」，此云「久視元年」，不知何據。
聖祚碑陰振鈺案：此又列長安二年，複出。
華塔寺僧德盛造象記振鈺案：碑僧名「德感」，非「德盛」。
盧正道清德碑王守哲八分書。振鈺案：碑「今守」下泐一字，《金石存》作「質」，此作「哲」，疑即「質」字之誤。
賜盧正道勑景龍元年十一月。振鈺案：碑「十月」，非「十一月」。
蘇瓌神道碑景雲元年十一月。振鈺案：碑瓌以景雲元年十一月薨，明年三月葬，是此碑當列二年三月。
蕭思亮墓誌景雲二年九月。振鈺案：碑「二月」，非「九月」。
王璬造石浮圖記正書。振鈺案：碑字行書，非正書。
劉行忠碑振鈺案：此當依碑額稱《劉君幡竿銘》。
誌公碑開元三年十月。振鈺案：碑作「二月」，非「十月」。

葉慧明碑振鈺案：碑在金鄉，注缺。

唐興寺碑僧□□八分書。振鈺案：僧名「師□」，上一字未泐。

王仁皎碑開元七年十月。振鈺案：碑「十一月」，非「十月」。

李思訓碑開元八年六月。振鈺案：碑無年月，以文内李林甫銜攷之，當立於開元廿七年後，此誤以葬日爲立碑年月。

老子孔子顔子讚睿宗御製，八分書。振鈺案：《老子、孔子讚》睿宗撰，玄宗書，《顔子讚》玄宗撰，注誤。

太宗賜少林寺柏谷塢莊碑明皇御書。振鈺案：明皇書額，碑字不知何人筆，注謬。

浄業法師塔銘畢彦容撰。振鈺案：碑作「畢彦雄」，非「彦容」。

涼國長公主碑蘇挺撰。振鈺案：「蘇頲」撰，非「蘇挺」。

後魏大司農鄭公碑振鈺案：碑後漢，非後魏。又書碑人□安中，注並缺。

思恒律師誌文常□□撰并正書。振鈺案：碑「常□□撰」下無并書字。

嵩岳少林寺碑行書。振鈺案：碑正書，非行書。

開元寺尊勝陀羅尼經幢楊溪造，僧佛陀波利正書。振鈺案：碑「楊淡」造，非「楊溪」。佛陀波利乃譯經人，亦非書碑者。

岳麓寺碑振鈺案：碑在岳麓書院，故世稱爲《岳麓寺碑》。然碑實題麓山寺，不應沿俗稱作「岳麓」。

廬山東林寺碑元延祐七年重摹。振鈺案：碑至元三年重立，此誤以碑燬年月爲重立年月。

三尊真容象支提龕銘正書。振鈺案：碑字行書，非正書。

大忍寺門樓碑楊邈撰，裴抗八分書，開元二十一年。振鈺案：碑殘泐不完，據《金石録》云，「沙門釋具撰」，非「楊邈」，「開元十八年」，非「二十一年」。

代國長公主碑鄭萬鈞撰並行書。振鈺案：碑鄭萬鈞撰，鄭聰書，注誤。

景賢大師石塔記振鈺案：碑作「身塔」，非「石塔」。

無畏不空法師碑宋人重刻本。振鈺案：碑宋人僞託，非重刻。

殷履直妻顔氏碑開元二十六年七月。振鈺案：碑泐年月，以顔太師系銜攷之，當在大厤七年之後、十一年之前，此誤以葬時爲立石年月。

華岳廟蘇炎題名振鈺案：此與上《蘇穎題名》一刻，誤析爲二。

裴積墓誌開元二十八年十二月。振鈺案：積開元二十八年十二月卒，辛巳歲二月葬，是此碑當列開元二十九年二月。

山頂石浮圖後記王守泰行書。振鈺案：碑王守泰記，注「泰」下脱「記」字。

元元靈應頌劉同升撰頌。振鈺案：「同升」，當從碑作「同昇」。

吏部南曹石幢正書。振鈺案：幢第一面行書，餘七面正書，注誤。

趙思廉墓誌振鈺案：碑在南陽，注缺。

北岳恒山封安天王銘李佺撰。振鈺案：碑作「李荃」，非「李佺」。

安天王碑陰振鈺案：碑康傑撰，戴千齡書，注缺。

千福寺多寶塔感應碑岑勳撰。振鈺案：「勳」，當從碑作「勛」。

楊珣碑天寶十二載二月。振鈺案：碑「八月」，非「二月」。

香積寺施燈功德幢振鈺案：「功德」下脱「經」字。

孫思廉墓誌申屠構撰。振鈺案：碑作「孫志廉」，非「孫思廉」。又，碑「申堂構」，注誤作「申屠構」。

劉元尚墓誌正書。振鈺案：碑字行書，非正書。

少林寺還神王師子勑八分書。振鈺案：碑字正書，非八分。

趙思廉墓誌振鈺案：已列上天寶四載，複出。

卷四

憫忠寺寶塔頌張不務撰。振鈺案：碑「張不矜」撰，非「不務」。

威神寺大德禪師墓誌正書。振鈺案：此當署《思道禪師墓誌》，「大德」乃僧銜，非禪師名。又，碑字行書，非正書。

尊勝陀羅尼經幢乾元二年。振鈺案：碑書「上元二年」，非「乾元」。

臧懷恪碑廣德元年十月。振鈺案：碑無年月，以顔太師系銜攷之，在大厤三年之後。此云「廣德元年」，沿《金石文字記》之誤。

華岳廟李仲昌等題名振鈺案：此碑複見本葉。

白道生神道碑□摯宗正書。振鈺案：碑「摯」上無泐字。

怡亭銘竝序李筥八分書銘。振鈺案：「筥」，碑作「莒」。又，裴虬撰銘，注缺。

尊勝陀羅尼經幢正書，沙門譚素述記，贊爲大德尼元真作，文中有永泰年號。振鈺案：碑沙門覃素述記並行書，永泰元年建，注誤。

李寶臣紀功頌王士則行書。振鈺案：碑字正書，非行書。

臧希晏碑張□撰。振鈺案：碑張孚撰，注脱「孚」字。

叱干公三教道場文振鈺案：碑任惟謙書，注缺。

元静先生李君碑振鈺案：即下大厤十二年《李含光碑》，複出。

田尊師德行頌蕭森撰，田名德集王羲之行書。振鈺案：碑「□光」行書，撰文人名泐。蕭森撰、田名德集右軍書乃《觀身經》及《永仙觀碑》，非此刻。

内侍監高力士殘碑振鈺案：碑複見本葉。

宋璟碑側記大厤十二年。振鈺案：碑大厤「十三年三月」，非「十二年」。

無憂王寺大聖真身塔銘行書。振鈺案：碑字正書，非行書。

元結表墓碑大厤□□年十一月。振鈺案：碑「大厤七年十一月」。

華州孔子廟殘碑振鈺案：已列大麻二年，複出。

顔惟貞廟碑建中元年七月。振鈺案：碑「建中元年十月」，非「七月」。

華岳廟崔漢衡等題名振鈺案：碑盧倣書，注缺。

李元諒懋昭功德碑振鈺案：碑明萬麻間重刻，注缺。

姜嫄公劉廟碑正書，貞元九年四月。振鈺案：碑字行書，非正書。貞元「六年十一月」，非「九年四月」。

諸葛武侯新廟碑貞元十一年二月。振鈺案：貞元十一年「正月」，非「二月」。

靈慶公神池碑振鈺案：碑有陰，劉宇撰並行書，注缺。

鑄鼎原銘碑陰振鈺案：碑裴宣簡書，注缺。

晉司空太原王公神道碑振鈺案：碑在臨晉，注缺。

佛頂尊勝陀羅尼經幢元□清正書。振鈺案：碑「元惟清」書，注脱「惟」字。

李仙壽等紀功碑正書，貞元二十年。振鈺案：此乃《韋皋紀功碑》，陰刻皋謝表，此因碑首有李仙壽字，遂訛爲《李仙壽紀功碑》。又，碑字行楷書，非正書。至《天下輿地碑記》又謂此爲「開成元年皋從孫珽立」，此云「貞元二十年」，亦誤。

廣乘禪師塔銘振鈺案：此即下《楊岐山廣公碑》，複出。

韋皋紀功碑憲宗御製。振鈺案：碑德宗撰，非憲宗。又，順宗御書，注缺。

試院新修石幢記振鈺案：碑作「使院」，非「試院」。

浯溪詩皇甫湜撰，行書。振鈺案：碑皇甫湜撰並行書，注脱「並」字。

華岳廟裴穎題名振鈺案：即上《裴顥脩華岳中門紀石》，複出。

李良臣碑長慶二年。振鈺案：碑當立於長慶「三年」，非「二年」。説詳《讀碑小箋》。

張九齡碑徐浩撰並正書，長慶三年。振鈺案：《舊唐書・徐浩傳》稱浩建中三年卒，長慶三年浩死已久，那得更有浩書，必有誤。予無此碑，無從折正，識疑於此。

終南山陀羅尼經幢振鈺案：此幢曹□□書，注缺。

脩浯溪記羅淯正書。振鈺案：碑「羅涓」書，非「羅淯」。

主簿吴達墓誌銘振鈺案：此又列下大和四年，複出。

李晟神道碑裴慶撰。振鈺案：碑「裴度」撰，非「裴慶」。

湘中紀行詩行書。振鈺案：碑字正書，非行書。

尊勝經幢正書。振鈺案：碑行書，非正書。

修龍宫寺碑行書。振鈺案：正書，非行書。

青衣泉邢全等題名開成元年六月。振鈺案：今碑「邢」下泐二字，據《癸辛雜志》及李衛《西湖志》均作「邢令聞」，此云「邢全」，疑誤。又，碑開成「五年」，注誤作「元年」。

馮宿神道碑王超撰。振鈺案：碑王起撰，非王超。

華岳廟陳商題名行書。振鈺案：碑字正書，非行書。

宏郡太守謁華岳廟詩振鈺案：「宏郡」當作「弘農」。

尊勝陀羅尼幢振鈺案：此幢與上《洞庭包山幢》人名年月並同，疑複出。至一注吴縣，一注新野，乃繕寫之誤。

華岳朝李執方題名振鈺案：今此碑「李」下泐一字，《雍州金石記》作「李祁方」，此作「執方」，不知何本。

蓬萊觀碑貝靈該八分書。振鈺案：碑貝泠該書，非貝靈該。

周公祠靈泉記碑大中二年十月。振鈺案：碑「十一月」，非「十月」。

比邱尼正言疏大中五年正月。振鈺案：碑大中「六年四月」，非「五年正月」。

八關齋會報德記振鈺案：此碑已列大厤七年，複出。

高元裕碑大中六年十一月。振鈺案：碑無年月。《中州金石記》云「大中七年十月」，此云「六年十一月」，不知何本。

魏公暮先廟碑銘崔絢撰。振鈺案：碑「崔璵」撰，非「崔絢」。

靈巖寺牟瓃證明功德記振鈺案：此當云《方山證明功德記》，牟瓃乃撰文人名，已見旁注，不應入標題。

圭峯定慧禪師碑裴休撰，柳公權正書。振鈺案：碑裴休撰並書，柳公權篆額，注誤。

韓昶自爲墓誌大中九年十一月。振鈺案：碑「十二月」，非「十一月」。

贈司空李公殘碑振鈺案：此即下《李公神道碑》，複出。

福田寺三門記楊知祈述。振鈺案：碑「楊知新」述，非「楊知祈」。

宏福寺經幢王□庭建。振鈺案：碑「王□人」，非「王□庭」。

新修文宣王廟記咸通十年九月。振鈺案：當列「咸通十一年三月」，注誤。

惠山寺尊勝陀羅尼經幢振鈺案：僧道朗撰叙，注缺。

牛頭寺陀羅尼經幢振鈺案：此幢刻經咒凡十種，不僅《陀羅尼經》，似宜署《牛頭寺經幢》。

五龍廟尊勝陀羅尼經幢振鈺案：碑僧歸肇書，楊□建，注缺。

李玨神道碑振鈺案：已刻本卷第二十六葉，複出。

北岳神廟碑振鈺案：已列上開元二十三年，複出。

胡佺墓志振鈺案：已列上開元三年，複出。

永仙觀田尊師碑振鈺案：此即上大厤六年《田尊師德行頌》，複出。

盧正道墓碑振鈺案：此已列天寶元年，複出。

華岳廟趙宗孺題名振鈺案：碑作「趙宗儒」，非「宗孺」。

華岳廟李益等題名振鈺案：此與趙宗儒一刻，誤分爲二。

尊勝陀羅尼經司馬霜正書。振鈺案：已列天寶三載，複出。

尊勝陀羅尼經竝銘行書。振鈺案：經正書，銘、叙行書，注誤。

殘經幢振鈺案：此已列永泰元年，複出。

卷五

崇福侯廟記行書。振鈺案：碑字正書，非行書。

葛從周神道碑貞明二年十月。振鈺案：碑署「貞元二年十一月」，注缺「一」字。

勑使折嗣祚神道碑振鈺案：「勑使」當作「刺史」。

羅周敬墓誌振鈺案：碑署「殷鵬撰並書」，注缺。

冷求開天竺路記振鈺案：「求」，碑作「球」。

史匡翰碑行書。振鈺案：碑字正書，非行書。

思道和尚重修塔銘振鈺案：碑僧守澄撰，崔虛已書，注脱。

大岯山寺準勑不停廢記顯慶二年五月。振鈺案：碑顯慶六年七月建，注缺。

本業寺碑僧契□撰。振鈺案：撰文僧名「契撫」，注脱「撫」字。

天龍寺千佛樓碑行書。振鈺案：碑字正書，非行書。

上天竺寺尊勝陀羅尼經幢供使衙書幢手錢殷承訓。振鈺案：碑供使衙書寶幢手殷承訓，注衍「錢」字。又，書幢記僧義月，注缺。

南詔德化碑正書，普鐘十四年。振鈺案：碑字行書，非正書。南詔改元「贊普鐘」，亦非「普鐘」。碑在大理，並有碑陰，此均缺。

石城碑正書。振鈺案：碑行書，非正書。

護法明公德運碑贊正書。振鈺案：碑字行書，非正書。又，碑在楚雄，注並缺。

卷六

萬壽禪院牒正書，建隆元年八月。振鈺案：行書，非正書。元年「二月」，非「八月」。

慶唐宫延生觀勅行書。振鈺案：碑正書，非行書。

太乙宫記振鈺案：碑陳摶撰，宋復書，注缺。

重修忠懿王廟碑振鈺案：碑在福州，注缺。

老君清浄經護命經得道經太平興國五年閏三月。振鈺案：《清浄經》二月建，《護命經》、《得道經》閏三月建，注不晰。

重修兖州文宣王廟正書。振鈺案：標題當作《兖州文宣王廟碑》，誤脱「碑」字。又，碑行書，非正書。

徐休復謁聖廟文淳化二年三月。振鈺案：碑「二月」，非「三月」。

青林洞查仲題名振鈺案：此查仲道題名，誤缺「道」字。

晉國長公主華岳祈福記大中祥符二年十月。振鈺案：當署「二年十一月」，注誤。

韓國長公主祈福記及禱謝記振鈺案：此當云《韓國公主華岳祈福記》，誤脱「華岳」字。

龍泉寺普濟禪院碑僧善僞集王右軍行書。振鈺案：碑稱「沙門善僞習王右軍書」，注誤作「集」。

重刻唐旌儒廟碑大中祥符五年五月。振鈺案：碑署「大中祥符三年庚戌」，非「五年」。

元聖文宣王贊竝加封號詔振鈺案：此已列祥符元年十月，複出。

北岳安天元聖帝碑正書。振鈺案：碑字行書，非正書。

保寍寺浴室院鐘樓記行書。振鈺案：碑正書，非行書。

杭州放生池記僧思齊正書。振鈺案：碑「僧德齊」書，非「思齊」。

飛來峯陸慶造象正書。振鈺案：此行書，非正書。

文安公牡丹詩劉孟堅撰。振鈺案：碑劉孟堅撰序，注脱「序」字。

重修昇仙太子大殿記僧智晟正書。振鈺案：碑「僧智成」，非「智晟」。

玉兔浄詩正書。振鈺案：標題當作《玉兔浄居詩》，此脱「居」字。又，碑字乃僧静萬集王右軍行書，非正書。張仲尹撰，注並缺。

絳州重修夫子廟記集王羲之書。振鈺案：□跌望集右軍行書，注未詳。

淡山巖癸酉仲夏詩振鈺案：詩丁謂撰，注缺。

南屏山鄭民彝等題名振鈺案：今南屏無《民彝題名》，僅有《鄭民瞻題名》，年月並與此同，疑「民彝」即「民瞻」之誤。

重修北岳廟記皇祐元年正月。振鈺案：碑皇祐「二年」，非「元年」。

改終南山宫觀名額牒行書。振鈺案：碑字正書，非行書。書碑道士王全矩。又，碑在盩厔，注並缺。

南屏山浦咸熙題名振鈺案：碑「浦延熙」，非「咸熙」。

柳子厚祠堂記無年月。振鈺案：碑署「至和三年二月」，非無年月。

石林亭唱和詩劉敞等撰，蘇軾等正書。振鈺案：碑劉敞撰，蘇軾和李邰書，注誤。

仁宗賜陳繹飛白書碑記行書。振鈺案：碑字正書，非行書。

淡山巖持正等題名隱甫正書。振鈺案：持正即項隨字，此當云《項持正等題名》，「隱甫書」當作「寘隱甫書」。

淡山巖薛球等題名治平二年十月。振鈺案：碑作「十一月」，非「十月」。

盧士宏等題名振鈺案：此即上《九曜石盧士弘題名》，複出。

卷七

龍泓洞蘇頌等題名熙寧五年二月。振鈺案：今拓本僅有「熙寧壬子」，不云「二月」。

浯溪蔚宗題名行書。振鈺案：碑字正書，非行書。

淡山巖楊傑英題名振鈺案：楊傑字英甫，兹稱「楊傑英」，蓋誤合名號爲一。

黄樓賦蘇軾撰。振鈺案：碑「蘇轍」，非「蘇軾」。

龍泓洞子勉題名振鈺案：即下《高荷題名》，複出。子勉，荷字。

□□祠堂後記振鈺案：當稱《唐閻使君祠堂后記》。

九曜石時仲公許積中等題名振鈺案：「公許」，當据碑作「公詡」。

上清宫祠元祐二年二月。振鈺案：碑「六月」立，非「二月」。

緱氏重修太山廟碑記樂份撰。振鈺案：碑樂份書，撰人名已泐，注誤。

贈李方叔馬券元祐四年四月。振鈺案：當列「四年十月」，注誤。

涇陽縣重修孔子廟記元祐五年七月。振鈺案：碑「十月」，非「七月」。

草堂寺杜孝錫題名行書。振鈺案：碑正書，非行書。

羅公神道碑振鈺案：此即上《光禄大夫羅仲宣碑》，複出。

摹吴道子觀音二像吕申贊。振鈺案：吕由聖贊，非「吕申」。

醉翁亭記行書。振鈺案：碑草書，非行書。

朝陽巖邢恕等題名行書。振鈺案：碑字正書，非行書。

宣仙聖烈皇后山陵採石記振鈺案：「宣仙」乃「宣仁」之誤。又，碑吴安持撰，楊仲卿書，注缺。

宣仁皇后山陵採石記振鈺案：此已列元祐八年，複出。

高陵重修縣學記朱草正書。振鈺案：碑作「朱革」，非「朱草」。

浯溪錢岊題名正書。振鈺案：碑字行書，非正書。

白龍池德光等題名振鈺案：「德光」，碑作「德充」。

重興戒香寺公據紹聖四年十月。振鈺案：當列「紹聖五年四月」，注誤。

白龍池東之題名正書。振鈺案：碑作「柬之」，非「東之」。行書，非正書。

元始天尊説北方真武經振鈺案：碑在登封，注缺。

白雲觀主利師塔記振鈺案：「觀主」，碑作「山主」。

真武經碣振鈺案：此已列上葉，複出。

永泰陵採石記曾孝廉記。振鈺案：碑「曾孝廣」，非「孝廉」。

卷八

蔣緯題淡巖山詩建中靖國元年二月。振鈺案：此乃緯四世孫作跋之年，非緯題詩年月，注誤。

白龍池王甫偁等題名振鈺案：碑作「皇甫偁」，非「王甫」。

華堂寺孫竦等題名正書。振鈺案：碑字行書，非正書。

黄樓賦振鈺案：此已列熙寧十年，複出。

崇恩園陵採石記振鈺案：此又列下政和三年，複出。

太僕丞張景脩等題名正書。振鈺案：今碑字行書，非正書。

草堂寺詩正書。振鈺案：碑字行書，非正書。

終南山雜咏正書。振鈺案：碑字行書，非正書。

草堂寺張素翁題名振鈺案：此即上《張壽翁題名》，複出。

九曜石藥洲題字無年月。振鈺案：此與元祐丙寅年《時仲公詡積中題名》同時刻，均米顛書，此誤分爲二刻。列時仲等題名於元祐元年，此列無年月，殊悖。

大觀聖作碑振鈺案：碑李時雍書，注缺。

修三白石渠成記振鈺案：碑在涇陽，注缺。

太乙宫記振鈺案：此已列建隆三年，複出。

吕湘題名振鈺案：此又列下宣和二年，複出。

浮邱公靈泉記張挺撰。振鈺案：標題當云《浮邱公廟靈泉記》，此脱「廟」字。又，撰文人「張梃」，非「張挺」。

白龍池董元康題名正書。振鈺案：碑字行書，非正書。

左丞侯蒙行記序張嶅撰。振鈺案：「張磬」撰，非「張嶅」。

白龍池董自恭謁祠題名正書。振鈺案：碑行書，非正書。

温泉謝彦等題名竝詩振鈺案：標題當作《謝彦温泉詩刻》，無題名，此誤。

嵩岳廟陳彪題名振鈺案：此即下《啟母廟王郅題名》，複出。

白龍池李顯道等題名正書。振鈺案：碑行書，非正書。

白龍池姜子正等題名正書。振鈺案：碑行書，非正書。

八行劉先生詩振鈺案：此即上《黄石公祠詩刻》，複出。

乾陵無字碑宋伸題名振鈺案：碑「宋仲□」，非「宋伸」。

白龍池甄城李僨等題名宣和五年六月。振鈺案：碑作「季春」，非「六月」。

靈巖方山老杜書頌振鈺案：標題當作《妙空禪師頌》。又，方山老拙書，僧浄如頌，注缺。

范填題名振鈺案：此即上《范塡題名》，複出。

慈恩寺張智周等題名振鈺案：此已列上十五葉，複出。

乾陵無字碑范益題名振鈺案：此已列上三十二葉，複出。

昰聖寺建經幢記振鈺案：此已列上三十四葉，複出。

壽聖寺半截石幢振鈺案：此已列上三十四葉，複出。

法雲寺經幢振鈺案：此已列上三十四葉，複出。

王氏建經幢振鈺案：此已列上三十四葉，複出。

朝散大夫陳公墓記蓋振鈺案：此已列上三十四葉，複出。

殿中丞李君誌銘蓋振鈺案：此已列上葉，複出。

許大希祈雨題名振鈺案：此即二十五葉《白龍池許大希祈雨題名》，複出。

崇恩園陵採石記振鈺案：此已列政和三年，複出。

温泉雍方賢等題名振鈺案：此已列上葉，複出。

定慧禪師碑陰王著題名振鈺案：此即三十二葉《草堂寺王著題名》，複出。

韓魏公過淮陰侯廟詩振鈺案：此已列慶曆八年，複出。

卷九

靈隱山伏犀泉連首善題名振鈺案：碑作「連道善」，非「連首善」。

六和塔四十二章經紹興五年十一月。振鈺案：署「紹興己卯」，乃紹興二十九年。此作「五年」，蓋誤認「己卯」爲「乙卯」。

華嚴岩三大字題云淳溪翁，蓋汪藻也。振鈺案：藻號「浮溪翁」，非「淳溪」。

永州學記汪藻撰，篆書。振鈺案：此當依碑首題《太學上舍題名序》。注因汪藻署款有「永州居住」字，遂署《永州學記》，誤。又，碑計四十四行，前二十九行正書，無書、撰人名。後十五行汪藻篆書，注亦未詳。

浯溪劉堯題名紹興二十八年。振鈺案：碑「二十七年」，非「二十八年」。

淡山巖黃彪等題名振鈺案：「黃彪」，碑作「黃虨」，此誤。

石門張伯山等題名振鈺案：此又列淳熙十六年，複出。

魏城縣通濟橋記商彦正書。振鈺案：碑尹商彦撰並書，注誤。

通濟橋記振鈺案：此即上《魏城縣通濟橋記》，複出。

友石臺記朱子撰並行書。振鈺案：碑劉子翬撰，朱熹書，注誤。又，碑在建寧，注並缺。

石門城都劉恭題名振鈺案：「劉恭」，碑作「劉叅」，此誤。

王子申遊淡山巖詩竝題名行書。振鈺案：碑正書，非行書。

玉盆李□能題名嘉定十七年。振鈺案：據拓本，只云「嘉定端午」，不知何故云「十七年」。

玉盆曹濟之等題名八分書。振鈺案：碑字正書，非八分。

浯溪詩衛樵撰正書。振鈺案：碑衛樵撰並正書，注缺「並」字。

九曜石陳疇題名正書。振鈺案：碑字八分書，非正書。

虞琁秋丁釋奠詩振鈺案：碑刻琁父秋丁釋奠詩，後附琁和作，標題未明。

華巖岩絶句景定四年七月。振鈺案：碑署「景定癸酉中」，此作「七月」，不知何据。

趙□□淡山巖偶成詩振鈺案：碑無「偶成」字，此誤。

宋故孺人郎氏葬碣振鈺案：此碑複見本葉。

孤山歲寒岩三字正書。振鈺案：碑篆書，非正書。

卷十

戒壇寺大悲心經密言幢竝記正書。振鈺案：經正書，記行書，注誤。又，書幢人康□，注並缺。

浦公禪師塔銘振鈺案：碑在耀州，温□書，注並缺。

靈巖寺滌公開堂疏振鈺案：碑僧義瑄書，注缺。

靈岩詩王衍撰。振鈺案：詩路伯達、王珩撰，非「王衍」。

太乙靈湫詩振鈺案：碑在西安，注缺。

禹蹟圖阜昌六年四月。振鈺案：碑阜昌「七年」，非「六年」。

卷十一

古文道德經竝側題字高翿篆書，李道謙八分書。振鈺案：高翿篆書經，李道謙分書跋，注未明曉。

卷十二

上卿元教大宗師張留孫碑振鈺案：此已列天厤二年，複出。

南屏山銘八分書。振鈺案：碑字正書，非八分。

竊聞人有言，事非親歷，不得其詳。又言觀書未徧，不得妄下雌黄。以是知著述之難，校勘亦不易也。吾人讀書攷古，凡涉展轉傳鈔、纂輯成書者，不復辨證，往往沿訛襲謬，莫知其非是。無論不足以傳信，適所以滋後人之疑，讀者病之。曩刻孫季逑、邢雨民兩先生所輯《寰宇訪碑録》，搜采戢舂，良費苦心。唯其間所紀題額、署名以及立碑年月，紕繆尚多，至於書體之錯誤，名目之複出，亦未及檢，殆由當時稟本未經寀勘者。今讀羅君未堅《刊謬》一書，凡於碑版文字所得目遇者，一一檢視始終，爲之正訛補闕，具見精心攷古，遠軼前人，以視鑒賞家之浮慕涉獵，正非可以道里計矣。因以付諸手民刻坿《訪碑録》後，俾世之攷訂金石者，訪其出處，且更循覽碑文，有以覈其實焉。光緒辛卯歲季秋，吴朱記榮槐廬識。

補寰宇訪碑録刊誤

光緒丙戌，玉校孫季仇先生《寰宇訪碑録》既卒業，擬並校吾鄉趙益甫司馬《補寰宇訪碑録》，人事牽阻，匆匆未暇。癸巳夏反自越中，簡棄煩促，盡發篋中碑版並从儕輩借漢晉以後石墨，爲先兄佩南先生校寫《碑别字》。夏多霖雨，渠竇生魚，不出户庭者逾月，因得並校勘是書。其書撰人名及時地有奪漏舛誤者，一一刊正，得三百餘則，成《刊誤》一卷，寫坿《趙録》之後。詎謂遂有功於金石之學，亦用償夙志云爾。上虞羅振玉。

漢

羣臣上壽刻石　直隸永平。振玉案：碑在永年。

大吉買山地記　建初六年。振玉案：碑乃建初元年。

沙南侯碑　振玉案：當作《沙南侯獲碑》。

沇州刺史楊叔恭殘碑　山東鉅野。振玉案：石今在魚臺馬氏。

東海廟殘碑　江蘇長洲顧氏藏本。振玉案：拓本今歸歸安吴平齋觀察，觀察有復刻本，在焦山。

益州太守高頤碑　振玉案：碑有陰，八分書，此失録。

中牟魯君魏公闕　振玉案：此碑拓本僅「中牟魯君」四字。

吴

蕭二將祠堂記　正書，太元元年。振玉案：碑行書，太元二年。

晉

明威將軍郛休碑　泰始二年六月。振玉案：碑乃泰始六年二月。

莫龍編專文　振玉案：專文云「永和六年太歲庚戌莫龍編侯之墓」，蓋莫氏封龍編侯，此稱「莫龍編專文」，誤。又，專出廣西蒼梧，注亦未詳。

後魏

鄭長猷造象　八分書。振玉案：碑正書。

□慶造象　永和二年。振玉案：此即《孫録》之永平三年《法慶造象》，複出當删。

馬鳴寺根法師碑　河南洛陽。振玉案：碑在山東樂安大王橋，此誤。

高柳村比邱僧詳等一百午十人造象　山東臨清。振玉案：碑在益都。

郁久閭明達題名　直隸永平。振玉案：在《羣臣上醻碑》陰，在永年。

西魏

始平縣伯造象記　振玉案：此即《孫録》畢秋颿先生所藏《法顯造玉石象記》，複出當删。

東魏

張僧安造象　振玉案：碑在山東樂安，此未詳。

杜收虎造象　振玉案：吴荷屋先生《筠清館金石録目》云「碑在漢陽葉氏」。

劉壽君造象　振玉案：沈氏濤《常山貞石志》云「此石歸仁和韓氏」。

太尉公劉懿墓志　河南安陽。振玉案：此碑道光初年出土，在山西忻州焦丙照家，後爲太谷温氏所得。

王僧敬造象　振玉案：碑在山東陵縣。

僧熾僧惠等造象　振玉案：碑在河南河内。

王氏女張恭敬造象　振玉案：碑三面有字，石藏嘉興沈氏。

邑義道俗造象治道碑　振玉案：碑在山西盂縣。

平乾虎造象　振玉案：碑在河南洛陽。

北齊

開府參軍崔頠墓志　山東益都。振玉案：《筠清館金石録目》云「在直隸清河」。

道顯造釋迦象記　河南。振玉案：碑在山東范縣。

雲門寺法勲禪師塔銘　山東益都。振玉案：《筠清館金石録目》云「碑在安陽」。

陑赤齊等造象碑　振玉案：碑乃道光二十四年許瀚訪出，在沂州府學宫。

尼法行等造象　振玉案：當作《尼法元等造象》，此作「法行」，誤。又，石藏嘉興沈氏。

功曹李琮墓志　振玉案：碑側有字四行，今人多失拓。

常岳等邑義百餘人造象　山東藺山。振玉案：碑有「臨伊闕之右」語，是此刻當在洛陽龍門。又，此碑題名内有「張樹生」，齊神武之父正名樹生，不應絶不避諱，此刻恐非北齊時造。此列入北齊，未確。

北門護城隄上吕世擳等造象殘石　振玉案：「吕世擳」，碑作「吕世檦」。

李寶造象殘石　振玉案：此碑亦許印林訪得，今在山東沂州王右軍祠。

北周

陳歲造象　天和六年六月丙戌朔。振玉案：碑乃天和六年六月丁丑朔日丙戌。

隋

□太造象　開皇五年七月。振玉案：此即上《夏樹造象》，碑題「□太妻夏樹」，複出當删。
鄭敬希題名　振玉案：碑在山東東平州，此未詳。
張暉造象　振玉案：碑在山東蘭山，此未詳。
寶山寺造諸佛象碑　八分書。振玉案：《筠清館金石録目》作「正書」。
曇獻造象　振玉案：碑在山東東平州白佛山，此未詳。
吴□造象　振玉案：碑在山東麻城，此未詳。
金勝女造象　振玉案：碑在山東麻城，此未詳。
周右光禄大夫開國男鞏賓墓志　振玉案：「開國男」當作「雲陽縣開國男」。
孫先造象　山東益都。振玉案：碑在山東麻城九塔寺。
張峻母桓造象　山東益都。振玉案：碑在山東麻城玉函山。

密長盛逢盡竪等造橋殘碑　振玉案：「逢盡竪」，碑作「逢盡翌」。「翌」即「望」之别字。

魯司寇鄒國公孔宣文靈廟碑　寇文約立。振玉案：《筠清館金石録目》作「寇文豹」。

甯越郡欽江縣正議大夫甯贙碑　此碑文字不古，疑僞作。振玉案：此碑文字樸拙，然絶非僞託。又，此碑當列《黄法𣁽造象》前，錯列，當改正。

朝請大夫夷陵太守太僕卿元公墓志　振玉案：此碑及下《姬氏墓志》原在陽湖陸劭聞先生家，今歸南皮張香濤制軍。

順昌令李處落造象　山東東平。振玉案：在白佛山，共題名四十七種，皆無年月。

唐

女子蘇玉華墓志　振玉案：此僞託。

文安縣主墓志　振玉案：此碑原在醴泉，後歸乾州一士人家，近爲吴縣吴愙齋撫軍所得。

舍利函記　顯慶二年十一月，陝西臨潼。振玉案：此即《桂州舍利函記》，顯慶二年十一月建塔，四年四月八日安舍利，在廣西臨桂，此誤。

駙馬都尉豆盧遜墓志　振玉案：此當依碑題作《駙馬都尉息豆盧遜墓志》，遜乃駙馬都尉子也。此誤以駙馬都尉爲遜職。

張興墓志　陜西臨潼。振玉案：碑在河南臨潼。
金剛般若經　龍朔三年四月。振玉案：碑常才造，在河南洛陽。
新羅武烈王碑額　碑爲唐龍朔間金仁聞撰書。振玉案：「仁聞」當作「仁問」。
張對墓志　乾封二年正月。振玉案：碑作「乾封三年」。
韓寶才墓志　振玉案：碑今在京都端午橋工部家。
新羅文武王陵殘碑　韓訥儒書。振玉案：當作「韓訥儒正書」。
法如禪師墓志　正書。振玉案：碑八分書。
處士程元景墓志　長壽三年正月廿二日。振玉案：碑作「廿一日」。
龍龕道場銘　聖厤二年正月。振玉案：碑作「二匝二十三日」。
薛剛墓志　振玉案：碑歸陽湖董氏。
馮慶墓志　振玉案：碑乃王博撰，注缺。
居士蘆洲巢縣令息尚真墓志　振玉案：「蘆洲」，碑作「蘆州」。
裴挺之妻鄭氏墓志　正書。振玉案：《筠清館金石録目》作「八分書」。
楊氏合葬殘碑　振玉案：碑柳紹先撰，李爲仁書，注缺。
殘墓志　李爲仁正書，柳紹先文。振玉案：此即上《楊氏合葬殘碑》，複出當删。

陸元感墓志　振玉案：碑靳翰撰，注缺。

僧九定造浮圖記　景雲二年。振玉案：此碑已見《孫録》，列先天二年，複出當删。

修定寺碑　正書。振玉案：《筠清館金石録目》作「八分書」。

祕書監馬懷素墓志　正書。振玉案：《筠清館金石録目》作「八分書」。

金剛經贊序並鄉望經主題名　孫嘉儁正書。振玉案：碑作「孫文儁」。又，碑乃僧了空撰，注缺。

本願寺舍利塔碑　振玉案：此碑已見《孫録》，列大厤五年，複出當删。

行登州司馬王慶墓志　正書。振玉案：碑行書，非正書。

開業寺石佛堂碑　孫義隆文行書。振玉案：碑孫義龍文並行書。

益州大都督張敬忠表　振玉案：此即上《賜張敬忠勅碑陰》。又，碑常道觀主甘榮書，注缺。

聖容院碑　開元十四年。振玉案：《筠清館金石録目》作「十八年三月」。

豐義縣令鄭温球墓志　振玉案：碑盧兼愛撰，此缺。又，石藏陽湖董氏，兵燹後不知存否。

智元墓志　正書。振玉案：碑行書，非正書。

河南府參軍張軫墓志　開元二十一年十月，湖北武昌。振玉案：碑在襄陽，此誤。又，碑吕説巖撰，注缺。

白鹿泉神祠碑　振玉案：此碑二面刻字，碑陽十五行，碑陰十二行。

僧義福塔志　振玉案：碑杜昱撰，注缺。

裴光庭碑　振玉案：碑張九齡撰，在山西聞喜，注缺。

僧惠隱塔志　振玉案：惠隱乃尼，非僧。

本願寺三門碑　年月泐，考爲開元間。振玉案：沈西雍先生考爲開元十三年以後。

雷音洞心經　振玉案：此碑今歸京都端午橋工部。

李璿墓志　陝西咸陽。振玉案：《筠清館金石録目》作「在順天文安」。

隴關道游奕使任令則神道碑　天寶四載十月，正書。振玉案：碑李邕撰並行書，天寶四載十二月，此誤。

張軫弟二志　天寶六載十月，吕説巖文，湖北武昌。振玉案：碑丁鳳撰，在襄陽，此誤。

丁思禮心經　天寶八載。振玉案：此碑已見《孫録》，複出當删。

僧元林碑　陸長原文，河南安縣。振玉案：碑陸長源文，在安陽，此誤。

縣尉盧重華移石記　振玉案：此即《孫録》之《滎陽縣尉盧重華題名》，複出當删。

劉智墓志　蘇靈芝正書。振玉案：一本與此字畫行款並同，有「張遘撰」款，無「靈芝書」款，其字畫校精，疑此本乃碑賈從彼翻刻，以字畫類靈芝書，遂增蘇款耳。

新平郡王儼墓志　振玉案：　碑韓述撰，注缺。

右堂銘　振玉案：　碑字已不可辨。《墨池編》云「高重明書」。

僧肅然禪房記　振玉案：　碑宋叔鈞撰，注缺。

王景秀墓志　大厤十年。振玉案：　碑乃「十一年」，在宛平。

盧濤墓志　大厤十一年。振玉案：　碑乃「十年十一月」。又，子杞撰並書，注缺。

浮玉二字　無年月。振玉案：《筠清館金石録目》作「大厤八年」。

獨秀峯石室記　振玉案：　碑鄭叔齊撰，注缺。

宣城尉李君妻賈氏墓志　從子文則正書。振玉案：　碑乃從子文則撰並書。

涇王妃韋氏墓志　李綎行書，張同文，陝西長安。振玉案：　碑無書人名，「綎」，疑「侹」之誤，「李侹」即涇王也。「張同」，碑作「張周」。又，碑正書，非行書。石藏南海吴氏。

淮南節度兼泗洲長史北平開國伯田侁墓志　振玉案：　碑桑叔文撰，儲彦琛正書，注缺。石原在揚州梅蘊生先生家，今歸張午橋觀詧。

王□題名　貞元八年二月十日，在《裴琳德政記》後。振玉案：　碑乃貞元十八年，在《盧正道碑》側。

清河郡張夫人墓志　劉釗書。振玉案：　當作「劉釗正書」。

王庭湊妻馮氏墓志　振玉案：「王庭湊」，碑作「王庭瓌」。又，史恒撰，注缺。
畢遊江墓志　正書。振玉案：碑行書。
盧永題名　陝西。振玉案：碑在曲陽北嶽廟。
施昭墓志　振玉案：碑在涇縣，華□撰，此未詳。
零陵寺石闌贊　振玉案：當作「石井闌贊」。
殿中監石神福墓志　元和八年正月十七日。振玉案：當作「二月十八日」。
李術墓志　振玉案：此僞託。
尊勝陀羅尼經幢　元和十三年七月。振玉案：碑在陝西咸甯，韋元同撰記，此未詳。
尼義契墓志　振玉案：碑乃从父弟同翊撰，注缺。
冀王事右親事典軍邵才墓志　尉仲方文。振玉案：碑从姪仲方文，此誤。
張遵墓志　太和元年。振玉案：「太和」當作「大和」，以下同。又，碑王勱撰，注缺。
沔王府諮議參軍張侔墓志　振玉案：碑韓逵書，注缺。
楚州刺史石柱題名　陝西山陽。振玉案：碑在江蘇山陽。
兵曹鄭準墓志　振玉案：碑陳齊之撰，注缺。
左監門衛將軍劉英潤妻楊珽墓志　李約書。振玉案：當作「李約行書」。「劉英潤」，碑作「劉渶潤」。

馮翊聚慶墓志　振玉案：此磚今歸歸安陸存齋觀詧。

硤石寺法華會記　振玉案：碑僧道振撰，司徒�正書，注缺。

登封縣令上柱國崔蕃墓志　趙博□文。振玉案：瞿木夫先生云「趙博齊文」。

環府君妻程氏墓志　振玉案：碑王玠撰，注缺。

徐府君劉夫人合祔銘　振玉案：碑在江都。

劉源墓志　振玉案：碑潘圖撰，注缺。

趙府君妻夏侯氏墓志　振玉案：碑唐正辭撰，注缺。

三天洞宣歙池等監軍使蘇道淙題名　安徽休甯。振玉案：碑在宣城，此誤。

内府局丞王守琦墓志　振玉案：碑歸陽湖董氏。

祇園寺經幢　大中五年五月。振玉案：碑沈宏斌書，計二幢，年、月、書人並同。

萬夫人墓志　江蘇江都。振玉案：此碑藏汪孟慈先生家，孟慈先生附糧艘入都，糧艘失火，石已燬。

盧楷墓志　振玉案：此即《孫録》之《太子左庶子盧公墓志》，複出當删。又，《古誌石華》定盧公爲「盧鍇」，此作「盧楷」，亦誤。

袁□妻王氏墓志　振玉案：碑乃王孟諸撰，注缺。

藥師象贊　振玉案：碑乃郭崧撰並書，注缺。

榮王府長史程脩己墓志　咸通二年。振玉案：碑乃咸通四年。

節度隨使押衙王公晟妻張氏墓志　子宏泰書。振玉案：當作「子宏泰正書」。

國子祭酒嚴密墓志　振玉案：碑在壽州。

青龍鎮朱氏石幢記　振玉案：碑在青浦，裴南□撰。

徐州功曹劉仕俌墓志　振玉案：碑今歸太倉錢伊臣大令。

王夫人宇文氏墓志　振玉案：「王夫人」，碑作「李夫人」。

尊勝陀羅尼咒幢　咸通十三年七月。振玉案：碑在嘉興。

雲居寺殘經　振玉案：碑楊元宏書，注缺。

河南府録事趙虔章墓志　孫溶正書，姚絅文。振玉案：碑孫溶撰，姚絅書，此誤。

净土寺毗沙門天王碑　振玉案：碑王札撰，韋薰書，注缺。

戴昭墓志　振玉案：碑許棠撰，注缺。

幽州隨節度押衙敬延祚墓志　中和二年。振玉案：碑在海豐吴氏，乃中和三年。

北海戚處士墓志　振玉案：碑原在浙江諸暨，後歸蕭山王氏。

封崇寺經幢　史歸舜正書。振玉案：碑乃史歸舜撰贊，正書。

雙溪寺真鑑禪師碑　振玉案：碑正書。

聖住寺朗慧和尚白月葆光塔碑　振玉案：碑正書。

□節度相國生祠碑　王摩正書。振玉案：此即《董昌生祠記》，未見王摩書款。

光禄大夫静南軍使扶風縣開國男韋君靖碑　乾甯二年二月，四川大定。振玉案：「二月」當作「十二月」，「大定」當作「大足」。

道宗常寶二僧碑　乾甯二年。振玉案：當作「乾甯元年」。又，碑王崍撰，注缺。

王進思碑　無年月，正書。振玉案：此碑《安陽志》列開元末。又，田景志八分書，韓邠卿撰。

尼韋提墓志　振玉案：碑辛溥撰，在陝西咸甯，此未詳。

深州刺史殘墓蓋　山西汾陽。振玉案：碑在直隸正定。

華陽三洞景昭大法師碑額　無年月。振玉案：《韋景昭碑》在句容，已見《孫録》，此又單著其額，何耶？

後梁

王彦囘墓志　振玉案：碑蔣鑒玄撰，注缺。

後唐

石臺記　振玉案：碑乃僧德徽撰，惠臻書，注缺。

後晉

浄土寺法鏡大師慈鐙塔碑　仇足達書。振玉案：碑作「具足達書」。

石屋洞朱□□造象　開運三年四月十五日。振玉案：當作「開運二年」。

弓敬安等造象並回回咒　振玉案：《筠清館金石録目》作「張敬安」。

宿明造象　無年月。振玉案：以下無年月諸造象皆題「甲辰歲」，乃天福九年。

後漢

奉宣祭瀆記　振玉案：碑柴自牧撰，注缺。

後周

石南山寺國師碑後記　釋純白文並書。振玉案：碑正書，注未詳。

李訶妻徐墓志　顯德元年。振玉案：《筠清館金石録目》作「顯德三年丙辰十月庚申朔十四日」，此誤。又，碑李潯撰，注並缺。

玉兔寺禪師遺屬　振玉案：碑在山西浮山。

大安寺廣慈大師碑　高麗光宗光德二年七月，考當在顯德間。振玉案：碑稱「光德二年庚戌十月」，考庚戌乃漢乾祐三年，此列周末，誤。又，碑乃孫紹撰，注缺。

吴越

謝客巖題字　錢鏵正書，浙江永嘉。振玉案：碑字篆書，在錢唐。

朱行光墓志　振玉案：碑乃謝鶚撰，注缺。

宋

元聖文宣王贊並加封號詔　王嗣忠書。振玉案：碑乃王嗣忠行書，此誤。

勅賜封崇寺額牒並記　大中祥符九年八月五日。振玉案：碑乃「八月二十五日」，童蒙亨撰，男貽孫書，此未詳。

勅賜慶成院額牒並記　大中祥符九年。振玉案：碑乃大中祥符七年。又，碑陰刻《陀羅尼咒》，正書，此缺録。

興福寺塔記　姜邯瓚書。振玉案：姜邯瓚撰並書，此未詳。

大慈恩元化寺碑·周仁文。振玉案：碑作「周仁文」。

新修碑樓記　河東滎陽。振玉案：此刻在河南滎陽《盧正道碑》側。又，王鑑撰，此未詳。

保甯寺牒　振玉案：此碑在浴室院鐘樓，碑陰僧惠詮行書，此未詳。

重修郭進屏盜碑記　振玉案：碑胡戢撰，注缺。

魏威信碑　振玉案：碑李維撰，注缺。

南海廟牒　慶厤二年。振玉案：此即《南海神廟中書門下牒》，已見《孫録》，複出當删。

聖王殿記　振玉案：碑宋明書，注缺。

淮陰廟碑陰　振玉案：碑乃王孝孫書，許扶述，大淵獻十二月，此未詳。

張掞孟姜廟詩　振玉案：碑宋宗諤書，注缺。

梁軌祠記　振玉案：碑薛宗儒撰，鄭輔書，注缺。

韓恬墓志　振玉案：碑乃叔祖琦撰，弟跂書，注缺。

趙□墓志　振玉案：碑乃姪孫晏書，注缺。

趙宗道墓志　振玉案：碑乃韓琦撰，李中師書，注缺。

趙宗道妻崔氏墓志　年月泐。振玉案：碑張吉撰，張曜書，熙寧二年十一月，注缺。

晉祠龐京孫題名　振玉案：此在《晉祠銘》碑陰。

成德軍修虖沱河記　振玉案：碑石亘撰，注缺。

曾布禱雨題名　振玉案：在《晉祠銘》碑陰。

越州朱儲斗門記　振玉案：碑邵權撰，江嶼書，注缺。

重修淮陰侯廟碑　杜希□書。振玉案：碑無書人名，「杜希□」乃篆額人也。又，碑字正書，注缺。

重修廟學碑　振玉案：碑字正，書注缺。

新遷文宣王廟堂記　振玉案：碑齊孝先撰，碑側有字，注缺。

僧靈裕塔銘並傳序　振玉案：塔銘師嚴正書，傳釋德殊撰，小童師慶正書，注未詳。

張旨碑　振玉案：碑乃男平秩立，吕陶撰，注缺。

頓起等題名　紹聖四年。振玉案：「紹聖」當作「紹興」。

將軍廟辭　振玉案：此即《孫録・書將軍山廟辭》，複出當删。

高元龍等朝元閣題名　振玉案：碑楊質夫題，行書，注缺。又，「高元龍」，碑作「高亢龍」。

湘南樓記　振玉案：碑李彦弼記，周冕書，注缺。

陳崇禱雨記　振玉案：此刻沐澗静應廟唐碑側。

九仙居士陳□殘題名　振玉案：「陳□」乃「陳疇」，九曜石有疇題名，稱「九仙野傻」。

華嚴經會序　振玉案：此即《孫録・横澗華嚴經會》，複出當刪。

僧普惠塔銘　振玉案：碑乃沙門惪□撰並書，注缺。

唐裔等清輝閣題名　振玉案：當作「曁唐裔等」。

龍隱橋記　振玉案：碑李坦題，李墀書，注缺。

神霄玉清萬壽宫碑　振玉案：碑乃御製、御書，注缺。

僧惠清塔記　振玉案：碑李世美撰，注缺。

封崇寺鑄鐘記　繼重文並書。振玉案：當作「僧繼重文並正書」。

宋全等施石牀記　振玉案：碑乃張先孺筆，注缺。

北岳廟王能題名　宣和九年。振玉案：吴氏《筠清館金石録目》考爲大中祥符八年以前，緣王能於八年入覲。此列宣和九年，後大中祥符百餘年，誤甚。

南宋

真樂公文殊院記　振玉案：碑乃金富轍撰，坦然書，注缺。

御書傳忠廣孝寺碑　振玉案：當作《御書傳忠廣孝寺額碑》。

李集妻楊氏墓志　振玉案：《筠清館金石録目》云此碑「道光十年出土，湘潭劉詒孫旋納石墓中」。

南山順濟廟記　振玉案：黄庭堅撰書，注缺。

趙子直題名　振玉案：在福建烏石山。

高州石屏記　振玉案：碑洪邁撰，朱希顔跋，注缺。

紹興府進士題名　振玉案：碑王介書並序，題名八分書，記文正書，注缺。

浴日亭詩　振玉案：碑蘇軾撰，注缺。

廣壽慧雲寺記　景定四年。振玉案：碑乃景定三年。又，史浩撰，樓鑰書，注缺。

秦觀踏莎行詞　湖南彬州。振玉案：當作「郴州」。

遼

雲居寺經幢　振玉案：李樞撰，吕嗣宗書，注缺。

西夏

感通塔番字碑　無年月。振玉案：此即上《感通塔碑》之陰。

金

護國顯應王廟記　振玉案：碑周庭撰並書，注缺。

湯廟記　振玉案：碑王定國撰，張齊古正書，注缺。

奇石山摩崖　王綰正書，鞏伯勳文。振玉案：碑乃王琯書，鞏伯壎文，注誤。

圓應國師碑　皇統元年。振玉案：《海東金石苑》作「皇統五年」。

定林通法禪師塔碑　王綰升書。振玉案：碑乃王琯撰並正書。

崔皋等石香爐記　振玉案：碑乃釋惠海正書，注缺。

僧崇遠塔銘　振玉案：碑乃釋普明撰，僧了性正書，注缺。

廣濟寺牒　大定三年十一月。振玉案：三年牒，七年八月立石，在陝西醴泉，此未詳。

七佛偈尉圭公居士塔銘　釋洪道行書。振玉案：偈乃釋洪道分書，塔銘乃沙門智深撰，宋義行書，注誤。

萬壽院牒　大定十年。振玉案：碑乃蘇綬書，注缺。

洪福院牒記　振玉案：碑乃楊震撰，口璧書，注缺。又，碑有陰，中統四年正月，正書。

修象施錢記　振玉案：在《唐陳令望心經碑》陰。

闞大王祖宅塔記　振玉案：碑張開撰，注缺。

居士張浄宇塔銘　洪道書。振玉案：當作「釋洪道正書」。

修龍門寺記　淵懿書。振玉案：當作「釋淵懿正書」。

允公長老塔銘　道信書。振玉案：當作「釋道信正書」。

龍泉院牒並記　振玉案：碑有陰，正書，此缺録。

□處仁冋山碑陰題名　振玉案：當作《□處仁冋山宫碑陰題名》。

竹林寺羅漢洞記　大定廿九年。振玉案：碑乃釋有挺撰，王道書，宋崇寧元年十月刻，大定廿九年重刻，注未詳。

治平院山堂記　明昌二年。振玉案：碑乃許安仁撰並書，明昌五年閏十月，注未詳。

玉祖堂記　振玉案：當作《五祖堂記》。又，李俊民撰，王一飛正書，注缺。

東海徐氏墓碣　河南濟源。振玉案：碑乃唐子固撰，徐珍書，注未詳。又，碑在山東濟甯，注缺。

元氏重脩社壇記　刻政和九年，碑陰。振玉案：此刻在《政和元年社壇圖碑》陰。又，碑劉夔撰，宋泰書，注缺。

高仲倫德政碑　振玉案：碑有陰，正書，此缺録。

玉皇象座上題字　振玉案：王仁祐書，注缺。

方丈二大字　趙□正書。振玉案：碑乃趙秉文書，在鞏縣。

寶鏡寺元真國師碑　振玉案：「元真」，《海東金石苑》作「圓真」。

道士鄭居澄豫作墓志　振玉案：碑劉寇撰，注缺。

劉章墓碣　正書，無年月。振玉案：碑有「己酉歲」字，吴荷屋先生考爲淳祐九年。《關中金石志》列入元初，非。又，碑乃楊英撰，張徽分書，注缺。

僞齊

永慶寺大殿記　振玉案：碑在長清，僧智江撰，注缺。

元

重脩大龍興寺功德記　印從書。振玉案：當作「釋印從正書」。

知中山府事王善神道碑　李治文。振玉案：當作「李冶」。

妙香院記　振玉案：碑比邱道虞撰，注缺。

無極縣廳事題名記　馮崧升書。振玉案：碑馮崧撰並正書。

重脩廟學記　李治文。振玉案：當作「李冶」。

衛心隱碑　振玉案：此即《孫録·衛志隱碑》，複見當删。

望嵩樓記　振玉案：此碑已見《孫録》，複出當删。

天開寺碑　振玉案：碑魏必復撰並正書，注缺。

元氏重建土地堂並石香罏記幢　振玉案：賀宗儒撰，注缺。

重脩神應王廟記　陳絢禮書。振玉案：碑作「陳徇禮」。

欒巴廟記　振玉案：碑劉賡撰並正書，注缺。

韓氏新塋世德碑　振玉案：碑胡祗遹撰，胡持正書，注缺。

壽國文貞公董文忠墓碑　振玉案：文忠公，碑作「忠貞公」。

拔不忽碑　振玉案：此即《孫録》之至大□年《珊竹公神道碑》，複出當删。

追贈董俊聖旨碑　至大三年十□月。振玉案：當作「至大元年閏十一月」。

全真觀碑　振玉案：此碑已見《孫録》，複出當删。

杜棨季碑　振玉案：碑祝慥撰，韓從益書，注缺。

順應侯廟碑　振玉案：宋元豐二年牒，陰刻元符三年李元膺記，注缺。

祁林院歷代聖主恩慧撫護碑　正顯書，明亮文。振玉案：碑僧正顯書，碑陰僧明亮撰，此未詳。

白佛殿記　振玉案：碑張□記，張柬書，注缺。

程鉅夫妻徐氏碑　振玉案：碑熊朋來撰，貢本書，注缺。

追崇聖號之碑陰　振玉案：王朴書，注缺。

大成殿記　振玉案：碑韓性撰，注缺。

功臣平章鄭温神道碑　鄧□原文。振玉案：碑作「鄧文原」。

趙文正公興學詩　賈垕書。振玉案：當作「賈垕行書」。

魯柏山禪定字施緣銘記三種　振玉案：「禪定字」當作「禪定寺」。

十方萬歲禪寺莊産碑　虞集書。振玉案：碑虞集行書。碑有陰，注未詳。

榮禄公哈珊神道碑　振玉案：碑八分書，注未詳。

普陀大士象碑　振玉案：碑徐子邁記，李元奎書，注缺。

開元寺重脩聖象法堂記　振玉案：碑昔里改牙撰，僧善壽書，注缺。

宣武將軍皇毅墓碑　慶□文。振玉案：當作「虞□文」。

雲居寺藏經記　振玉案：碑沙門法禎撰並書，注缺。

興龍寺記　振玉案：碑虞集撰並正書，注缺。

彰德路廳壁記　振玉案：碑趙時敏記，王思義正書，注缺。

宋文瓚去思碑　振玉案：碑黄溍撰，趙宜浩書，注缺。

重脩佛堂院記　額題「⿰宗阝鏒罥⿰壴阝窫香」。振玉案：「鏒」，碑作「鏥」。

碑陰　額題「絖坦堯堅」四字。振玉案：「坦堯」，碑作「珇堯」。

賈魯謁岱祠詩　振玉案：此即《孫録》之至正六年《岱廟環詠亭詩刻》，複出當删。

陶福之烏山洞題記　至正六年。振玉案：當作「至正五年」。

龍興寺住持佛光宏教大師碑　振玉案：碑行書，注未詳。

貢師泰去思碑　振玉案：此碑已見《孫録》，複出當删。

趙叔遜去思碑　振玉案：此碑已見《孫録》，複出當删。

周從進等朝陽巖題名　振玉案：李次皋書，注缺。

杜瑛碑　振玉案：馬祖常撰，胡彝書，注缺。

太白酒樓記　振玉案：此即《孫録》之至元三十年《唐李翰林酒樓記》，複出當删。

秦王夫人施長生錢記　振玉案：此碑已見《孫録》，複出當删。

張養浩家訓　至正十四年。振玉案：此碑已見《孫録》，列至順三年，從《山左金石志》也。此因跋語有「至正十四年」字，故列此，複出當删。

增修學廟記　振玉案：碑有陰，此失録。

普光禪寺碑　楊鉉撰。振玉案：《海東金石苑》作「揭竑撰」。

僧通慧塔記　振玉案：碑宋天禄書，注缺。

渾忠武王祠記　振玉案：碑魏志遠撰，王克明書，注缺。

無量壽院記　無年月。振玉案：此碑已見《孫録》，列至正十五年，複出當删。

吴

天册専文　振玉案：此専今已不存。

晉

靈崇二大字　浙江臨海。振玉案：二字在浙江處州南明山，後有宋紹聖丁丑劉涇書贊，此誤。

隋

啟法寺碑　振玉案：碑周彪撰，注缺。

唐

范女阿九墓志　兄瓚文。振玉案：當作「兄鄮文」。

戚高墓志　振玉案：此碑即卷三之《北海戚處士墓志》，複出當删。

牛秀殘碑　振玉案：碑在陝西醴泉，此未詳。

南宋

橋亭卜卦硯　直隸大興劉氏家藏。振玉案：今在京都謝公祠。

增訂漢石存目

予初治金石目録之學，校孫氏《寰宇訪碑録》及趙氏《補録》，訂正譌複，各得數百事，既乃苦其多不勝舉而止。欲别爲一目，意先成一代，詳加校核，而後徐及他代，如是譌誤庶可差減。逮歲乙未，諸城尹君竹年郵寄所刻福山王氏《漢石存目》二卷，其書分《字存》、《畫存》，僞刻不録，重槧不録，佚石不録，體例頗完善。尹君附書言廉生太史已繼是爲《六朝石存目》，近擬撰《唐石存目》，則繁賾非旦夕所能就也。予喜其與鄙意不謀而符，謂今海内既有爲之者，予書可不作。乃撰集孫、趙兩家著録所未及諸石刻，爲《再續訪碑録》二卷。於時頗檢閲是目，則稍稍見譌字，爲之是正，記於書眉。比以二十年來，兩京石刻又有出土者，欲加入編中，乃一一校以墨本，始知是書之違失，殆不下於孫趙二録。

爰舉其略：如《司馬長元石門刻字》注建初八年六月，校以石刻，乃六年十月。《南武陽西石闕》注元和八年八月，元和無八年，他家或作元和三年。今驗石刻，年上一字雖半泐，然是元字，乃元年十二月，固非八年八月也。《韓勑造禮器碑》注永壽元年，石刻是二年。《魯峻碑》注熹平元年，石刻亦是二年。《樊敏碑》注建安六年八月，石本乃十年三月。此書年月之失也。《楊淑恭碑》附書碑兩側，今石本但有一側。《三公》之碑有側，《曹全碑》有陰，録中並不著。此書陰側之失也。《楊君頌》注篆額，而石刻額字是八分。《劉梁殘石》一曰「秋博覽」云云，一曰「爲國」云云，又有碑側一行曰「歲在辛酉三月十五」，兹乃析一爲三，而分著之。《稱弟故殘石》他書或作《十三字殘碑》，與《黄初五年殘石》書體大小方罫並同，確爲一碑。此録乃誤以爲漢刻。《禹陵窆石》形制、書迹並同孫吴，宋人著録謂是漢永康元年，今石刻具存，並不見永康紀年，乃亦沿宋人之誤列之漢石。此記書體、名稱、朝代之失也。今均一一爲之勘正。《朱博殘石》確爲贋作，蜀《侍中楊公》、《中書令賈公》二闕，劉燕庭方伯據宋人題字定爲李成時，其説可信。此録仍以爲蜀漢，兹並削除，而益以近年新出諸石二十有二，於是《字存》一卷，畧可觀覽。

至《畫存》彌復糾紛，著録益匪易易，此録舛譌蓋亦非一。如《沂水鳳皇畫象》二石，其一署白鳳，誤録作元鳳，又誤二石爲三石。嵩高泰室、少室東西二闕，並有畫象，乃均屬之東闕。《武氏祠後石室畫象》十石均無題字，乃注題字八分書。《左室畫象》十石，誤作一石。《顔氏樂圃畫象》二石，一得之白楊店嶽廟者有題字，一得之兗州劉氏者無題字，兹録於二石僉注有題字。陳氏簠齋藏《君車題字畫象》，二面刻而遺其陰面，《射陽畫象》亦兩面刻，而誤以爲二石。《永元食堂畫象》一石裂爲二，亦誤以爲二石。如斯之類，並爲失實。又其記録之例，數石之中一石有字，便注有題字，而不明著幾石有字，亦令讀者迷惑，今一一取予藏本核定。但予之所藏初未盡備，然亦十得八九。往歲奉命視學山左，輶車所至，徵求盈筒。如《汶上兩石橋畫象》等，有前賢未曾寓目者，乃爲東邦友人借去，爲寫真工人乾没遺失者過半，兹之校訂或轉據他籍，至爲憾事。又畫象諸石流出海外者不少，嘗欲爲《海外貞珉録》以記之，其成書尚需時日，兹先就可知者補入是編，雖未能盡，其視原録爲加詳矣。

予於文敏初未識面，方予官京師，文敏蓋已捐軀殉國，清風大節，夙所景企。茲之補正，非敢暴前賢之失，亦聊盡校字之責，且以示著録之難。至予之譌誤，正恐亦未能免，則又將須之後賢，倘有能如予之於文敏者，則厚幸矣。乙卯六月，上虞羅振玉。

增訂漢石存目卷上

福山　王懿榮　纂
上虞　羅振玉　校補

字存

羣臣上醻刻石篆書。趙廿年八月丙寅，劉位坦考爲文帝後元六年。　直隸永年西南七十里豬山

魯卅四年刻石八分書。五鳳二年六月四日。　山東曲阜孔廟同文門西

麃孝禹刻石八分書。河平三年八月丁亥。　山東泗水，今藏歷城李氏園

甘泉山刻石殘字古隸書。江藩考爲江都厲王胥塚石。三石。　江蘇揚州府學壁

東安王欽元題名八分書。旁畫鳳皇。　山東沂水西南鮑家宅山

祝其卿墳壇刻字篆書。居攝二年二月。　山東曲阜孔廟同文門廡

上谷府卿墳壇刻石篆書。居攝二年二月。　山東曲阜孔廟同文門廡

附美子侯刻石八分書。新莽始建國天鳳三年二月十三日。　山東鄒縣孟廟

侍御史李業闕八分書。　四川梓潼西五里

三老諱字忌日記八分書。無年月，有「建武十七年」及「廿八年」字，姑附此。　浙江餘姚客星山周氏

開通褒斜刻石八分書。永平六年。　陝西褒城石門

昆弟六人買山地記八分書。建初元年。　浙江會稽跳山摩崖

司馬長元石門刻字八分書。建初六年十月三日。二石柱。　山東文登

南武陽平邑皇廟鄉石闕題字八分書。元和元年十二月廿八日。此西闕。　山東費縣平邑集

南武陽功曹鄉嗇夫鄉文學掾平邑□郎石闕題字八分書。章和元年十一月十六日。此南闕。　山東費縣平邑集

石闕題字八分書。有「□王信夫孺子」三榜，此東闕。　山東費縣平邑集

永元食堂記八分書。永元八年二月十日戊戌。　山東魚臺馬氏

兗州刺史雒陽令王稚子闕殘字八分書。　四川新都北十二里

陽三老石堂記八分書。延平元年十二月甲辰朔十四日。　山東曲阜，今藏端忠敏公寶華盦

□允字子游殘碑八分書。凡二石，其一石近年出土，有「元初二年六月卒」字。　一石在河南安陽學，近出一石藏姚氏

祀三公山碑古隸書。「□初四年」，翁方綱考爲元初。　直隸元氏紫山書院

中嶽泰室陽城□□西石闕題記篆額陽文，八分書。元初五年四月。　河南登封八里中嶽廟前

少室神道西闕銘並題名篆書，有額。延光二年三月三日。　河南登封西十里邢家鋪西南

東闕江孟等題名八分書。　同上

西闕下伊字篆書。　同上

開母廟西石闕銘並題名篆書。延光二年。　河南登封北十里崇福觀

潁川太守陽□泰室闕銘古隸書。延光四年三月。　河南登封

中嶽廟前石人頂上馬字八分書。　河南登封

延光殘碑八分書。延光四年六月三十日庚戌。　山東諸城縣署

孝堂山石室畫象邵善君題字八分書。永建四年四月二十四日。　山東肥城西北六十里

食堂畫象題字八分書。永建五年二月廿二日。

黃腸石題字八分書。永建五年二月。「董口石」云云。凡黃腸石皆近出河南，振玉考爲黃腸石。　寶華盦

又八分書。陽嘉元年三月。「冷攸石」云云。　同上

又八分書。陽嘉元年十一月。「□伯石」云云。　同上

延年石室題字八分書。陽嘉四年三月。　近出四川藏貝子溥倫邸

陽嘉等字殘石八分書。陽嘉□□。石已燬

殘石陰八分書，「故吏焦蒙」等題名。　山東曲阜歸山東海豐吳氏

敦煌太守裴岑立海祠刻石八分書。永和二年八月。　甘肅鎮西廳關帝廟

沙南侯獲殘刻八分書。永和五年六月十五日。

碑側八分書。「□君□字仲」云云。凡三行，可辨者僅九字。　甘肅鎮西廳焕彩溝道旁

孝子徐□造石羊題字八分書。永和五年九月六日。　山東沂州

會仙友題字八分書。漢安元年四月十八日。　四川簡州逍遥山洞

益州太守北海相景君碑篆額，八分書。漢安二年八月。

碑陰八分書。故中部督郵都昌羽忠字定公等題名，四列，各十八行。　山東濟甯州學戟門東側

宋伯望石刻八分書。漢安三年二月戊辰朔三日。四面刻。　山東莒州

三公山神碑篆額，八分書。□初元年二月丁巳朔八日。考長術，本初元年二月是丁巳朔。　俗名《無極山碑》

碑陰八分書，額同。有「丁巳朔十□日癸酉」語，「臣許臣防」等奏記。　直隸元氏紫山書院

文叔陽食堂畫象題字八分書。建康元年八月乙丑朔十九日丁未。　山東魚臺，今藏寶華庵

敦煌長史武斑碑額陽刻，並八分書。建和元年二月二十三日。碑陰後人刻「武氏碑」三字。　山東嘉祥

武氏石闕記八分書。建和元年三月庚戌朔四日癸丑。上截有畫象。　山東嘉祥武氏祠

故司隸校尉楗爲楊君頌有額，並八分書。建和二年十一月上旬。　陝西褒城東北五里石門

孔廟置百石卒史碑八分書。永興元年六月十八日。　山東曲阜孔廟同文門西

宛令益州刺史李□字孟初神祠碑八分書。永興二年六月十日。　河南安陽

孔謙碣八分書。永興二年七月。　山東曲阜孔廟同文門西

孔君墓碣額八分書。永壽元年。　山東曲阜孔廟同文門西

右扶風丞楗爲武陽李□表八分書。永壽元年。額存一表字。　陝西褒城北石門

永壽殘石八分書。永壽元年。　山東滕縣高氏

韓勑造孔廟禮器碑八分書。永壽二年霜月之靈，皇極之月。

碑陰八分書。「曲成侯王暠二百」等題名，三列，每列十七行。有「熹平三年項伯修」題名，微細不易辨。

碑兩側八分書。右側人名四列，每列四行，左側人名三列，每列四行。　山東曲阜孔廟同文門西

龜茲左將軍劉平國刻石八分書。永壽四年八月十二日乙酉。旁有「京兆長安淳于伯□作此頌」，字三行。　新疆拜城縣賽木里山

郎中鄭固碑篆額，八分書。延熹元年四月十九日。　山東濟甯州學戟門西

又殘石八分書。　山東濟甯州學明倫堂

倉頡廟碑八分書。延熹五年正月。

碑額穿右題字八分書。熹平六年五月平陵衡□升題名。

碑陰八分書。「尹碩字忠明」等題名，尹碩名大字，在上，其下爲小字題名二列。

碑兩側八分書。右側前記事，後題名，共四列，左側人名三列。　陝西白水東北史官村北廟內

封龍山頌八分書。延熹七年。　直隸元氏紫山書院

泰山都尉孔宙碑篆額八分書。延熹七年□月戊□。

碑陰篆額，八分書。「門人鉅鹿癭陶張雲字子平」等題名，共三列，每列二十一行。　山東曲阜孔廟同文門東

史晨饗孔廟後碑八分書。建寧元年四月十一日。　山東曲阜孔廟同文門東

竹邑侯相張壽殘碑八分書。建寧元年五月。　山東城武學

衛尉卿衡方碑額陽文，俱八分書。建寧元年九月十七日。

碑陰八分書。「□□□南郡」等題名一列，可辨者二十餘行。　山東汶上西南郭家樓前

史晨祀孔子奏銘八分書。建寧二年三月七日。　山東曲阜孔廟同文門東

武都太守李翕西狹頌八分書。建寧四年六月十三日。　甘肅成縣魚竅峽摩崖

頌後扶風呂國等十二人題名八分書。　西狹頌之後

惠安西表題字篆書。　西狹頌左近

五瑞圖題字八分書。建寧四年六月。　西狹頌之前

博陵太守孔彪碑篆額，八分書。建寧四年七月。

碑陰八分書。「故吏司徒掾博陵安平崔烈字威考」題名十三行。　山東曲阜孔廟同文門東

沇州刺史楊淑恭殘碑八分書。七月六日甲子造，馬氏考爲建寧四年。

碑陰八分書。「□□仲盛」等題名二列，存十二行。

碑側八分書。「禪伯友」等題名四行。　山東鉅野，舊藏魚臺馬氏，今藏寶華盦

李翕析里橋郙閣頌額在首行，俱八分書，建寧五年二月十八日。　陝西畧陽西北置口村南

沙南侯獲刻石陰面殘字八分書。建寧。　甘肅鎮西廳

黃腸石題字八分書。「建寧五□」，「第九百」云云。　寶華盦

又八分書。「建寧□□」，「第百」云云。　同上

執金吾丞武榮碑額陽文，俱八分書。無年月，考爲建寧中。　山東濟甯州學戟門西

黃腸石題字八分書。「熹平元年十月廿九日，弟九百二十五」云云。　寶華盦

司隸校尉楊淮表紀八分書。熹平二年二月廿二日。　陝西褒城斜谷

司隸校尉魯峻碑額俱八分書。熹平二年四月□子。　山東濟甯州學戟門東

碑陰八分書。「故吏河内夏管懿幼遠千」等人名二列，每列二十一行。

熹平殘碑八分書。熹平二年十一月。　山東曲阜孔廟同文門西

武都太守耿勳碑八分書。熹平三年四月廿二日。　陝西褒城

循吏故聞熹長韓仁銘篆額，八分書。熹平四年十一月廿二日。　河南滎陽縣署東角門

崇高山請雨銘八分書。熹平四年。　河南登封開母闕下

子臨爲父通作□封記八分書。延熹六年二月三十日。　山東鄒縣，今藏濟南金石保存所

豫州從事尹宙銘篆額存二字，八分書。熹平六年四月。　河商鄢陵學

三公之碑篆額，八分書。光和四年四月二日，額旁右曰「封龍君」，左曰「靈山君」，並八分書。

　碑側八分書。「處士房子孟□卿」題名四行，末行全泐。　直隸元氏紫山書院

校官之碑額俱八分書。光和四年十月己丑朔廿一日己酉，陰刻元單禧釋文。　江蘇溧陽學

劉梁碑殘石八分書。存「春秋博覽」及「國之裔兮」云云。二石考爲劉公幹之祖劉梁碑。

　碑側八分書。歲在辛酉三月十五，《安陽金石志》考爲「光和四年」。　河南安陽學

白石神君碑篆額陽文，八分書。光和六年，後有「燕元璽三年」題字。

　碑陰八分書。上截「主簿□音叔道」等題名二列，下截一列楷書，爲後人題名。　直隸元氏學

張表造虎函題字八分書。光和六年十二月丁丑朔廿一日丁酉。　山東濟南金石保存所

郃陽令曹全碑八分書。中平二年十月。

　碑陰八分書。「處士河東皮氏歧茂孝才二百」等題名，凡五列，每列自四行至二十六行不等。　陝西郃陽學

蕩陰令張遷表頌篆額，八分書。中平三年二月上旬。

碑陰八分書。　山東東平州學明倫堂
尉氏令鄭季宣碑篆額，八分書。年月泐，《隸續》作「中平三年四月辛酉」。
碑陰篆額，八分書。題名存第一列，及第二列之首一二字，殘泐甚。　山東濟甯州學戟門東
黃腸石題字八分書。「□平三年」、「百卌三」云云。
嚴季男刻石八分書。建安六年八月乙丑朔廿一日。　四川綦江，今移成都
巴郡太守樊敏碑篆額，八分書。建安十年三月上旬。碑陰有宋人跋二則。　四川蘆山南七里
益州太守高頤碑八分書。建安十四年。
碑陰八分書。　四川雅安東二十里
益州太守武陰令上計吏舉孝廉諸部從事高頤東闕八分書。　四川雅安東二十里
益州太守陰平都尉武陽令北府丞舉孝廉高君字貫光闕八分書。
闕簷橫列題字八分書，文同上。　四川雅安東二十里
豫州從事孔褎碑額俱八分書。　山東曲阜孔廟同文門東
魯相謁孔廟殘碑八分書。
碑陰八分書。皆出泉人名，上截泐甚，下一列尚可辨。碑側刻題名四行，年月泐，殆出唐宋人。　孔廟同文門東
仙人唐公房碑篆額，八分書。

碑陰八分書。「故江陽守長成固楊晏字仲平」等題名十五行。　陝西城固

光禄勳劉曜碑殘石八分書。　山東東平州學

楊君銘殘石八分書。僅存碑額五字。

碑陰八分書。「議□」及「孝廉」等題名一列，但人名全泐。　四川滎經

孟琁殘碑八分書。無年月，存下截太半。　雲南昭通鳳池書院

謁者北屯司馬沈君神道右闕八分書。　四川渠縣

新豐令交阯都尉沈君神道左闕八分書。　四川渠縣

尚書侍郎河南京令豫州幽州刺史馮焕神道闕八分書。《隸釋》：「馮焕碑乃永甯二年，立闕殆同時作。」　四川渠縣東九十里

琴亭國李夫人墓門刻字八分書。旁畫一鹿。　山東蓬萊張氏

益州牧楊宗闕八分書。　四川夾江東十里

上庸長司馬孟臺神道殘字八分書。今但存「上庸長」三字　四川德陽黄許鎮

石廥村刻石八分書。　山東鄒縣孟廟

殘碑陰□□曹□薛夏侯等題名八分書。碑陽畧有字迹，已不可辨。俗呼《竹葉碑》。今被燬，分裂爲四。　山東曲阜顔氏樂圃

正直等字殘石八分書。　河南安陽學

微遺孤等字殘石八分書。　同上

殘碑陰民故武都太守等題名八分書。　陝西華陰學

懷君等字殘石八分書。　四川灌縣青城山，移成都試院

□朝侯小子殘碑八分書。存下截。　近出河南

爵千二字殘石八分書。　山東濰縣陳氏

貸用等字殘石八分書。存六字。　同上

殘碑陰故吏王叔等題名八分書。存五行。　近出河南

十月降命等字殘石八分書。《匋齋藏石記》誤作《隆命石刻》。　寶華盦

蘭臺令史等字殘碑篆書。　山東青州，今藏寶華盦

朱君長題字八分書。　山東濟甯兩城山，移濟甯州學

魯王墓石人題字篆書。府門之卒。　山東曲阜學內矍相圃

又篆書。樂安太守麃君亭長。已折爲二。　同上

殷比干墓題字八分書。　河南汲縣

梧臺里石社碑額篆書。陰及兩側有畫象。　山東臨淄，今在濟南金石保存所

雒陽中東門外劉漢作石師子題字八分書。　山東□□縣署前

琅邪相劉君殘墓表篆書。尹彭壽考爲劉衡兄。　山東濟南

高麗平山君祠刻石八分書。□和□年四月戊午。　高麗平安道龍岡郡

增訂漢石存目卷下

福山　王懿榮　纂
上虞　羅振玉　校補

畫存

沂水鳳皇畫象二石，均有題字，一署「鳳皇」，一「東安王欽元」題名。　山東沂水西南鮑家山

南武陽西石闕畫象元和元年。四面有畫象，題字在南面，其東、北二面已泐。　山東費縣平邑集

南武陽南石闕畫象章和元年。四面皆有畫象，題字在西面。　同上

東石闕畫象有題字三榜，在西面。四面皆有畫象。　同上

永元食堂畫象永元八年二月戊戌記。石裂爲二。　山東魚臺馬氏

王稚子闕畫象　四川新都北十二里官道西墓前

嵩山泰室東闕畫象無題字。畫象可辨者五石，三石在南面，二石在北面。　河南登封

西闕畫象銘文二段。一在南面，有額。一在北面。畫象可辨者二石，南面一，北面一。又一石，不知在何闕。　同上

嵩山少室東闕畫象「江孟」等題名在北面。畫象可辨者六石，南面二，北面三，西側一。

西闕畫象額字在北面，銘文及題名在南面及西側。畫象可辨者五石，北面二，南面二，側一。又有二石，不知在何闕，何方面。　河南登封

嵩山開母廟西闕畫象銘文及請雨銘在北面及東側。畫象可辨者四石，北面一，南面二，東側一。

東闕畫象無題字。畫象可辨者八石，南面四，北面三，西側一。又一石不知在何闕，何方面。　河南登封

減谷東門等字畫象一石，題字十六榜。　出河南開封白沙鎮，近歸法京

郭巨石室畫象有漢人題字者四石，第三石有「胡王」及「永康元年泰山高令明」題字，第六石有「安吉」及「永建四年邵善君」題名，第七石有「相」及「成王」，共三字，第十石有「大王車」三字。其他諸石間有六朝人題字及後世刻字，細微不可見者居多。十石外，尚有石梁一，二面刻，一刻日月星，一刻二龍。又有長方石一，刻花葉，前人未箸録。　山東肥城孝堂山

食堂畫象永建五年。畫象一。　山東濟甯兩城山，移置州學

肥城畫象一石，無題字。　今移濟南金石保存所

朱鮪石室畫象二十石。惟二石有題字，一存「朱長舒□□」，一但存「朱」字。《山左金石志》云「尚存十餘字」，今並泐矣。　山東金鄉城西三里石室

文叔陽食堂畫象　建康元年。畫象在題字之前。　舊藏山東魚臺馬氏，今藏寶華盦

武氏東石闕畫象　北面中截似有字迹，已泐盡，西面後人刻「武氏祠」三字於畫象上。闕左右有兩翼，石高約當闕之過半，闕南、北、西三面皆有畫象，翼石南、北、東三面亦然。

西石闕畫象　北面刻，下截刻「建和元年」銘，東面亦後人刻「武氏祠」三字。闕南、北、東三面皆有畫象，翼石南、北、西三面亦然。

西闕旁仆石　三面均有畫象。　山東嘉祥武氏祠

武梁祠畫象　三石，均有八分書題字。第一石第二列題字十榜，第三列題字五榜，第四列題字十榜。第二石第二列題字十三榜，第三列題字十榜，第四列題字十榜。第三石第二列題字九榜，第三列題字十二榜，第四列題字四榜。　山東嘉祥武氏祠

前石室畫象　十五石，有題字者十二石。內第二石題字四榜，第三石題字三榜，第四石題字五榜，第五石題字七榜，第六石題字七榜，第七石題字十九榜，第八石題字五榜，第九石題字四榜，第十石題字三榜，第十一石題字四榜，第十二石題字二榜，第十三石題字一榜。

後石室畫象　十石，無題字。　同上

左石室畫象　十石，第一石有題字九榜，餘石均無題字。　同上

又新出土畫象　一石，有題字六榜，與前第一石相連。　初續置武氏祠，今藏寶華盦

又新出土畫象第二石　題字六榜。　同上

祥瑞圖三石，均有題字。第一石題字十六榜，第二石題字二十三榜，第三石後出土，題字六榜。又以上諸石次第先後乃照《金石萃編》録之，與石上所刻次第略殊。　揚州阮氏積古齋

又祥瑞圖殘石存一馬，有題字一行。但有「此」字及「金」字可識，餘僅存半字。　原在武氏祠，今移濟甯州學

孔子見老子畫象題字三榜。　山東嘉祥武宅山

武氏祠東北墓間畫象一石，題字一榜，已泐，但「也」字可辨。　山東福山王氏藏，今歸寶華盦

嘉祥劉村洪福院畫象一石，有題字三榜，曰「成王」、「周公」、「魯公」。

又二石，無題字。　內一石今移至濟南金石保存所

焦城村畫象四石，二石有題字，一曰「周公」，一曰「此齋王也」。他二石無字。

隋家莊畫象二石，無題字。　山東嘉祥關廟，移濟南金石保存所

華林村畫象二石，無題字。　山東嘉祥，內一石今移濟南金石保存所

七日山畫象二石，無題字。　同上

嘉祥洪家廟畫象一石，無題字。　今藏金石保存所

嘉祥吳家莊觀音堂畫象一石，無題字。　同上

嘉祥郗家莊畫象一石，無題字。　同上

嘉祥商村畫象一石，無題字。　同上

嘉祥小學校畫象一石，無題字。　同上

嘉祥蔡氏園畫象六石，無題字。　同上

嘉祥關廟畫象一石，無題字。　同上

紙房集壁間畫象二石，無題字。　山東嘉祥

湯陰山道旁畫象一石，無題字。　同上

縣署東高氏門前畫象一石，無題字。　同上

嘉祥畫象一石，有題字三榜，曰「鉤騎四人」，曰「騎倉頭」，曰「輜重」。　舊藏吴縣潘氏，今藏寶華盦

又一石，有題字二榜，一曰「騎亭長門下功曹」，他一榜漫滅。　福山王氏舊藏，後歸丹徒劉氏，今不知所在

嘉祥郊外畫象一石，無題字。　法人瓦尼克氏攜歸法都

嘉祥縣南畫象二石，無題字。　同上

嘉祥縣南山中畫象一石，無題字。　同上

嘉祥縣吕村畫象一石，無題字。　同上

兩城山畫象二十七石，無題字。阮氏《山左金石志》載十六石，云無題字。文敏謂二石有題字，予未見。　山東濟甯

晉陽山慈雲寺畫象五石，無題字。原六石内第一石今藏日本東京工科大學。　同上

普照寺畫象一石，無題字。　同上

李家樓畫象二石，無題字。　同上

伏羲陵畫象一石，無題字。　山東魚臺

鄒縣白楊樹村關帝廟畫象一石，題「食齋祠園」四字。　今藏寶華盦

周公廟畫象一石，題「周公」二字，似後人所刻。此石今尚在周公廟殿後頹垣上。《山左金石志》謂移四氏學，當時殆已令而未行也。　山東曲阜

聖廟畫象三石，無題字。不知何時從何處移入，予曾摩娑其下，未見拓本。　同上

衍聖公府後門畫象一石，無題記。　同上

顏氏樂圃畫象二石，一石有「楚□□平」及「諸從官」，共七字。他一石無字。此象先在白楊店東嶽廟，其無字一石初藏兖州劉氏。　同上

成王畫象一石，題字一榜，曰「成王」。　山東曲阜，歸福山王氏，今在寶華盦

西鄉關廟畫象四石，無題字。　山東汶上

南門城垣畫象二石，無題字。　同上

城南十五里石橋畫象四石，無題字。　同上

城東十八里石橋畫象七石，無題字。　同上

殘畫象題字存「更封」二字。　山東兖州，初歸漢軍許氏，今歸寶華盦

師曠墓畫象□石，無題字。　山東新泰城東墓前

角樓村畫象三石，無題字。　山東益都

君車等字畫象一石，二面刻。其一面有字五榜，曰「門下小史」，曰「鈴下」，曰「君車」，曰「主簿」，曰「門下書佐」。他一面無字。　山東臨淄，歸濰縣陳氏，今在法都

伏生授經畫象一石，無題字。　山東蘭山右軍祠

八角墓石室畫象一石，無題字。　山東沂水袁家城子南

交良村殘畫象一石，無題字。　山東沂水黄氏

琴亭李夫人靈第之門畫象一石，有題字。　山東蓬萊張氏

泊干村西山墓間畫象一石，無題字。　山東蓬萊

朱公鋪村南畫象大小三石，無題字。　山東費縣

洙龍橋畫象三石，無題字。　山東郯城

无染院畫象一石，無題字。　山東甯海州

成王畫象一石，有題字，已漫漶。　山東歷城西關外十王殿

州署畫象一石，無題字。　山東東平

州學畫象一石，無題字。　同上

周穆王見西王母等畫象八石，第□石有題字。　山東□□

射陽畫象一石，二面刻。其一面有字三榜，曰「弟子」，曰「孔子」，曰「老子」。　江都汪氏舊藏，今在江蘇寶應畫川書院

夏鎮畫象二石。　江蘇沛縣

高頤東闕畫象三石。

　西闕畫象二十五石。

　西闕右側小闕畫象十二石。　四川雅安

上庸長司馬孟臺神道畫象二石。　四川德陽

交阯都尉沈府君神道左闕畫象在闕側，龍銜環形。　四川渠縣

北屯司馬左都候沈府君神道右闕畫象同上。　同上

丁房闕畫象二石。　四川忠州

澠池五瑞圖摩崖，有題字。　甘肅成縣

答子管仲等字畫象一石，題字十一榜。　寶華盦

魚鳬畫象一石，無題字。　寶華盦

殘畫象二石。　山東濟南金石保存所

德都柏林藏畫象三石。　德人斐賽爾氏携歸

又畫象殘石柱一石，有「□和元年五月庚□朔□日造」等字，乃僞刻。　日本東京文科大學

日本藏畫象一石。

又三石，其一爲慈雲寺畫象第一石。　日本東京工科大學

又一石，孝堂山下出土。　同上

又五石，日本織田萬吉得之孝堂山下一小祠中。　同上

又六石，得之濟南左近。　日本内堀維文藏

又一石。　日本東京博物館

又一石，有題字，後人刻。沂州出土，玉得之，贈該館。　同上

宣統紀元，山東學使羅正鈞得畫象十石，置之金石保存所。明年又檄嘉祥令搜境内，總得二十七石，復輦致其十石于保存所，即編中所列者是也。餘十七石置嘉祥縣學明倫堂，則斯録所未載。因羅學使所得之石，其移自他所、已見諸家著録居十之五六，縣黌十七石殆亦類是。予篋中無墨本，無由定其新出土者凡幾石，附識于此，以俟異日。仇亭老民記。

魏晉石存目校補

魏晉石存目校補

魏

公卿將軍上尊號奏篆額陽文，八分書，二面刻。　河南許州樊城鎮

受禪表篆額陽文，八分書。黄初元年十月辛未。　同上

魯孔子廟碑篆額，八分書。黄初元年。　山東曲阜孔廟

黄初殘石八分書，三石。黄初五□。　舊藏陝西郃陽許氏

十三字殘石八分書。稱「故弟」云云，與黄初殘刻字迹正同，殆是一石。　舊藏陝西郃陽康氏

膠東令王君廟門斷碑八分書。《隸續》作「黄初五□」。　山東濟甯州學

廬江太守范府君碑篆額，八分書。青龍三年正月丙戌。

碑陰題名四列。　同上

毌邱儉征高句驪刻石八分書。正始三年。　近出奉天輯安，藏知縣事吴光國家

王基斷碑八分書。景元二年四月辛丑。

大將軍曹真殘碑八分書。　陝西碑林，今藏寶華盦

碑陰「□定皇甫□子忠」等題名二列，每列三十行。

李苞開通閣道題名八分書。此石已佚。景元四年十二月十日。　陝西褒城石門

三體石經尚書殘石　出河南洛陽，歸黄縣丁氏

西鄉侯兄張君殘碑八分書。　寶華盦

五官掾等字殘石八分書。　同上

家之基邁等字殘石八分書。

吴

禪國山碑篆書。天璽元年。　江蘇宜興

窆石殘刻篆書。字與《神讖》、《禪國》二刻同形制，亦同爲吴刻無疑。　浙江會稽

九真太守谷朗碑有額並隸書，頗近楷書。　湖南耒陽

葛府君碑額楷書。　江蘇句容西門外五里梅家邊

晉附蜀、秦、北涼

潘宗伯韓仲元造石橋記八分書。泰始六年五月十日。　陝西褒城

明威將軍南鄉太守郛休碑篆額，八分書。泰始六年三月丙子。　山東掖縣宋氏舊藏，今歸寶華盦

碑陰「故吏南鄉□□字大□」等題名二列。

任城太守夫人孫氏碑有額，均八分書。泰始八年十二月甲申。　山東新泰學

安邱長城陽王君墓神道篆書，二石同文。太康五年。　山東安邱，今藏寶華盦

太公吕望表有額，均八分書。太康十年三月十九日甲申。　河南汲縣

碑陰「廷掾汲服龍」等題。

陳君殘碑八分書。無年月，有「泰始□□」及「世祖歎曰」等字，殆立於惠帝時。

碑陰「故吏」題名四列，每列十六行，第一列但存二字。首行「丘□」，次行「李豹」。

女年九歲殘碑八分書。存三行。　近出河南洛陽

左郎中鄧里亭侯沛國豐張盛墓碣八分書。

冠軍城石柱殘題名八分書。　河南鄧州學

散騎常侍驃騎將軍南陽堵陽韓府君神道殘石八分書。考爲永寧元年。　河南洛陽存古閣

巴郡察孝騎都尉枳楊陽神道八分書。隆安三年十月十一日。　出四川巴縣，歸安姚氏舊藏，今在寶華盦

振威將軍建甯太守爨寶子碑八分書。泰亨四年四月。　雲南南甯

使持節都督青徐諸軍事征東將軍軍司關中侯劉韜墓版八分書。　河南偃師，歷藏吴縣吴氏、武進費氏，今歸寶華盦

殘碑陰「處士城陽徐□」等題名，八分書。五行。　山東濰縣陳氏

高麗好太王碑八分書。無年月，玉考爲義熙十年。　奉天輯安

孫大壽碑額篆書。此及下二額以書迹斷之，當爲漢晉間物，故附此。

汝南周府君碑額篆書。存「故汝南周府君」六字。　曲阜孔廟

蜀即李成，以下附

故侍中楊公闕八分書。劉氏《三巴舂古志》考爲李成時楊發。　四川梓潼北一里

故中書令賈公闕八分書。宋乾道向□題記，謂是李成時賈夜宇。　四川梓潼

秦

鄧太尉祠碑隸書。建元三年六月。陝西蒲城

北涼

大且渠安周脩寺功德碑正書。□□三年。出新疆，今在德京博物館

《魏晉石存目》，尹君竹年撰。原附刊於王文敏公《漢石存目》之後，凡著録石刻二十有四。然如《孝堂山畫象》題字三段，文字漫滅在有無間，《范式碑》及《太公吕望表》均有陰，並失録。今校補文敏書，因並刊正之。並補近年新出諸碑十有八，而删《孝堂山題名》，仍附刊於《漢石存目》之後。至文敏所撰《六朝石存目》，其稾本亦存寒齋，分類瑣細，尚未遑校補，將以俟諸異日。乙卯六月十八日，上虞羅振玉揮汗書。

高士傳輯本

序目

南宋李石《續博物志》：「皇甫謐傳高士七十二人。」今本《高士傳》三卷九十六人，乃後人雜采諸書依附爲之，真僞錯出，核以古籍所引多不合。上虞羅振玉讀而病之，以光緒丁亥之秋，取《史記正義》、《後漢書注》、《三國志注》、《文選注》、《初學記》、《藝文類聚》、《太平御覽》諸書所引，録爲一卷。得傳七十有三，較李石所云多一人。《隋書·經籍志》稱「皇甫謐《高士傳》六卷」，似人數不僅七十二，或李石誤也。

士安所撰，別有《逸士傳》，古書徵引二書多相混。《御覽·逸民類》引《高士傳》有《巢父》，《文選》蔡伯喈《郭有道碑》及曹子建《七啓》注引則並作《逸士傳》。《三國·魏志·管寧傳》注、《文選》謝元暉《郡内登望詩》注並引《高士傳》有《管寧》，《御覽·閒争類》引則作《逸士傳》。《御覽·逸民類》引《高士傳》有《荀靖》，《御覽·美丈夫類》及《三國志·荀彧傳》注引則並作《逸士傳》，徵引互歧。按：高士、逸士既分二科，人物事實，亦必有異，不應兩傳相同。殆引者誤混耳。

士安此書，多雜采古籍爲之，有可據以訂古書脱誤者。如《王倪傳》「疾雷破山，暴風振海」，乃《莊子·齊物論》篇之文，今《莊子》作「疾雷破山，風振海」，據此知兩句本對舉，「風」上舊有「暴」字，今本脱之，可據此傳校補者也。

玉輯此書，采自《御覽》爲多，惜《御覽》無善本，玉所據爲明活字本。譌舛觸目。其有他書可證者改之；無他書可證，雖確審其誤，仍舊弗改也。繕集既完，歲律云莫。爰炙研爲之敍，並次先後爲目録如左。

王倪	齧缺	巢父
許由	善卷	壤父
蒲衣	披裘公	江上丈人
弦高	老子	老萊子
荷蕢	石門守	陸通
曾參	顔回	原憲
壺丘子林	列禦寇	段干木
東郭順子	公儀潛	王斗
黔婁先生	亥唐	陳仲
漁父	安期先生	河上丈人

高士傳序

孔子稱：「舉逸民，天下之人歸心焉。」是以洪崖先生創高於上皇之世，許由、善卷不降於唐虞之朝。三代、秦、漢，達乎魏興，受命其中賢之主，未嘗不聘巖穴之隱，追遯世之民。是以《易》著束帛之義，《禮》有玄纁之制，詩人發《白駒》之歌，《春秋》顯子臧之節。《明堂》、《月令》以「季春之月」「聘名士、禮賢者」。然則高尚之士，王政所先。《太平御覽》卷五百一《逸民類》引。〇案此所引未完。

高士傳

王倪

王倪者，堯時賢人也。堯師被衣、齧缺學於王倪，問道焉。按：此下有脱文。齧缺曰：「子不知利害，則至人固不知利害乎？」王倪曰：「至人神矣。大澤焚而不能熱，河漢沍而不能寒，疾雷破山、暴風振海而不能驚。若然者，乘雲雨、騎日月而遊天地之外，死生無變於己，而況利害之間乎？」《太平御覽》卷五百六《逸民類》引。

齧缺

齧缺，堯時人。許由師事齧缺，堯又師由。問曰：「齧缺可以配天乎？」案：此下有脱文。既而齧缺遇由，由曰：「子將何之？」曰：「將逃堯。」曰：「何謂也？」曰：「夫堯知賢人之利天下，而不知賊天下。」遂逃不見。《太平御覽》卷五百六《逸民類》引。

巢父

巢父者，堯時隱人。《文選》曹植《七啓》注引有「常山居」三字。年老以樹爲巢而寢其上，故時人號曰巢父。堯之讓許由也，由以告巢父。巢父曰：「汝何不隱汝形、藏汝光。若非吾友也。」擊其膺而下之。由悵然不自得，乃過清冷之水，洗其耳、拭其目，曰：「向者聞貪言，負吾矣。」遂去，終身不相見。《太平御覽》卷五百六《逸民類》引。

許由

由，字武仲，《莊子釋文》引作「字仲武」。陽城槐里人也。《文選》左思《詠史詩》注引此下有「隨冲虛學於齧缺」七字。堯、舜皆師而學事焉。後隱於沛澤之中，堯乃致天下而讓焉。《太平御覽》引「堯」下有「聞」字。由爲人據義履方，邪席不坐，邪膳不食，聞堯讓而去。其友巢父聞由爲堯所讓，以爲汚己，《文選》孔德彰《北山移文》注引無「己」字。乃臨池洗耳。池主怒曰：「何以汚我水。」由於是遁。耕於中岳潁水之陽，箕山之下，終身無經天下色。死，葬箕山之巔，在陽城之南十里。堯因就其墓，號曰「箕山公神」。以配食五岳，世世奉祀，至今不絶也。《世説新語・言語類》注引。○《史記・伯夷列傳》正義所引，與此頗殊。附録於此：許由，字武仲。堯聞，致天下而讓焉。乃退而遁於中岳潁水之陽、箕山之下隱。堯又召爲九州長，由不欲聞之，洗耳於潁水濱。時有巢父牽犢欲飲之，見由洗耳，問其故。對曰：「堯欲召我爲九州長，惡聞其聲，是故洗耳。」巢父曰：「子若處高岸深谷，人道不通，誰能見子。子故浮游欲聞，求其名譽。汚吾犢口。」牽犢上流飲之。許由歿，葬此山，亦名許由山。在洛州陽城縣南十三里。

善卷

善卷者，古之賢人也。堯聞其得道之士，乃北面師之而問道焉。及受終之日，又以天下讓卷。卷曰：「昔唐氏之有天下，不教而民從之，不賞而民勸之，天下均平，百姓安靜，不知怒喜。今子盛爲衣裳之服以眩民目，繁調五音之聲以亂民耳，作皇韶之樂以愚民心。耳目益榮，天下之亂從此始矣。吾雖爲之，其何益乎？予立宇宙之中，冬衣皮毛，夏衣絺葛。春耕種，形足以勞；秋收斂，身足以休。日出而作，日入而息。逍遥於天地之間，而心意自得。何以天下爲哉？」遂不受。入深山，莫知其處。《太平御覽》卷五百六《逸民類》引。

壤父

壤父者，堯時人。年五十而擊壤於道中。觀者曰：「大哉！帝之德也。」壤父曰：「吾日出而作，日入而息。鑿井而飲，耕田而食。帝何德於我哉？」《太平御覽》卷五百六《逸民類》引。

蒲衣

蒲衣者，舜時賢人也。年八歲而舜師之。後遂讓以天下，蒲衣不受而去，莫知所終。《太平御覽》卷五百六《逸民類》引。

披裘公

披裘公者，吴人。延陵季子出遊，見道中有遺金，顧而覩公曰：「取彼金。」公投鎌，瞋目拂手而言曰：「何子處之高，而視人之卑。暑月披裘而負薪，豈取金者哉？」季子大驚，既謝，而問姓名。公曰：「子皮相之士，何足語姓名哉！」《太平御覽》卷五百七《逸民類》引。

江上丈人

江上丈人者，楚人也。楚平王以費無極之讒殺伍奢，奢子員亡，將奔吴。至江上，欲渡無舟，而楚人購員甚急，自恐不脱。見丈人，得渡。因解所佩劍與丈人，曰：「此千金之劍也，願獻之。」丈人不受，曰：「楚國之法，得伍胥者爵，執珪金千鎰，吾且不取，何用劍爲？」不受而别，莫知其誰。員至吴爲相，求丈人不能得。每食，輒祭之曰：「名可得聞，而不可得見，其唯江上丈人乎！」《太平御覽》卷五百七《逸民類》引。

弦高

弦高者，鄭人也。鄭穆公時，高見鄭爲秦、晉所逼，乃隱不仕，爲商人。及晉文公之返國也，與秦穆公伐鄭，圍其都。鄭人私與秦盟，而晉師退，秦又使大夫杞子等三人戍鄭。居三年，晉文公卒。襄公初立，秦穆公方強使百里孟明視、西乞術、白乙丙率師襲鄭，過周及滑，鄭人不知，時高將市於周，遇之。謂其友蹇他曰：「師行數千里，又數經諸侯之地，其勢必襲鄭。凡襲國者，以無備也。示以知其情，必不敢進矣。」於是乃矯鄭伯之命，以十二牛犒秦師，且使入告鄭爲備。杞子亡奔齊，孟明等返至都，晉人要擊，大破秦師。鄭於是賴高而存。鄭穆公以存國之賞賞高，而高辭曰：「詐而得賞，則鄭國之信廢矣。爲國而無信，是敗俗也。賞一人而敗國俗，智者不爲也。」遂以其屬徙東夷，終身不返。《太平御覽》卷五百六《逸民類》引。

老子

桓帝好老子之書，夜夢見老子，乃詔於陳，爲老子立祠。《太平御覽》卷三百九十九《應夢類》引。

老萊子

老萊子者，《太平御覽》卷四百七十四《禮賢類》引此下有「楚人」二字。《初學記・貧類》引作「楚人也」，此脱。楚公室亂，逃耕於蒙山之陽，《藝文類聚・薦席類》引此句上有「親没」二字。蓬蒿爲室，《初學記・貧類》、《太平御覽・禮賢類》引此句上皆有「以萑葦爲牆」句。枝杖於牀，《初學記》引作「杞木爲牀」，《御覽・禮賢類》引作「板木爲牀」，《藝文類聚》引作「枝木爲牀」。飲水食菽，《初學記》、《御覽・禮賢類》引此句上皆有「著艾爲席」四字。墾山播種。人或言於楚王，王於是駕至萊子之門。王曰：「守國之政，孤願煩先生。」《御覽・禮賢類》引無上九字，作「寡人愚陋，獨守宗廟，先生幸臨之。」老萊子曰：「諾。」《御覽・禮賢類》引無「諾」字。此下有「僕山野之人，不足以守政」十字。王去，其妻樵還，曰：「子許之乎？」老萊子曰：「然。」妻曰：「妾聞之，可食以酒肉者，可隨而鞭棰；可授以官禄者，可隨而鈇鉞。妾不能爲人所制者。」按：「者」字疑衍文。妻投其畚而去，老萊子亦隨其妻至於河南，以萊子爲老萊子。按：此句不可通，疑上下有脱文，或傳寫誤。人莫知其所終也。《太平御覽》卷五百六《逸民類》引。

荷蕢

荷蕢者，衛人也。避亂不仕，自匿姓名。孔子擊磬於衛，乃荷蕢而過孔氏之門曰：「有心哉，擊磬乎？」既而曰：「硜硜乎，莫己知而已矣。『深則厲，淺則揭。』」孔子聞之曰：「果哉，末之難矣。」《太平御覽》卷五百七《逸民類》引。

石門守

石門守者，魯人也。亦避世不仕，自隱姓名，爲魯守石門，主晨夜開閉之。按：「之」字衍文。子路從孔子入石門，而問子路曰：「奚自？」子路曰：「自孔氏。」遂譏孔子曰：「是『知其不可而爲之』者與？」時人賢焉。《太平御覽》卷五百七《逸民類》引。

陸通

陸通，字接輿。楚昭王政亂，佯狂不仕，故曰接輿也。《太平御覽》卷五百九《逸民類》引。○按：此句與上文義不貫，中有脱文。

曾參

曾參，字子輿。此下有佚文。哀公致邑焉，參辭不受。曰：「吾聞受人者常畏人，與人者常驕人。縱君不我驕，我豈無畏也。」《太平御覽》卷五百七《逸民類》引。

顔回

顔回，字子淵。貧而樂道，退居陋巷，曲肱而枕。孔子曰：「爾家貧居卑，何不仕？」回曰：「回有郭外田六十畒，足以供饘粥；有郭内圃六十畒，足以供絲麻。鼓宫商之音，足以自樂；習聞於夫子，足以自娱。回何仕焉？」《太平御覽》卷五百六《逸民類》引。

原憲

原憲，居環堵之室，甕牖桑樞，上漏下濕，緼衣無表，手足胼胝。三日不舉火，十年不置衣，坐而彈琴。子貢相衛，結駟連騎，排藜藿，入窮閻，巷不容軒，來見憲。憲韋冠杖藜而出應門，正冠則纓絶，斂袵則肘見，納履則踵決。子貢曰：「噫嘻！先生何病也？」憲笑曰：「憲聞之，無財者謂之貧，學道而不能行者謂之病。憲，貧也，非病也。若非仁義之慝，車馬之飾，憲不忍爲。」子貢逡巡，面有慚色。終身恥其言之過也。《太平御覽》卷五百七《逸民類》引。

壺丘子林

壺丘子林者，鄭人也。道德甚優，列禦寇師事之。《太平御覽》卷五百七《逸民類》引。

列禦寇

列禦寇者，鄭人也。隱居不仕。鄭穆公時，子陽爲相，專任刑法。列禦寇乃絶迹窮巷，面有飢色。或告子陽曰：「列禦寇蓋有道之士也，居君之國而窮，君無乃不好士乎？」子陽聞而悟，使官載粟數十乘以與之。禦寇出見使者，再拜而辭之。入見其妻，妻撫心而怒曰：「聞有道之士妻子皆得樂，今子之妻子有飢色，君遺先生食，先生不受，豈非命也哉？」禦寇笑曰：「君非自知遺我也，以人之言而遺我。至於其罪我，又必且以人之言。此吾所以不受也。」居一年，鄭人殺子陽，其黨死，禦寇安然獨全。終身不仕，著書言道家之意，號曰《列子》。《太平御覽》卷五百七《逸民類》引。

段干木

段干木者，晉人也。少貧且賤，心志不遂，乃治清節遊西河，師事卜子夏。與田子方、李克、翟璜、吴起等居於魏，皆爲將，唯干木守道不仕。魏文侯就造其門，干木踰牆而避之。文侯尊以客禮，出過其廬而軾。其僕問曰：「干木，布衣也，君軾其廬，不已甚乎？」文侯曰：「段干木，賢者也。不趣勢利，懷君子之道，隱處窮巷，聲馳千里，吾安得勿軾？干木先乎德，寡人先乎勢，干木富乎義，寡人富乎財，勢不若德貴，財不若義高。」又請爲相，不肯。後卑己固請見，與語。文侯立，倦不敢息。《御覽》引無上七十九字。據《史記·魏世家》正義引補。○此下文義不續，有奪文。以名過齊桓公者，此句有譌字。蓋能尊段干木，敬卜子夏，友田子方故也。《太平御覽》卷五百七《逸民類》引。

東郭順子

東郭順子者，魏人也。修道守真，田子方師。此下似脱「之」字。魏文侯師友侍坐於文侯，數稱谿工。文侯曰：「谿工，子師也？」「也」字疑「耶」之誤。子方曰：「非也。無擇之里人也。稱道數當無擇稱之。」文侯曰：「然則子無師耶？」子方曰：「有。」文侯曰：「子師誰？」子方曰：「東郭順子也。」文侯曰：「然則夫子故未嘗稱之。」子方曰：「其爲人也，真情而容物，物無道則正容以悟之，使人之意也消。無擇何足以稱之。」子方出，文侯曰：「遠哉全德之君子！始吾以聖智之言、仁義之行爲至矣。吾聞子方之師，形解而不敢動，口鉗而不知言，吾所學真土梗耳。夫魏真爲吾累矣。」《太平御覽》卷五百七《逸民類》引。

公儀潛

公儀潛，魯人。與子思爲友，穆公因子思而致命，欲以爲相。子思曰：「公儀子此所以不至也。君若飢渴待賢，納用其謀，雖蔬食飲水，伋亦願在下風，如以高官厚禄爲釣餌，而無信用之心，公儀子智魯者可也』；此句不可通，疑有誤。不爾，則不踰君之庭。且臣不佞，又不能爲君操竿下釣，以傷守節之士。」潛竟終身不屈。《太平御覽》卷五百七《逸民類》引。

王斗

王斗者，齊人也。修道不仕，與顔歜並時。曾造齊宣王門欲見宣王，宣王使謁者延入。斗曰：「趨見王爲好勢，趨見斗爲好士，於王何如？」謁者還報，王曰：「先生徐之，寡人請從。」王趨而迎之於門曰：「寡人奉先君之宗廟，守社稷，願聞先生直言正諫。」斗曰：「王之憂國憂民，不若王之愛尺縠也。」王曰：「何謂？」斗曰：「王使爲冠，不使左右便辟而使工者，何也？爲能之也。今王治齊國，非左右便辟則無使矣。臣故曰不如愛尺縠也。」王乃謝曰：「寡人有罪於國家矣！」於是舉士五人任之以官。齊國大治，王斗之力也。《太平御覽》卷五百七《逸民類》引。

黔婁先生

黔婁先生，齊人也。脩清節，不求進於諸侯。魯恭公聞其賢，遣使致禮三十鍾，欲以爲相，辭不受。齊王又禮之黄金百斤，聘爲卿，又不就。著書四篇，言道家之務，號《黔婁子》。終身不屈，以壽終。《太平御覽》卷五百七《逸民類》引。

黔婁先生死，曾參與門人來弔。曾參曰：「先生終，以何爲謚？」妻曰：「以『康』爲謚。」曾子曰：「先生存時，食不充虛，衣不蓋形。死則手足不斂，傍無酒肉。生不得其美，死不得其榮，何樂於此而謚爲『康』哉？」妻曰：「昔先君嘗欲授之國相，辭而不爲，是所以有餘貴也。君嘗賜之粟三十鍾，先生辭不受，是其有餘富也。彼先生者，甘天下之淡味，安天下之卑位。不戚戚於貧賤；不遑遑於富貴。求仁而得仁，求義而得義。其謚爲『康』也，不亦宜乎？」《文選》顔延年《陶徵士誄》註引。

亥唐

亥唐者，晉人也。晉平公時，朝多賢臣，祁奚、趙武、師曠、叔向皆爲卿大夫，名顯諸侯，唐獨善不官，隱於窮巷。平公聞其賢，致禮與相見而請事焉。平公待於門，唐曰：「入。」公乃入。唐曰：「坐。」公乃坐。唐曰：「食。」公乃食。唐之食公也，雖疏食菜羹，公不敢不飽。《太平御覽》卷四百七十四《禮賢類》引。

陳仲

陳仲子者，《初學記·履類》、《太平御覽》卷四百八十五《窮類》引並作「陳仲」，無「子」字。齊人。《初學記》、《御覽·窮類》引此句上皆有「字子終」三字。其兄戴爲齊卿，食禄萬鍾。仲子以爲不義，將妻子適楚，居於陵，自謂「於陵仲子」。窮不苟求不義之食。《御覽·窮類》引此下有「不食」二字。此脱。遭歲飢，乏糧三日，乃匍匐而食井中李實之蟲者，三咽而食。此句疑有誤文。親身自織履，妻擘纑以易食。楚王聞其賢，欲以爲相。遣使持金百鎰，至於陵辟仲子。仲子入謂妻曰：「楚王欲以我爲相，今日爲相，明日結駟連騎，食方丈於前。意可乎？」妻曰：「夫子左琴右書，樂在其中矣。《初學記》引此句上有「子織履以爲食，恬澹而無爲」二句。結駟連騎，所懷不過一肉，按此句上似有脱文。而懷楚國之憂，意可乎？」於是謝使者，遂相與逃，爲人灌園。《太平御覽》卷五百七《逸民類》引。

漁父

漁父者，楚人也。見楚亂，乃匿名隱，釣於江濱。楚頃襄王時，屈原爲三閭大夫，名顯於諸侯。爲上官大夫所譖，王怒，遷之江濱，被髮行吟於澤畔。漁父見而問之曰：「子非三閭大夫歟？何故至於斯。」原曰：「舉世混濁而我獨清，衆人皆醉而我獨醒，是以見放。」漁父曰：「夫聖人不凝滯於萬物，故能與世推移。舉世混濁，何不隨其流、揚其波、汩其泥？衆人皆醉，何不餔其糟、歠其釃？何故懷瑾握瑜，自令放焉？」「焉」疑「爲」之誤。乃歌曰：「滄浪之水清兮，可以濯吾纓。滄浪之水濁兮，可以濯吾足。」遂去，深自閉匿，人莫知焉。《太平御覽》卷五百七《逸民類》引。

安期先生

安期先生者，琅邪人。受學河上丈人，賣藥海邊，老而不仕。時人謂之千歲公。秦始皇東遊，請與語三夜，賜金璧直數千萬。出置阜鄉亭而去，留赤玉舄爲報，留書與始皇曰：「後數十年，求我於蓬萊山下。」及秦敗，安期先生與其友蒯通同往見項羽，羽欲封之，卒不肯受。見《列仙傳》。《太平御覽》卷五百七《逸民類》引。

河上丈人

河上丈人者，不知何國人也。明老子之術，自匿姓名，居河之湄。著《老子章句》，故世號曰「河上丈人」。當戰國之末，諸侯交争，馳説之士，咸以權勢相傾。唯丈人隱身脩道，老而不虧。傳業於安期生，爲道家之宗焉。《太平御覽》卷五百七《逸民類》引。

樂臣公

樂臣公者，宋人也。其先宋公族，其後别徙趙。其族毅顯名於諸侯，而臣公獨好黄老，恬静不仕。及趙爲秦昭王滅，臣公東之齊，以《老子》顯名，齊人尊之，號稱賢師。趙人田叔等皆尊事之。

《太平御覽》卷五百七《逸民類》引。

蓋公

蓋公者，齊之膠西人也。明《老子》，師事樂臣公。楚漢之起，諸人争往於世，唯蓋公獨遁居不仕。及漢定天下，曹參爲齊相，延問諸儒數百人，何以治齊。人人各殊。參不知所從，聞蓋公善黄老，乃使人厚幣聘之。公爲言，治道貴清浄則民定，遂推此爲類，爲參言之。參悦，乃避正堂舍之，師事焉。齊果大治。及參入相漢，導蓋公之道，故天下歌之。蓋公雖爲參師，然未嘗仕，以壽終。《太平御覽》卷五百七《逸民類》引。

東郭先生

東郭先生者，與其友梁石君俱脩道，隱居不仕。曹參爲齊相，尊禮范陽人蒯通爲參客，入見參曰：「婦人有夫死三日嫁者，有函居守寡不出門者，足下即欲求婦，何取？」參曰：「取不嫁者。」通曰：「然則求臣亦猶是也。彼東郭先生、梁石君，齊之雋士也。今隱未嘗卑節下意以求仕，足下禮之。」參遂致禮聘，二人亦終不仕齊，人美焉。《太平御覽》卷五百七《逸民類》引。

四皓

四皓者，皆河内軹人也。或在汲。《文選》嵇康《琴賦》注引作「一曰在汲」。一曰東園公、二曰用里先生、三曰綺里季、四曰夏黄公，皆脩道潔己，非義不動。秦始皇時，見秦政虐，八字《事類》、《賦歌類》引作「秦世道滅德消，坑黜儒術」。乃退入藍田山而作歌曰：「莫莫高山，深谷逶迤。曄曄紫芝，可以療飢。唐虞世遠，吾將何歸？駟馬高蓋，其憂甚大。富貴之畏人，不如貧賤之肆志。」乃共入商雒，隱地肺山，以待天下定。及秦敗，漢高聞而徵之，不至。深自匿終南山，不能屈也。《太平御覽》卷五百七《逸民類》引。

黄石公

黄石公者，下邳人也。遭秦亂，自隱姓名，時人莫能知者。初，張良易姓爲長，自匿下邳，步遊沂水圯上，與黄石公相遇，衣褐而老，墜履圯下，顧謂良曰：「孺子取履！」良素不知詐，愕然。欲毆之，爲其老也，强下取履，因跪進焉。公笑以足受而去，良殊驚。公行里許還，謂良曰：「孺子可教也。後五日平明與我期此。」良愈怪之，復跪曰：「諾。」五日平旦，良往，公怒曰：「與老人期，何後也？後五日早會。」良雞鳴往，公又先在，復怒曰：「何後也？後五日早會。」良夜半往，有頃公亦至，喜曰：「當如是。」乃出一編書與良曰：「讀是則爲王者師，後十二年孺子見濟北穀城山下黄石即我。」遂去不見。良旦視其書，乃是《太公兵法》。良異之，因講習以説他人，莫能用。後與沛公遇於陳留，沛公用其書輒有功。後十三年，從高祖過濟北穀城山下，得黄石。良乃寶祠之。及良死，與石并葬焉。《太平御覽》卷五百七《逸民類》引。

魯二徵士

魯二徵士者，皆魯人也。高祖定天下，即皇帝位，博士叔孫通白徵魯諸儒三十餘人，欲定漢儀禮。二士獨不肯行，罵通曰：「天下初定，死傷者未起而起禮樂，禮樂所由起者，百年之德而後可舉，吾不忍爲公所爲也。公所爲不合古，吾不行也。公往，無汚我。」通不敢致而去。《太平御覽》卷五百七《逸民類》引。

田何

田何，字子莊，齊人也。自孔子授《易》，五傳至何。及秦焚典，以《易》爲卜筮之書，獨不焚，故何傳之不絶。漢興，田何以齊諸田徙杜陵，故號曰杜田先生。「先」字疑衍文。以《易》授弟子東武王同子仲、洛陽周王孫、丁寬、齊服生、梁項生等，皆顯當世。惠帝時，年老家貧，《初學記・貧類》引此下有「茅居蒿牀」句。守道不仕，帝親幸其廬以受業。終爲《易》者宗。《太平御覽》卷五百七《逸民類》引。

王生

王生者，漢文、景時人也。善爲黄老，退居不仕。與南陽張釋之交，當時釋之爲公車令，太子與梁王共車入朝，不下司馬門，釋之奏劾太子不敬，文帝善之，遷至廷尉。及文帝崩，太子代立爲帝，是爲景帝。釋之懼，稱病欲去，用王生計，卒乃見上謝之，景帝不過也。王生嘗與釋之及公卿會庭中立，王生韈解，顧謂釋之前跪而繫之。既退，或讓生曰：「獨奈何辱張廷尉，使跪繫韈乎？」生曰：「吾年老，老且賤矣，自度終無益。張廷尉方今天下名臣，吾豈敢恥廷尉使乎？按：「乎」字上似脱「繫韈」二字。欲重之。」之下似脱「耳」字。諸公聞之，皆賢王生而重張廷尉。《太平御覽》卷五百七《逸民類》引。

摯峻

摯峻，字伯陵，京兆長安人。少治清節，與太史令司馬遷交好。峻獨退身脩德，隱於阧山。遷既親貴，乃以書勸峻進曰：「遷聞君子所貴乎道者三：太上立德，其次立言，其次立功。伏惟伯陵材能絶人，高尚其志，以善厥身，冰清玉潔，不以細行荷累其名，固已貴矣。然未盡太上之所由也。願先生少致意焉。」峻報書曰：「峻聞古之君子料能而行，度德而處。故悔吝去於身，利不可以虚受，名不可以苟得。漢興以來，帝王之道於斯始顯，能者見用，不肖者自屏，亦其時也。《周易》：『大君有命』、『小人勿用』，徒欲偃仰從容以遊餘齒耳。」峻之守節不移如此。遷居太史官，爲李陵遊説，下腐刑，果以悔吝被辱。峻遂高尚不仕，卒於阩。阩人立祠號曰「阩君」。《太平御覽》卷五百八《逸民類》引。

韓福

韓福者，涿人也。以行義修潔著名。昭帝時，將軍霍光秉政，表顯義士。郡國條奏行狀，天子得福等五人行義最高，以德行徵至京兆，病不得進。元鳳元年，詔策曰：「朕愍勞福以官職之事，賜帛五十疋，遣歸。其務脩孝弟以教鄉里。」福歸，終身不仕。卒於家。《太平御覽》卷五百八《逸民類》引。

成公

成公者，成帝時自隱名。常誦經，不交世利，時人號曰成公。成帝時出遊，問之。成公不屈節，上曰：「朕能富貴人，能殺人，子何逆朕哉？」公曰：「陛下能貴人，臣能不受陛下之官；陛下能富人，臣能不受陛下之禄；陛下能殺人，臣能不犯陛下之法。」上不能折，使郎二人就受《政事》十二篇。《太平御覽》卷五百八《逸民類》引。

安丘望之

安丘望之者，京兆長陵人也。少治《老子》經，恬静不求進官，號曰安丘丈人。成帝聞，欲見之。望之辭不肯見。上以其道德深重，常宗師焉。望之不以爲高，愈自損退，爲巫醫於民間。著《老子章句》，故老氏有安丘之學。扶風耿況、王伋等皆師事之，從受《老子》。終身不仕，道家宗焉。《太平御覽》卷五百八《逸民類》引。

安丘望之病，弟子公沙都來看之。舉立於庭樹下，安丘曉然有痊，開目見雙赤李著枯枝，都仰手承李，安丘食之，所苦盡除。《太平御覽》卷七百三十九《疾病類》引。

宋勝之

宋勝之者，宋即子。南陽安衆人也。少孤，年十五失父母，家於穀城聚中。孝慕甚篤，聚中化之，少長有禮。勝之每行，見老人擔負，輒以身代之。獵得禽獸，嘗分肉與有親者。貧，依姊居數歲，乃至長安受《易》通明，以信義見稱。從兄褒爲東平内史，遣使召之，勝之曰：「衆人所樂者，非勝之願也。」乃去。遊太原，辟之，不至。元始三年病卒於太原。《太平御覽》卷五百八《逸民類》引。

張仲蔚

張仲蔚，平陵人。與同郡魏景卿具修道德，隱身不仕。明天官、博物，善詩賦。所處蓬蒿没人，閉門養性，不治榮名，時人莫識，唯劉龔知之。《太平御覽》卷五百八《逸民類》引。

嚴遵

嚴遵，字君平，蜀人也。常賣卜於成都市，日得百錢以自給。卜訖，則閉肆下簾以著書爲事。楊雄少從之遊，數稱其德。李温爲益州牧，喜曰：「吾得君平爲從事矣。」雄曰：「君可備禮相見，其人不可屈。」王鳳請交，不許。此下似有脱文。歎曰：「益我財者損我神，生我名者殺我身，故不許也。」時人服之。《太平御覽》卷五百九《逸民類》引。

彭城老父

彭城老父者，楚之隱士也。見漢室衰，乃自隱脩道，不治名利，至年九十餘。王莽時，徵故光禄大夫龔勝，欲爲太子師友祭酒。恥事二姓，莽迫之，勝遂不食而死。莽使及郡守以下會斂者數百人。老父痛勝以名致禍，乃獨入，哭勝甚悲。而曰：「嗟乎！薰以香自然，膏以明自煎。龔先生夭天年，非吾徒也。」哭畢而出，衆莫知其誰。《太平御覽》卷五百八《逸民類》引。

韓順

韓順，字子良，天水成紀人也。以徑行清白，辟州宰不就。王莽末，隱於南山。地皇四年，漢起兵於南陽順同縣，隗囂等起兵自稱上將軍，西州大震。唯順脩道山居，執操不迴。囂以道術深遠，使人賫璧帛卑禮聘順，欲以爲師。順因使謝囂曰：「禮有來學，義無往教，即欲相師，但入深山來。」囂聞，矍然不敢強屈。其後囂等諸姓皆滅，唯順山棲安然，以貧絜自終焉。《太平御覽》卷五百八《逸民類》引。

鄭樸

鄭樸，字子真。修道静默，世服其清高。大將軍王鳳以禮聘之，遂不屈。楊雄《法言》盛稱其德曰：「谷口鄭子真，耕於巖石之下，名振京師。」馮翊人刊石祠之，至今不絶。《太平御覽》卷五百九《逸民類》引。

李弘

李弘，字仲元，蜀人也。居成都之圭里。里中化之，斑白不負擔，男女不錯行。弘嘗爲縣令，鄉人共送之，元無心就行，因共酣飲，月餘不去。刺史使人喻之，仲元曰：「本不之官。」惟楊雄重之，此句上似有脱文。曰：「不夷不惠，居於可否之間。」《太平御覽》卷五百九《逸民類》引。

王霸

故梁令閻陽也。《後漢書·王霸傳》注引。按：此傳上下文均脱，范史所引，僅此一句，録之，知士安本有霸傳也。

嚴光

光武徵嚴光至，司徒侯霸遣使西曹屬侯子道奉書，光不起，於牀上箕踞發書，讀訖，問子道曰：「君房素癡，今爲三公，寧小差否？」子道曰：「位已鼎足，不癡也。」光曰：「遣卿來何言？」子道曰：「公聞先生至，區區欲即詣。迫於典司，是以不獲願，因日暮自屈語言。」光曰：「卿言不癡，是非癡語也？天子徵我三，乃來。人主尚不見，當見人臣乎？」子道求報，光曰：「我手不能書。」乃口授之曰：「君房足下，位至鼎司，甚喜。懷仁輔義天下悦，阿諛順旨腰領絶。」無他言。使者嫌少：「可更足？」光曰：「買菜乎，求益耶？」《太平御覽》卷五百九十五《書記類》引。

牛牢

牛牢，字君直。世祖爲布衣時，與牢游，夜講訖，共言讖「劉秀當爲天子」。世祖曰：「安知非我？萬一，各言爾志。」牢獨默然。世祖問之，牢曰：「丈夫立義，不與帝友。」衆皆大笑。及世祖即位，徵牢，稱疾不至。詔曰：「朕幼交牛君直，清高士也。恒有疾，州郡之官者，常先到家致意焉。」刺史郡守是以每輒奉詔就家存問，牢恒被髮稱疾，不答詔命。《太平御覽》卷五百八《逸民類》引。

東海隱者

東海隱者，漢故司直王良友人。建武中，良以清節徵用，歷位至此下疑脱「司直」二字。一年復徵還，「徵」字疑衍文。通友不肯見，讓曰：「不有忠信奇謀而取大位，自知無德，曷爲致此而復遽去，何往來屑屑不憚煩也？」遂拒良，終不納。論者高之。《太平御覽》卷五百八《逸民類》引。

高恢

高恢，字伯遠。《後漢書·梁鴻傳》注引作「字伯通」。少治《老子》經。恬虚不營世務，與梁鴻善，隱於華陰山。《太平御覽》卷五百八《逸民類》引。

韓康

韓康，字伯休，京兆霸陵人。采藥名山，賣與長安市，口不二價者三十餘年。時有女子從康買藥，康價不移，女子怒曰：「公是韓伯休耶？乃不二價也。」康曰：「我本避名，今女子皆知我，又何用藥爲。」乃避入霸陵山中。《太平御覽》卷九百八十四《藥類》引。

丘訢

丘訢，字季春，扶風人也。少有大材，傲世不能與俗人爲羣。郡守始召見，曰：「明府欲臣訢耶？友訢耶？師訢耶？明府所以尊寵人者，極於功曹；所以榮禄人者，已於孝廉。一極一已，皆訢所不用也。」府君異之，遂不敢屈。《太平御覽》卷五百八引。

任棠

任棠，字季卿。以《春秋》教授，隱身不仕。龐參爲漢陽太守，就家候棠，以薤一本、水一盆置屏户前，自抱孫兒伏於户下。參因曰：「棠是欲諭太守也：水欲太守清也，拔一本薤欲太守擊强宗也，抱孫兒當户者，欲太守開門卹孤也。」終參去不言。詔徵不至，及卒，鄉人圖畫其形。至今稱任徵君也。《太平御覽》卷五百八《逸民類》引。

贊恂

贊恂，字秀直，伯陵之十二世孫也。明《禮》、《易》，遂治《五經》，博通百家之言。又善屬文，詞論清美，渭濱弟子扶風馬融、沛國桓驎等自遠方至十餘人。既通古今，而性復温敏，不恥下問，故學者宗之。嘗慕其先人之高，遂隱於南山之陰。初，馬融如恂受業，恂愛其才，因以女妻之，融後果爲大儒之冠，當世以是服恂之知人。永和中，和帝博求名儒，公卿薦恂：「行侔曾、閔，學擬仲舒，文參長卿，才同賈誼，誠瑚璉器也。宜在宗廟，爲國楨輔。」由是公車徵，不詣。大將軍竇武阮本作「憲」。舉賢良，不就。清名顯於世，以壽終，三輔稱焉。《太平御覽》卷五百八《逸民類》引。

孫期

孫期，字仲彧，《經典釋文・序録》作「字仲奇」。濟陰人。與諸生治《京氏易》、《古文尚書》。家貧，事母至孝，牧豕於大澤中以奉養焉。遠人從其學者，皆執經隴畔以追之。里落化其仁讓。黄巾賊起，過其里陌，相約不敢犯孫先生舍。郡舉方正，遣吏遺羊酒請期，期驅豕入草不顧也。《太平御覽》卷九百三《家類》引。

孔嵩

孔嵩，字仲山。辟公府，之京師，道宿下亭。盜共竊其馬，尋問知是嵩也，乃相責讓曰：「孔仲山善士，豈宜侵盜乎？」於是遂以馬還之。《太平御覽》卷四百九十九《盜竊類》引。

徐穉

徐穉，字孺子，豫章南昌人也。少以經行高於南州，桓帝時，汝南陳蕃爲豫章太守，因推薦於朝廷，由是五舉孝廉、賢良，皆不就。連辟公府，不詣。未嘗答命，公薨，輒身自赴弔。太守黄瓊亦嘗辟穉，至瓊薨，歸葬江夏。穉既聞，即負笈徒步豫章三千餘里，至瓊墓前致醊而哭之。後公車三徵，不就。以壽終。《太平御覽》卷五百八《逸民類》引。

夏馥

夏馥，字子治，陳留圉人也。少爲諸生，質直不苟，動必依道。同縣高儉及蔡氏凡二家豪富，郡人畏事之，唯馥閉門不與高、蔡通。桓帝即位，災異數發，詔百司舉直言之士各一人，太尉趙戒舉馥，不詣。遂隱身久之。靈帝即位，中常侍曹節等專朝，禁錮善士，謂之黨人。馥雖不交時官，聲名爲節等所憚，遂與汝南范滂、山陽張儉等數百人並爲節所誣，悉在黨中。詔下郡縣名捕以爲黨魁，馥於是頓足而歎曰：「孽自己作，空汚良善，一人逃死，禍及萬家。何以生爲？」乃剪髮變服，易形改姓，入林慮山中爲冶工客作。形貌毀悴，積傭三年而無知者。後詔委放儉等，皆出。馥獨歎曰：「已爲人所棄，不宜復齒鄉里矣。」留賃作不歸。家人求，不知所處。其後人有識其聲者，以告同郡上黨太守濮陽潛，潛使人以車迎馥，馥自匿不肯見。潛車三返，乃得馥。《太平御覽》卷五百八《逸民類》引。

郭泰

郭泰，字林宗，太原人也。少事父母，以孝聞。身長八尺餘，家貧，郡縣欲以爲吏，歎曰：「丈夫何能執鞭斗筲哉？」乃辭母，與同縣宗仲至京師，從屈伯彥學《春秋》，博洽無不通。又審於人物，由是名著於陳梁之間。步行遇雨，巾一角墊。衆人慕之，故折巾角。士争往從之，載策盈車。凡泰知之於無名之中六十餘人，皆先言後驗。以母喪歸，徐穉來弔，以生芻一束頓泰墓前而去。泰曰：「南州高士徐孺子也。詩曰：『生芻一束，其人如玉』，吾不堪此喻。」後辟司徒，府徵有道，皆不就。《太平御覽》卷五百八《逸民類》引。

申屠蟠

申屠蟠，字子龍，陳留外黄人也。少有名節，同縣大女□一本作緱。〔一〕玉爲父報讐，外黄令梁䫜欲論殺玉，蟠時年十五，爲書進諫曰：「玉之節義，足以感無恥之人，激忍辱之子。不遭明時，追旌廬墓；況在清朝，而不加哀矜？」䫜善其言，乃爲讞減死論，人稱之。及父母卒，蟠思慕，不飲酒食肉十餘年。遂隱居，學治《京氏易》、《嚴氏春秋》、《小戴禮》。三業通，因博貫《五經》，兼明圖緯。學無常師，始與濟陰王子居遊太學，子居病困，以身託蟠，蟠即步負其喪。至濟陰，遇司隷從事於河鞏之間，從事義之，爲符傳護送蟠，蟠不肯，投傳於地而去，事畢還家。前後凡蒲車特徵，皆不就。年七十四，以壽終。《太平御覽》卷五百八《逸民類》引。

袁閎

袁閎，字夏甫，汝南人也。築室於庭中，閉門不見客。旦於室中向母拜，雖子往，亦不得見也，子亦向户拜而去。首不着巾，身衣單衣，足着木履。母死，不列服位。公車再徵，不詣。范滂美而稱之曰：「隱不違親，貞不絶俗，可謂至賢也。」《太平御覽》卷五百八《逸民類》引。

姜肱

姜肱，字伯淮，彭城廣戚人也。家世名族，肱兄弟三人皆以孝行著。肱年最長，與二弟仲海、季江同被卧，甚相親友。及長，各娶，兄弟相愛不能相離。習學《五經》，兼明星緯。弟子自遠方至者三千餘人，聲重於時。凡一舉孝廉，十辟公府，九舉有道、至孝、賢良。公車三徵，皆不就。仲季亦不應徵辟。建寧二年，靈帝詔徵爲犍爲太守，肱得詔，乃告其友曰：「吾以虚獲實，遂籍聲價。盛明之世，尚不委質；況今政在私門哉！」乃隱遯，命乘船浮海，使者追之不及。再以玄纁聘，不就。即拜太中大夫，又逃，不受詔。名振於天下，年七十卒於家。《太平御覽》卷五百八《逸民類》引。

管寧

管寧，字幼安。靈帝末，以中國方亂，乃與其友邴原涉海依遼東太守公孫度，度虚館禮之。其後中國少安，人多南歸，唯寧不還。黄初中，華歆薦寧，寧知公孫淵必亂，乃因徵辭還。以爲太中大夫，固辭不受。寧凡徵命十至，輿服四賜。常坐一木榻上，積五十年《三國志·管寧傳》注引作「五十餘年」。未嘗箕股，其榻上當膝皆穿。常着布裙貂裘，唯祠先人乃著舊布單衣，加首絮巾。遼東郡國圖其形於圖殿，號爲賢者。《太平御覽》卷五百九《逸民類》引。

寧所居屯落會井，汲者或男女雜錯，或争井鬭鬩。寧患之，乃多買汲器，分置井旁，汲以待之，又不使知。來者得而怪之，問知寧所爲，乃各相責，不復鬭訟。鄰有牛暴寧田者，寧爲牽牛著凉處，自爲飲食，過於牛主。牛主大慙，若犯嚴刑。是以左右無鬭訟之聲，禮讓移於海表。《三國志·管寧傳》注引。

鄭玄

鄭玄，字康成，北海高密人也。學《孝經》、《論語》，兼通《京氏易》、《公羊春秋》、《三正曆》、《九章算術》、《周官》、《禮記》、《左氏春秋》。大將軍何進辟玄，州郡迫脅，不得已而詣。進設几杖之禮以待玄，玄以幅巾見進，一宿而逃去。公府前後十餘辟，並不就。《太平御覽》卷五百九《逸民類》引。

任安

任安，字定祖。少好學，隱山，不營名利，時人稱安曰「任孔子」。連辟不就。建安中，讀《史記·魯連傳》，歎曰：「性以潔白爲治，情以得志爲樂。性治情得，體道而不憂，彼棄我取，與時而無争。」遂終身不仕，號曰任徵君。《太平御覽》卷五百九《逸民類》引。

姜岐

姜岐，字子平，漢陽上邽人也。少失父，獨以母兄居。治《書》、《易》、《春秋》，恬居守道，名重西州。延熹中，沛國橋玄爲漢陽太守，召岐欲以爲功曹，岐稱疾不就。玄怒，敕督郵尹益收岐，若實不起者，欲嫁其母而後殺岐。〔益〕争之〔二〕，玄怒益，撾之。益得杖且諫曰：「岐少修孝義，栖遲衡廬，鄉里歸仁，名宣州里，實無罪狀。益敢以死守之。」玄怒乃止。岐於是高名愈廣，其母死，喪禮畢盡，讓其水田與兄岑，遂隱居，以畜蜂豕爲事。教授者滿於天下，營業者三百餘人。辟州從事，不詣。民從而居之者數千家，後舉賢良，公府辟以爲茂才、爲蒲阪令，皆不就。以壽終於家。《太平御覽》卷五百八《逸民類》引。

荀靖

荀靖，字叔慈。《後漢書·荀淑傳》注引此下有「少有俊才，動止以禮」句。父淑，有名績。靖至孝，閨門悌睦，隱身脩道。弟爽，字慈明。亦以才學《後漢書·荀淑傳》注引作「亦以才顯於當時」，此有脱誤。汝南許章稱二人以上七字《荀淑傳》注引作「或問汝南許章曰：『爽與靖孰賢？』章曰」十四字。皆玉也：慈明外朗，叔慈内潤。太尉辟，不就。及終，《荀淑傳》注引此下有「學士惜之，誄靖者三十六人」句。潁陰令丘禎追號靖曰玄行先生。潁川太守王懷亦謚曰昭定先生。《太平御覽》卷五百八《逸民類》引。

胡昭

胡昭，字孔明。棄妻子，不應袁紹之命。武帝亦辟昭，昭自陳本志。帝曰：「人各有志，出處不同，勉卒高尚，義不相屈。」昭乃隱陸渾山中。《太平御覽》卷五百九《逸民類》引。

初，晉宣帝爲布衣時，與昭有舊。同郡周生等《太平御覽》卷九百六十五《棗類》引作周士。謀害帝，昭聞而步陟險《御覽》引無「陟」字，衍文，當刪。邀生於崤、澠之間，止生。生不肯，昭泣與結誠。《御覽》引作「昭泣以示誠」。生感其義，乃止。昭因與斫棗樹共盟而別。昭雖有陰德於帝，口終不言，人莫知之。信行著於鄉隣。建安十六年，百姓聞馬超叛，避兵入山者千餘家，飢乏，漸相劫畧。昭嘗遜辭以解之，是以寇難消息，衆咸宗焉。故其所居部落中，三百里無相侵暴者。《三國志·管寧傳》注引。

幽州刺史杜恕，嘗過昭所居草廬之中，言事論理，辭意謙敬。恕甚重焉。太尉蔣濟辟，不就。《管寧傳》注引。

朝廷以戎車未息，徵命之事，且須後之。昭以故不即徵。後顗、休復與庾嶷薦昭，有詔訪於本州評議。侍中韋誕駁曰：「禮賢徵士，王政之所重也，古者考行於鄉。今顗等位皆常伯納言，嶷爲卿佐，足以取信。附下罔上，忠臣之所不行也。昭宿德耆艾，遺逸山林，世所高尚，誠宜嘉異。」乃從誕議也。《管寧傳》注引。

焦先

世莫知先之所出，或言生乎漢末，自陜居大陽。無父母、兄弟、妻子，見漢室衰，乃自絶不言。及魏受禪，常結草爲廬於河之湄，獨止其中。冬夏恒不着衣，卧不設席，又無草蓐，以身親土，其體垢汚，皆如泥漆。五形盡露，不行人間。或數日一食，欲食，則爲人賃作，人以衣衣之，乃使限功受直，足得一食輒去。人欲多與，終不肯取，亦有數日不食時。行不由邪徑，目不與女子逆視。口未嘗言，雖有驚急，不與人語。遺以食物，皆不受。河東太守杜恕，嘗以衣服迎見，而不與語。司馬景王聞而使安定太守董經因事過視，又不肯語。經以爲大賢。其後野火燒其廬，先因露寢。遭冬雪大至，先袒卧不移，人以爲死，就視如生。《藝文類聚·居處部·廬類》引《太平御覽》卷一百八十一《廬類》引，並作「就視如故」。不以爲病，人莫能審其意。度年可百歲餘乃卒。或問皇甫謐曰：「焦先何人？」曰：「吾不足以知之也。考之於表，可略而言矣。夫世之所嘗趨者，榮味也；形之所不可釋者，衣裳也；身之所不可離者，室宅也；口之所不能已者，言語也；心之所不可絶者，親戚也。今焦先棄榮味，釋衣服，離室宅，絶親戚，閉口不言，曠然以天地爲棟宇，闇然合至道之前，出羣類之表，入玄寂之幽，一世之人，不足以掛其意；四海之廣，不能以回其顧。妙乎與三皇之先者同矣！結繩以來，未及其至也，豈羣言之所能髣髴，常心之所得測量哉！彼行人所不能行，堪人所不能堪，犯寒暑不以傷其性，居曠野不以恐其形，遭驚急不以迫其慮，離榮愛不以累其心，損視聽不以汚其耳目，舍足於不損之地，居身於獨立之處，延年歷百，壽越期頤，雖上識不能尚也。自羲皇以來，一人而已矣！」《三國志·管寧傳》注引。

此傳輯於光緒丁亥，棄置巾笥者二十有八年矣，今乃檢付手民。嗟歲月之如流，悼斯世之愈濁，安得起彼卷中人與共晨夕耶。乙卯六月，仇亭老民記。

〔校記〕

〔一〕上海涵芬樓影宋本作「雖」字。

〔二〕原無「益」字，據《御覽》涵芬樓影宋本補。

王子安集佚文 附校記

目録

此編輯於戊午仲秋。又三年，日本京都大學郵寄富岡氏所藏卷廿九及卅殘卷印本至，乃重加校録。先後共補佚文卅篇，附録文五篇，付京師手民再刻之。壬戌十月，羅振玉。

宣統紀元，予再至海東。平子君尚來見，與論東邦古籍寫本，平子君謂以正倉院所藏《王子安集》殘卷爲最先，乃寫於慶雲間，中多佚文。且言：「君欲往觀者，當言之宫内省，某願爲之導。」時以返國，迫不克往，而以寫影爲請，平子君諾焉。既歸國，平子君以書來，言寫影事已得請於當道，一二月間必報命，並寄正倉院印刷局印本至。謂「此雖僅十六紙，爲文二十首，尚少於楊氏《日本訪書志》者三之一，才當全卷之半耳。然印本近已難得，姑先奉清覽，可窺見一斑也。」予校以今集本，二十篇中佚者五篇，因以贈亡友蔣伯斧諮議，勸刻於其先德敬臣大令清翊《王子安集注》後，伯斧欲待正倉院全卷至乃刻之，而逾歲無消息。以詢之東京友人，則平子君者已以病肺卒且數月矣。嗣老友内藤湖南博士來觀我學部所得敦煌卷軸，出《王子安集》古寫殘卷影本爲贈。《墓誌》三首，乃其國上野氏所藏；《祭文》一篇，則其國神田氏所藏。皆今集所不載者。於是子安佚文先後得九篇，因勸伯斧速授梓，毋因循。顧伯斧移書借楊星吾舍人藏本，書函往返者又經歲，則已辛亥之秋矣。伯斧又卒以暴病卒，於是刊刻之事，遂成泡幻。

及予來寓京都，謀影寫正倉院本，則以御府祕藏，禁令森嚴，卒不果。乃大悔往者之在海東，恨不寬歸程三日，一觀此祕笈也。至是，寫影之事，遂不復措諸懷。乃今年秋，有神田君喜者，香巖翁之文孫。香巖翁者，即藏王子安祭文者也。其文孫篤學嗜古，嘗來予家。一日白予：近得正倉院《王子安集》印本計二十餘紙。予亟請借觀，則爲文四十一篇，不見今集者凡二十篇。惟《送盧主簿序》中間佚數行，餘皆完好。以校《日本訪書志》所載佚文十三篇，其《聖泉詩序》，項刻《王子安集》載於《聖泉》詩之前，實非佚篇。其他十二篇中，若《送王贊府兄弟赴任序》、《冬日送閭邱序》、《江浦觀魚宴序》、《夏日仙居觀宴序》、《冬日送儲三宴序》、《初春於權大宅宴序》，或佚其半，或僅存數字、數句，咸非完篇。楊本佚文，實僅六篇，而此本佚文二十篇，則完好無缺。爲之喜出望外，乃以三夕之力，手自移寫，合以《祭文》一篇、《墓誌》三篇，共得佚文二十四首。其見今集之二十一篇，亦手校異同，別爲《校記》。正倉院本，字多譌別，或有衍脱倒植。其第二十八殘卷，譌誤尤繁。皆一一爲之是正。其不可知者，則守蓋闕之訓。蓋校勘之事，昔人所難，敬臣大令箋注是集，以十年之力，始潰於成。其刊正譌誤，如《上巳浮江宴序》「茲以上巳芳辰，雲開勝地」，蔣注謂「雲開」殆「靈關」之誤，又「初傳曲路之悲」，蔣注疑是「曲洛之杯」之誤，《別盧主簿序》「況乎同得此義」，蔣注疑當作「同德比義」。《山亭興序》「粉債芝田」蔣注「粉義未詳」，而引《古今記》烏孫國有青田核事爲之注。今校以古寫本，一一隱合，可謂精密矣。然如《遊廟山序》今本譌作「游山廟」，而集中更有《游廟山賦序》，明言「玄武山西有廟山」，則當作「廟山」，非「山廟」明甚，而蔣注未嘗舉正。又《上巳浮江宴序》「瓊轄乘波，耀錦鱗於畫網」，《文苑英華》及古寫本並是「瓊轄」，蔣注據項本改「瓊舸」，殆謂漁釣之事，無取「瓊轄」。然《江浦觀魚宴序》亦有「瓊轄銀鉤」語，古人釣具，今不可知。嘗見古畫圖中畫漁者釣竿之上，附以小輪，以爲收放絲綸之用。其物殆即所謂「轄」耶？又有文義不洽而無從校其譌誤者，如《歸仁縣主墓誌》「貞觀廿一祀丁某原誤「其」，今改正。憂」，誌稱縣主爲齊王女，下嫁姜氏。又稱「楊妃以亡姚之重，撫幼中闈；某姬以生我之親，從榮内閤。」是妃乃某姬所生，而齊王誅後，撫於楊妃者。誌又稱「二尊齊養」，二尊者，謂楊妃與某姬也。則縣主所丁之喪，當爲某姬，或爲楊妃。故又有「爰有中詔，稱哀内府」語，則爲宫中母氏之喪明甚，而誌中乃有陟岵語，銘文中且再見，齊王既誅，烏得更有喪父之事？此令人疑不能明者也。

此集雖以三夕之力成之，而夢想者且十年。昔之難也如彼，今之易也如此，知古籍之流傳，亦有前數。然微神田君之力，不及此。惜平子君與伯斧竟不及見矣。京都老友富岡君謙藏别藏《王子安集》卷廿九及卷三十，與上野氏殘卷同出一帙，予曾披覽，勸君攜影印以傳之，君攜唯唯，意若有待者。今此集刊行，君攜或亦將出其珍祕而傳之藝林乎。企予望之矣。戊午八月，上虞羅振玉校録竟並記。

序

春日序

夫五城高暎，飛碧玉之仙居；三山洞開，秀黄金之神闕。斯則旁稽鳳册，聞禮制而空存；俯視人間，竟寂寮而無睹。况乎華陽舊壤，井絡名都，城邑千仞，峰巒四絶。山開雁塔，還如玉名之臺；

水架螺宮，則似銅人之井。嚴君平之卜肆，里閈依然；楊子雲之書臺，煙霞猶在。雖英靈不嗣，何山川之壯麗焉。〔二〕王明府氣挺龍津，名高鳳舉。文詞泉涌，秀天下之珪璋；儒雅風流，作人倫之師範。孟嘗君之愛客，珠履交音；密子賤之調風，絃歌在聽。則有蜀城僚佐，陪騁望於春郊；青溪逸人，奉淹留於芳閣。明明上宰，肅肅英賢。還起潁川之駕，重集華陰之市，于時歲游青道，景霽丹空。桃李明而野徑春，藤蘿暗而山門古。橫琴對酒，陶潛彭澤之游；美貌多才，潘岳河陽之令。下官寒鄉劍士，燕國書生，憐風月之氣高，愛林泉之道長。末闕

秋日送沈大虞三入洛詩序

夫鳥散背飛，尚有悲鳴之思；獸分馳騖，猶懷狂顧之心。況在於人，能無別恨者也？虞公沈子，道合姻連。同濟巨川，俱欣利涉。天門大道，子則翻□而入帝鄉；地泉下流，余乃漂泊而沈水國。昇降之儀有異，去留之路不同。嗟控地之微軀，仰沖天之逸翮。相與隔千里，阻九關。後會不可期，倚伏安能測。是時也，赤熛云謝，白道爰開。潘子陳哀感之辰，宋生動悲傷之日。萬物迴薄，四野蒼茫。雲異色而傷遠離，風雜響而飄別路。月來日往，澄晚氣於幽巖；景净天高，引秋陰於爽籟。此時握手，共對離尊。將以釋慰於行前，用晏安於別後。命篇舉酌，咸可賦詩。一字用探，四韻成作。

秋日送王贊府兄弟赴任序

夫別也者，咸軫思於去留；將行矣夫，有懷情於憂喜。王贊府伯兄仲弟，如壎若篪。匪二陸之

可嘉，即三王之繼體。長衢騁足，拔萃揚眉。道泰官高，成榮厚禄。一則顯光輝於楚甸，一則奮明略於趙郊。溝水東西，恭惟南北。遂以離亭仙宅，異望香山。羽翼於此背飛，花蕚由其柎影。所謂鸞翔鳳舉，終以悽愴；鶴顧鵬騫，能無戀恨。諸寮友等祖道秋原，遲迴晚景。菊散芳於尊酒，則花彩疊重；蘭吐氣於仁賢，則徽陰委積。加以煙雲異狀，凜凜四郊之荒；草木變衰，蕭蕭百籟之響。臨別浦，對離舟。行子傷慘悽，居人苦遼落。去矣；遠矣！綿日月而何期；黯然！寂然！涉歲寒而詎展。宜其奮藻，即事含豪。各贈一言，俱裁四韻。

夏日喜沈大虞三等重相遇序

地虽天邊，言爲雨絶。川長道遠，謂作參分。不期往而復來，別而還敘。遂得更申傾蓋，重展披雲。若涉芝蘭，如臨水鏡。攄懷款舊，心開目明。喜莫喜於此時，樂莫樂於茲日。又柳明府遠赴鄮城，衝劍氣於牛斗(二)。遇會高郵之譙，引蘭酌之鸚杯。對水臨亭，得逍遥之雅致；披襟避暑，暢慇懃之所懷。既當此時，其可默已。人探一字，四韻裁成。

冬日送閭丘序

夫鼇山巨壑，集百川而委輸；天門大道，總萬國以來王。莫不偃仰於薰風，沐浴於膏澤。閭邱學士雅調高徽，清詞麗藻。冀溥風於萬里，泛羽翮於三江。背下土之淮湖，泝上京之河洛。不謂同舟共濟，直指山陽，我北君西，分歧臨水。于時寒雲悽愴，更有心愁；咽溜清冷，翻增氣哽。聽孤鳴而動思，怨復怨兮傷去人；聞唳鶴而驚魂，悲莫悲兮愴離緒。風煙冥寞，林薄蒼茫，舉目潛然，能無鬱悒。人探一字，四韻成篇。

秋晚什邡西池宴餞九隴柳明府序

若夫春江千里，長成楚客之詞；秋水百川，獨肆馮夷之賞。亦有拔蘭花於溱洧，採蓮葉於湘湖。亭皋丹桂之津，源水紅桃之徑。斯則龍堂貝闕，興偶於琴尊；蘭檝荷裳，事編於江漢。未有一同高選，神怡吏隱之間；三蜀良游，道勝浮沈之際。歷秋風之極浦，下明月之幽潭。别錦帆於迴汀，艤瓊橈於曲嶼。柳明府籍銅章之暇景，訪道隣郊；賓明府□錦化之餘閒，追驩妙境。司馬少以陽池可作，具仙舟於南浦之前；下官以溝水難留，攀桂席於西津之曲。同聲相應，共駐絃歌；同氣相求，自欣蘭蕙。瓊巵列湛，玉俎駢芳。煙霞舉而原野晴，鴻雁起而汀洲夕。蒼蒼葭菼，傷白露之遷時；淡淡波瀾，喜青天之在矚。既而雲生歧路，霧黯他鄉。空林暮景，連山寒色。轉離舟於複漵，嘶旅騎於巖坰。故人易失，幽期難再。乘查可興，與筆海而連濤；結網非遥，共詞河而接浪。盍申文雅，式序良游。人賦一言，同裁四韻。

江浦觀魚宴序

若夫辯輕連繭，澹洲爲獨往之賓；道寄虚舟，河洛有神仙之契。雖復勝游長逝，陵谷終移，而高範可追，波流未遠。羣公以十旬芳暇，候風景而延情；下官以千里薄游，歷山川而綴賞。桃花引騎，還尋源水之蹊；桂葉浮舟，即在江潭之上。爾其崇瀾帶地，巨浸浮天。緜玉甸而橫流，指金臺而委輸。飛湍驟激，猶驚白鷺之濤；跛浪奔迴，若赴黄牛之峽。於是分桂檝，動蘭橈。嘯漁子於平溪，引鮫人於洞穴。沙牀石嶼，環臨翡翠之竿；瓊轄銀鉤，下暎茱萸之網。玄魴曷尾，登鳳几而霜離；素鱮縈鱗，掛鸞刀而雪泛。瑶觴間動，玉俎駢羅。興促神融，時淹景遽。于時平皋春返，林野晴歸，曾浦波恬，長崖霧息。脩篁結靄，斜連北渚之煙；垂柳低風，下拂西津之影。俯汀洲而目極，楚客疑存；想濠水而神交，蒙莊不死。道之存矣，超然四海之間；言可傳乎，□□千載之□。請抽文律，共抒情機。人賦一言，四韻成作。

與邵鹿官宴序

邵少鹿少以休沐乘春，開仲長之别館；下走以旅游多暇，累安邑之餘風。開蘭砌而行吟，敞茅齋而坐嘯。草齊幽徑，花明高牖。山川長望，雖傷異國之懷；罇酒相逢，何暇邊城之思。盍飄芳翰，共寫良游。振嵇阮之頹交，紐泉雲之絶綵。心乎愛矣，夫豈然乎？人賦一言，俱□四韻云爾。

夏日仙居觀宴序

咸亨二年，四月孟夏，龍集丹□，兔躔朱陸。時屬陸亢，潤褰恒雨。九隴縣令，河東柳易，式稽彝典，應禱名山。爰昇白鹿之峰，佇降玄虬之液。楊法師以煙霞勝集，諧遠契於詞場；下官以書札小能，敘高情於祭牘。羞蕙葉，奠蘭英。舞闋歌終，雲飛雨驟。靈機密邇，景況昭然。瞻列缺而迴鞭，顧豐隆而轉軑。停歡妙域，列宴仙壇。清祕想於丹田，滌煩心於紫館。神襟獨遠，如乘列子之風；溽候高褰，以滅劉昆之火。于時氣疏瓊圃，漏静銀宫。葉聚氛濃，花深潤重。撫銅章而不媿，坐瑶席而忘言。雖惠化旁流，信無慙於響應；而淺才幽讃，亦有助於明祇。敢分謗於當仁，庶同塵於介福。人分一字，七韻成篇。

張八宅别序

僕嘗覽前古之致，撫高人之迹。悼夫煙霞遠尚，猶嬰俗網之悲；山水幽情，無救窮途之哭。仰嵇風範，俯阮胸懷。此僕所以未盡於嵇康，不平於阮籍者也。則知聚散恒事，憂歡共惑，人非庶蒙，道在江湖。何必復心語默之間，握手去留之際，然後得爲君子哉。請持罇□，共樂平生。排旅思而銜盃，捨離襟而命筆。俾夫賈生可作，承風於達觀之鄉；莊叟有知，求我於忘言之地。人分一字，四韻成篇。

九月九日採石館宴序

孔文舉洛京名士，長懷司隸之門；王仲宣山陽俊人，直至中郎之席。敘風雲於一面，坐林苑於三秋。白露下而吴江寒，蒼煙平而楚山晚。時維九月，節實重陽。琳琅謝安邑之賓，尊酒值臨卭之令。琴歌代起，舞詠齊飛。俗物去而竹林清，高人聚而蘭筵肅。河陽採犢，光浮一縣之花；彭澤仙杯，影浮三旬之菊。儼徂鑣於别館，偃去棹於離洲；思駐日於魯陽之庭，願迴波於屈平之浦。俯煙霞而道意，捨窮達而論心。萬里浮游，佳辰有數；百年飄忽，芳期詎幾？請飛雄藻，共寫高懷。收翰苑之膏腴，裂詞場之要害。一言同賦，四韻俱成。使古人恨不見吾徒，無使吾徒不見故人也。

衛大宅宴序

蓋聞鳳緒參雲，限松楹於紫甸；龍津抵霧，睽蘭席於丹巖。然則杏圃揚徽，漁叟請緒帷之賞；榴溪泛酌，野人輕錦陪之榮。豈如僌影南欞，拓桂山而搆宇；翔魂北阜，俯蘭沼而披筵。日絢三珠，遠挩黿瑞之浦；風吟百籟，遥分鶴□之巖。秀驛追風，傃蘭除而疏影；鮮尊候景，闢羅幌而交懽。葉岫籠煙，彩綴九衢之幄；花源泛日，香浮四照之蹊。于時紫緯澄春，青鍾戒序，颺鮮颸於泉薄，曖韶晷於巖阡。素蝶翻容，轉雲姿於舞席；紫鶯抽韻，赴塵影於歌軒。既而香樹迎曛，連霞掩照，興盡吴山之賞，情高晉澤之游。作者七人，其詞云爾。

樂五席宴羣公序

樂五官情懸水鏡，落雲□於高穹；諸公等利斷秋金，嘯風煙於勝友。並以蘭才仙府，乘閒追俠窟之游；寓宿靈臺，酤酒狎爐家之賞。加以曹公展迹，毗魯化於惟桑；周生辭秩，悵秦歌於素木。暫搜疇養，仍抒新知。促高讌而欣故人，欽下車而仰明訓。于時凝光寫曖，落霽生寒，雪卷飛雲，池涵折駿。□酣發□濡首，勝氣逸於同心。既開作者之筵，請襲詩人之軌。各題四韻，共用一言，成者先書，記我今日云爾。

楊五席宴序

蓋聞勝賞不留，神交罕遇。白雲忽去，青天無極。故有百年風月，浪形邱壑之間；四海山川，投迹江湖之外。豈若情高物表，樂在人間。遠方一面，心知千里。清言滿席，復存王粲之門；濁酒盈尊，即坐陳蕃之榻。何必星槎獨放，泝蒼渚而驚魂；煙竇忘歸，俯丹霄而練魄。若斯而已哉！盍各賦詩，共旌友會云爾。

登綿州西北樓走筆詩序

山川暇日，樓雉中天。白雲引領，蒼波極目。視煙霞之浩曠，覺城肆之喧卑。促蘿薜於玄門，降虹霓於紫府。取樂罇酒，相忘江漢。思題勝引，式序幽筵。爰命下才，圖其宜矣。人探一字，四韻成篇云爾。

至真觀夜宴序

若夫玉臺金闕，玄都紫府，曠哉邈乎，非流俗所詣，而羣英在焉。乃相與造處□之宫，游□萍之野。棄置煩雜，栖遲道性，陶然不知宇宙之爲大也。豈直坐談風月，行樂琴樽而已哉。仰觀千載，亦各一時。

秋日登冶城北樓望白下序

僕不才，懷古之士也。峴山南望，恨元凱之塗窮；禹穴東尋，悲子長之興狹。俳佪野澤，散誕陂湖。思假俊翮而游五都，願乘長風而眺萬里。佳辰可遇，屬樓雉之中天；良願果諧，偶琴樽之暇日。攜勝友，陟崇隅。白雲展面，青山在目。南馳漲海，北控淮潮。楚山紛列，吴江浩曠。川原何有，紫蓋黄旗之舊墟；城闕何年，晉宋齊梁之故迹。時非國是，物在人亡。灌莽積而蒼煙平，風濤險而翠霞晚。關山牢落，壯宇宙之時康；井邑蕭條，覺衣冠之氣盡。秋深望徹，景極情盤。俯萬古於三休，窮九垓於一息。思欲校良游於日下，賈逸氣於雲端。引江山使就目，驅煙霞以縱賞。生涯詎幾，此念何期。灑絶翰而臨清風，留芳樽而待明月。俱題四韻，不亦可乎。人賦一言，其詞云爾。

冬日送儲三宴序

儲學士，東南之美，江漢之靈。凌翰圃而横飛；入詞場而獨步。風期暗合，即爲生死之交；道德懸符，唯恨相知之晚。下官太玄尚白，其心如丹。將忠信□待賓朋；用烟霞以付朝夕。自非琴書，好事文筆。深知口若雌黄，人同水鏡。亦未與談今古，盡□胸懷。對山川之風月，蕩羈旅之愁思，此君邂逅相□，適我願耳。樽酒不空，吾無憂矣。方欣握手，遽慘分歧。覺歲寒之相催，悲聚散之無定。是時也，池亭積雪，草樹凝寒。見鴻雁之南飛，愴吴人之北走。客中送客，誰堪别後之心；一觴一詠，聊縱離前之賞。聞諸仁者，贈子以言。盍各賦詩，俱裁四韻。

初春於權大宅宴序

早春上月，連襟扼腕。梅柳變而新歲芳；道術齊而故人聚。羇心易斷，惜風景於他鄉；勝友難遭，盡歡娱於此席。權大官滑稽名士，倜儻高才。博我以文章，期我以久要。丈夫之風雲暗相許，國士之懷抱深相知。大開琴酒之筵，遠命珪璋之客。則有僧中龍象，支道林之聰明；物外英奇，劉真長之體道。張生《博物》，「仁遠乎哉」？楊子草《玄》，「吾知之矣」。臨春風而對春□；接蘭友而坐蘭堂。散孤憤於談叢，寄窮愁於天漢。情飛調逸，樂極興酣。方欲粉飾襟神，激揚視聽，翫山川之物色，賞區宇之烟霞。文不在兹，請命蛟龍之筆；詩以言志，可飛白鳳之詞。凡我友人，皆成四韻。

春日送吕三儲學士序

宇宙之風月曠矣。川岳之煙雲多矣。其有徒開七竅，枉滯百年。棄光陰若埃塵，賤琴書同糞土。言不及義，動非合禮。若使周孔爲文章之法吏，比户可以行誅；稽阮爲邱壑之士師，破家不容其罪。至若神高方外，志大寰中，詩酒以洗滌胸襟，池臺以導揚耳目。超然自足，散若有餘，義合則交疏而吐誠；言忘則道存而目擊。二三君子，當仁不讓。並高情朗俊，逸調疎閑。杞梓森羅，琳琅疊彩。崩雲垂露之健筆；吞蛟吐鳳之奇文。顔謝可以執鞭，應徐自然銜璧。下官栖遲失路，懷抱沈愁。暫辭野鶴之羣，來厠真龍之友。不期而會，甘申羇旅之心；握手言離，更切依然之思。于時風雨如晦，花柳含春。雕梁看紫燕雙飛，喬木聽黄鶯雜囀。殷憂别思，晼晚年光。時不再來，須探一字。

墓誌

唐故度支員外郎達奚公墓誌并序

公諱某，字某，河南洛陽人也。若夫軒丘電發，擁陽岳而裁標；代壤雲飛，控陰巒而搆祉。由是朱幢夕拜，龍光開朔野之氛；緑蓋晨驅，鵬水運南溟之翼。故已指麾日月，嘯咤風雷，高藩十姓，皇枝千葉。曾祖某，後魏安南大將軍。三門上策，奉黄鉞於金庭；五壘神兵，詔玄戈於玉帳。祖武，後魏大將軍、高陽郡公、周大宗伯、太保、太傅、鄭國公。轅門舊迹，銀龜成大將之家；鼎路初平，玉馬受三台之策。父金州總管、上柱國、襲封鄭國公。虹璋莅俗，露玄幘而繩風；鵲印承祧，闢丹帷而組化。惟公青皋載響，赤野騰靈，生芻一束，寒松千丈。河宫紫闕，尋義壑而猶迷；閬苑朱陵，仰情巒而不逮。隋大業中，以良家子調補右千牛。彤闈旦静，扈瓊鈒於鸞墀；青禁宵嚴，投銀符於鶴扇。雖帝府鈎陳之序，實冀華□；而仙臺列宿之班，是招人選。遷除度支員外郎。文扃峻敞，禮署重深。五曹光庶績之雄，八座翊靈圖之首。崇蘭在握，仰風路以馳芳；勁篠儀貞，俯雲衢而振影。方冀金貂紫閣，五公傳蕤綬之榮；悲夫玉樹黄泉，千載泣蒿亭之恨。以某月日薨于某所，嗚呼哀哉！

惟公神馳俗右，識洞幾先。森月桂于情田，峙雲蓬于性海。銀鈎露灑，下書沼而鸞迴；玉軫波驚，俯琴亭而鶴引。加以賞兼朝野，趣入煙霞。故人接袂，新知投轄。風庭月幌，簪裾成紫陌之歡；

桂銎松巖，蘿薜發青溪之興。故得飛名禁旅，擢跡皇寮。仰霞軒而展衛，入星樞而抗景。嗚呼！槐庭累慶，方永北闕之歌；松野凝悲，奄見東郊之哭。

夫人，河東柳氏。濟州府君邯鄲公之女也。星津降采，月甸垂芬。清雅詠於《椒花》，奉柔規於「荇菜」。仙琴□奏，早□和鳳之音；寶劍雙沈，晚合乘龍之契。以大唐某年月合葬于某所，禮也。嗚呼哀哉！有子普州安居令孝貞。哀纏逝晷，痛結終身。侵露序而屠肝，指霜旻而斷骨。雖黃壚掩照，空驚梁岫之悲；而翠琰題芳，敢抒鄒衢之慟。其詞曰：

構聳軒臺，流分瀚渚。燭龍北抗，雲鵬南舉。玉劍連芒，金韜□□。道光師席，榮分禁旅。珠江月滿，瓊岫虹鶱。福馳來胤，下闕。

歸仁縣主墓誌并序

若夫乾綱燭象，清寶婺於丹霄；地紀流禎，婉巫□於碧岫。雖英姿淑譽，聲徵於顯晦之津；而女則嬪風，道寂於人神之域。其有椒臺襲構，分帝子於鸞扃；桂水重瀾，降天孫於鶴渚。青軒寫照，皇英灼別館之儀；彤筆詮華，班蔡擬承家之問。仰蘋洲而嗣彩，俯桃徑以揚芬。膺紫墀之寵命，酌玄丘之令典。具美存焉，見之於李夫人矣。

夫人諱某，字某，隴西成紀人也。皇唐高祖之孫、前齊大王之女。爾其麟郊鶡岫，横帝圃而翔英；玉藪珠林，擁仙墟而振穎。黃星夜朗，鳳鳴鍾旦暮之期；紫氣朝騰，龍德縷乾坤之業。故乃宸基岳峻，躋寶歷於南山；睿族星羅，抗璿居於北列者矣。夫人緑巖垂耀，朱澤浮祥，濟河洛之英□，降峨嵋之秀氣。韶規月滿，疏桂影於神軒；雅韻霜肅，□松標於智宇。雲袿委慶，初分雁渚之驩；玉袂垂恩，聿荷鴛庭之訓。儼玄笄於碧殿，禮極晨趨；詠朱萼於彤階，情勤夕膳。針樓暎曉，逸技霞驚；翰苑臨春，雕章霧縟。紅經翠縷，翻鳳鑷於仙機；杏葉芝英，轉鸞鈎於妙札。執順閑邪之迹，用晦而明；垂和履孝之規，□恩以盡。屬昆臺厭俗，武皇輕□屣之賓；代邸禋天，文考受蹇裳之顧。想維城而結欷，眷磐石而追懷。雖三王絶淮國之封，而五女厚梁園之邑。楊妃以亡姚之重，撫幼中闈；某姬以生我之親，從榮內閤。夫人締積雲禁，飭影星樞。奉盥餌於前厢，侍温凊於側寢。二尊齊養，誠周於造次之間；四德兼□，行滿於危疑之地。固迺事經人理，譽沃天心。六宫欽錫類之風，千室被如神之化。貞觀十八年，有詔封歸仁縣主，仍賜食邑一千户，出降天水姜氏，即長道公第二子也。

竇穆以竇融之貴，好結比陽；李猷以李尚之勳，榮加沁水。千扉曉闢，宣鳳□於南宫；百兩宵歸，降魚軒於北闕。瓊笳綵旄，光昇石窌之庭；畫桷雕櫳，秀發銀臺之寓。躍頳鱗於瑞浦，德合姜妻；吟紫鶴於仙樓，響諧秦媛。諸姬飲惠，爭陶「荇菜」之篇；列娣遷規，競縟《椒花》之思。凜梟鏡於性國，濮鄭終捐；栖鵲鏡於靈臺，鉛華自屏。閨風永浹，南隣銷反目之虞；閫則傍流，北里盡齊眉之好。貞觀廿一祀，丁某憂。爰有中詔，稱哀內府。仰風林而標影，陟霜岵而摧心。絶漿過乎七日，泣血周乎四序。充窮之感，指蒼極而神飛；孺慕之哀，攀紫宸而思越。雖聖懷喻旨，帝簡相尋；而積痛沈酸，天情殆殞。姜府君以地華分鼎，方燮照於中□；夫人以道契鳴琴，屢參風於上邑。游魚夕唱，還符饋鯉之祥；乳翟朝馴，即赴將雛之曲。陳太邱之令嗣，業謝好仇；潘河陽之勝姻，榮非帝緒。分華聳靄，彼或連徽；具德兼芳，我有餘力。每至花濃春徑，飛桂驛而陶芳；葉下秋潭，艤蓮舟而寫興。閑居問禮，長筵輕戚里之娛；相宅依仁，大被穆慈庭之典。故能使朝英累轍，攀玉樹而昇堂；野彦横書，把珠胎而獻納。芝蘭可詠，鬱爲崇□之門；簪蓋相趍，坐闢高陽之里。悲夫！七侯英族，方積慶於承家；九仞華軒，遽纏悲於瞰室。以總章元年八月六日遘疾，薨于乾封縣永達里，春秋四十有四。嗚呼哀哉！

重惟靈和稟氣，婉直凝風。分姒帷之□光，藴娥臺之麗魄。談津藝府，思洽幾初，地義天經，孝爲心極。貞姿玉暎，棄虹琰而無加；朗鑒珠融，斥驪珍而不御。清而化物，綺羅將緼緒同歸；高以順時，丹刻與茅茨遞敞。幽蘭在奏，施文律之繁音；穠李分蹊，搴詞條之粹萼。懼盈譏於鴆毒，慮不憑榮；懷賤業於殷憂，神無忤色。香輪寶駟，躬心皂隸之間；玉杼瑶函，授訓牆帷之下。謦嬪儀於内閫，室荷駢魚；雪母範於賓階，門栖吐鳳。雲房旦静，未終仙閣之期；月幌宵空，奄聽窮埏之酷。有詔贈物三百段，米粟二百石，凶典所須，隨由官給。仍遣司門大夫郎翁歸監護葬事。珠襦玉匣，彩賁佳城，金鼎銀罇，禮踰恒命。嗚呼！其生也榮，寵服光於茂册；其死也哀，賜贈昭於彝典。以其年十一月廿日窆于少陵之原，禮也。旌軒啓路，葆騎横林。□野曠而無塵，風煙慘而殊色。仙岡偃月，行臨白兔之□；宰樹栖雲，坐閟青龍之兆。有子洛州參軍瑴。玉堂疏貺，金社分輝。攀北渚而魂銷，下南陔而盡□。持鎌負米，□極於難追；緑俎玄觴，敬深於如在。姜府君悼存亡之不再，愴今昔之俄然，步朗月以長懷，傃秋風而累歎。以爲安仁詠德，道不著於玄扃；奉倩傷神，理未階於翠□。雖圖芬帝閣，中朝懸記善之書；而播美泉扃，下走受當仁之寄。謹聞命矣。乃作銘云：

紫闕馳耀，丹墟□跡，贙摶山樞，龍騰帝籍。本枝四海，維城萬奕，寵峻分珪，慶流磐石。其一。梧宫孕彩，桂邸垂榮，分靈月豔，稟秀雲英。韶姿玉婉，朗思珠明，□承鳳掖，訓洽鸞楹。其二。緑臺宵静，彤闈曉綷，鵷□隨簫，蛟龍轉佩。琱□繡轂，青綸紫繢，《書》美降嬪，《易》稱《歸妹》。其三。辭驩玉閫，穆道璿閨，禮高齊女，孝軼姜妻。針樓曉闢，書幌晨低，詩傳荇渚，領拂花蹊。其四。陳植之家，孟施之□，霧延賓館，風趍藝圃。藻□虯驚，文扃鳳吐，甫忻同席，遄悽陟岵。其五。雲閨影晦，月砌光殘，琴分鶴苦，劍別龍寒。泣松聲於隴隧，沈蕙質於泉壇，想清規而可作，題翠琰而知難。其六。

唐故河東處士衛某夫人賀拔氏墓誌并序

夫人，諱某，字某，某郡縣人也。自裘裳北徙，憑代野之宏基；旌旆南飛，慕軒臺之遥構。鐘鼎共風霜相映，忠孝與公侯疊起。祖某，使持節涇州諸軍事、涇州刺史。山川降祉，還膺列岳之榮；珪璧成姿，□受連城之寄。父某，隨岐州扶風縣令。子游弦歌之術，竟屈牛刀；士元卿相之才，終維驥足。夫人操業貞淑，容範祥和，敬實禮興，孝爲心極。先人有訓，將辭班掾之家；君子好仇，自入王凝之室。春秋若干，于歸某官衛某，實河東之令望也。門庭既穆，帷薄相和。傍稽《内則》之篇，下酌《家人》之繇。乘龍獨翥，上出雲霄，鳴鳳高飛，俯清琴瑟。既而陶門鶴寡，大野鸞孀。顧萬里而難□，攀□□而易遠。攜撫孤幼，綏緝宗鄰。州閭欽歲暮之風，親黨被日新之化。故能使珠胎遂□，映樹長滋；袟累千鍾，堂崇九仞。潘河陽之代業，班白承歡；衛洗馬之門華，清羸不痗。蘭陔動詠，□□厚禮之思；蓼徑含酸，遽軫窮埏之酷。以某年月日遘疾，終于密縣之官舍，春秋若干，嗚呼哀哉！

重惟靈和受氣，廉順呈姿，神周得喪，行滿夷險。自郄缺長□，黔婁不歸，將開浄土之因，兼奉祇園之律。情超□域，思入禪津。以爲合葬非古，事乖衣薪之策；弘道在人，思矯封防之□。平居之時，受疏别壙；遷化之際，驟形辭旨。遺命以三衣從窆。有子曰玄，官至梓州郪縣令。聿遵先託，無累後人。踐霜露而長懷，仰穹蒼而絶訴。以爲逝川難反，懷橘之思徒勤；幽隴方深，負米之期不再。將欲蓬蒿卒歲，衰絰終身，漿溢出於三年，苫塊幾乎十載。錫類之感，有識稱焉。以年月日葬于女監池之北原。嗚呼！其生也榮，成訓終於禄養；其亡也哀，貽謀切於先覺。豈可使陵谷有變，空傳峴嶺之碑；天地相終，不勒泉亭之碣。敢憑誠委，敬爲銘曰：

公侯盛業，忠孝靈因。實聞英媛，作儷高人，蒿簪去飾，蓬户全真。其一。鳴鳳馳響，乘龍載德。

道照嬪規，功流母則。率忠以孝，自家刑國。其二。柔姿外□，貞心内映。肅穆禪襟，優游道性。陶寡標節，桓嫠作鏡。其三。王霸之妻，梁鴻之婦。義存生外，聲□□後。石古泉深，長天久地。其四。

行狀

張公行狀

某郡某縣某鄉某里張公，年八十。

若夫考神基於峻岳，揆曾覆於靈宫。奇峰非數簣而成，崇堂起一材而立。是以蒼溪赤岸，方騰噴日之波；珠藪瑶林，必疊梢雲之幹。況乎指天弧而錫氏，憑地掖而居尊。文物光乎萬奕，聲明□乎千古。功臣北面，據彊趙而開封；武后北亡，擁金涼而發號。龍川鳳穴，家承岳瀆之精；服冕乘軒，地積王侯之氣。關連玉塞，郡抵金城。餘慶不忘，伊公是秀。用能挺殊姿於弱歲，推令德於英門。有廉慎之遺風，得寬明之絶境。清惟鎮俗，森森烟雨之標；高則待時，凜凜冰霜之目。兼五常而動用，奉一德以周旋，分學苑之膏腴，處談津之要害。忠期濟物，孝在揚親。藏器而居，相辰而發。屬江湯有事，天下無邦。常隨自失，皇家未造。中原錯遝，豺狼多競逐之因；滄海横流，鯨鯢駭不存之地。公深謀内斷，英略外馳，先明酆谷之雲，早辨春陵之色。東師甫振，懷四七而長驅；西府初開，比三千而得儁。大業十三年，蒙授正諫大夫、元帥府典籤。從破京城，加轉右光禄大夫。從班例也。

于時高祖以神圖出震，方收宇宙之勳；太宗以公子稱藩，佇息雲雷之變。魂想左右，物色林泉，俊人罔伏，賓寮有序。功存以令，時乘誥誓之機；使在其間，任切喉脣之職。義寧元年，授公燉煌公府典籤。二年，又遷秦公府典籤。其年四月，又授趙公府典籤。武德元年，又除秦王府典籤。公折旋以□，敷奏以言，束帶而處門庭，談笑而爲賓客。知人則帝，實思專對之臣；無以易堯，頻授當仁之寄。武德三年，奉使隰州道行軍司馬大總管劉師善，自號西漢上將軍，與隰州總管燕詢等謀爲叛逆。公見危授命，視險若夷，蠖屈求申，雞鳴不已。制變旌旄之下，而逆黨離心；横師衽席之上，而元凶折首。有詔優錫，寵越恒倫。雖張良運千里之籌，功非轉禍；張飛有萬人之敵，事罕臨機。兼之者公也。

自武德伊始，皇運多虞，鴻溝勞楚漢之兵，閶左弊陳吴之事。薛舉以奉河尚擾，尋閼伯之干戈；王充以瀍洛未清，弄蚩尤之甲冑。公寒暑不變，羈紲必從，攀鳳翼於蕭王，識龍顔於代邸。雖孟津垓下，恒陪不戰之師；而官渡滎陽，每授先登之賞。貞觀二年，加勳至上柱國，改授右監門府長史。千廬夜警，陪禁鑰於丹闈；八校朝嚴，躡崇班於紫衛。既而景緯初朗，天步克寧，懷衆以文，戢兵爲武。墨綬一同之業，道寄惟賢；黄圖三輔之郊，帝優其選。六年，出授岐州麟游縣令。山分隴底，地接岐陽，承供帳於離宫，屈絃歌於下邑。奏甘泉之故事，清右輔之遺甿。浹辰而美化大行，朞月而芳聲遠致。事因時顯，懷舊發於宸衷；才爲朝昇，寵授光於天旨。十二年，移除兼尚舍奉御。其年，又改就尚乘奉御。三臺别府，六尚名曹，裂營禁之樞機，掌乘輿之服御。鈎陳晚憩，參鳳掖而司扃；法駕晨行，候鸞軒而捧轡。恩加近侍，譽洽貞勤。俄超上寺之榮，允副元卿之秩。十五年，詔可中散大夫、守太僕少卿。皇輿重寄，列署高班。任切周閑，司分漢牧。仙騑載廣，青蝯紫燕之名；聖皂惟宜，兹白乘黄之彩。奉時龍於帝典，進天馬於郊歌。曲水不差，交衢斯在。廿一年，詔遷中大夫，守將作少匠，屬穀以下原本佚。

祭文

祭石隄山神文

維年月朔日，虢州長史王巋，謹以某之奠，敬祭石隄山神之靈曰：我皇作極，參幽洞冥，爰建爾廟，安爾□靈，水旱是恤，陰陽是經，出納風雨，職司雷霆。巋以不德，忝毗藩守，政乃其空，神降之咎，石燕潛翼，泥龍矯首，澤不時行，年斯何有。敢修祀典，幸垂多福。無曠幽位，用尸冥禄。發電南宫，徵雲北陸。丹款是照，蒼生是育。我有信誓，豐穰是求。我有典祀，牲牢已周。除人之瘼，時乃之休，無爽靈應，作神之羞。尚饗。

祭石隄女郎神文

維年月朔日，虢州長史王㠜，謹以某之奠，敬祭石隄女郎神之靈曰： 誕稽月令，將度歲功。帝屬炎火，神當祝融，亢陽越序，黎人失農，時澤不降，廩實其空。陝西舊國，關東奥壤，惟神作鎮，是邦□仰。絶磴傍臨，高峰直上，妙圖不測，靈應如響。天地之大，有幽有明，名不妄秩，禮不虚行。敢陳薄薦，希昭厥誠。四溟電舉，八極雲生。粤惟神道，聰明正直，因物感降，與時消息。顧循庸菲，終慙明德，庶憑靈祐，無忝厥職。尚饗。

祭白鹿山神文

維年月日，九隴縣令柳明獻，謹以某之奠，敬祭白鹿山神之靈。惟神極天標，鎮裂地裁。基邑玉壘而維，雄綰銅陵而作。固丹崖峻阜，奠川澤之幽源；碧洞神墟，洩乾坤之寶氣。靈機密應，變霜露於迴旋；妙鍵潛融，運雷霆於指顧。

明獻才不逮古，德不洞微，牽帝□於朱絲，荷朝耀於墨綬。雖臨下以恕，補過以勤，而望闕歲功，澤蹇時雨。齊庭候鳥，傃丹景而方隆；葉縣圖龍，仰玄雲而不接。是用馳心絶磴，驟影重巒。舉紫館而推誠，赴玄壇而潔祀。澗溪爲薦，望南畝以克勤；黍稷非馨，指西郊而杼柚。

伏願遠流仙霈，曲降靈滋。徵電父於南宫，召雲師於北陸。俾夫應先羣望，潤被隣城。家喧九穗之謡，户溢雙岐之詠。則班連未遠，俱忘廢職之憂；臨撫是同，共受司存之賞。有均榮辱，無隔幽明，神而有靈，伏惟尚饗。

爲虔州諸官祭故長史文

歲月日，録事參軍某等，謹以某奠，敬祭故長史程公之靈曰：半剌榮寄，令都重名，士元獲展，休徵有成。惟登朝而樹績，實隔代而連聲。韶襟日煦，爽韻冰清；惠浹千里，威加百城。滉瀁風局，深沈思緒，布德窮微，誅奸絶侶。密而能斷，爲而不處。庶幾克達，三階虚佇。如何不祐，百齡中沮。嗚呼哀哉！某等行無思檢，才無異節，幸聞道於中軒；謬承風於下列。或歲遠而恩重，或情新而義切。彼遷秩而從榮，尚攀輪而卧轍。况埋彩而沈照，諒崩心而茹血。嗚呼哀哉！智焉而斃，明焉而終。感宴語之如昨，悲儀形之已空。野寒無景，山荒有風，撫遺孤而易咽，懷舊德而難窮。敢申哀於薄奠，庶迴鑒於微衷。嗚呼哀哉！伏惟尚饗。

爲霍王祭徐王文

年月日，謹遣某官某，以某之奠，敬祭故徐國大王之靈。惟王稟靈丹□，誕彩玄邱。疏睿派於銀潢，擢仙柯於瓊圃。苴茅建社，啓磐石之宏圖；剖竹調風，擁維城之介福。方冀環星入象，長承北拱之儀；列岳載基，永固南山之壽。嗚呼哀哉！逝川難駐，奔照不留。□林興墜萼之悲，金殿切摧梁之歎。某參華霄族，攀耀宸樞，方締感於飛鴒，遽銜悲於斷雁。山川未遠，官守成遥。恨不得縞服就塗，素車奔隴，想泉扃而瀝慕，望雲□而馳酸。嗚呼哀哉！伏惟尚饗。

過淮陰謁漢祖廟祭文奉命作

維大唐上元二年，歲次乙亥，八月壬申朔十六日丁巳，交州交阯縣令等，謹以清酌之奠，敬祭漢高皇帝之靈曰： 承睿命而述職兮，發棹洛陽；聞英風而願謁兮，税舳楚鄉。憶龍顔之偉狀，想虵劍之雄芒。俳佪廟廡，慷慨壇場。君王興兮，屬秦氏之亡。顧六合以雷息，横九域而電翔。雄圖既溢，武力莫當。生爲皇帝兮，没垂榮光。振功烈於八極，留精靈於萬方。昔自任以宇宙，今託人以烝嘗。覩簷宇之隘逼，豈神心之所康。已矣哉！伊微生之諒直，委大運之行藏。荷天澤以窮鶩，陵風濤而未央。誓沈珠於合浦，思屏厲於炎荒。杖信義以爲楫，浮忠貞以爲航。想陵谷以紆軫，憑風雲而感傷。彼淫祀以邀吉，與違道而懼殃。匪庸識之敢徇，豈明靈之所藏。所貴君子之曠心兮，處屯否其若昌。所貴神道之正直兮，降禍福其有章。審仁義之在己，畏性命之不常。敢陳俎席，敬列壺觴。庶皇神之下照，俾年壽之克長。願假力以弘道，期功遂而効彰。揚清節於外域，荅君恩於此堂。尚饗。

附録 卷子本弟三十卷但有後題，無前題，疑有闕佚

没後彭執古孟獻忠與諸弟書

林壑幽人謹致書於王六賢弟足下： 僕等近游汾晉，言訪山泉，載想德音，故來參揖。梅暑三

伏，麥風千里，葭灰發而蘭泉湧，衡炭舉而陰氣昇。左右琴書，比當佳適。豈謂賢兄長逝，化爲異物。筆海絶流，詞岑落構。梁木其壞，吾將安放。下官等慷慨耿介之士，薛蘿泉石之容，過大梁而想侯嬴，登九原而憶隨會。潘黄門之林沼，無復琴尊；孟嘗君之池臺，空餘風月。傷心已矣，如何如何！投筆潸然，不能繁述。惠而好我，佇望披雲。彭執古、孟獻忠諮。

族翁承烈書 兼與勱書論送舊書事

君適交州日，路經楊府，族翁承烈有書與君，書竟未達。及君没後，兄勱於翁處求此書，承烈有書與勱，兼送舊書，今並載焉。

太虚中常無名。曰：諱！不恨不見古人，但恨當今不相見耳。甚善甚善！何物譬之方籍也。聞吾宗粤自中州，隨任南徼，太邱道廣，元季趨庭。彭澤文高，舒通入室。金友玉昆之盛，龍雕豹蔚之奇。窮言燃數合乎神象，外寰中通其道〔三〕，此鄙夫所以未面而思君者久矣。余早嬰痼疾，不堪人事。略向秀之五難，同嵇康之九患。留情稊稗之道，不窺糟粕之書。飄瓦如風，乘流若水。故得心迹雙會，出處兩冥。□光壯若，李叟澹其真；泯色□門，釋氏凝其觀。是以思與晤言者，共盡玄圖之致也。今生平未申，志氣無託，嘗聞剡中思戴，便乘舟夜往；山陽契吕，則命駕朝趨。豈不願言，增其跂仰。

嗟乎！銅標萬里，赤岸千□。梧野雲來，惜君留滯；桂林月去，命我相思。矯矯吾宗，建德南矣。去去天涯，更超邈矣。翳翳心靈，誰與論矣。沈沈伏枕，何時振矣。無謂形隔，不余信矣。適知旅泊江潯，人遐路近，聊因翰墨，粗飛數行。乙亥年仲秋月，廿有九日寓言使至，得十一日訪案：此間有脱字。悲喜兼之。别來不知幾年，但貴所契者心耳。夫理以精通，神匪形隔。則知千里不遠，萬古如在也。無謂跡疏，幽契彌著，頃道流將竭，玄風罷緒，遂使庶類紛然，沈迷久矣。莫不精□於波詭，混聽於雷同。誰與釐革，俟諸君子。

君雅具自然，神機獨斷，尋妙於萬物之始，察變於三極之元。有濟時之用，爲光國之寶。但惜君踠飛黄之足，韜結緣之耀。不展其能，未求其價耳。想忘機上達，故無所怨尤矣。玄律告終，黄宫變首，石梁冰壯，金塘風急。隨時攝養，温清多慰。承烈沈頓如常，彌留可想，未議促叙，逾增長歎。善自保嗇，藥餌爲先。偶信復言，聊以疏意。族承烈敬謝。

太邱貞善遲真氣東游來訪疲茶也。余滋厥初，同原殊派，勿以南北爲疏耳。君三弟苗場委葉，芝圃摧英。楊童結歎於郫根，顔子慟心於闕里。良可惜也，何痛如之。啜泣興哀，中來何已，此意往年備敘，故不能徧舉焉。

日者有書，一時表意，既追送不及，久已棄諸，今忽訪逮，有愧存没。然生平素心不可廢也。旁問使者，乃云：亡從孫靈柩在彼，聞之轉增憫默。今别封將往，可對玄壤焚之，欲示神理有所至也。不知文筆總數幾許，更復緝注何書，小史往還時望寫録，豈惟自擬賞翫，兼欲傳之其人。其《易象》及《論語注》，俾因緘付，乃所望也。若使者存心固不至，遺落此信，還當具報也。

族翁承烈致祭文

文明元年八月廿四日，族翁承烈遣息素臣，致祭故族孫虢州參軍之靈曰：山川有助，天地無親，如何賦象，獨冠常倫。應乎五百，合乎鬼神，豹變藏霧，龍來絶塵。高陽八子，皇□一人，上斷唐虞，下師周孔，仁焉匪讓，寂然□動。文駕班楊，學窮遷董，□府徵藏，羽陵汲冢，一道貫心，千齡繼踵，大章步局，豐城氣擁。如彼蓍蔡，其用必靈。如彼蘭石，其氣必馨。曳裾王邸，獻策宰庭。禍胎斯兆，參鄉匪寧。南飛繞月，東聚移星。九夷昔往，百越今適。考覈六緯，發揮三易。遠躡虞翻，遥追陸績。跕鳶下墜，吹蠱旁射。赤蟻招魂，青蠅弔客。長沙賈誼，闕里顔回。賢哉共盡，命也無媒。砰掌珠崖之曲，夢腹丹穴之隈。飛黄萬里而中斃，大鵬六月而先摧。桃李不言而屑泣，朝野有慟而銜哀。

嗚呼！吹律一宗，本枝百代，生前不接，没後如對。義託孫謀，情鍾我輩。顧青箱之無泯，惜玄穹之不悔。悲久客兮他鄉，傷非春兮幾載。波驚東會，景落西虞。風飛去旐，□列歸艫；脯陳一□，酒泛□壺。宿草積□誰哭，秋柏化而成□。訪蔡邕之何在，痛張衡之已徂。嗚呼！來饗。

族翁承烈領乾坤注報助書

乾坤其《易》之門，所以甚思見此《注》。恒慮遺逸，忽攬精微，可謂得其藴矣。緘諸篋衍，傳之其人。故不至遺落。亦無煩他囑。族承烈敬謝。

〔校記〕

〔一〕此處似有脱文。

〔二〕牛斗句下應有脱句。

〔三〕據文意，此句當有脱文。

王子安集校記校蔣注本

梓潼南江汎舟序

鎮流靖俗　日本慶雲四年寫卷子本作「鎮静流俗」。

縱觀於丘壑　卷子本無「於」字。

吕望藉茅於磻谿之陰屈原製芰於涔陽之浦　卷子本「藉」作「坐」,「原」作「平」。

鳴絃朗笛　卷子本「鳴」作「清」。

以補尋幽之致焉　卷子本作「以紱藻幽尋之致焉」。

秋日宴季處士宅序卷子本作「秋日宴山庭序」

而逍遥皆得性之場動息匪自然之地　卷子本無「而」字,「匪」作「並」。

故有季處士者　卷子本「季」作「李」。

歡吴鄭之班荆　卷子本「歡」作「款」。

申孔程之傾蓋　卷子本「程」作「郯」。

纔聽蟬鳴　卷子本「蟬鳴」作「鳴蟬」。

行看漚上　卷子本作「江上」。與《文苑英華》同。

蘭亭有昔時之會　卷子本「蘭亭」上有「故」字。

豈曰不然　卷子本作「豈不然乎」。

各申其志　卷子本「申」作「述」。

知我詠懷抱於兹日　卷子本作「訪懷抱於兹日」。

越州秋日宴山亭序 卷子本作「新都縣楊乾嘉池亭夜宴序」

昔王子敬琅邪之名士　卷子本無「之」字。

阮嗣宗陳留之俊人　卷子本無「之」字,「俊」作「逸」。

豈非琴樽遠契　卷子本「非」下有「以」字。

是以東山可望　卷子本作「則知東扉可望」。

况乎楊子雲之故地　卷子本「故」作「舊」。

深環玉砌　卷子本作「環臨玉嶼」。

既而星迴漢轉　卷子本「迴」作「移」。

一時仙馭　卷子本「馭」作「遇」。

五際飛文　卷子本「飛」作「雕」。

請動緣情之作　卷子本「動」作「勒」。

仲氏宅宴序 卷子本作「仲家園宴序」

恨林泉不比德　卷子本「恨」上有「常」字。

而嵇阮不同時處良辰而鬱怏　卷子本作「而嵇阮不同時而處句懷良辰而鬱鬱句」。

豈夫司馬卿之車騎　卷子本「豈」下有「知」字。

江波浩曠　卷子本作「暮江浩曠」。

曜江漢之多才　卷子本「曜」作「逢」。

上巳浮江宴序

得畎畝之相保　卷子本無「之」字。

而託形宇宙者幸矣　卷子本「形」下有「於」字。
文墨於其間　卷子本「間」下有「哉」字。
則造化之於我得矣　卷子本「於」作「生」。
茲以上巳芳節雲開勝地　卷子本「茲」作「粤」，「雲開」作「靈關」。
運啓朱明　卷子本「啓」作「逼」。
俟迅風而弄影　卷子本「俟迅」作「傃遲」。
漁歌互起　卷子本「歌」作「弄」。
翠巘丹崖岡巒萬色　卷子本作「翠巘丹峰危岡萬色」。
瓊舸乘波耀錦鱗於畫網　卷子本「舸」作「轄」，「錦」作「青」。
玄雲白雪之吟　卷子本「吟」作「琴」。
既而游盤興遠　卷子本作「情盤興遽」。
野日照晴　卷子本作「野照開晴」。
方披襟朗詠　卷子本「方」下有「欲」字。
散髮高吟對明月於清溪之下　卷子本「高」作「長」，「對」作「佇」。
客懷既暢游思遄征　卷子本作「高懷已暢旅思遄忘」。

視泉石而如歸佇雲霞而有自　卷子本「視」作「赴」，「佇」作「仰」，「有自」作「自負」。

初傳曲路之悲　卷子本作「載傳曲洛之杯」。

共抒幽襟　卷子本作「共抑幽期」。

誰知後來者難　卷子本作「雖復來者難誣」。

游山廟序 卷子本作「游廟山序」

吾之有生　卷子本「生」下有「也」字。

常學仙經　卷子本「學」作「覽」。

遂令泉壑交喪　卷子本「交」作「道」。

相與游於玄武西山廟　卷子本「山廟」作「之廟山」。

蓋蜀郡三靈峰也　卷子本「三」作「之」。

古者相傳以名焉　卷子本作「古老相傳名焉」。

爾其丹壑叢倚　卷子本「壑」作「壁」。

瓊臺出雲而高峙　卷子本「瓊」作「金」。

崇松埒巨柏争陰　卷子本作「崇松將巨柏争陰」。

逸逸焉　卷子本作「迢迢焉」。

王孫何以不歸羽人何以長往　卷子本兩「何」字均作「可」。

方斂手鐘鼎　卷子本「方」下有「欲」字。

三月上巳祓禊序

觀夫天下四方　卷子本「方」作「海」。

尚遏逢迎之客　卷子本作「尚有過逢之客」。

或昂騏驥或泛飛鳧　卷子本作「昂昂騁驥或泛飛鳧」。案：其文似當作「或昂昂騁騎，或泛泛飛鳧」。

遲遲風景　卷子本「風」作「麗」。

出没媚於郊原　此與下「遠近生於林薄」兩「於」字，卷子本均無有。

處處爭鮮　卷子本「爭鮮」作「皆青」。

白雲將紅塵並落　卷子本「並」作「競」。

增悽恨於兹辰　卷子本「增」作「自」。

亦是今時之會　卷子本「亦是」作「豈復」。

且題姓字以表襟懷　卷子本作「宜題姓字以傾懷抱」。

晚秋游武擔山寺序

豈若武擔靈嶽　卷子本「若」作「如」。

化爲闍窟之峰　卷子本「峰」作「山」。

瑶臺玉甃尚控霞宫　卷子本作「瑶泉玉甃尚控銀江」。

羣公以玉律豐暇　卷子本「玉律」作「玉津」。

層軒迴霧　卷子本作「曾軒瞰迥」。

綺席乘雲　卷子本「雲」作「虚」。

汀洲在目　卷子本「汀」作「河」。

昔者升高能賦　卷子本「升」作「登」。

宇文德陽宅秋夜山亭宴序

亦有登山臨水　卷子本「登山」作「依山」。

明月清風　卷子本作「秋風明月」。

留美迹於芳亭　卷子本「美迹」作「興緒」。

或三秋意契　卷子本「意」作「舊」。

潛光翰院　卷子本作「俄潛翰院」。

金風高而林野動玉露下而江山清　卷子本「動」作「秋」，「清」作「静」。

鴛翼分橋　卷子本「鴛」作「雁」。

罕繼鳴琴之趣　卷子本作「罕悟忘琴之迹」，又：此句下卷子本有「兼兩美者，其在兹乎？人賦一言，俱成八韻」四句，今本佚。

與員四等宴序

古今惜芳辰者　卷子本「古」作「故」。案：作「故」是。「故」下「今」字殆「令」之譌。

請沃非常之思　卷子本「沃」作「拔」。

秋日登洪府滕王閣餞别序

地接衡廬　卷子本「地」作「鎮」。

俊采星馳　卷子本「采」作「寀」。

十旬休假　卷子本「假」作「沐」。

高朋滿座　卷子本「座」作「席」。
孟學士之詞宗　卷子本「宗」作「府」。
儼驂騑於上路　卷子本「驂騑」作「騑驂」。
層臺聳翠　卷子本「聳」作「矯」。
舸艦迷津青雀黄龍之軸　卷子本「迷」作「彌」，「軸」作「舳」。
雲銷雨霽　卷子本「雲」作「虹」。
爽籟發而清風生　卷子本「生」作「起」。
氣淩彭澤之罇　卷子本「淩」作「浮」。
目吴會於雲間　卷子本「目」作「指」。
奉宣室以何年　卷子本「以」作「而」。
時運不齊命途多舛　卷子本「時」作「大」，「舛」作「緒」。
不墜青雲之志　卷子本「志」作「望」。
酌貪泉而覺爽　卷子本「覺」作「競」。
北海雖賒　卷子本「賒」作「遥」。
等終軍之弱冠　卷子本「弱冠」作「妙日」。

鍾期相遇　卷子本「相」作「既」。

登高作賦　卷子本「作」作「能」。

秋月楚州郝司户宅遇餞崔使君序卷子本「崔」作「霍」

飲崔公之盛德　卷子本「飲」作「欽」，「崔」作「霍」。

雜芝蘭而涵晚液　卷子本「晚」作「曉」。

琴歌迭起　卷子本「迭」作「代」。

慇懃北海之尊　卷子本「尊」作「筵」。

越州永興李明府宅送蕭三還齊州序卷子本「越」上有「於」字，「永興」下有「縣」字

薜衣松杖　卷子本作「蔭松披薜」。

亦當將軍塞上詠蘇武之秋風隱士山前歌王孫之春草　此四句在「煙霞是賞心之事」句下，今佚。

有梁孝王之下客　卷子本「有」字上有「故」字。

倏然四皓爲方外之臣　卷子本無「倏然」二字。

或登吴會而聽越吟　卷子本「越吟」作「嵇吟」。

松柏風雲之氣狀　卷子本「柏」作「竹」。

嘗謂連璧無異鄉之别斷金有好親之契　卷子本作「嘗謂連璧無他鄉之别斷金有同好之親」。

生平於張范之年齊物於惠莊之歲　卷子本作「契生平於張范之年齊物我於惠莊之歲」。

三光迴薄　卷子本作「雖三光迴薄」。

横咽水而東西緒愁雲於南北　卷子本「咽水」作「溝水」,「愁雲」作「浮雲」。

白首非臨别之秋　卷子本「臨」作「離」。

嗟歧路於他鄉　卷子本「嗟」作「嘆」。

蓐收戒序　卷子本「序」作「節」。

斷續來鴻　卷子本作「淒斷來鴻」。

動便經年　卷子本「便」作「尚」。

人非桃李　卷子本作「人非李徑」。

子免簫韶　卷子本「免」作「既」。

江陵吴少府宅餞宴序卷子本作「江甯縣白下驛吴少府見餞序」

蔣山南望長江北流　卷子本「望」作「指」,「江」作「洲」,「流」作「派」。

百萬里之皇城　卷子本作「百萬户之王城」。
虎踞龍蟠　卷子本作「武據龍盤」。
曾爲建業之雄都　卷子本無「曾」字。
今日太平即是江甯之小邑　卷子本「太」作「天」，「即」下無「是」字。
欲逢厚禮　卷子本「欲」作「欣」。
竹樹映而秋煙生　卷子本「映」作「晦」。
便值三秋　卷子本「便」作「更」。
情窮興洽　卷子本「窮」作「槃」。
共瀉詞源　卷子本「詞」作「憂」。
俱題四韻　卷子本末有「云爾」二字。

送劼赴太學序

華存實爽　卷子本「華」作「名」。
未之見也　卷子本「未」上有「我」字。
可以深慕哉　卷子本「以」作「不」。

且吾家以儒輔仁　卷子本「儒」下有「術」字。

大雅不云　卷子本「云」下有「乎」。下「易不云乎」、「書不云乎」、「詩不云乎」，今本並脱「乎」字。

惟孝友于　卷子本作「友于兄弟」。

望然有所伏　卷子本作「豎然有所杖」。

雖上一階　卷子本「上」作「獲」。

但自溺於下流矣　卷子本無「但」字。

恨不得如古之君子四十強仕也　卷子本「仕」上有「而」字。

逼父兄之命　卷子本「逼」作「迫」。原作「白」，乃「迫」之譌。

今既至於斯矣　卷子本作「今既至此矣」。

吾何德以當哉　卷子本「哉」上有「之」字。

令汝無反顧憂也　卷子本「顧」下有「之」字。

孰就揚名之業　卷子本「就」作「振」。

送宇文明府序 卷子本「送」作「餞」

真姿足以錯物　卷子本「真」作「貞」，「錯」作「鎮」。

況乎巨山之凜孤出昇華之麗清峙　卷子本「況乎」作「況我」，「凜」作「凜凜」，「麗」作「巖巖」。

俱拔出塵之標　卷子本作「俱希拔俗之標」。

而肆樂含毫　卷子本作「而馬肆含毫」。

共寫離懷　卷子本「懷」作「襟」。

秋晚入洛於畢公宅別道王宴序

寵不動時充皇王之萬姓　卷子本「寵」作「識」，「皇」作「帝」。

早師周禮偶愛儒宗　卷子本「周禮」作「周孔」，「儒宗」作「神宗」。

自疎朝市之機　卷子本「機」作「譏」。

野性時違　卷子本「違」作「馴」。

居榮命於中朝　卷子本「居」作「屈」。

且混以蘿裳　卷子本無「以」字。

坐均於蓬户　卷子本無「於」字。

牢醴還陳　卷子本作「醴酒還陳」。

是非雙遺　卷子本「遺」作「遣」。

玄談清論　卷子本「清」作「緒」。

煙霞照灼　卷子本作「煙霞狼籍」。

既而神馳象外　卷子本「馳」作「融」。

況乎迹不皆遂　卷子本「皆」作「偕」。

敕柴車之有日　卷子本作「整柴車而有日」。

軒冕長辭　卷子本「長」作「可」。

尋赤松而見及　卷子本作「追赤松而罔及」。

泛黄菊以相從　卷子本「以」作「而」。

侶山水而忘年　卷子本「忘」作「窮」。

謝城闕而依然　卷子本「城」作「魏」。

希存別後之資　卷子本「希」作「思」。

別盧主簿序

林慮主簿清靈士也　卷子本作「林慮盧主簿清士也」。

達於藝　卷子本作「達乎藝」。

詮柱下之理　卷子本「理」作「文」。
撮其綱統　卷子本「統」作「紀」。
况乎同得此義　卷子本作「同德比義」。
然變動之不居乃聚散之恒理　卷子本作「然變動不居聚散恒理」。
琴樽暫離　卷子本「離」作「會」。

秋夜於緜州羣官席别薛昇華序

並受奇彩　卷子本「受」作「授」。
不可雙得也　卷子本「雙」作「多」。
常以爲人之百年猶如一瞬　卷子本「之」作「生」，「猶」作「逝」。
故僕射羣公　卷子本作「僕於羣公」。
而無同方之感分有一面之深　卷子本「感」作「戚」，「分」作「交」。
故與夫昇華者其異乎　卷子本「其」上有「不」字。
嗟乎　卷子本無「乎」字。
他鄉怨而白露寒故人去而青山迥　卷子本「怨」作「秋」，「迥」作「斷」。

山亭興序 卷子本作「山家興序」

即云深山大澤　卷子本無「云」字。

珠貝是有殊之地　卷子本作「珠貝有藏輝之地」。

眇小之丈夫　卷子本「眇」上有「乃」字，對句「坎懔之君子」，「坎」上有「即」字。

有宏農公者　卷子本「公」上有「楊」字。

照臨明日月之輝　卷子本作「崩騰觸日月之輝」。

輕脱履於西陽　卷子本「履」作「屣」。

不異菖蒲之澗　卷子本「澗」作「水」。

黄精野饌　卷子本作「青精野饌」。

徵石髓於蛟龍之窟　卷子本「窟」作「穴」。

求玉液於蓬萊之峰　卷子本「峰」作「府」。

山腰半折　卷子本「折」作「坼」。

粉漬青田　卷子本作「核漬青田」。

外域之謡風在即　卷子本「外」作「西」，「謡風」作「風謡」。

抱玉策而登高　卷子本「抱」作「把」。
出瓊林而更遠　卷子本「更」作「望」。
漢家二百所之都郭　卷子本「所」作「年」。
珠城隱隱　卷子本「珠」作「朱」。
滉漾即天河之水　卷子本「漾」作「瀁」。
長松茂柏　卷子本「茂」作「勁」。

聖泉宴序

此序項刻列《聖泉》詩之前，蔣注本從之。《全唐文》卷百九十九載此文，作駱賓王撰

玄武山有聖泉焉　卷子本「山」下有「趾」字。
浸淫歷數百千年　卷子本作「浸淫滴瀝數百年矣」。
兹乃青蘋緑芰　卷子本「兹」作「若」。
遂使江湖思遠　卷子本作「亦無乏焉。羣公九牘務閒，江湖思遠。」
寤寐寄託　卷子本此句下有「淹留勝地」句。
既而崇巒左岐石壑前縈　卷子本作「既而岡巒却峙荒壑前縈」。

碧漂千頃　卷子本「頃」作「仞」。

松風唱響　卷子本「響」作「晚」。

瀟瀟乎　卷子本作「蕭蕭乎」。

琴樽爲日用　卷子本「琴」上有「以」字。

古今代謝　卷子本作「古今同逝」。

少長同游　卷子本作「少長齊游」。

共寫高情　卷子本「情」作「懷」。

臨川集拾遺

宣統紀元，再游海東，觀書于宫内省之圖書寮，見宋槧本《王文公集》，每半葉十行，行十七字，「構」字下注「御名」，蓋刊于南渡之初。彫刻至佳，宋槧之最精善者。尚存七十卷，而佚其末。典書官爲予言：曾以它善本與此比勘，它本往往有佚篇。時以行程匆遽，不及詳究，惟覺其類次先文後詩，與明代復刻紹興中桐廬本先詩後文者大異。爰記其目次曰書、卷一至卷八。曰宣詔、卷九。曰制詔、卷十至卷十四。曰表、卷十五至卷二十一。曰啓、卷二十二至卷二十四。曰傳、卷二十五。曰雜箸、卷二十六至卷三十三。曰記、卷三十四、三十五。曰序、卷三十六。曰古詩、卷三十七至卷五十一。曰律詩卷五十二至卷七十。於小册中而歸。

亡友合肥蒯禮卿京卿篤好《荆公集》，求宋槧本不可得，歸以告之，並示所記目次。禮卿大喜，而恨不得寓目。讓予曰：君盍再作十日留，詳校其目，寫其佚篇以歸，不猶賢于僅記目次乎！相與憮然。乃未幾而禮卿物化。

及歲辛亥，避地扶桑，度門戢影，惟以校勘古籍消遣歲時。今年春念及斯集，計惟東友島田氏翰曾校書祕省，彼或校録，而數年前已以事自裁，墓草宿矣。彼固有增訂本《古文舊書考》在武進董氏許，中或載此書，又疑佚文未必備録，姑移書假之，比至，展觀則諸佚篇咸在焉。爲之喜出望外，長夏苦雨，取歸安陸氏所録荆公佚詩佚文載入《羣書校補》者，合以宋槧本所載不見桐廬本《臨川集》者，依其類次，輯爲一卷。命兒子福萇録之，既成，顔之曰《臨川集拾遺》。將寄滬上校印，以償十年未竟之志，以慰禮卿、島田於地下，並弁語簡首，以告讀是書者，俾知此編成之之難有如是也。宣統十年戊申六月，上虞羅振玉書於海東寓次之嘉草軒。

目録

表……二七七

啓

序

臨川集拾遺

古詩

書會别亭

西城路居人，送客西歸處。年年即問去何時，今日扁舟從此去。春風吹花落高枝，飛來飛去不自知。路上行人亦如此，應有重來此處時。

馬上

三月楊花迷眼白，四月柳條空老碧。年光如水盡東流，風物看看又到秋。人世百年能幾許？何須戚戚長辛苦！富貴功名自有時，簞瓢菜茹亦山雌。

老人行

老人低心逐年少，年少還爲老人調。兩家挾詐自相欺，四海傷真誰復誚。翻手作雲覆手雨，當面論心背面笑。古來人事已如此，今日何須論久要。

律詩七言八句

西去

馬頭西去百沾襟，一望親庭更苦心。已覺省煩非仲叔，安能養志似曾參。憂傷遇事紛紛出，疾病乘虚亹亹侵。手把詩篇卧空室，欲歌商頌不成音。

寄池州夏太初

一水衣巾翦翠綃，九華環佩刻青瑶。生才故有山川氣，卜築兼無市井囂。三葉素風門閥在，十年塵跡履綦銷。歸榮早晚重攜手，莫負幽人久見招。

律詩六言絶句

題舒州山谷寺石牛洞

水泠泠而北出，山靡靡而旁圍。欲窮源而不得，竟悵望以空歸。

律詩 七言絶句

蓬萊詩

西風不入小窗紗，秋氣應憐我憶家。極目江南千里恨，依前和淚看黄花。

夏旼扇

白馬津頭驛路邊，陰森喬木帶漪漣。斜陽一馬悤悤過，夢寐如今十五年。

賦

首善自京師賦 崇勸儒學爲天下始

王化下究，人文内崇。繄京師首善之教，自太學親民之功。闡承師論道之基，先繇轂下；廣成俗化民之誼，甫暨寰中。古之聖人，君有天下，治遠於近，制衆以寡。不用文何以修飾政教，非設校何以崇明儒雅。迺建左學，率先諸夏。在郊立制，繄一人之本焉；養士興仁，形四方之風也。本仁祖義，取材歛賢，講制量于中土，鬯聲明於普天。始於邦家，用廣師儒之衆；行乎鄉黨，斯爲庠序之先。是何拳拳諸生，亹亹先覺，所傳者道德仁義，所肄者詩書禮樂。以言乎功則萬世用乂，以言乎化則八紘匪邈。其流及於三代，率以明倫；此理達於諸侯，誰其廢學。故曰：校官者庶俗之原本，京邑者羣方之表儀。養原於上，則庶俗流被；設表於內，則羣方景隨。惟時於變，繄上之爲。三王四代惟其師，使人知化；兆姓黎民輯於下，自我興基。向若俗敗隄防，朝墮統紀，教化之宫衰落，禮義之官廢弛。鄉風者無以勸於善，肄業者不能官其始。則撫封之主，毁鄉校者有之；承學之民，在城闕者多矣。必也啓胄子之祕宇，據神邦之奧區。憲先王而講道，風下國以恢儒。邑翼翼以宅中，契商人之詠；士彬彬而蒙化，參漢室之謨。噫！孝武逸王也，而有興置之謀；公孫具臣也，而有將明之論。矧睿明之主紹起，俊乂之僚並建，宜乎隆儒館以視方來，使元元之敦勸。

劄子

論孫覺令吏人寫章疏劄子

臣今日蒙宣諭，召以孫覺令吏人寫論列大臣章疏。臣初亦怪其不能謹密，但疑此朋友所當誨責，非人主所當譴怒。繼又反復思惟陛下以覺爲可聽信，故擢在諫官，進賢退不肖，自其職分所當論列。雖揚言於朝，以迪上心於義，未爲失也。但令吏人書寫章疏，誠不足加以譴怒。凡人臣當謹密者，以君子小人消長之勢未分，言有漏泄，或能致禍。如其不密，則害於其身。若遭值明主，危言正論無所忌憚，亦何謹密之有乎？惟有姦邪小人，以枉爲直，懼爲公論之所不容，則惟恐其言之不密。若得此輩在位，陛下何所利乎？若陛下疑覺有交黨之私，招權之姦，則恐盛德之世，不宜如此。魏鄭公以爲上下各存形迹，則國之廢興或未可知。若陛下不考察邪正是非，而每事如此猜防，則恐善人君子各顧形迹，不敢盡其忠讜之言。而姦邪小人得伺人主之疑行讒慝也。若陛下恐陳升之聞此，或不自安，臣亦以爲不然。漢高祖雄猜之主也，然鄂秋明論相國蕭何功次，而高祖不疑，乃更加賞，亦不聞蕭何以此爲嫌。

陛下聖明高遠，自漢以來令德之祖，皆未有能企及陛下者。每事當以堯舜三代爲法，奈何心存末世褊吝之事乎？《書》曰：「任賢勿貳，去邪勿疑。」不明知其賢而任之以爲賢，不明見其邪而疑之以爲邪，非堯舜三代之道也。陛下以臣爲可信，故聖問及之，臣敢不盡愚！今日口對未能詳悉，故謹具劄子以聞。

進二經劄子

臣蒙恩免於事累，因得以疾病之餘，日覃思内典。切觀《金剛般若》、《維摩詰所説經》，謝靈運、僧肇等注多失其旨，又疑世所傳天親菩薩、鳩摩羅什、慧能等所解，特妄人竊藉其名，輒以己見爲之訓釋，不圖上徹天聽，許以投進。伏維皇帝陛下宿殖聖行，生知妙法，方册所載，象譯所傳，如天昭曠，靡不幬察。豈臣愚淺所敢冒聞！然方大聖以神道設教，覺悟羣生之時，羽毛皮骼之物，尚能助發實相。况臣區區嘗備顧問，又承制旨，安敢蔽匿。謹繕録上進，干浼天威。臣無任惶愧之至。

制誥

大理寺丞張服改太子中舍制

周官三歲則大計羣吏之治，而誅賞之，故朕時憲以爲考績之法。夫吏者三歲能率職厲行，而無罪悔，是亦宜有賞，序官一等。以慰爾勞績，維爾良能，宜加報稱。

許將可大理評事制

敕將。先帝親策進士於廷，而以爾爲第一，爾於藝文可謂能矣。所以施於政者，朕將有所試而觀焉。夫士之遇時，不患無位，患所以立而已。往其勵勉，以副柬求。

沈德妃姪授監簿制

敕某。京官吾所重也，故設磨勘之法，以待吏部之選。非有勞而無罪及有任舉之官，則不可以得之。爾由外戚以孩幼入官，得吾之所重，其強勉學問，求爲成人，以稱吾待爾之意。

皇親叔敖轉官加勳制一

朕大賜於天下，雖疏以遠無遺者矣，又況於宗室之近哉。爾序官内朝，克有嘉問。繩繩之慶，協於聲詩。褒命有加，往其祇服。

皇親叔敖轉官加勳制二

朕既肆祀於明堂，而大賚以布神之福。爾列名屬籍，序位内朝。肅雍在庭，克相釐事。以差受寵，其往懋哉。

覃恩轉官制一

勑某等。永惟先帝，君臨天下餘四十年，功德之所及博矣。非夫在廷文武之士，宣力中外，亦何以致此哉。眇然之躬，嗣守成業。敢忘大賚，以勞衆工。爾等各以才選，序于朝位，膺踐祿次，往其丕欽。

覃恩轉官制二

朕初即位，奉行先帝故事。大賚四海，阻深幽遐，無所不及矣。又況於朝廷之上，豈可以忘哉。爾等能以忠力靖共職事，進位一等，往其欽承。

吴省副轉官制

朕設考課之令，以待萬官之衆。不欲使一介之賤，有勤而不察，有善而不知。又況於左右任信才良之臣，校功數最，當以敍進者乎？以爾具官某，學足以知前人，智足以議當世。比更選用，皆以才稱。三司地征，使務爲劇。往貳厥事，不勞而能。疇其積功，遷位一等。是雖有司之常法，然非夫効實之如此，則何以稱焉。

士度支轉官制

爾才能行義多爲士大夫所稱，故起爾於貶斥，而歲餘超遷，以佐三司。今有司考績又當增位，朕爵賞槩與士共，而嘉爾之有勞。往其欽哉，永稱厥職。

承制王欽等轉官制

勅某等。嘉我未老而經營四方，詩人之所謂賢勞也。可無報稱哉！以爾欽戍于南方之窮，而任監護之官。以爾惟正屯于西路之要，而服追胥之事。其役遠，其責重，而能祗慎所職，以有累日之勞。其各遷位介于内朝之使，以爲報稱。夫有功而見知則説矣，此人之情也。以所願乎上施於下，則士孰不樂爲爾用哉，其亦勉之而已。

崇班胡珙等改官制

功懋懋賞，先王之所以厲天下而成衆治也。今吾使珙監兵馬于外，而使可一典治材于中，皆積日月以赴功。其各賜官一等，以稱吾懋賞之意。

宋守約殿前都虞候制

營衛之士，皆天下武力之高選也。所使虞度軍中之事者，豈可以非其人哉！具官某等。造行謹良，致位休顯。勳勞之實，簡在朕心。各以序遷，往惟祇服。

表

賀降皇太子表代

甲館告寧，天爲百瑞。恩言周布，歡動四方。中賀臣聞聖則多男，人之所祝；冠而生子，古以爲祥。恭惟昌期，宜有昭報。上以慰兩宫之念，下以爲萬世之基。凡在寰區，舉興善頌。伏維皇帝陛下，聖神文武，睿哲温恭。以天縱生知之資，務日就默識之學。内修法度，焕然一代之文；外服戎夷，終自兩階之舞。承列聖之丕緒，方懷燕翼之思，以百姓而爲心，宜有子孫之福。益著思齊之聖，更形既醉之詩。十四月而生堯，已有同德之兆。千萬歲而壽武，願同庶物之心。

賀生皇子第五表

祉扶宗祏，慶襲宫闈。凡預照臨，惟胥鼓舞。中謝臣聞有秩秩幽幽之德，所以考室而見祥；有詵詵揖揖之風，所以宜家而多子。克參盛美，允屬昌時。伏維皇帝陛下，膺命上天，紹休烈祖。本支方茂，用光世德之求；功業能昭，永賴孫謀之燕。遹追來孝，申錫無疆。臣久玷恩私，外叨屬任。四方來賀，望雙闕以無階；萬福攸同，撫微軀而有賴。

賀生皇子第六表

本支浸衍，實爲萬世之休；遐邇同欣，胥賴一人之慶。中謝臣聞王懋厥德，則后妃無嫉妬之心；

天錫之祺，則子孫有衆多之美。蕃釐有繼，垂裕無窮。伏維皇帝陛下，躬睿智之資，撫休明之運。教由内始，正自身先。治既格於人和，誠遂膺於帝祉。乃占我夢，實多考室之祥；則百斯男，克紹刑家之慶。臣叨榮特厚，竊忭尤深。雖接武縉紳，莫預造庭之列；而瞻威咫尺，唯傾就日之誠。

賀生皇子第八表

臣某言：伏覩進奏院狀，報誕生皇子者。宫闈嗣慶，寰海交欣。凡逮戴天，惟均擊壤。中謝臣聞螽斯之言衆子，是爲王者之詩；華封之祝多男，亦曰聖人之事。恭惟皇帝陛下，紹祖休顯，憲天昭明。致文武之憂勤，成堯舜之仁孝。宅師無競，筦簟之寢既安；傳類有祥，弓韣之祠屢應。詒謀方永，錫羨用光。臣託備藩維，叨承睿獎。不顯亦世，家實預於榮懷；於萬斯年，心敢忘於慶賴。臣無任瞻天云云。

賀正第五表元豐六年

人正肇序，歲事更端。物乘引達之期，朝布始和之令。臣中謝伏維皇帝陛下，動稽天若，道與時行。一德紹休，新又新而弗息；萬靈隤祉，朔復朔以無期。臣久誤聖知，外叨方任。奉觴稱慶，踵弗繼於朝紳；嚮闕傾心，目如瞻於天仗。

賀正第六表元豐七年

伏以肇天德於青陽，羣生以遂；憲邦經於正歲，百度惟新。臣中謝伏維皇帝陛下，妙用勑於時幾，大仁參於化育。于帝其訓，既格神人之寧；維春之祺，遂如山阜之固。惟仰祈於壽祝，思自致於誠心。

賀冬第四表元豐五年

陽舒以復，陰極而終。視履考祥，乃見行中之吉；對時育物，以滋衆萬之生。恭維皇帝陛下，心玩神明，誠參天地。保大和而率豫，介百福以來崇。臣比解繁機，叨承外寄。莫預稱觴之列，但深存闕之思。

賀南郊禮畢表

臣某言：伏覩今月二十七日南郊禮畢者。熙事備成，湛恩汪濊。上格三靈之祐，俯臻萬物之和。中謝臣聞致孝以顯親，而其仁極於配天；隆禮以尊上，而其義盡於饗帝。迪前王之能事，考有司之盛儀。作民恭先，唯聖時克。伏維皇帝陛下，紹膺丕緒，懋建大中。飭齋戒之誠心，稱燎煙之吉禮。四表率籲，皆致寧神之驩；多士具來，悉秉在天之德。既受釐於元祀，遂均惠於寰區。凡在觀瞻，孰不呼舞。臣夙叨睿奬，親值休辰。雖進趨無預於相儀，而欣幸實同於賴慶。臣無任云云。

乞皇帝御正殿復常膳第三表

臣某等言：伏覩手詔，彗出東方。自今月十一日更不御正殿，減常膳如故事者。太史瞻文，告星躔之表異；中宸軫慮，順天道以變常。凡曁臣工，靡遑夙夜。臣某等中謝竊以天人相與，精祲交通。厥維至誠，乃有嘉應。伏維皇帝陛下，欽文繼統，恭儉在躬。因世久安，革時大弊。運聖神之化，鼓動於羣生。建文武之功，緝成於大業。雖有異星之變，何傷聖德之明。顧乃徹膳避朝，深念畏天之實；赦過宥罪，廣敷惠下之仁。精誠式孚，妖象既殞。伏願趍傳清蹕，肆陳路寢之儀；復御珍羞，中飭內饔之職。冀垂淵聽，俯徇輿情。臣等無任祈天俟命，激切屏營之至。

辭使相第三表

臣某言：兼榮將相，託備藩維。雖皆序爵以稱功，乃以辭榮而竊寵。自惟忝冒，彌積凌兢。中謝伏念臣晚值聖時，久陪國論。詢謀下逮，或有誤合之片言；睿智日躋，實爲難逢之嘉會。所願備殫其智力，以圖稍就於事功。末學短能，固知易竭。要官重任，終懼顛躋。遂當引分以避嫌，重以罹憂而成疹。冒聞已瀆，敢逃逋慢之誅；聰察俯加，更溢褒延之數。此蓋伏遇皇帝陛下，懋昭大德，灼見俊心。謂其陳力之已疲，及此籲天而賜閔。并包之度，示無替於始終；報稱之心，冀不忘於夙夜。臣無任云云。

乞免使相充觀察使第一表

臣某言：近累具表乞以本官外除一宫觀差遣。伏奉勅命，就除充集禧觀使，權於江甯府居住，仍放朝謝者。以病自陳，庶全於私分；蒙恩幸許，尚竊於隆名。淪肌雖荷於優容，省己終難於叨昧。輒披情素，上冒聰聞。伏念臣久玷近司，迄無明効。終蒙解免，實賴保全。自顧衰骸，已難勝於勞勩；數違明詔，實仰冀於矜憐。號兼將相之崇，身就里閭之逸。誤恩若此，前載所無。非惟私義之難安，固亦公論之弗與。伏望陛下深垂簡照，俯徇虔祈。特回復號之已孚，許以本官而充使。如此則上足以成陛下循名之政，下足以免愚臣冒寵之輕。臣無任云云。

乞免使相充觀察使第三表

温厚之辭，屢加褒勉；顓愚之守，尚冀矜憐。敢逃冒責之誅，願獲終辭之志。伏念臣衰殘控訴，寵獎優從，休其疲勩之餘，賜以燕閒之樂。叨恩已厚，序爵更崇。且名器不以假人，而乃繆當非次；餼牢欲其稱事，而乃坐享不貲。是將危身，亦以累國。伏維陛下，公聽以揆萬事，原省以通衆情。因忘反汗之嫌，俾遂籲天之欲。庶安愚分，用厭師言。

謝賜生日表

臣某言：伏蒙聖慈，特差臣女壻前守常州江陰縣主簿蔡卞沿路押賜生日禮物，衣一對，衣着一百匹，金花銀器一百兩，馬二匹，金鍍銀鞍轡一副者。寬假之恩，幸從於私欲；匪頒之寵，尚玷於常科。知報稱之良難，積驚慚而實厚。伏念臣，見收末路，承乏近司。犬馬之力已殫，訖無補報；螻蟻之誠自列，竊幸退藏。尚兼將相之崇，且受藩維之託。叨踰已極，賜與更蕃。此蓋伏遇皇帝陛下，仁冒海隅，禮優臣庶。宥衆尤之積累，示全度之并包。爰及微生，具膺殊獎。致養以樂，永懷弗洎之悲；移孝則忠，敢怠進思之義。臣無任云云。

論議

性論

古之善言性者，莫如仲尼，仲尼聖之粹者也。仲尼而下莫如子思，子思學仲尼者也。其次莫如孟軻，孟軻學子思者也。仲尼之言，載於《語》。子思、孟軻之説，著于《中庸》，而明于七篇。然而世之學者，見一聖二賢性善之説，終不能一而信之者，何也？豈非惑于《語》所謂上智下愚之説與？噫，以一聖二賢之心而求之，則性歸于善而已矣。其所謂愚智不移者，才也，非性也。性者，五常之謂也。才者，愚智昏明之品也。欲明其才品，則孔子所謂上智與下愚不移之説是也。欲明其性，則孔子所謂性相近，習相遠，《中庸》所謂率性之謂道，孟軻所謂人無有不善之説是也。

夫有性有才之分何也？曰性者，生之質也，五常是也。雖上智與下愚均有之矣。蓋上智得之之全，而下愚得之之微也。夫人生之有五常也，猶水之趨乎下，而木之漸乎上也。謂上智者有之，而下愚者無之，惑矣。或曰：所謂上智得之之全，而下愚得之之微，何也？曰：仲尼所謂生而知之，子思所謂自誠而明，孟子所謂堯舜先得我心之所同，此上智也，得之之全者也。仲尼所謂困而學之，子思所謂勉强而行之，孟子所謂太山之於丘垤，河海之於行潦，此下愚也，得之之微者也。曰：然則聖人謂其不移何也？曰：謂其才之有小大，而識之有昏明也。至小者不可彊而爲大，極昏者不可彊而爲明，非謂其性之異也。夫性猶水也，江河之與畎澮，小大雖異，而其趨于下同也。性猶木也，梗楠之與樗櫟，長短雖異，而其漸于上同也。智而至于極上，愚而至于極下，其昏明雖異，然其于惻隱、羞惡、是非、辭遜之端則同矣。故曰仲尼、子思、孟軻之言，有才性之異。而荀卿亂之，楊雄、韓愈惑乎上智下愚之説，混才與性而言之。

性命論

天授諸人則曰命，人受諸天則曰性。性命之理，其違且異也。故曰保合太和，各正性命，是聖人必用其道，以正天下之命也。

然命有貴賤乎？曰有。有壽短乎？曰有。故賢者貴，不賢者賤。其貴賤之命正也。抑貴無功而賤碩德，命其正乎？無憾而壽，以辜而短，其壽短之命正也。抑壽偷容而短非死，命其正乎？故命行則正矣，不行則不正。是以堯舜四門無凶人，而比屋可封，此其行貴賤壽短之命于天下也。降及文王興，而棫樸之詩作，則士不僥倖，而貴賤之命正矣。成王刑措而假樂之詩作，則民不憾死，而壽短之命正矣。以至仁及草木，而天下之命其有不正乎？其後幽王有聖人之勢，而不稱以德。故君子見微而思古，小人播惡而思高位。詩曰：「謀之其臧，則具是違。謀之不臧，則具是依。」夫有德者舉窮，不德者舉達，則貴賤之命行乎哉？抑小人進用而刑罰不當，故惡有所容而善斯以戮。詩曰：

「此宜無罪，女反收之。彼宜有罪，汝覆説之。」失是善者殺，不善者或生，則壽短之命行乎哉？此知命非聖人不行也。

去周之遠，又不明情生於性，分出於命，而有命授分定之説。是以漢唐之治，亦曰堯舜之治。堯舜以君子知命，下民知分。漢唐之治，亦以君子知命，下民知分。然曰命與分則同矣，其所以知之則異，豈概于振古乎？振古，聖人行于上者也。所謂君子知命，則侯奉上，卿奉官，士奉制，没而後止。夫然，貴賤壽短未始不悉以禮義上下也。漢唐則不然，其間陰陽之術熾，而運數之惑興，讖緯之説侵，而報應之訛起。其所謂命者，非曰性命也，則命受分定也。所謂行命者，非曰聖人也，則曰冥有所符，默有所主也。朝耕漢隴，暮踰三國之魏；晨藉唐版，夕歸五代之梁。此不曰不臣不民，而曰命受分定者，豈不瞽惑與？然亦誰階之乎？其皆賞罰不當，而德眚無歸，民厭其勢而一歸于命，悲矣！

名實論上

事有異同則情有逆順，故好惡而毁譽不能已。是名生于天下之好惡，而成于天下之貴賤。時之所好果是也歟？時之所惡果非也歟？士不顧其傷志害德，隨物而上下。故棄世之所惡，而趨世之所好，則天下貴之；棄世之所好，而趨時之所惡，則天下賤之。故曰不如鄉人之善者好之，而不善者惡之。是名生于好惡，而好惡之情未嘗辨也。是以近義則行，何衆惡之足畏也；遠義則止，何衆好之能順也。士有不得乎名，則不急乎爲善。故名雖高于其鄉，而行不信于友，立其朝而忠不盡于君，是以不實之弊其所以有者也。

然得名而行于世，則所惡而安。故以名爲事者，身樂而意放，此名出于人之所甚欲，而得之不辭也。是好名必求勝，必用彊。好名則諱過而善不進，求勝則幸人之不及而徒欲以自見也。用彊則過惟恐在己，而善惟恐在人。若然，則争能忌才之士，並處于世，而更爲強弱。嗟夫！求名所以自厚，適所以自薄，好勝所以自高，乃所以自下。以身徇物，則内輕而外重，非自薄與？信己不足，而求人之必信，非自下與？如能潔其身則全其内，行其志而不求于外。天下歸之不爲悦，天下去之不爲憾。顧天下或違或從，蓋無有已。又奚毁譽之可加，而得喪之存懷也。故士無守名之累者，所以得其實。然勢不行，法不立，賢者少而不肖者多，紛綸擾攘，布處天下。強者自其已強，而樂其善。弱者困于已弱，而人樂其有過。此人情之至惡，因其疑心而有不能以自盡。君子于斯，其可以不察乎？況欲爲治則以得人爲先，用人則以名實爲本。然名實之弊如此，其可以苟取而不慎乎？

名實論中

一鄉之人不能辨，則可欺以言；一國之人不能察，則可欺以行；天下之士不能知，則可以欺以名。蓋聽有所不至則巧言勝，俗有所不能則僞行尊，道有所不明則虚名立。然而巧言雖傳，不中理則尚有可辨。僞行雖固，不中義則尚有可察。名不得其實，而欲得其僞，則雖縻歲月，殫思慮，有不能盡之者。故名亂實而欲求其僞，則先王于道未嘗存而不講，于政未嘗存而不議也。是亦無所苟而已。然近世之士，矜名而自是，好高而不能相下也。不知自虛所以有取，自下所以有得。故道失而無求，政荒而無問。自知不審而志欲求問于人。如販夫之售貨，耕人之待穫，其役物而失信，要時而喪己，有待于外也如此，是可悲矣。

古者明于自得而無所蔽，故常反身而觀其實：其能可以爲卑，方其居卑，則勞而不怨；有志可以用大，方其用大，則安而不矜。故居卑者不愧勞，用大者不易事。遠近相維，本末相應，而天下之治畢舉。是蓋名不浮實，則實不可以妄加，名不可以妄損。故名徹于朝廷公卿大夫之間，而士不遺于窮邦陋壤之遠。得之無疑，用之必稱其名，非有以欺世也。

及至誠之道亡，而天下苟于從事，上無以得下之情，下無以應上之實。名愈高則其詭譎愈多，行愈隆則其養僞文飾愈甚。進退不以誠相懷，利害不以情相收。求欲之心多，而及物之志寡。故其任重則顛覆，任輕則怨誹。是四方之士其意莫不以天下自任之爲患也。奈何隨而用之則有喪而無得。彼皆欲爲其大則將就一二，爲之小則天下功薄而不修，業廢而不補。蓋好名之士衆，而去取之計昏。雖有可用之士，莫得而見疑，名足以亂實也。好高而不適于用，雖有所取而恥事其已能。而務爲其所不至，遂亦喪其所長，而效不立，此其甚弊也。然而才有餘而治其寡，則事舉而功倍。才無餘而專其多，則智寡而易敗。此好名無實必至之勢也。

合工技力役猶所不奪也。以伎從利，雖不售則亦不怨。易業而相爲事，惜其業之不專，而忘其勢之必取也。故函人不以治弓矢，陶人不以治輪輿。巧有所偏，智有所盡，不以其所不習自名，而欺世取名也。以力事人者，雖不用，終不以其所不能而求役于人，自信其能而有待也。故善于御車者，不善操舟，習于用陸者，不習于用川，其致力各得其至，而所趨相反，所效不同也。故名實不亂，不如工伎力役。然世之好名，舉欲兼天下之能，盡天下之務，意欲與聖人並遊于世，而争相先後，故天下恃名而不恃實，求勝而不求義。傲侮當世而無所憚，尊隆自許而無所愧。然而天下從之，而公論滅矣。是以軒冕爵禄不及善士，而天下無以勸，矯僞澆浮之風起，而不可禦。其爲惑天下也，有甚于此乎？

名實論下

自古深患，莫大于不智，而輕與次之。不智則天下用巧，直道隱而至論廢矣。輕與則天下苟于妄合，而幸於偶遇，其俗浮而其行偷也。是天下不明而名也亂實。

惟至智則不以理惑，兼衆人之所不能明，盡衆人之所不能察。觀所舉則知所志，審所守則知所用，天下至隱之情無所施于上。如此，則何名之可加，而何實之可誣？然而智有所強而不能盡于物，則其可取者益疏，其可棄者益密，是故僞起于動止之間，而莫之察；奸出于俯仰之近，而莫之辨。至使貪者託名以肆欲，夸者託名以擅權，辨者託名以行説，暴者託名以殘物，實不足而名有餘，則其爲患也如此。

事有不容于天下，則大無過于盜國，小無賤于盜貨。然盜國之雄，盜貨之強，數旅之師可掩而獲，匹夫有勇則擒而戮。至于盜名之士，則雖有萬乘之尊，百里之封，上不敢與爲君，師不敢與爲友，貴無敢驕，而禮無敢亢。悻悻然，嘗恐天下以失士而議己也。故盜名之士，無王公之尊，命令之重，而屈人之勢，移人之俗。蓋善爲奇言異行，以爲高世特立之人，以驚駭愚俗之耳目。是以合徒成羣而天下俗尚，責其效則官學不足以成業，從政不足以經世。然公卿大夫無以窺其非，而國人士民無以措其議。名出于人上而有以伏其心故也。

蓋求名有獲則利亦隨至，故志于禄則僞辭以養安，志于進則僞退以要寵。世之人不知求其心，而徒得其跡，則天下稱之而不衰，彌久而彌盛。使好名之俗成，而比周黨起，安坐而觀，則莫知其志之所在。雖能摧衆口之辨，屈百家之知，奚足以勝其衆，破其僞？故名者天下之至公，而用之以至私。僞者天下之至惡，而處之以至美。故上失于所任，下失于所望。

自古亂國者無他，因名以得人則治，因名以失人則亂。故不智而且輕與，則名實相疑而不明，則有以養天下之大患。然則無實之譽，其可使獨推于世而居物之先哉！

荀卿論上

楊墨之道，未嘗不稱堯舜也，未嘗皆不合于堯舜也。然而孟子之所以疾之若是其至者，蓋其言出入于道而已矣。荀卿之書備仁義忠信之道，具禮樂刑政之紀，上祖堯舜，下法周孔。豈不美哉？然後世之名，遂配孟子，則非所宜矣。

夫堯舜周孔之道，亦孟子之道也。孟子之道亦堯舜周孔之道也。荀卿能知堯舜周孔之道，而乃以孟子雜于楊朱、墨翟之間，則何知彼而愚于此乎？昔墨子之徒，亦譽堯舜而非桀紂，豈不至當哉？然禮樂者堯舜之所尚也，乃欲非而棄之，然則徒能尊其空名爾，烏能知其所以堯舜乎？荀卿之尊堯舜周孔，亦誠知所尊矣。然孟子者堯舜周孔之徒也。乃以雜於楊朱、墨翟而并非之，是豈異于譽堯舜而非禮樂者耶？昔者，聖賢之著書也，將以昭道德于天下，而揭教化于後世爾。豈可以託尊聖賢之空名，而信其邪謬之説哉？今有人于此，殺其兄弟，戮其子弟，而能盡人子之道，以事其父母，則是豈得不爲罪人耶？荀卿之尊堯舜周孔而非孟子則亦近乎此矣。

昔告子以爲性猶杞柳也，義猶桮棬也。孟子曰：「率天下之人而禍仁義者，必子之言夫。」夫杞柳之爲桮棬，是戕其性而後可以爲也。蓋孟子以謂人之爲仁義，非戕其性而後可爲，故以告子之言爲禍仁義矣。荀卿以爲人之性惡，則豈非所謂禍仁義者哉？顧孟子之生不在荀卿之後焉爾。使孟子出其後，則辭而闢之矣。

雜著

夫子賢於堯舜説

孟子曰：「可欲之謂善，有諸己之謂信，充實之謂美，充實而有光輝之謂大，大而化之之謂聖，聖而不可知之謂神。」聖之爲稱德之極，神之爲名道之至。故凡古之謂聖人者，於道德無所不盡也。於道德無所不盡，則若明之於日月，尊之於上帝，莫之或加矣。《易》曰：「大人者，與天地合其德，與日月合其明，與四時合其序，與鬼神合其吉凶。」此之謂也。由此觀之，則自傳記以來，凡所謂聖人者，宜無以相尚而其所知宜同。宰我曰：「以予觀於夫子賢於堯舜」案此下有闕。

國風解

《周南》、《召南》者，文王之詩。曰：言文王之化被民深，則詩人歌者其志遠，以見聖人之風，而屬之周公，故爲《周南》也。言文王之教化人淺，則詩人歌者其志近，以見賢人之風，而屬之召公，故爲《召南》也。然其詩則文王，其事則后妃夫人，不言美，而《甘棠》美召伯，《江有汜》美媵，《何彼襛矣》美王姬，而皆言美者，蓋召伯也，媵也，王姬也，各主於一人而美之也。若后妃夫人則皆文王教化之所致其美，不足以爲言也。故先以《周南》，而《召南》次之也。

《邶》、《鄘》、《衛》皆衛詩，三國本商紂之地，而武王伐紂裂其地，以封紂子武庚並管蔡者。及其叛而周公誅之，乃以餘民封康叔，而後之刺美其君者，三國之人咸有所賦，是以分《邶》、《鄘》、《衛》焉。故《邶》、《鄘》之《詩序》必曰衛者，以別其《衛詩》爾。至於《衛》則無所言衛矣。有《凱風》、《定之方中》、《干旄》、《淇澳》、《木瓜》以美文公、桓公、武公，而《凱風》、《木瓜》雖非其君，然國之淫風流行，而有盡孝道以慰其母心之子。國爲狄人所滅，而有救而封之之齊桓公。則所以美之者，其君亦與焉，故次《召南》也。

《王》者周也，自平王東遷，其後政不足以及天下，而止於一國，於是爲風而不雅矣。不言周者，蓋平、桓、莊王德之不脩，政之不講，非周之罪也。故次《衛》也。

《鄭》有《緇衣》武公之美，而次於《王》後者，蓋《王》之皆刺，而不能加於多美之諸侯者，天下之公義也。若諸侯之少美矣，雖《王》之皆刺而不足以勝之，豈非君與臣善惡不相遠，則君得以先其臣而理所可也。故次《王》也。

《齊》皆刺也，然有《木瓜》美桓公，繫於《衛》詩之末，故次《鄭》也。

《魏》皆刺也，而無所主名，言爲魏之君者，皆甚惡爾。夫序《詩》者，豈以一端而已，皆美而無所主名則先之，好其善之盛也。《周南》是也。皆刺而無所主名則先之，醜其惡之極也。《魏》是也。故次《齊》也。

《唐》本晉詩，而美武公者，《無衣》也。然武公始并晉國，而大夫爲之請命于天子之使，而作是詩也。夫不請命于天子，雖云美而君子所不與，猶若武公無美焉爾。或曰魯之有《頌》，亦請命于周，乃列於周商之間，而於此詘晉何也？曰：魯請於天子而史克作《頌》，與夫請天子之使而爲之者，異矣。弟賢于無美者也。故次《魏》也。

《秦》之《車鄰》美秦仲，《駟鐵》、《小戎》美襄公，雖賢於《唐》，然本西垂，秦仲始大，至於襄公，方列於諸侯，故次《唐》也。

《陳》皆刺也，而所刺主於幽公、僖公之徒，言其餘君或不至於是，然刺詩多矣。故次《秦》也。《檜》皆刺也，而無所主名，猶《魏》也。故次《陳》也。《曹》皆刺也，然所刺止於昭公、共公，猶《陳》也。故次《檜》也。

《豳·七月》，周公攝政之詩也。所美見於《東山》、《破斧》、《伐柯》、《九罭》、《狼跋》也。其《七月》陳王業，《鴟鴞》以遺王者，皆公所自爲，故不言美也。然名之以《雅》，則公非王也。次之以《周南》，則公非諸侯，因其陳王業先公之所由，乃以屬於《豳》也。不屬於周者，周王國也，周公何所繫焉，所以居《小雅》之前，而處變風之後。故次《豳》也。

或曰：「《國風》之次，學士大夫辨之多矣。然世儒猶以爲惑，今子獨刺美序之，何也？」曰昔者聖人之於詩，既取其合於禮義之言，以爲經。又以序天子諸侯之善惡，而垂萬世之法。其視天子諸侯位雖有殊，語其善惡則同而已矣。故余言之甚詳，而十有五國之序，不無微意也。嗚呼！惟其序善惡以示萬世，不以尊卑小大之爲後先，而取禮之言，以爲經。此所以亂臣賊子知懼，而天下勸焉。

論舍人院條制

準月日中書劄子奉聖旨指揮，今後舍人院不得申請除改文字者。竊以爲舍人者，陛下近臣，以典掌誥命爲職司，所當參審，若詞頭所批事情不盡，而不得申請，則是舍人不復行其職事。而事無可否，聽執政所爲，自非執政大臣欲傾側而爲私，則立法不當如此。前日具論，冀蒙陛下審察，而至今未奉指揮。臣等不知陛下以今月八日指揮爲是而不改乎？將不必以爲是，而特以出於執政大臣之所建而不改乎？將陛下視臣等所奏未嘗可否，而執政大臣自持其議而不肯改乎？以爲是而不改，則臣等考尋載籍以來，未有欲治之世，而設法蔽塞近臣論議之端如此者也。不必爲是而特以出於執政大臣所建而不改，是則陛下不復考問義理之是非，一切苟順執政大臣所爲而已也。若陛下視臣等所奏未嘗有所可否，而執政大臣自持其議而不肯改，則是政已不自人主出，而天下之公議廢矣。此所以臣等惓惓之義不能自已者。

臣等竊觀陛下自近歲已來，舉天下之事，屬之七八大臣。天下之初，亦翕然幸其所能爲救一切之弊，然而方今大臣之弱者，則不敢爲陛下守法，以忤諫官御史，而專爲持禄保位之謀。大臣之彊者，則挾聖旨，造法令，恣改所欲，不擇義之是非，而諫官御史亦無敢忤其意者。陛下方且深拱淵默兩聽其所爲，而無所問，安有朝廷如此而能曠日持久而無亂者乎？自古亂之所生不必君臣爲大惡，但無至誠惻怛求治之心，擇利害不審，辨是非不早，以小失爲無傷而不改，以小善爲無補而不爲。以阿諛順己爲悦而其説用，以直諒逆己爲諱而其言廢。積事之不當，而失人心者衆矣，乃所以爲亂也。陛下以臣等所言爲是，則宜以至誠惻怛欲治念亂之心，考覈大臣，改修政事，則今月八日指揮爲不當先改矣。若以臣等所言爲非，則臣等狂瞽不知治體，而誣謗朝廷政事，當明加貶斥，以懲妄言之罪。則别選才能通達之士，以補從官。臣等受陛下寵禄，典領朝廷職事，不得其守，則義不得不言，而朝廷以爲非也，則義不敢辭貶斥。伏乞詳酌，早賜指揮。

祭先聖祝文

惟王之道，内則妙萬物而外則師王者。爲緒餘於一時而鼓舞於萬世，學者範圍於覆幬之中，而不足以酬高厚之德。今與諸生釋奠而不後者，兹學校之儀，而興其所以愛禮之意也。

祭先師祝文

外物不足以動心而樂者，可謂知性矣。然後用舍之際，始可以語命。而三千之徒，聖人獨以公預此。所以學校有釋菜之事，而以公配享焉。

書

上蔣侍郎書

某嘗讀《易》，見《晉》之初六曰：「晉如摧如，正吉，罔孚，裕，無咎。」此謂離明在上，己往應之，然處卦之初，道未章著，上雖明照而未之信，故摧如不進，寬裕以待其時也。又《比》之上六曰：「比之無首，凶。」此謂九五居中，爲上下之主。衆皆親比，而己獨後期，時過道窮，則人所不與也。斯則聖人賾必然之理，寓卦象以示人事，欲人進退以時，不爲妄動。時未可而進謂之躁，躁則事不審，而上必疑。時可進而不進謂之緩，緩則事不及，而上必違。誠如是，是上之人非無待下之意，由乎在下者，動之不以時，干之不以道，不得中行而然耳。

夫讀聖人之書，師聖人之道，約而爲事業，奮而爲文辭，而又胷中所藴異乎世俗之所尚。凡聞當世賢公卿大夫之名，則必蘄一見以卜特達之知，庶乎道有所聞而志有所展，其于進退之理可以不觀時乎？故自執事下車受署，于兹數月，士之藉于郡者，皆獲見於左右。然某獨以區區之質，保在逆旅，適當宇下，屏息退處，終未能伏謁麾棨，豈無意乎？蓋以聲迹沈下，最處疏賤。舊未爲執事之知，加公庭兼視之初，賓游接武之際，雖神明之政尚或未周。某當是之時，茍一而進，則才之與否竊慮未察。故《晉》之義，有摧如之退也。今執事聰明視聽，悉已周洽。風俗之美惡，士流之能否，皆得而知之矣。况復側聆執事，屢以羈齒掛於餘論。某當此之時，茍不自進，是在《比》之義有後失之凶也。故竊自蹈於二卦之象，當可進之時，得其中而行之，則或幾于聖人之訓矣。

恭維執事，稟天正氣，爲朝名臣，以文雅蹇諤餙在上意，是以出入臺閣，踐履中外，朝廷百執事，天下之人孰不憚執事之威名，服執事之德望，謂師尹庶士，坯冶羣品，天子用之，期於匪久。雖某居喪之制，越在草土，厭冠苞屨，不入公門，茍候外除，然後請于左右。倏然朝廷走一封之傳，升執事於嚴近，與諸公對掌機政。召和氣於天下，則必廉隅之上，體貌之殊，絶廊廟之間，貴賤之不接。某於是時願拜風采，則無因而至前矣。今所以道可進之時，不以喪禮自忌，直詣鈴下期一拜伏者，誠以斯時之難得會也。執事必以某進得其時，於道無所戾，賜之坐次，察其言行。若乃時政之得失，國家之大體，雖不能盡識其所底，至於前古之盛鑒，聖賢之大意，亦少見其素藴焉。而某受知于執事，豈止於兹乎？冀異時執事陶鎔之下，庶或裨於均政之萬一。言質意直，干浼英聽，無任惶越之至。

上龔舍人書

閏八月七日，具位王某謹白書于安撫諫院舍人。某讀《孟子》至於不見諸侯，然後知士雖阨窮貧賤而道不少屈於當世，其自信之篤，自待之重也如此，是皆出處之義，上下之合不可苟也。爲人上者，而不以是，不足與有爲；爲人下者，而不以是，雖有材不足以有爲，其進幾於禍矣。在上不驕，在下不諂，此進退之中道也。某嘗守此言，退而甘自處於爲賤。夜思晝學以待當世之求，而未嘗懷一剌，吐一言，以干公卿大夫之間，至於今十年矣。

已而思之，方孟子之時，天下紛亂，諸侯皆欲自以爲王。强攻弱，大并小，戰伐侵入無歲無之。此乃存亡得失之秋，所謂得士則興，失士則亡之時也。故下得以自重而上不可以不求焉。方今席弈世之基業，治雖未及三代、兩漢，然亦可以謂之亡事矣。其選才取士，外則賢良進士諸科之舉，内則公卿提轉郡守之薦。然皆士自媒紹其所長，以干於當世，然後得充其選。未嘗聞公卿大夫能自察其賢而薦之者，則士之包羞冒恥，栖栖屑屑，伺人之顔色，徇時之好尚，以謀進退者，世未嘗爲辱也。又豈知論出處進退之義者哉！今公卿大夫之取士，無問賢否，而媚於已者好之。今士之進退不以義，而惟務苟合而已。吁，可悲也！方公卿大夫據高明之勢，外以富貴自尊，内以智能自負，必不欲求於人，欲人之求己。士不欲求於人，如此則上下之合，無時可得矣。某是以翻然改曰：「苟一往公卿大夫之門，與之議論，察其爲人。可與言則進，不可與言則退，於道宜未爲屈也。」由是頗欲虚遊於當世公卿大夫之間，以觀可否而去就之。

方自竄於窮遠僻陋之地，其勢不得以往也。比聞天子念東南之民困於昏墊，輟侍從之臣親至其地，以勞徠安集之。某私切自喜，以其所謂當世之公卿大夫將得而見之矣。既而問某者，果誰邪？又有以閣下名告之者，而因含笑大喜曰：以閣下之勢，方用於朝廷，以閣下之賢，嘗聞於天下。則某不待接其議論，察其爲人，而後知其可以説干之也。矧閣下官曰諫諍，出宣霈澤，當思所以副朝廷待之之意，則天下之利害，生民之疾苦，未宜忽之而不以夙夜疚懷也。儻有意於此，則非士君子不可與論焉。然則某之言可冀其合矣。輒冒尊嚴以進其説，閣下其擇焉。某再拜。

再上龔舍人書

閏八月九日，具位王某再白書于安撫舍人閣下。某前日輒以狂瞽之言有聞於下吏，伏蒙閣下不間疎賤，借之以顔色，接之以從容，使極論而詳説之，是其可以吐胷中之有發露于左右之時也。然辭有所未盡，意有所未竭。蓋將有以何哉？前日所與某言者，不過欲計校倉廩，誘民出粟，以紓百姓一時之乏耳。某之所欲言者非此之謂也，願畢其説，閣下其擇焉。

某嘗聞善爲天下計者，必建長久之策，興大來之功。當世之人涵濡盛德，非謂苟且一時之利，以邀淺鮮之功而已。夫水旱者，天時之常有也。倉廩財用者，國家常不足也。以不足之用，以禦常有之水旱，未見其能濟焉，甚非治國養民之術也。某不敢遠引古昔，止於近者十餘年間，耳目之所經者論之。頃自慶曆八年河北、山東饑，皇祐二年、三年兩浙、淮南饑，三年、四年江南饑，嘉祐五年兩浙饑，四年福建饑，今年淮南、兩浙又饑，其川廣、夔陝、京西、河東則某聞見所不及，不可得而言也。某竊計之，歷年一紀，而歲之空匱，民至流亡，殍死居其太半。卒未聞朝廷有救之之術，豈非政失於苟且，而不建長久之策者哉？伏自慶曆以來，南北饑饉相繼，朝廷大臣，中外智謀之士，莫不惻然不忍民之流亡殍死，思所以存活之。其術不過發常平，斂富民，爲饘粥之養，出糟糠之餘，以有限之食給無數之民。某原其活者，百未有一，而死者白骨已被野矣。此有惠人之名，而無救患之實者也。某竊謂百姓所以養國家也，未聞以國家養百姓者也。記曰：「君者所養，非養人者也。」有子曰：「百姓不足，君孰與足？」此之謂也。昔者梁惠王嘗移粟以救饑饉，孟子論而非之。所謂徒善不足以爲政，徒法不能以自行。若夫治不由先王之道者，是徒善徒法也。且五帝三王之世，可謂極盛最隆，亦不能使五穀常登而水旱不至，然而無凍餒之民者，何哉？上有善政而下有儲蓄之備也。某歷觀古者以還，治日常少而亂日多。今宋興百有餘年，民不知有兵革，四境之遠者，至萬餘里，其間可桑之野，民盡居之，可謂至大至庶矣。此誠曠世不可逢之嘉會，而賢者有爲之時也。今朝廷公卿大夫，不以此時講求治具，思所以富民化俗之道，以興起太平。而一切惟務苟且，見患而後慮，見災而後救，此《傳》所謂「轂既破碎，乃大其輻，事已敗矣，乃重太息」，其云益乎！

某於閣下無一日之好，論其相知固已疏矣。然自閣下之來，以説干閣下再矣，某固非苟有覬於閣下者也。某嘗謂大丈夫有學術才謀者，常患時之不遭也。既遭其時，患言之不用也。今閣下勢在朝廷不可謂時不遭矣，居可言之地，不可謂言不用矣。惟閣下未爲之爾。某故感激而屢干於左右者以此。閣下其亮之。某再拜。

與沈道原書一

某啓：知在長蘆，營造功德，無緣一造，豈勝鄉往。見黄吉父，説四姐甚瘦悴，恐久蔬食而然，切需斟量，勿使成疾。一切如夢，不須深以概懷。但精心祈嚮，亦不必常斷肉也。每欲與七弟到長蘆，相要會聚數日，然頭眴多痰，動輒復劇，是以未果。稍寒自愛。念二謝書，思憶不可言也。某啓上。

與沈道原書二

某啓：承眷恤，重以感慰。衰莫眩昏，幸而獲愈。然槁骸殘息，待盡朝夕。頓伏牀枕，無足言者。十四、念二，並煩存問，感愧。四妹且時時肉食，恐夕而成疾也。相去雖近，無緣會晤，良食自愛。疲倦，書不及悉。某啓上。

與沈道原書三

某啓：比承誨問，豈勝感慰。腫瘍雖未潰，度易治，不煩念恤。推官到此深喜，闔門吉慶。疲困，不宣悉。冀倍自愛。某啓上。

與耿天騭書一

某啓：比得誨示，以無便不即馳報，然鄉往何可勝言也。歲月如流，日就衰薾。今夏復感眩瞀如去秋，偶復不死。然幾如是而能復久存乎？旁婦已別許人，亦未有可求。昏處此事，一切不復關懷。陶淵明所謂：「身如逆旅舍，我爲當去客。」於未去間，凡事緣督應之而已。藿香散並方附去，或別要應病藥，不惜諭及，臺上草木茂密，芙蕖極盛。未知何時可復晤語，千萬自愛。

與耿天騭書二

某啓：承誨示勤勤，並致美梨，極荷不忘。純甫事失於不忍不忿，又未嘗與人謀，故至此。事已無可奈何，徒能爲之憂煎。耳旁每荷念恤，然此須渠肯，乃可以謀，一切委之命，不能復計校也。藥封上。未審營從何時能如約見過，日以企竚。稍涼自愛，貴眷各吉慶，不宣。某啓上。

與郭祥正太博書一

某啓：近承屈顧，殊不得從容奉顏色。遽此爲別，豈勝區區愧恨。乍遠，千萬自愛，承行李朝夕當復來此，諸須面訴乃悉。許詩不惜多以藁副見借爲幸。

與郭祥正太博書二

某頓首，比承手筆，尤劇欣慰。時序感心，不能自釋。咫尺無由奉見，嚮往尤深。蒙許寄詩，幸甚！尚此留連，不惜數賜教也。冬寒自愛。舍弟近出，歲盡乃歸，承書所以不得報也。

與孟逸祕校書

某頓首，仲休兄足下。辱手筆感慰，跋涉溪山之遠亦勞矣。然足以慰二《播芳大全文粹》作嚴。邑元元之望。惟寬中自愛也。人求還急，修答不謹，幸見亮，有不逮見教。

與林宰書

數日得奉談笑，殊自慰懷。渴仰殊深，伏惟動止萬福。鶡已領得，感怍。當有元給之直幸示下，不然則魯自是不贖人矣。按田良苦，惟寬中自愛。

與呂參政書

承累幅勤勤，爲禮過當，非敢望于故人也。不敢眂此以爲報禮，想蒙恕察，承已祥除。伏維尚有餘慕，知有所諭者，恨未見之。雖賴恩愛得優游，疾憊棄日，茫然未獲。奉并惟冀愛重。

再答呂吉甫書

承誨示勤勤，豈勝感愧。聞有太原新除，不知果成行否？想遂治裝而西也。示及法觀文字，輒留玩讀，研究義味也。觀身與世如泡夢幻，若不以洗心而沈於諸妄，不亦悲乎？相見無期，惟刮磨世習，共進此道，則雖隔闊常若交臂。雖衰薾瞢耗，敢不勉此。猶冀未死間或得晤語，以究所懷。未爾良食，爲時自愛。令弟想各安裕，必同時西上也。惠及海物，愧荷不忘。村落無物將意，粟二籠馳獻。

某今年雖無大病，然年彌高矣，衰亦滋極，稍似勞動，便不支持。向著《字説》，粗已成就。恨未得致左右，觀古人意，多寓妙道於此。所惜許慎所傳止此，又有僞謬，故于思索難盡耳。

答田仲通書

某再拜仲通兄足下。鄉時在京師，欲走陽翟見顔色，以事卒不果，至今悔恨，非復可自解釋。自得從足下游，私心未嘗一日忘。羇窮不幸，不得常從，以進道藝，其恨豈有忘時哉？而足下于交游中，亦最見愛。云云。

答杭州張龍圖書

某啓：阻闊歲久，豈勝鄉往。承誨示，乃知輿衛近在京口。動止多福，重增企仰。無緣會晤，惟冀爲時倍自壽重。衰疾，書不宣悉。某啓上知府龍圖。

答王深甫書

某啓：僶俛從事，不能無勞。略嘗奉書，想已得達。承手筆知與十二娘子侍奉萬福，欣慰可知。

所示異論具曉。然道德性命其宗一也，道有君子有小人，德有吉有凶，則命有逆有順，性有善有惡，固其理也。又何足以疑。伊尹曰：「茲乃不義，習與性成。」去善就惡謂之性亡，不可謂之性成。則伊尹之言何謂也？召公曰：「惟不敬厥德，乃早墜厥命。」所謂命凶也。命凶者，固自取，猶謂之命；若小人自取，或幸而免，不可謂之命。則召公之言，何謂也？夫古之人，以爲無君子道爲無道，無吉德爲無德。則去善就惡謂之性亡，亦不可也。雖然，可以謂之無道，不可謂道無小人。可以謂之無德，不可以謂之德無凶。可以謂之性亡，不可以謂之性無善。孔子曰：「性相近也，習相遠也。」此言相近之性，以習而相遠。則習不可以不慎，非謂天下之性，皆相近而已也。孔子見南子，爲有禮。則孔子何不告子路曰：「是禮也」，而曰「天厭之」乎？孟子曰：「男女授受不親，禮也。嫂溺則援之以手者，權也。」若有禮而無權，則何以爲孔子。天下之理固不可以一言盡。君子有時而用禮，故孟子不見諸侯；有時而用權，故孔子見南子也。孔子與蒲人盟而適衛者，將以行法也。不如是，則要盟者得志矣。且有制於人而不得行，則聖人之無所奈何。孔子適衛，非蒲人之所能制，則孔子何爲而不適衛？適衛然後足以明義，此孔子所以適衛也。

凡此皆略爲深甫道之。以深甫之明，何難於答是，而千里以書見及，此固深甫之好問，嗜學之無已也。久廢筆墨，言不逮意，幸察知。罷官遂見過，幸甚！然某疲病，恐不能久堪州事。不知還得相見於此否？向秋自愛。

啓

賀杭州蔣密學啓

右某白：近者伏審拜命徽章，陞榮北省，伏維慶慰。竊以上大夫爲内諫，漢擢忠良府學士統要藩，唐稱優顯，逮宋兼任，非賢不居。恭惟二字據《播芳大全文粹》增。某官，天與粹温，岳儲靈哲。夙抱經濟，游天子之彤庭；首見推明，爲士林之高選。斷直躬以自處，伏大節而不回。名動一朝，官歷兩省。望之補外，理固非宜。陽城拜官，賀者甚衆。上方圖任，夕有召書。某展慶未遑，抃心竊倍。顧言塵冗，將幸坯陶。依戴所深，翰墨難致。

賀太守正啓

獻歲發春，自天降祉。方竦瞻於治所，阻交致於壽觴。伏以某官，德履端方，才猷敏妙。久鎮臨於邊劇，已茂著於勞能。諒因正始之辰，倍享宜新之祜。某省承榮翰，第切感悰。方履餘寒，冀加珍護。

回皇親謝及第啓

伏審校藝中程，霈恩移鎮。凡兹有識，皆謂至榮。今國家興學校以養育天下之材，而材猶未能有成；革科舉以新美天下之士，而士或未盡去故。況於以公子之樂善，而能先儒者以試經。儻非出常之才，孰能出類如此。伏維某官，世緜瓜瓞，才韡棣華，不以富貴而自驕矜，而爲貧賤之所求取。決科異等，有光漢族之文章；進秩重藩，益壯周家之屏翰。非特爲榮於室室，蓋將有激於士風。某限列諫垣，莫趍宫屏。未能馳謝，乃枉賜言。惟荷眷之至深，非多辭之可喻。

回賀生日啓

間史記時，永念劬勞之報；牙兵傳教，乃蒙慰賜之加。仰荷眷憐，豈勝感惻。伏維判府留守太尉，望隆國棟，聲冠時髦。如畎畝之餘生，乃門闌之舊物。尚負品題之賜，每愧愚憧；敢圖恩紀之施，未遺幽遠。仰承嘉惠，增激懦衷。

序

送丘秀才序

古之人以婚姻爲兢兢，合異德以復萬世之故。春秋世，此禮始寖廢。不親迎者，吾聞之矣。先配而後祖者，吾聞之矣。時其遂不復振，人皆直情而徑行。烏識所謂兢兢者乎？至隋文中子喟然傷之曰：「昏禮廢，天下無家道矣！」始采周公、孔子之舊，續而存之。賈瓊者，乃曰：「今皆云，焉用續？」夫瓊何人也？世之所謂賢人也。親炙子之教也，賢而親炙子之教。然且云爾，其不在於程、仇、董、薛之列也宜。今世之讀《中説》者，皆知瓊之言非是，然而不爲瓊之所爲者亦末矣。

夫人萬一有喜事者，追古之昏禮而行之，世必指目以怪迂之名被之矣。若之何其肯拂所習而從之也。於戲，古既往，後世不可期，安得法度士與之奮不顧世，獨行古之所行也。南丘子學於金陵，以親之命歸逆婦，吾望其能然，以是諗之。

隰西草堂集拾遺

目録

文八首 …… 三一一

詩二十八首 …… 三一八

文八首

隱居放言序

予自渡江來，薙髮爲僧，遨遊於金陵蘇臺之間。凡閱士不啻千餘人，而人之知予者亦不少。然予終不敢以才許人，獨於吴中得二才士：一曰鮑晼滋，一曰夏樂只。鮑與夏皆祖自新安，一僑居白下，一僑居西湖。而晼滋早得名，遂逸去。予亦不復論。惟樂只交最深，知最切。予習隱浦上，樂只常摇舟渡淮水，風雨連牀，故其若文、若詩、若詞章著述每多見。予以是服樂只之才，高樂只之品。故云自渡江來十年得此才士也。

樂只至性人，才不攘人，品不苟合。發一詞則居然梁園、鄴下也，吟一詩則儼然開元、天寶也，建一言則確然眉山、昌黎也，設一喻則恍然《鴻烈》、《説苑》也。若是者均吾所稱樂只才也。至親其人，則飄然欲仙矣，吾懷郭林宗；聽其論，則軒然神爽矣，吾憶東方朔。披松風而謖謖，其李元禮乎？舒嘯旨而由由，其阮嗣宗乎？若是者又吾所稱樂只品也。樂只既負才與品矣，樂只之若詩、若文、若詞章著述，何不壽之雞林而必藏之名山乎。吾於是以知樂只之生不遇也。自古名流韻士之亟于自見者多矣，或賣賦長門，或獻書闕下，或藉《三都》而鬻名，或假《雕龍》以衒價。樂只固不屑，然終不亟亟于求名。吾又以知樂只之非不遇也。吾更于此有異焉。天下惟賢知賢，惟聖知聖，惟才人能知才人。予不敢負才，而知樂只者甚篤。然猶有篤于吾者，姑蘇麗人韓素月，刻其《詩集》以行世。素月，青樓中人也。讀樂只之詩而獲心，因出其資授梓者。素月真可謂知才者矣。素月爲蕪城名妓，挈其家隱姑蘇市。吟詠雜著，過乎作者。予因海陽吴生訪其廬，得見其笈中所藏樂只詩若干卷，絶不雜他人一字，亦絶不聞與夏生孟浪遊。素月豈因其才慕其品，遂因其品重其詩也耶？

辛卯秋，予思歸淮浦，將束裝而素月以書致，并索予爲夏生序。予方外人，既不能不爲韻人贈言，安敢不爲韻人之爲才人贈序乎？暫維舟，漫撰數言以復。

徐君平高士行誼記

崇禎己卯春正月，始遇徐君平高士于淮陰新城之東門。

君平，名秉衡。徽之歙人。性至孝，慷慨有大志，好義任俠，解紛難而無所取。少秉朗鑒，論秦漢以來道學淵源以及工器弄物，莫不有條貫，爲當時典刑。隱居不仕。同郡人趙泰宇約余過其家，入新城東門坊曲中始遇君平，與定交焉。時上元六日也，人物喧闐，燈火徹旦，海内清晏，士民安居樂業，號稱小康。而君平以豪俊風流踞上坐，四坐皆爲傾動。

明年，訪君平于皋里。

君平家在闔閭門内皋橋東一里。編竹爲門，庭列松竹。披户無人，書聲自内出，則其子茂才□□也。童僕皆悠然自得，若與塵世隔者。三爵而退，執手論平生，竟日不去。憂時慷慨，是日已有神皋陸沉之感。□□博洽高亮，才略非一世可舉。君平不使之仕，曰識古今成敗，淹貫爲名儒足矣。不願遺爾輩拖曳青紫，徒持禄以愧先人也。

辛巳以後，君平往來淮陰。

淮陰大賈，多出徽郡。其地賢者，每每好執古誼，輕鄙仕宦以爲辱，或隱于負販。君平雖家于吴，其妻方氏以孝惠賢淑逮下冠一郡。族屬親黨，咸師之。率其下還鄉里，誦讀耕織，課子如嚴師。君平既得内助，鮮交謫者，輒留江淮間數年不歸。余乃時時得就教請益。君平爲余言其妻多病，雖危困不飲藥，以爲天之生我有數，勿復紛紛。既生女，微疾輒延醫，調護甚至，或問之，曰：「自吾有此女，吾責始重。吾將留此身以教女。不幸溘先朝露，則女失教，女失教則四德三從無繇以聞，内以辱母氏而外以辱其夫，吾之罪滋大。」久之，女死，不悲。曰：「吾自此累絶矣。」却藥餌如故，類有道者。

乙酉春王改元。君平在留都，余以事至，君平以伏羲玉像出視。

南渡之次年，君平移寓三山街，余赴鄭京山師召，至自吴郡。是時陸履常亦以事至，相見歡甚，論難連日夕，自天地鬼神、山海鳥獸，以及仙佛卜筮之學，靡不綜其綱要。君平乃出宓羲玉像謂余曰：「子知庖犧氏之學乎？一畫已盡，後之君子增焉而不已，道所以日卑，人世之吉凶悔吝所以日衆也。石城星氣甚異，亂兆已見。余將渡江，子亦從此去矣。」

秋，遇君平于虎丘。

是秋，余避地斜江，爲賊所得。類有陰救之者，久之脱去，將還故鄉。至虎丘，遇君平焉。君平曰：「吾避亂臨安，家口散寄四方，皆不憂。惟憂子剛戇，負大義，不顧身，恐不免。今幸脱矣。」執手悲喜，是時君平之鄰亦來慰藉，鄰之子嘗給事外戚，逃歸，示君平以内府珍玩，君平戒毋私鬻。未幾，邏者捕之，索盜物，物幸存，父母懼，將赴水死。君平出金買邏者得解。

丙戌丁亥之間，君平薄游淮陰。

余爲沙門于普應寺，寺在浦西寺之東，余隰西草堂在焉。葭水凫沙，漁榔出没，去君平家三十五里。君平時時策杖過衡門，斜日沉巷，輒痛飲，酒盡繼之以痛哭。

己丑春，君平始入道。

君平之兄子善召仙物，君平就視之，致誠焉。久之，有所謂金飛仙者，遺水丹一粒使服之，授以導引之法。君平曰：「吾始意氣自信，好緩急人，海内稱之。然往往心與物逐，負性用事。今乃知任俠非大道所宜，以息存存，内視五臟，骨漸堅、肉漸去矣。」

庚寅夏，君平先生五十歲。

君平將游于湖西，曰：「吾行年五十，而不知四十九年之非。學力之未進與，道力之未堅與，吾方行脩，隕墮之是懼，奚年壽之足稱耶？」子弟上觴者，皆避去不見。余以同志過其家，交勉以進脩而已。時榕花滿野，乳鶯亂飛。四月十有六日也。

余與君平最稱莫逆，景行維賢，非阿私所好也。古人左圖右書，所以觀德，竊附此義，庶幾不愧東海。豈子魚輩所能夢見哉。彭城布衣壽道人自跋。

書吳郡沈載寫經葬親啓後 手蹟藏予家

吳郡沈載，家貧，亡父未葬，將皈依梵王，書《金剛般若經》二十部散諸故人，得經資以葬父。壬辰孟陬，壽道人從江北來，謂之曰：百行莫大於不孝；不孝莫大於不葬其親。孔子不云乎？「禮，與其奢也，寧儉；喪，與其易也，寧戚。」吳地侈靡，習俗相沿，有所謂喪禮而非先王之所謂喪禮也。貧窶之子，至有數十年不葬其親者。祖父之骨，纍纍相望于一室中。夫人生於土而死於土，以土爲歸藏也。今人鬼雜處，陰陽聚争，無以安亡者之魂魄，而使之旅寄于日月之下，不祥莫大焉。而或喪亂饑饉，兵戈相尋，子孫流離，遺骸不保，投諸水火，暴諸道路。其始也，皆苦于世俗之所謂喪禮，以至因循不舉；卒也，椎心流血，追悔莫及。其爲不孝，百世莫贖矣。

若夫希冀善地以爲身榮，殘骨累遷，墳墓莫守。此又禽獸之不如、神人之所共殛者也。今子書經以葬父，違世俗之喪禮，而使先人之早歸諸土也。豈非純孝乎。夫親安則心安；心安則禮以義起，所謂「易也，寧戚」。吾願吳郡之爲人子孫者，皆去其世俗所謂之喪禮，隨家之貧富以早葬其親，而求其親安則心安者乎。予日望之矣。夫學經以入道，而孝爲入道之本。諸故人孰非人子，讀沈載所書之經，當亦惻然心動，而況皆有道義骨肉之責者與？隰西沙門慧壽。

爲閻古古書孝經跋見魯一同《白耷山人年譜》

《忠經》出於馬融，君子已有議之者，今日更難致論。庶幾躬耕畎畝，終身貧賤以懷我二人乎。嗚呼！普天率土之義謂何？而況於事父也。古古天彝獨摯，每與論此，相向痛哭也。比丘明志前彭城萬壽祺。

自書詩卷跋墨迹藏長洲章氏四當齋

庚寅仲夏，祖命先生發自姑熟，渡江北來觀淮陰，訪壽于隰西。酒酣耳熱，倡和間作，久而成册。先生命壽書之。

祖命遠發姑熟，來觀淮陰。在予隰西中二月，日有倡和。余聞之：志有不得則思，思之不能則唱歎生焉。祖命高潔之士，自南渡爲黨人，被髮行吟，託言香草，則風人之遺也。余爲比邱，情無從生，何思之有。而日同唱歎，有類行國。後之君子必有知吾兩人者。道人壽。

寫金剛經跋山陽何氏六桂堂藏

戊子仲夏，發願書《金剛經》。殘數字。自五月朔日始，此其第二部也。既如夢。殘數字。書之似覺多事。然西方聖人，自有深意，讀者解脱，自能了了。梁苑沈超宗，博學異才。一時賢豪長者，篤信宗義，根器甚利，便以歸之内景。道人壽自跋。時已丑立春後七日。

秋江别思圖跋

辛卯春，始遇顧子於舊都。顧子名圭年。顧子曰：「予再轉注而得此名。」予心異之。是年秋，顧子抱布爲商賈，繇唐市至淮之浦西，過余草堂。余雖心異顧子，至是乃詳知顧子之爲余友也。曰：「子非甯人乎？方少年時，操筆挾策，論古今之事。國步既傾，屢值喪亂。天下之賢者不能須臾忍，多成名於鋒刃屠割之間，余與子亦幾不得免。事既不就，行且八年。而子隱於商賈，余隱於沙門。雖所就之路殊，而志足悲矣。今子操奇贏於市中，宰天下之平於此，始基之乎，抑將終身焉？與監門屠狗者伍耶？子歸唐市，念未轉注時昔之名者安在，則庶幾舍商賈求所以爲甯人者乎？」是日也，顧子欣然鼓枻渡江而去。隰西沙門慧壽。

翁壽如山水册跋 載《穰梨館過眼録》卷二十八

壽如運年高妙，以晉魏書法行之于畫。蒼老之内，時帶秀冶。正似桃源中人，上古衣冠，照暎左右。日在花竹溪壑中，與童稚雞犬醉舞婆娑。遂使宋元諸公不得踞席自大，真奇觀也。道人策杖隰西，煙雲出没，雪霜往還。時時與壽如畫遇，輒復欣然有喜。爲題數語，後之君子得此册者，知桃源中人未嘗不在人境也。庚寅春，壽道人題于香茅。

詩二十八首

悲哉行

皇帝甲申歲，賊大入三輔。山東河北□於賊，上崩萬壽山。賊坐明堂中，羣臣以次拜舞。一其明年，天子遣徹侯。北渡河，□國仇。乃命將軍劉，奉書下邳，張我豹旗。二悲哉！悲哉！□從西南來。河上人民髮□地，身爲俘，妻爲人所得。一以南，一以北。三奕奕劉將軍，左張弓，右挾槊，熊羆爲羣怒目視，□□去，城以完。四□□牧馬客，騤騤沛阜行。尋故君，乃遇我劉。劉曰：「嗟！吾爲若主。」共□□□，客拜稽首。五詗者以報□，畢命南城隅。族已滅，白日且西匿。上有蒼蒼之天，下有泗水，乃在千秋萬歲。六歲己丑，霜浸以馳路。逢車騎，跪問將軍誰。悲哉從視袴褶不見，其期大□中，□託君報仇。七

飛雲橋行

飛雲橋上風怒號，飛雲橋下水波濤。波濤震撼天地怒，橋陰鬼車聲嗷嗷。白日慘慘不照地，沛縣城北五十里。旌旗出入水寨多，故陵城中牧羊子。晝掠金錢馬上馱，刲人心肝若羊豕。自言大將身姓王，手把兩弓勇莫當。魚台金鄉盡懾伏，南向豐沛開戰場。今上皇帝己丑歲，□□運衰勢且弊。陝東義旗所在起，山西老將兵何鋭。大同城外□痛哭，骸骨纍纍載短轊。爾時□□□□□，僞

授徐帥中原人。氈纓鼠袴大羽箭，往來馳突故陵濱。故陵故陵客大嗔，長鐮大槊如雲屯。鄉勇進前盡誅死，□騎震骸全崩奔。側聞劉侯下邳守，智勇沈毅世莫有。國移勢去歸故鄉，秋冬射獵廟道口。山中豪客數十萬，羅拜門下獻牛酒。劉侯出山何峥嶸，僞守以下皆郊迎。願得一言□反側，獨騎深入故陵城。君不見楊么萬餘衆，願歸鵬舉圖皇□。□輿北狩不復返，爾曹徒受盜賊名。我行與爾訪□後，左提右挈翌大明。天時未至聊復息，遵時養晦期功成。椎牛鳴鼓約且定，豐沛百里無戰争。今年南畝徧耕作，明年辨麥庭且碩。樵童蠶妾桑影中，牛羊滿野曝春日。白旗廿對從南來，□風隨馬生塵埃。黄駝黑犬不知數，去城三里營門開。聲言捕賊故陵藪，將欲馳獻單于臺。殺人如麻火發屋，老弱歎息婦女辱。城門盡閉索行人，壯夫迷竄越山谷。城上鵂鶹徹夜啼，泗亭無人鬼夜哭。故陵豪帥心生悲，百姓無罪罹災危。親提義兵甲萬騎，與□合戰城西隈。飛雲橋北血洗箭，飛雲橋南骨成堆。□□踉蹌竄荆棘，畏誅不敢東南回。拔天搶地□切齒，推求去年招安事。凶人媚□忘大恩，一旦引人入西市。嗚呼劉公沛北門，雙槐夾道通車輪。水閣逶迤延百畝，春花秋鳥相寒温。閉户考槃自邱壑，妻孥數十長子孫。宗族親戚共左右。同時被害爲灰塵。嗚呼劉公眦上裂，以頭擊□罵不絶。□□囓齒不敢言，父子同時懸南闕。陰風冥冥白日昏，黄霧蔽天垂沙雲。豪帥帥衆向南哭，此仇誓與丘山尊。飛雲橋上行人立，北向城樓掩袖泣。即今□□□□，□懸南門看□入。

浦東行爲祖命賦

十里浦東紅日杲，風吹官店門前草。南北行人去不還，兩河中間塵浩浩。江上唐生君子儒，擊劍讀書成須臾。插花滿頭委雙鬢，有時自捋鬑鬑鬚。遠辭姑孰向淮陰，逢人乞食無賢愚。妖螭上天龍下地，白頭老烏城牆裏。銜屋東西徹夜啼，飛游冥冥過客邸。邸舍頹垣棗葉香，荻柴絡緯炊黃粱。日莫美人落何處？獨留七尺大道旁。雁羽肅肅起沙磧，驢背書書馱空囊。日月無光天地黑，咫尺不辨前咸陽。憶昔罷官謝南國，黨人碑成降墨敕。近前聲喚丞相嗔，退後同堂恣羅織。襄陽水軍江表來，廣陵鐵騎南徐逼。從此天王遂北行，一時無人守社稷。唐生唐生仰天悲，三年五年竄荊棘。丈夫功業不成家已失，東西狂走徒自匿。歸去東皋鉏尚存，九畹種香各努力。

酒酣感懷同唐一祖命此詩八章，第四章已見集中，不録

微辭既已絶，衆人争雷同。附和小聖賢，妄言悲道窮。征誅與揖讓，哀哉非至公。世鮮蒙莊徒，坐視天夢夢。

大魚北溟化，萬里乘天風。乃在青冥上，南向稱英雄。雖以大自豪，不離禽獸中。逝將有去汝，亦歸枌榆叢。

日月運天極，遠受雲霧曚。昏黑若深夜，謬以魚膏充。草木蔽蝍蛆，上蝕龍蛇宫。茫茫九關閉，前行駈鬼雄。

中天度炎景，赫羲何熊熊。四野無垂雲，陵阜忽已童。嗚澌斷魚鼈，飄風爍金銅。所思冰雪姿，乃在扶桑東。

世衰道且寢，門户無微躬。夙昔貧與賤，喪亂相彌縫。曾聞浦西溆，金碧起梵宫。既斷水土恩，悲哉毛髮空。

羣狗競鳴吠，日出光曈曨。忽聞遠行客，將歸鳩兹東。微繩□疇昔，大義勖初終。慎哉懷爾璧！江表方興戎。

隰西既有罶，浦南亦有罾。罾多魚族亂，始令溪壑空。執義遍海澨，誰知成愚蒙。天地自壯闊，幡然乘歸風。

隰西草堂此詩十四首，集佚其二

新聞驚夙夜，故事憶喬蘇。世内多生鸞，人間有聚□。霜寒省書劍，絃舊識箜篌。此日山中卧，□衣未易謀。其八

寄穉恭

□□□□□，抱甕出南村。斜日自沈巷，春風各□門。□□□□□，夫子道徒尊。□□□□□，□□□□□。

狗六首已刻三首，此佚五首

美女將妻爾，槃瓠爾後身。山河分會稽，撻伐在高辛。行國皆逢□，成功豈在人。試看沙□上，巨□□□□。

失題

鷙獸當□□九逵，世間萬事不勝悲。全齊自重無鹽國，後漢争鐫有道碑。下馬授書人似昔，過門擊磬子爲誰。茫茫宙合將焉往，獨向山中種紫芝。

祖命飲于越石予入索酒遂有此作

長夏三間深柳堂，不妨羣集共傳觴。已知狗竇容胡母，莫戴猴冠沐楚王。羽客錬砂年未老，美人授劍意難忘。麯漿遺我三千斛，歸去南牕枕簟涼。

己丑孟春一日辛酉

無限山川變早春，年年滿眼□□人。忘傳□律争元日，空有陶潛紀丙辰。□國自饒龍虎□，東風且□駱駝塵。道逢天下同羣者，摇手相看不問津。

偶成四首

白楊黄棣滿天涯，大陸晴風展玉沙。北闕關心馳萬里，南冠遺淚灑千家。銅駝舊闕花仍發，金盌諸陵日易斜。聞到雲中新牧馬，龍驤百隊向京華。

關西戎馬臨天塹，椎髻嚴裝載駱駝。□地已傳擒浴蠡，漢廡今復戰滹沱。空宮落葉秋槐盡，絶塞人歸春草多。父老長安思望幸，只今誰復渡黃河。

處處徵戎去不還，天開兵甲滿榆關。虎賁拜檄蒲青海，革馬移營長白山。三晉早聞推郭李，□□□□□□□。兩朝遺恨千秋淚，日□重開指顧間。

修我戈矛同此衣，五雲今有六龍飛。蕭王命將狥河北，吴國稱兵出合肥。寢殿有霜凝漢瓦，神京指日賦□□。□□□□□□□，□□□□□□□。

鵠林過訪却賦

萬里江湖到岸回，百年王地此中開。牆東自有君公住，門外今傳陶令來。斜月啼烏人罷酒，早霜驅雁客登臺。茫茫四海誰知己，慚愧同吟隴上梅。

隰西草堂此詩十三首，集佚六首

豈曰無家賦考槃，幽居坦坦采芳蘭。山川不盡關河急，哀樂無端風雨酸。五夜麗譙歸北地，十年滄海憶長安。人間咫尺夔州道，虎豹當關行路難。其五

世事紛紛頭白烏，深山□□未全無。病將刺骨禮皆廢，貧不關心影漸孤。吴市餘生猶變□，祇園首坐獨留鬚。□□□□□□□，□□□□□□□。其七

桃花流水草堂陰，齋罷經行時退尋。兵甲漫勞天北極，室廬無恙地東臨。龍蛇陸海千人見，鴻

鵠雲霄萬里心。每向山中鐘鼓後，玻璃光暗一燈深。其八

浦上老漁秋水明，小窗翦燭酌同傾。不知今世爲秦漢，莫向當塗辦濁清。豐草長林從此遠，白衣蒼狗太無情。高原回首聞南鴈，帶到衡陽第幾聲。其十

陋巷無人但夕曛，菜花滿地隔秋雲。采芝東海年年去，載酒西隣日日曛。世有龍蛇争起陸，誰言鳥獸可同羣。葛巾一幅樓牀上，山磬數聲君不聞。其十一

韓信臺邊水有煙，劉伶墓下草連天。吾生不逢堯舜禪，爾輩誰知沮溺賢。板浦鶴來春載酒，彭城人去夜歸船。無端芳草閒門閉，荆壁繩牀狼籍眠。其十三

湖上同胡彦遠聯句，調寄望江南

寒食後，千里見湖山。暮雨自能催客淚，春風不住送人船，今夜記今年。年少　殘炤裏，歸去獨登樓。短笛杏花看過馬，紅衫窄袖控吴鉤，風景似徐州。彦遠

再同胡彦遠湖上聯句，調寄西江月

秦吉永辭北路，鷓鴣只了南音。先生抱膝自沉吟，江上數聲笛韻。年少　楊柳風中人去，鞦韆影裏春深。孤遊此夜獨鳴琴，夢落鶯花遠近。彦遠　隰西有館曰「遠近」

即席與胡彦遠、陳大平遠聯句，賦如意牡丹。調寄望江南二闋

憐客路，幽草向人開。印得唇脂紅一串，夜深移過枕邊來，夢裏自疑猜。年少　澹薄處，駘宕總

難禁。寸寸芳心渾欲吐，絲絲別緒忽沉吟，凝睇向知音。彦遠

人倦後，無語倚闌干。粉黛垂垂紅褪玉，春心無那向人難，翠袖怯春寒。平遠

空有恨，低首向儂家。小試春風如意否，錯教人喚牡丹花，春意自周遮。彦遠

蒿菴集捃佚

目録

詩九十三首

文八首

儀禮監本正誤序

《十三經》監本，讀書者所考據。當時校勘非一手，疎密各殊。至《儀禮》一經，脱誤特甚。豈以罕習故忽不加意耶？《易》、《書》、《詩》、《春秋》、《論語》、《孟子》、《禮記》充滿天地，固不容或誤，《周禮》、《孝經》、《爾雅》、《三傳》人間猶多善本，即有誤，亦易見。《儀禮》既不顯用於世，所賴以不至墜地者，獨此本尚在學宫耳。顧不免脱誤至此。坊間所刻，如《三禮解詁》之類，皆踵襲其訛，無所是正。而補《石經》闕字者，不知以彼正此，反以此本爲據。竊恐疑誤方來，大爲此經累者，未必非監本也。

予既僭定《儀禮鄭註句讀》，乃取石本、吴澄本與監本校，摘其脱者、誤者、羨者、倒置者、經註互淆者録之，以質同志如左。

左氏遺典序

《左氏》之於《春秋》，著其事、文其辭、復表其義，經事具矣。《左氏》親承國史，故其事獨核。事核，是非所繇取衷也。治經者舍此莫稽，即好徑省，未敢或失矣。事有連類錯出，則以褒貶之所不及或畧之，況其亂乎？至杜氏所稱「微顯闡幽，裁成義類」者，更以爲非先聖之旨，寧祧此而躋康侯耳。

綴文之士，又但采擷華藻，酌稟章句，事與義槩多未遑，世之爲《左氏》者率如此。

予晚欲學《春秋》，力已不逮，而又拙於修辭。獨念《左氏》取義即未必有當經旨，周公之舊章，賢士大夫之嘉言懿行，往往存焉。此固不麗乎經而亦可傳，不待治經而亦不可不知者也。考典禮，資法戒，苟有取於斯，亦左氏之教矣。因備録之，曰《左氏遺典》。

斯馨館詩序

庚戌秋，帶瀛邢君往訓福山。瀕行，出其先人慰山先生詩稿四册，以屬王君俞之及僕曰：幸爲釐次，將授梓。予兩人既受讀之。見其自萬曆丙午，至康熙丙午年各有詩，中間崇禎戊寅至順治丙戌九年獨缺，册端遺蹟兩行，甚致惋惜，知爲逸去矣。嗣是各以俗冗，不克卒業。明年秋，乃相與定録，合爲一卷。甫畢，武定尹君先之適至，出以相質，又爲汰其三之一。曰：此足以爲先生之詩矣。

予惟先生自總角時以能文名，每一書義出，人爭傳之。長而爲古文辭，人又爭好其古文辭。既仕，喻民則有教，入告則有牘，議政白事則有移檄。又無不洞達剴至、動人聽覽者。唯於交遊、往復、慶唁諸務，及觸緒引懷，則一託之詩。其於詩，殆餘力及之耳。詩固不足槩先生之文也，且自解組後，多與阨會，戊寅、丙戌間爲最甚。信如古人言：詩窮而後工。則此八九年，牢落悒鬱，抒寫於深哀沉痛之餘者，必多佳什。乃不幸逸去，豈造物者之致妬，不令傳人間耶？抑物不兩大，理固然耶？

詩固不足概先生之文，此又不足盡先生之詩矣。

先生自叙於文章無所讓，獨於詩則嗛嗛不滿意。今日之嚴爲删汰者，亦猶先生之志也。嗚呼！先生制行甚醇，固近日之典型；即其漫筆偶書，亦當寶惜，况其詩之和雅坦易，適如其人者乎。人苟欲以離合工拙置議，尚未可爲知先生者也。

王安寓棄艸序

夫人之能爲棄，難於其能爲取。情多蕪累，或不必取，而取性；性苟清通，亦不必棄，而棄其多。易所棄者，將以全所取也。所取每上，則所棄每多。良勢則然耳。乃荷筆之徒，選言於市，遇艷而攫。薦乾齗而歎旨，嗅遺菹而言芳，塗薰藉錦，以出其璞，而不知其爲鼠也。噫！是宜棄而不棄，人且棄之，不如其自棄之也。

吾友俞之王君，棄喧而即澹，棄利而即書，甘瘠推腴，多所棄於家；讓先欒殿，多所棄於世。至於閉無開之闕，喪有我之我，委一切於空翳，墮四支而天遊，又多所棄於身。乃慧業所結，出爲文章。既棄舉業而成其詩，又屢棄其詩以成數年以來之詩録遊草變草矣。汰其餘篇，遂爲長物。曰：且並棄之。予曰：「是其出之君也，或枕風藉雨、窮愁牢落而出之，或據梧嗒廢、墮冠失履而出之，不則淋漓杯杓，賈其酒勇，惝怳簪劍，暢其狂哀。是既鉥心雕意，犯難衝堅而爲君之詩矣。方其未爲詩也，則猶君之有也。既取之氣，毋棄之陟釐，復取之陟釐，棄之鼠壤。是可惜也。」君曰：「予惡夫不知自棄而人棄之者。」予曰：「君棄之，予彊之。予不知其可棄也，惡知人之以爲可棄也？且此物並載精神遊几篋者，以日以年。一旦失所流離，必且詭形易貌，化爲異物。不蒸爲靈芝，即溢爲醴泉；不堅爲金玉，即騰爲雲霞。飛光上氣於君之前，君將何以置之？」君笑曰：「有是哉！」勉録其什之三。曰：「君實强我，我終欲棄之。」吾於是愈信君之全所取者大也。

濟南衛署圖序

達菴劉將軍之莅濟南衛也，政理多暇，風雅自怡。一時勝士之來遊濟南者，無不過其署相與稱詩。而襄城黄生繪其署以爲圖，乃裒諸唱和酬贈之作附其後，合爲一巨册。時達菴方改莅江西，予門人曾生往與之别，達菴出圖相示，且令持黄生所爲跋語以來索序於予。自六七年前，即聞濟南衛劉將軍能詩，諸號爲能詩者多從之遊，心竊向慕之。繼而讀其詩，乃大歎異。私自詫於所識，謂其風骨神味，在輞川、襄陽之間。間又謂其靈快似宗希夷，而澤妙則似杳虚。人多以爲然。因時時思造其廬以望丰采，輙爲他事所撓，不果往。今且移節而南行有日矣，度終不可一見。而此六七年，時相遇於恍惚惝怳之中者，何以自慰也？於是不辭讓而爲之序。

予之讀達菴初集，頗有以窺其志矣。今之統士伍、治簿書，握符而食禄者，殆其寄也。濟南一署其寄之寄，事方爲寄，已無可擥持把玩者；況寄之寄，而屑屑焉圖之。凡人於言之所不能盡，則爲之圖以示意。不知黄生何所不盡於一署而吮毫設色以求盡也。豈將以繪署者重署，因以重將軍乎。

吾觀天地之大，古今之遠，賢士君子之所以記偃息、供吟哦者，不知其幾矣。即此濟南一區，幼安之月池，子固之柳堂，已無遺跡，與夫近代廷實之泉，于麟之雪，亦多失故處。而荒榛敗瓦，賸有清芬，憑吊流連，不禁仰止者，不聞有繪之者爲之重，何其係人感慨爾爾耶？生之爲此圖何爲者？予思繪事，物影也。即物以搨影；物去而影留，能使人見搨者如見所搨者。如人咏詩，情至而有言；情已移而言不滅，能使人讀其言如見所言。凡人有所愛樂欲慕，動於中而不自已。溢於口而爲言，而言之美者則爲詩；著於心而爲影，而影之可以共見者則爲圖。生之圖，生之詩也，一圖即不足重署以重將軍，使人因圖以見署，因以見署中之人。未必不有藉於此。此生之圖與諸勝士之詩所以相副以成美耳。

予既不獲一遊衛署，親見其所謂堂亭門廡、井徑名獸、老槐之狀，及所蓄書册畫卷、筆牀茶具、樽罍僕馬之屬，一聞生之爲此圖，而讀其所自述，已隱隱有一圖在心目之間。因圖而得署；因署而得雍容色笑、揚扢風雅之劉將軍。覺與向之恍惚惝怳者，似有進也。圖真不爲無助也。予方將置《達菴集》於老屋蓬蒿之間，而時哦之。一遇會心，輒嗒然冥會，盤礡而不能釋。人之見之，將謂汗漫老生讀人詩而有畫意，亦奚不可者乎。

交遊翰墨册引

《交遊翰墨》者，慰山翁邢先生裒其生平交遊酬贈之詞而爲之者也。先生幼而通敏，知名國器；

長好綜博，擅譽宗工。一時勝士顯人，睹其風烈、樂其華藻者，固有好音以効嚶鳴、吹壎而表如貫者矣。迨其通籍於朝，剖符守郡，業著名章，交道日廣，於是羣彦聚首，則有觴咏之娱；新知投分，則有邂逅之賦。羅縷而咨時政，詰曲而訪異聞。千里相思，攄誠一羽。聯榻夜賡，咨咍半韻。題圓翣而投心，裁彩觚而贈意者，又何多乎。洎乎解組言歸，身退而道愈尊；齒高而望彌劭。垂纓巨公，結駟而到門；縫掖後生，奉几而造室。要之針芥既合，唱答斯効。所云鳴鶴而子必和；叩宫而商爲應也。故其巾篋所藏，雲霏霞燦，日新月積。洪纖異奏，各成斷金之響；酸醎殊和，同適淡水之性。仁者贈人言，富者贈人財。以財況言，斯云富有。

先生是年八十八歲矣。恐其散佚，彙爲巨册。因其故質，飾之新幀。前後綜計六十餘紙。既成，出以示某，命之弁言。某念交道之衰，代增澆僞。勢移情易，形密神疎，盟言旦旦，轉盼如遺。況此墨卿殘瀋，何足記録。而先生寶之重之，老乃更篤。斯豈存亡易慮、盛衰殊致者乎？吾知先生之成斯册也，南榮養恬之餘，適茂樹披襟之剩晷，則時一循玩焉。撫兹手蹟，心焉默數。或人琴已往，傷宿草之委翳；或軿楫莫來，悵秋水之阻長。得毋有悄然而思、愾然而歎者乎？因而隱几神往，昔歡堪憶，將如即其人，不藉夢尋；如聞其語，不待班荆。先生之坐名勝於一席，聆跫音於異地者，實在於此。則被東里之贈紵，何如寶此敝楮；撫吕虔之佩刀，不及玩其遺墨。此誠交道之盛事，豈特藝林之雅觀已哉。

祭慰山邢先生文

嗚呼！夫子豈非所謂人倫之楷範，先民之典型者耶？閱春秋八十有九，不爲不壽矣。而人猶以天不憖遺爲恨者，實傷古風之不可復見，而斯道之失其宗盟。夫子之少，文采著名，强而筮仕，循績昭明。處脂膏而一塵不染，曾見褒於煌煌天語；當更代而萬姓遥攀，更莫掩其藹藹仁聲。及解組而言歸，遂坐擁詩書之百城，非法不言，大猷是程。踐繩而蹈墨，掞藻而蜚英。其行誼之篤、文章之富，具見於列阡之碑，埋幽之銘。吾儕方登堂而薦哀，敢畧陳其生平。夫子蓋居今而志在古，處變而守乎經。羣言淆亂而所見不可奪，習尚紛囂而退立於不爭。故里人高其仁讓，而物議服其潔清。邦君之所式請，學士之所翹傾。有人如此，黄髮老成，年近期頤，神識愈精。方幸哲人之可仰，胡爲乎一旦去此而遐征。嗚呼哀哉！豈鈞天之須材，將有藉於先生。鞭風馭霆，知非夫子之事；度必修文於地，作賦於玉京矣。嗚呼！夫子之不隨物俱化者，知逍遥於何所，吾儕獨睠此而哀鳴。

於予小子，戚交晚列，既承涵茹，亦受劘切。方公之隕，沉痛莫徹。日月有時，逝將永訣。追憶夙誼，感涕摧咽。山瓢是斟，野蔌是設。清淚泉傾，衷腸如結。戴目仰瞻，如睹光烈。嗚呼哀哉！尚饗。

季厚張君墓誌

君諱爾崇，先府君之第四子。七歲與其兄爾徵同時就學，並以能讀見譽於師。崇禎戊寅冬，大亂，並見執。爾徵失所在，君至滄州，被刃死而甦。時先府君見背，遺孤四人：次者早以盲廢，其最慧者又新失。獨與君伏草凷而泣，創汁淚痕，殷漬衰經。間創愈，益厲於學。值大飢，不能具膏燭，燎薪而讀，常至夜分。一夕愾然語予曰：「幸哉！吾兄弟飽此腴美，不然真飢欲死矣！」老母聞之，爲一破涕。壬午，就童子試，學使者大賞，録居第一。未幾，予焚棄舉子業，君亦不復志科名矣。遂窮困終身，年五十一而歿。嗚呼！有材不售，降年又不永，世固有不辰如吾弟者哉？

君善記，淹貫經史，凡山川、域邑、險隘、歲月、姓名之屬，人所易畧者，纖芥不失。予偶有論著，於事有所遺忘，以問君，君娓娓言其始末。後得書覆校，悉如所言。性質樸，不知有晚近雕琢事。侍先母依依膝下如孫子。予以長兄共學近四十年，每質疑於予，必斂手屏息，一如見師。於人無所欺，人欺之亦不疑也。先生長者每相親重，歎爲古人云。

世系詳先祖考墓碣。配蕭氏，蕭公應昌女。生子三：長孝通，聘鄧公光玉女，殤，娶徐公顯寧女，繼娶楊公弘仁女。次孝逸，娶徐公顯相女。少孝述，聘李公瑞麟女。女二：長適王公用極男憲章。次適姚公偉男應仲。孫三：自孝通出者睿溥，聘楊公之棟女。自孝逸出者，睿浩未聘；睿洽聘胡公吉女。孫女二：俱幼未字。

君生於有明天啟乙丑十二月十八日，卒於大清康熙乙卯四月九日。以是年十月二日葬於祖兆之穆。其兄爾岐痛而爲之銘曰：學莫庸，困於逢。年雖不壽厥德恭，永依祖考藏茲封，尚芘來者大乃宗。

賦二首

苦雨賦

方歲丁亥，陽窮陰溢。徂暑而雨，五旬不息。瀕涉秋半，未瞻星日。漫漫昧昧，莫知止極。歘歔賦之，其詞曰：

嗟皇天之閔惻兮，忽降威其何郵。奪耀靈使不吾照兮，肆黮黯之幽幽。紛阨塞而嗛怒兮，抱迷昧而隱憂。初淫淫而微注兮，倏濫濫而奔流。乍滴瀝而嘈切兮，旋喧⿰口召而淒啾。禾穟淹浥而失德兮，室廬崩潰而就棓。無廬吾何庇兮，無禾吾何食。塗泥爲可蹈兮，黻繡爲莫適。九州平沈兮，吾何所騁吾足。悵川原之漭瀁兮，嗟芝蕭其如何。萍汎汎而日滋兮，百草紛其顧訛。羣蛙樂禍而自恣兮，倡永夜之咢歌。目濙濙其晞朝兮，猷燎火而達旦。至旦又復然兮，仰天軌而不可見。既湆滯復流連兮，瞻萬里之邈緬。前安驅而容與兮，後濩湧而澶漫。呼風伯爲辟除兮，風伯至而移心。傾搖傾盪兮，怒拂鬱而愁人。彷彿熹光之可睹兮，既又壅絶而莫通。欲披攘而莫可兮，疑淫溢之無終。窮駭奔突於中夜兮，殷驚怛而訇隆。飄搖信可危兮，雨師告以我力之方盈。考咎徵於洪範兮，愁汨陳之再逢。揖靈氣於予室兮，端予策而占之。神明不予欺兮，曰甲子以爲期。跂清明於須臾兮，奈何乎上天之不可知。誦重華之瑶籍兮，云烈風雨其弗迷。思謁九嶷而近光兮，使朱鳥爲先驅。江河衍放而無梁兮，朱鳥畏其沾濡。或告予以星實好之兮，予不敢信其爲然。因傳説歷箕而過畢兮，訊其造禍而罹愆。辭以版築其未遑兮，誰達予心於上玄。仰帝閽而控之兮，玄蚪攫拏而塞路。雲將迷罔於東西兮，恐遂失吾其度。精營營而無依兮，魂怦怦而誰因。抱衹懼於夙夜兮，忽精意之可陳。予心帝其見兮，予言帝其聞。悲予懷之良苦兮，詔予以盛替之因。曰化紛糾兮可前期。衰有所究兮壯有涯。慎心所造兮，和不可醨。静以俟之兮，坐受其委。陰節既極兮，陽德乃熙。勅朱絲之百尺兮，將軒轅其助予。劾雨師使科罪兮，徼商羊使就醢。顓頊辟而約潤兮，玄武畏蓄而伏泥。揚清飈之慷慨兮，快奔雲之駭飛。霧汎濫而無歸兮，紛先後而爭馳。雄虹建帝旗兮，望閶闔之遥開。羲和整轡而撰策兮，燿一矚於兩儀。嘉山川之瑰麗兮，瞻斗杓之陸離。星辰爛其就列兮，百物承光而自怡。

重曰：皇天降罟雨無極兮，雄陽失柄授陰慝兮。縱恣浪濫覆天則兮，下民籲咨帝悔畀兮。銷斂蒙霧耀華芒兮，羲和秉御錫清光兮。沾濡以時秩有章兮，萬物受祉溥以長兮，照融赫烈樂無央兮。

服黄精賦甲戌

大道流降，靈品賦形。丹砂夜熾，石液朝零。水芝貢其清葩，土肪珍於玄經。斯陰陽之至妙，服之者歷千祀而硜硜。精有獨鍾，氣有尤全。維物之良，字曰龍銜。冥迹斷壑，棲根絕山。真氣之所纏絡，深託處而全天。方其生也，日月育魂，雲霞蘊臭，寶玉積潤而流膏，神泉泌和而吐溜。既淪髓以茹休，遂苞體而叢秀。爾乃抽桃莖、借竹葉，緗萼輕標，黔實睆挾，條翠孔敷，醇和斯攝。俄而清飈告寒，凍雲四屬，陽德斂華，醲肪内沃，虬連蚓結，冰疊珠曲。凡目之所不識，而齒肥飽穢之夫不得而辱。

乃有天老之倫，離世遊心，探玄卉植，抉幽山岑。抱經歷險，攬秀別歆。呼予而告之曰：「此陽精之英也，可以驅彭姑，練身形，輯散液，合遊靈，蹈雲上藥，莫此與京矣。於是厲長鑱、削雲根、拾鷄蹠、裂熊蹯。瀹以朝汲之寒泉，薦以乍擷之芳蓀。潔鼎嚴羃，陽燧載燔，火符合度，暢以曦暾。色屢遷而正黑，味漸厚而彌温。乃敢稽首天真，旁揖皇人而後進之玄醴，激以清風漱齒。輔百脉而霧散，和五神而雲起。中廬既治，明堂斯砥。嗜欲清平，純白至止。厭燥烈之桂葱，鄙腥膢之鰋鯉。時乃有鑄鼎八公，采芝黄綺，長松偓佺，山朮涓子，輟鼎罷茹，棄彼如屣。爭與荷鍤祓社，籥火量水。既分沾以同飫，乃顧笑而歎旨。競履空兮天遊，亦唱予兮和汝。歌曰：「大道曠曠無外内兮，爾和不滑求厥濟兮，南山有草名龍銜兮，世外寶餌聖所傳兮。水火之功，日復亘之。山閟雲幽，尚或先之」。

詩九十三首

雨過

中天滿雷雨，增我門庭幽。草木森竦待，廓爾雨還收。莫測感予意，愴然念厥繇。誰實使之然，萬類盪一舟。何必計盈絀，世上鮮良籌。帝皇稱盛治，所惠亦區區。辛苦遺詩書，守誦增儒柔，徒聞著作繁，一水成千流。既道鑄五兵，又説演九疇，不見所脱人，但見骨成丘。乃知結繩後，畢竟難劣優。心傷對終古，了了哽膺喉。何時生羽翰，去此蟪蛄秋。

雨小止野外散步

雷雨動白日，欲止還瀟瀟。顧我獨何營，閒步暢新謡。延佇瞻曠遠，青山洗舊髻。草木各休豫，隔林間雊鷮。雲際日影微，沈匿不可招。歸來自掩幌，徒爾坐無聊。

慈烏

蒙蒙枳棘林，慈烏巢其間。勤苦爲反哺，朝出暮來還。鳳皇去已久，誰復知我艱。賦性徒明惠，毛翮雜愚頑。爾時大嘴烏，心謂此同班。無端生疑忌，貌獰中情□。慈烏慘不樂，斂翼自低顔。寄聲大嘴烏，莫須欺人孱。所懷各有途，那可相追扳。實慮反哺匱，暫不死茅菅。何時將其母，往巢人外山。

悼亡有引

內子季朱淑而横夭，惝怳舊歷，輙爲短詩咏以紓痛，用代叩缶。

揚芳乘幻化，萎謝不及秋。悵念平生事，苦緒每忘收。兵杞二十年，所樂不償愁。甘心藜藿內，秩秩供晨羞。慈親賞慧辨，飢渴抒良謀。笑語驕黼佩，聽鷄最前修。霜時醑弱醞，夜半緒燈篝。辛苦不足數，使我安無求。竟以蕭條終，大化無還流。抱撫所遺兒，慘惕默悠悠。嗟哉命矣夫，誰敢生怨尤。

哭兒篇爲兒孝賓作，乳名三陽

失却季子閱兩月，長歌散痛聲不發。撿韻覓字見兒所弄書，眼瞿手顫心如齕。憶兒生來頭骨頗清奇，目睛點漆揚雙眉，兩頰紅玉持方頤，口角歷歷能是非。步履端凝車騄逵，見客問姓記不遺。高揖低拜少參差，看爺面色識因依。出門一步牽衣隨，心知遠去先淚垂。奈何兩月我哭兒不聞，兒哭吾不知。開眼不見寐存之，入夢何時因風吹。兒自前年學語道字真，每言讀書作官人。奉爺高車孃錦茵，簫鼓綺羅洽姻鄰。明知癡騃語，嬌撫不忍嗔。汝爲我兒四寒暑，兒在兄妹中，頗能和儕侶。珍果香餈時一舉，均沾不待爺孃語。汝今舍我去何所？顧見諸兒心倍楚。多難食貧安其愚，北堂闕奉少歡娛。我兒携匙奉飲遶前後，老母開顔爲加哺。今日登堂制淚不令老母見，不覺淚冰猶綴鬚。或言宿世相負本非父子分，此語茫茫難具問。又言他生或再來，他生悠謬何據哉。要之修短有定理，此理總是難遣哀。憶兒死時形欲靜，我呼兒名兒猶省。囑兒兒應當再來，勿似今番年不永。兒氣清醇稍異人，當示爺孃再來影。小册新書文錦緣，圖書雙印完以堅。雜組五色貫珠蠙，爲兒收貯雜芳荃。誰將吾語寄重泉，爺孃思汝淚正濺濺。汝孃多病我漸老，探環何時苦不早。

送鄧温伯廷試

與君幼同趨，矯然厲誕節。覺同夢亦然，屢蹞不云拙。如此四十年，守殘待城闕。以次充方物，豈爲時所缺。逸姿翦修翎，籠中徒拍戛。賤子早自廢，脱帽理耕垡。君尚五斗謀，瘦衛中夜發。千里自賫送，塵土兼饑渴。庶幾見光榮，華裾易短褐。馭短苦志長，代耕異聞達。平生最何事，肯爲衰年奪。去去遲君歸，中廬有清樾。

苦旱二十五韻 辛丑秋作

春夏艱時雨，奄忽秋風届。早禾秕不熟，晚禾乾欲壞。祝融摇火旗，飛廉鼓風鞴。豈無膚寸陰，隅沾異均灑。數里别榮枯，隔轍畫疆界。何者獨非民，天心無乃隘。田父隴畔立，向天搶地拜。自言正月來，租税急科派。鞭笞戕肌膚，竭蹷脱扭械。腹空不自實，苟且免毒蠆。所冀遇豐年，多收補貧敗。奈何遘亢陽，煊赫成枯晒。昨日鄰家翁，叩錢布爻卦。云是水雷屯，安得雷水解。今晨望南山，白絮相牽絓。仰瞻祈霖雨，未旋風已噎。皇天胡不仁，饑喉忍恣搤。稻粱望恐難，倘得飽蔬稗。

嚙指庚辰年，闞心妻子債。嗟我聞斯言，辛楚如含芥。何人挽江河，飛天成滂湃。尺箠起癡龍，雲際鬐尾掛。寸寸裂旱魃，擲海恣一快。汜濩遍九垓，百卉蘇靈瀣。免使諸少年，犢牛重自賣。

少時

少時貧賤交，强壯尚膠漆。謂當善終始，兩心皦天日。縱爾異升沈，不作渡江橘。昨逢馬首西，馭者何太疾。邂逅邈難攀，氣凋心若失。歸來省愆尤，累日不敢出。轉憶三十年，生平堪共質。豈爲同行誤，蟬連難自必。君子重久要，尚冀心終一。璅璅越人詞，爲君再三述。

地動謡 戊申六月作

銅龍吐瓦響轆轆，玉衡光摧移舊轂。碧幄懸珠起涼夜，一聲地底奔雷逐。肉重踏騰淖不勝，誰掣靈鰲掉尾蹙。倒襦失履走嫗齠，臏肵難著天星摇。圮墜親逢口音嘵，踊摐崩戛吐百妖。老樹無風學舞腰，盆盎側立涔海潮。須臾動歇衆始定，相呼相問還相慶。腐儒頭旋如湛醟，對月發占迷倒正。嗚呼！伯陽西去巫咸死，占書如山成敗紙。我欲因風呼問天，只愁狂呼忤天耳。

紀異二十韻

長夏踰望夜，月出東南隅。雨霽無纖雲，大星如璨珠。開窗納微涼，清影澹巾襦。連日苦煩暍，得此良足娱。剨然墮壁塊，乍疑走鼯鼩。旋聞發厲響，似欲摧欂櫨。遽起不及履，倉皇背堂趨。眩晉佇立難，已聞四鄰呼。囂訇不可辨，各自喚妻孥。雞駭犬羣嗥，剥瓦頹墻俱。庭樹纔三尺，摇曳不可扶。仰看老木杪，亂颭風中蘆。少傾乃得定，老幼語囁嚅。撫慰互問訊，寧覺驚怖無。披衣一出門，悵望立斯須。乃知陂塘水，遠簸類翻盂。地德本至静，聖言豈有誣。震動是何祥，下民今何辜。梁丘言固詇，伯陽説亦迂。嘖嘖談鼃瞷，野老及鄰巫。

高粱蜜 庚戌秋作

蜜蟲敗嘉禾，史傳不曾記。粘塗類白膏，蠕動漸足翅。初但膠禾心，嚼食莖葉累。高粱穗如杵，黯黯失生意。仰天祈好雨，一洗兼清吹。怪哉蟣蠓微，風雨不能墜。黄霧塞四野，輾轉日滋遂。致使尋丈苗，狼狽通體膩。稃乾不作實，腥穢逆人鼻。老農憂八口，腰鐮對下淚。相逢暫借問，致此誠何異。儒生非鼓史，三歎對以臆。得無釀酒多，天公惡淫費。本以續民命，腐壞資酗醉。飴蜜與酒醴，同自天乳潰。嗜酒報以飴，政未離其類。老農揮淚言，此論真成戲。身是藜藿人，何曾知壹醉。苦樂本異條，降罰乃同被。所患朝夕急，酸心在老稺。況當秋税臨，鞭撻逼空匱。低顔慰老農，黍豆尚可冀。莫使憂溝壑，存活有高位。聞説大仁人，牙節初來莅。

慶施方伯壽

岱宗表海右，崇峻接混茫。元氣自磅礴，降神應期昌。夫子實帝簡，毓質適其鄉。愷悌全木德，文武備柔剛。崎嶇同傅巖，霖雨洒殷商。勳歷遍列職，種德各有方。岳牧分東國，洪慈詎易量？痛茲民方疲，顧慮節輸將。供億正繁劇，凋羸未暫忘。羣生保食息，謳頌聲洋洋。小子等溝斷，拂拭被青黄。匪敢懷其私，仁鳌古所臧。遘茲攬揆初，致祝效陵岡。

辛丑夏，慰翁邢老伯枉顧田舍，辱惠贈章，過有獎誘，謹次韻奉答

於山仰其高，於水仰其深。伊予於夫子，弱歲早歸心。荑荑春風内，歲月忽已侵。非敢阿所好，懿修良足欽。曩編寄孤往，微情託朗吟。抗懷百代上，談笑閲升沈。示疑啟羣聾，發語每良箴。小子滯空谷，聞言樂書襟。尹君最少年，異苔實同岑。託交古人鄉，結納匪斯今。連騎昨來過，清風惠好音。欲報不能稱，安得雙南金。

贈地師

茫茫同寄一坏土，萬出萬入成門户。其中穴竅遞灌輸，如人營衛注焦腑。能爲生類作枯榮，肉眼迷離遇莫睹。竭來異士具别學，放足平踏遍寰宇。擘風分流何其神，批丘導壑析交午。生長青齊海岱間，曾閲侯王千墓田。直得萬金求一看，只重意氣不重錢。昨日相逢斗酒會，劃然一笑詞相憐。山川爲君時作語，遇賞何妨便傳與。病骨將來死須埋，煩指諸兒荷鍤處。

壽邢先生八十

元氣浩無垠，惟人恣探取。淵淵方寸中，斯爲造化主。所以仁者壽，上天匪私祐。懿哉邢夫子，仁義貫焦腑。伊昔遘昌辰，剖符受民土。太原及嫣川，遺愛允衆父。高蹤厭拘縻，玄髮謝簪組。歸來聚古人，共坐開松圃。怡然對羲皇，蹙額閲湯武。賞善酬好音，嫉惡奮霜斧。遥遥千百年，次第陳盎甂。觀其一俯仰，運會一再撫。遊騁遍宇宙，斂戢歸鄒魯。競新角艷時，依稀見前榘。乃知大君子，人貌而天伍。日月盪胸臆，洪濛供含吐。此中無縮盈，於何窺成窳。至今年八十，朝霞照顴輔。斯道慮將墜，方賴永支柱。致語采輿頌，滿百當更數。

賀范某入武庠

韶令請纓客，隆平脱劍辰。學宫初隸籍，閫外漸通津。結束諸生舊，裁成博士均。彎弧能破的，援筆更驚人。韜畧曾殊衆，飛鳴自絶倫。長驅服腰褭，大業佇麒麟。科異翹關陋，榮看射策醇。有梅思即鼎，無力競□輪。況是難兄弟，真將列縉紳。甲兵推小范，或是後來身。

賀某入邑庠

經術貽謀遠，風流先後同。蠹編看式穀，鳳羽羡棲桐。五采絲堪纂，連城玉自礱。雲霄懸北闕，事業待南宫。千里開初步，一鳴揚大風。青青芹正美，楚楚歲方童。影照鱣堂上，花生綵筆中。市駿金常在，羅鴻網不空。桂芳秋燦燦，桃蓝春融融。拂席知相待，抽毫看愈工。衝天憑鼓翼，破浪正操艨。肺腑稱觴處，慶藉滿私衷。

賀范某入庠

大開黌序羅俊傑，范君奇姿森霜雪。下筆能令老宿驚，命中翻覺健兒拙。鷙翮搏風高没雲，駿足挨地汗成血。力挽兩石誦萬牒，千人會中歎奇絶。只今方當弱冠年，儕輩相推莫肯前。使者成快賞，收置弟子員。已飽陰符訏勇決，更將禮樂奉周旋。吁嗟范君一身兼文武，努力青年圖進取，令播名字滿寰宇。

送泰翁施老夫子入覲

長安瑞色五雲見，臚聲隱隱繞銀箭。至尊宵衣未央宫，紫泥飛下含元殿。十年芻牧闕宸衷，萬國衣冠傍御院。燎火夜馳露未乾，天語趨奏諸藩遍。我公象服擁朱芴，交戟匐匍陳民甸。天子垂旒動顔色，斜封特與柏梁宴。賜履功高天下聞，東來繡衮承權燕。黄金斗大錫扶風，繁纓曲縣韓侯餞。公驅霓旌向薊門，北渚亭邊父老戀。濟水褰衣謬聞聲，元亭載酒垂清盼。此去麟閣奏殊勳，故人遥爲山中羡。

紀異甲辰作

甲辰夏四月，日在罕車明。陽德擅時節，萬物吐華英。柔桑勸力農，良苗慰疾耕。於中最可喜，麥穗涵嘉馨。木綿結重樓，團團青錢擎。日色忽慘白，風起殷砰訇。猛勢欲發屋，砭人如濯冰。牛毛作蝟磔，卷攣類凍蠅。向晚風力定，當頭見數星。病夫踞煖牀，舊絮屢索增。是夜何悄悄，雞狗不聞聲。夢破聞剥喙，小奚叩柴荆。詫言是何物，皚皚滿前甍。驚怪披衣出，寒威凌短褐。下階視砌草，已覺多蕭瑟。出門望天東，赫然見赤日。漸聞田隴間，嘖嘖人語切。或言屋閣桑，葉熟半腐餲。

或言木綿壞，萎爛十餘一。或言禾方稚，當此良可怵。歷指不到麥，所恃漸向實。誰識霜隱中，寒毒入稃室。日高寒散後，摧敗現莖節。農夫始驚呼，從此生事竭。官私逋負多，待爾以全活。皇天何其酷，探吻恣横奪。眼看芒葉枯，百事安可説。急作黍地耕，賦税有王程。遲迴擁耒立，枯麥苦支撐。持穗示妻子，忍見淚縱横。

冬至

朔氣讙囂逼仲冬，喜看玉律又黄鍾。天心復見徵三統，乾道方潛驗一龍。率土凝寒風入夜，短簷曝影日高春。不堪惆悵梅花信，自起摩挲五鬣松。

失子中興，所親將問之卜，賦此答之

天道從來疑有無，難將此事託神巫。厲人亦鮮驚求火，嗟我何時看射弧。不作百年門户計，應憐七尺藿藜軀。茫茫誰辨商瞿兆，欲叩荆焞眼已枯。

弔枯栢 栢以移植致枯

庭前栢樹子，緑髮滿華滋。廿載同霜雪，一朝成別離。有終或物理，失計恨人爲。獨向東皇處，招魂把斷枝。

舍旁鳥巢以十數，爲之設籬懸棘，以禦蟲鼠

愧此孚雛者，相將來託兹。愛深少自定，顧影每先疑。觜距知難恃，朋儕徒爾爲。呼童重設險，使汝遂恩私。

羈雁

艾君畹竹居畜二雁，蓋野人羅而致之者。俟翮成，將縱焉。

野蓼渚蘆入夢輕，茫茫旅思對分明。胸中幾許雲霄恨，昂首青天時一鳴。

鎩羽相依亦偶然，莫臨苔影怨迍邅。應憐健翮寥天上，片片霜風驚控弦。

拂拭儀容還舊裳，忍教逸質坐郎當。長空萬里憑舒翼，莫向人間憶稻粱。

訪邢慰山先生不遇

孤烟斜日不聞喧，短褐東風來叩門[一]。枝上緑多春欲盡，屐邊苔滿雨初翻。獨尋舊歷觀題壁，僮喜頻過勸到軒。惆悵相逢須後約，緩聲吟嘯出松樊。

怨詩

生人樂事是天倫，每念天倫歎不辰。當室早孤多隕涕，胥靡同辱僅餘身。連枝花萼戚歡夢，半死枯楊斷續春。近日知交更零落，新阡宿草幾沾巾。

賀某歲貢

廿年衿佩雅明經，晚逐公車貢闕廷。荷筆尚然文似錦，彈冠幸未鬢如星。清秋桂影千簾緑，寒夜藜光一縷青。憑得舊時心力在，肯將大業讓沖齡。

訪劉仲蕃不遇

經年咫尺兩相望，君滯書城我睡鄉。策蹇今朝擬把臂，擁書人去只空牀。

題慰山邢先生自叙碑

自歷生平還自傳，悲啼歌笑總淒然。邠卿立石傷時命，元凱沈碑慮變遷。一日行藏期百世，後生指目屬前賢。譜來佳樣憑人看，不是韓家諛墓篇。

題馬六陽文學墨畫有引

文學當崇禎癸酉過敝廬，適雨大作。爲潑此紙，置庋閣間。後二十餘年撿書得之，文學亡已久矣。感歎舊遊，爲裝褫，題詩其上。

烟雨蒼茫柳數株，遠峯當户有還無。幅巾獨坐知誰氏，元亮流觀山海圖。

久矣人琴草露委，墨雲一紙尚淋漓。林邊未是陶家貌，只似當年盤礴時。

偶見蒼屏老師手蹟

昔年就傳擁書牀，久續南豐一瓣香。遺蹟只今零落盡，簡端留得兩三行。

代贈濟南某太守

濟上分符錫禁廊，使君車騎滿東方。二千漢秩威儀重，三十巖城指顧詳。乍似照臨海日出，還同膚寸岱雲翔。一廛近自多欣幸，自覺披吟清晝長。

憂旱柬邢先生

爲儒既不遇，爲農更苦饑。瘠田見效難，力墾不能肥。仰天冀膏雨，火雲扇炎威。蒺藜滿中野，心知良苗稀。步觀行歎息，念此生事微。還坐披遺書，庶幾遇同歸。先生老尚健，濟干自掩扉。有懷願相質，遥望久依依。

庚戌夏秋苦旱，巫降神言，雨期不應。過所期乃雨

驅雷巫鼓響逢逢，香火連村走媪翁。今日始霑膚寸合，經旬枉詫地天通。分明降命重霄上，匍匐邀靈斷木中。寄語人人知帝力，古來方社答年豐。

韋土官三章有引

近日文士陳君弘緒《書淮陰侯列傳後》云：楚人張燧，言廣南有韋土官，自言本淮陰侯後，當鍾室難作，侯客某，匿其三歲兒，與蕭相國謀，作書託南越尉佗。佗養爲己子，改姓韋，用「韓」字之半也。今蕭書尉詔，勒之鼎器。其説甚奇，賦以紀之。李槃所爲《綱鑑》已載此説。

鍾室韓王遺恨多，千年成敗説蕭何。誰知韋氏延荒徼，猶賴音函囑尉佗。

其二：匿孤義客程嬰如，馳賫鄴侯一紙書。漢室鍾銷尉祚盡，兩家恩怨總成虚。

其三：史記紿韓豈謬言，忽傳異説爲平反。長官底是淮陰裔，真妄誰能問九原。

詠圯上授書事

秦家狠與詩書讐，肯放陰符半紙留。生受老人收拾得，傳將孺子佐炎劉。

丙辰九月，初識王猶龍社兄，賦此紀之

邂逅何因爲石泉，石泉側畔聽鳴絃。相逢相許成真賞，更在寒燈菊影邊。

俞之王親家見示得第五孫誌喜之作，依韻賡賀

籝金那許比遺經，莫厭君家氊舊青。八袠近開頭上雪，五孫環擁膝旁星。厚儲薄饗應天眷，偉幹豐枝識地靈。伯仲成行蚤溢格，數來甲乙又逾丁。

列仙詩有引

每歎詩人有兩大坑阱：不諂則罵。諂固貽羞，罵更招禍。唯有數落古人，是決不知動氣，決不能回口。古人中有列仙，尤與世人絶無瓜葛，決無人代之動氣，代之回口也。今冬偶想到此，於是每提起一位，輒與四句。説着亦得，説不着亦得。須彌大王驢耳朶，四顧無人，何妨大聲。圖得銷却痞悶，非敢故尋列位師尊晦氣也。

柱下宗風祇道無，却緣關尹灑金壺。五千已是嫌牛跡，玉局重來胡爲乎？

文場蹭蹬會昌年，偶遇雲房便得仙。多少春風得意客，纍纍無復見遺阡。

呂翁乩筆更新奇，自道唐家仙李枝。聞説先生能劍術，當時何故漏妖□。

爲厭喧囂聒耳根，西華洞裏聽雙門。無端混沌爲添譜，却似虛堂苔帚痕。

留書質酒本尋常，引得妖姿入帝鄉。豈少仙胎生肉翅，羽翰白日起平康。

寧陽高士叙華年，一百更將八歲添。却笑葛洪自錯語，原來蔡誕是真仙。

摘無花果二首

圖經閲遍怪蠻荒，有果無花迥異常。不是今朝親摘喫，終疑伊摯出空桑。

纍纍青紫綴枝柯，入口真同蜜一窠。却怪牡丹空富貴，只將狂蕊答陽和。

劉永錫惠詩扇印章寄謝二首

錦石鏤將玉筯成，開緘新試紫泥輕。野人舊有閒標目，又署「耕雲釣月」名。四字印章文。

題箋新詩自去年，寄來茅屋已秋天。相思每苦音書隔，説到萸灣更悵然。時已南旋，故云。

選十魁庚子科

賈客忙傳新貴文，一時披誦總紛紜。千金敝帚從來事，苦奈衰眸對夕曛。

少時讀書揀棄多，强作解事懶吟哦。四十九年債不了，教針教線做阿婆。

錦瑟如今久罷彈，投來新譜亦無端。他家已是敲門瓦，猶作琅函秘寶看。

次韻答王俞老

得失從來説塞翁，漫追往事歎文窮。藩中飲啄難蘄雉，雲表東西自任鴻。喜對停雲撫濁酒，笑看旭日轉疎桐。荒凉仲蔚遥相望，白髮猶堪話隱衷。

哭馬眉甫 五首

童稚追隨十二年，養成健翮看連翩。層雲折墜緣何事，神理茫茫難問天。

不是尋常弄筆兒，希顔志尹見心期。憑君此事應遭妬，誰許冰霄茁玉枝。

裹體青衫紙覆茵，白頭倚哭痛雙親。昨朝譫語彌留際，猶祝翁嫛壽百春。

天地從來一劇場，漆園冷眼齊彭殤。憐君好曲收場早，引得旁觀琴懶張。

繡虎雕龍事已虛，遺孤今適辨方初。皇天肯續文章種，好護牀頭未卷書。

壬寅冬壽邢先生八十四 三首

玄冥在御龍在野，却是先生覽揆辰。不見寒岩松栢幹，堅冰萬叠自成春。

陶姓長官尚能飲，秦家博士未傳經。上下千年堪比似，不須更畫老人星。

曾向邊州洒潤來，靈椿原是濟川材。從今倍受烟霞骨，留爲人間辨刼灰。

代贈地師某

秘笈從誰授，人疑是景純。山川各静默，指點在逡巡。辨氣能知異，撥沙幾類真。鼂封曾示與，心折謫仙人。

寄劉達菴

十年祇寄一緘書，邂逅匆匆逼歲除。獲挹風標心乍慰，擬傾懷抱語全疎。旌旆影拂江天外，吟嘯聲留海岳餘。此地相思倍惆悵，可能幾度寄雙魚。

烟詩

年來黃葉堪觴客，不數霜橙佐玉巵。只有枯腸消不得，等閑戲作喫烟詩。
氍毹促坐脱貂弁，銀管金絲爇一攢。吸罷憎騰徹骨醉，酪奴無色索郎寒。
福建競誇干拔龜，金絲近日重高麗。相逢相見團圞坐，不吃烟茶應是癡。
老屋當中講席開，師徒環坐説顔回。吃烟何處方彈燼，蚤入先生鼻觀來。

答瀧翁田老盟兄

清秋一别動經年，回首西風隔暮烟。慚恨侯生身已老，詶知無地託龍泉。
相思五夜最分明，況是秋風百感生。意氣如君能有幾，此身何敢負嚶鳴。

賀某與鄉飲酒禮成

共詫膠庠延大賓，青衿環擁白頭新。漫將甲子勞私議，萬曆初年竹馬人。
深衣博帶漢威儀，坐聽白華入鳳吹。三爵起來稽首罷，歸塗還咏紫芝詩。

乞海棠二絶

嫣紅新緑作春忙，占斷東風是海棠。乞得孫枝三五幹，來年好看試荀香。

老榆古柳半成薪，遶屋蓬蒿正困人。倩取海棠好去住，恰如西子卜東鄰。

起屋丙申望日

貧家起屋似移山，沐樹摶泥不暫閒。碎石作基翻積土，束茅代瓦索漚菅。匠人午餉饞烹卵，客子身傭賤質環。博得北窗安一枕，卧開書卷掩松關。

作前詩，夜大風雹，用前韻

天門黑氣似頹山，知是蟄龍起廢閒。心擬膏霖蘇草木，誰期風雹捲茅菅。怒雷挾雨驅千轂，駭電翻雲耀幾環。難測天公緣底事，可容粗淡守柴關。

晨霽喜仍前韻

一□新沐出青山，雷□風□喜乍閒。膏淺未能深播種，土疎暫可細除菅。威稜倉卒疑無地，玄化推移若轉環。願得靈祇平意氣，輕風和雨洒天關。

賀某得子

喜聞閭表有懸弧，再錫石麟意倍娛。名世共推今小范，傳家應擬古三蘇。神澄秋水□頭玉，褓繡春雲護掌珠。知是天家添上瑞，座賓曾試啼聲無。

送桑先生赴部改授

捲却殘書訖，牽將瘦馬行。一尊聊祖道，幾日到神京。騰踏他年事，睽違此際情。何方佳弟子，敷席待先生。

承漉翁田老盟兄枉詩見寄，賦此奉答。時初逢主器，故結句及之

酒卮書卷總封塵，病骨龍鍾懶向人。舊歲詩來將繾綣，一時愁破起逡巡。義聲東國推君重，晦跡西疇任我真。快見鳳毛成五色，高騫咫尺接天津。

祝梅卿先生張老親臺誕辰俚言三章有引

先生少負儁才，知名鄉校。需次將薦，例補成均。所以釋羈縶、遂曠逸也。其爲人情性和易，標格爾雅。口不出激論，躬不飭峻節，徇謹自將而已。繇是家庭樂其藹吉，里黨安其仁厚。而又通敏不滯，適變多方。既遠瑕疵，兼辭赫譽。庶幾莊生所稱爲善不近名者，以故顯人願與之遊，允流亦不自外。雖或異趨，間有觸忤，概從藏納，未之與較焉。某幸與同學者二年，自是驩然無間，不知衰暮。今茲先生六十六矣，元月廿六，實其初度，稱詩致祝，畧述生平，聊以敦夙好、達中懷云。

論交硯席憶英年，笑聽黃冠説汞鉛。蔡誕班龍騎不得，如君真是地行仙。其一

非隱非仙只陸沈，經綸坐負百年心。當時若遂飛騰願，今日也應議脱簪。其二

相逢切莫歎蹉跎，白髮清樽好放歌。舊日交遊閒屈指，幾人能共醉顔酡。其三

安寓道人以葡萄圖見示，云是其外舅心翁先生索題鑒者。予觀是圖，筆意娟淨可喜，惜其過於求似，少士大夫氣。然其意主祝願，如云「百歲團圓」者，殆類兒郎偉，依稀取吉利語耳。筆意工拙，何足復計。漫爲四語書之

長松放筆成孤幹，老竹凌霜只舊枝。爭似草龍取喻好，團圓百歲表期頤。

題觀音大士像

逆流端爲息塵勞，幻泡洋中一巨□。翻意循聲分現苦，人間何處少呼號。

九月一日夜暴風，食頃止

半夜焚輪風怒號，雷轟潮湧滿林皋。乍驚地軸吹將折，旋聽簷箏静不騷。烏角何從推玉趾，鶴聲幾處駭弓刀。披衣坐久無聊甚，起看星河睒睒高。

讀剩和尚詩

新詩讀罷奈君何，淚點青衫較舊多。信是文章能作佛，豈知忠孝轉成魔。巫閭別出幽曇葉，□□頻翻麥秀歌。我有片言難寄語，深慚縷髮尚婆娑。

別俞之王親家

賢人自□歎龍蛇，□是賢人也自嗟。老健如□□□□，□期握手諒無賒。

自輓

六十年來老書生，與人無競物無爭。心期一點終難了，不作天邊處士星。

〔校記〕

〔一〕「門」字疑當作「關」。

蒿庵集捃佚跋

張稷若先生爲山左大儒，予少時讀先生《辨志篇》，志氣爲之感奮，竊謂當世若有是人，當執鞭以事之。並欲徧求先生所著書，乃舍《儀禮鄭注句讀》、《蒿庵閑話》與山左書局所刊文集外，無所得也。往遊嶺南，曾得先生文集舊鈔本于南海孔氏，每葉欄外有「紅豆齋藏書鈔本」七字，卷端有「吴省齋」、「稷堂」、「璜川吴氏收藏圖書」三印，持與山左刻本校，則頗有異同。刊本凡三卷，得文七十首，別有《拾遺》一卷。據墨跡補文一首，據《濟陽縣志》補銘一首、詩十三首、詞二闋。鈔本亦文三卷，計得七十二首。其中有刊本無而此本有者八首，又有賦二首；亦有刊本有而此本無者。後附録一卷，則古今詩百有三篇、詞二闋。較刊本多詩九十篇。

曩嘗欲合山左所刻與此都爲一編。乃以三十年來流離轉徙，此願迄未得償。頃來課兒子福葆寫山左刻本所無者爲《蒿庵集捃佚》一卷，以補山左之闕佚。惟寫本多譌文別字，以無他本可校，其確知爲譌者，一一改正；其所不知，守「蓋闕」之訓，一仍其舊。至先生他著，異日倘有所見，當繼續印行，以餉當世。爰識語卷尾以俟之。丙子歲暮。

鶴澗先生遺詩輯存 附補遺

題畫

竹徑饒幽逸，柴門少送迎。泉聲澎湃處，雜亂讀書聲。

仿倪高士山水並附小詩

淺艸沙汀路，無人屐步還。白鷗多謝汝，同我看青山。

題畫山水

黄葉迎風落，秋聲吹滿庭。竹枝僧院裏，清耐雨中聽。

又

萬里江流駛，乘風直上天。我將吹鐵笛，驚起老龍眠。

即事二首丁亥十月朔

愛此第堂寂，寒風夜轉深。嶺猿能效客，霜外背人吟。

戍鼓秋停際，村舂夜了時。老夫詩思苦，只有候蟲知。

臨惠崇小景和白石翁韻

青山帶茅屋，流水板橋斜。幽人醉初醒，明月在梅花。

仿巨然小景

緑樹繞芳村，紅雲倚高塔。深林人語稀，鳥鳴自相答。

摹黄鶴山樵山水

過雨湖流碧，乘涼盪小舟。松陰垂釣坐，六月氣如秋。

題畫

摧岸洑流渾，穿林水氣昏。山家無個事，十日不開門。

揚州感舊

揚州城外草芊芊，爲憶秦箏舊日緣。腸斷不堪回首望，緑楊風下少秋千。

出黄山後寄黄虞道士

白雲遮斷青山院，絳節遥看鶴背閒。惟有泉聲能惜别，二更相送到人間。

飲虎邱山下

小飲鑪頭醉似泥，幸逢良友爲招攜。醒時記得歸時路，一半殘陽掛柳枝。

題畫山水

艕枝摇去風欲起，客枕欹時天未昏。數聲清磬水烟滅，日落山僧歸廟門。

陽山白龍廟前老樹内寄生槐樹一枝，緑陰如蓋，殊爲可觀。予以春日過其下，徘徊不能去，爲作詩紀之

山僧指樹爲予説，樹老心空有歲年。親見野鴉銜子入，種成槐樹復參天。

題趙松雪平林秋遠圖

秋林繫馬鋪茵坐，黄葉隨風點碧苔。我亦湖南蕭寺裏，日斜寒殿兩株槐。

贈女校書張憶孃此詩亦題張憶娘簪花圖卷中，卷今藏粤中辛氏，兹仍照手稿原題書之。

六年前見傾城色，猶是雲英未嫁身。今日相逢重問姓，座中愁殺白頭人。

光福舟中贈女校書陸小鸞

曉日船頭滿翠微，菰蒲秋水見漁磯。白鷗也自知人意，只傍紅妝不肯飛。

盲女金娘善歌，有殊色。以扇索書賦贈

歌憐翠黛雙眉斂，醉憶燕支兩頰酡。我把好花摹豔色，海棠春睡不如他。

由木瀆入崇禎橋

黄葉吹殘晚寂寥，疏楊木瀆水蕭蕭。驚心忽下天涯淚，猶有崇禎往日橋。

虎邱贈山陰戴南枝

四海都成戰伐塵，家山回首各沾巾。月明夜靜千人石，只有酸心兩個人。

虎邱夜宿

讀《易》山齋月照林，四更危坐一燈深。倦來忘却關窗睡，雲入孤帷濕滿衾。

虎邱

寺門歸路柳隄東，十月繁霜唳早鴻。好是日斜人去後，一天紅葉下西風。

虎邱即事

賸有閑懷老不禁，手扶笻竹下階吟。山家一月無人到，青草門前許樣深。

西湖寓樓毛大可、洪昉思爲予填詞。約歌者未至

紅么點就新詞譜，未遣尊前按拍歌。如此好山如此水，老翁相對奈愁何。

題吴夙山天都看雲小照

十年前亦到天都，擬倩長康作此圖。先得我心惟有子，未謀君面却愁吾。

寄方望子

黄山三十六奇峰，絶頂能將帝坐通。此夕結茅雲海上，共誰騎虎月明中。

鄧尉山看梅酬宋中丞

山色湖光兩不分，晴烘香靄白於雲。畫船泊在梅花下，老我吟翁共使君。

題黄鶴山樵聽雨樓圖卷

湖天過雨水冥冥，吹緑東風艸一汀。絶似銅坑橋上望，遠山如髮向人青。

題畫筍

籜龍新長滿前汀，想見枝生葉更青。便擬與君同側耳，秋聲齊向畫中聽。

繡谷堂中牡丹，今歲惟開一枝。楊子鶴、馬扶羲、徐采若暨目存上人各爲作圖，王石谷補一石，余爲題句

四人分寫一花枝，寫出傳看朵朵奇。恰似蘭亭檗搨本，淺深肥瘦各相宜。

白頭公鳥

霜鬢逢春可自由，老人端的爲多愁。不知小鳥緣何事，也向花前白了頭。

雕

天山白草路横分，日暮悲笳不忍聞。想得玉關方轉戰，皁雕風起欲盤雲。

芮玉權招飲，同章穎叔諸子即席分賦

選石支茶竈，留賓啓竹關。繞籬雙澗水，對酒一樓山。屋小疑僧住，林空羨鳥還。買田吾有意，終傍二溪間。

即事寄吴門知交

相思不可道，日暮更登臺。樹影當窗入，山形抱郭來。停杯溪雨到，打鼓客船開。獨有忘機鳥，飛鳴去復回。

江山遊覽詩，同長兄勉中賦

北固横天塹，登高杖短笻。馬嘶殘夢月，鴉避落帆風。草木春城外，江山戰壘中。孫劉饒往蹟，流覽意無窮。

程汝諧移居

斟酌橋邊市，花園巷裏居。石牆低見屋，山溜暗通渠。有客攜詩卷，從親奉板輿。此中多勝境，應不羨華裾。

遊堯峯

予年十四，侍先大夫遊雲巖。次日雪霽，稟命遊堯峯。與先伯兄勉中著屐以往，方當幼年，賈勇直前，雖泥滑野田，穿林覓路，未知遠也。叩關訪月函師，留談甚適。謁吴文定公象以歸。夜坐聽繼起暨蘗庵、卑牧、彙藻諸師茶話，夜分而後寐。今四十六年矣，先大夫既見背，而諸老亦無一存者，丁亥十月四日，王子芋田、吴子梅圃招遊，欣然從之。力盡登山，遇京口約庵僧，追數疇昔，不禁感傷。成此一律，勒之厓石，爲山中故事也。

堯峯千仞勢崔嵬，與友招尋歷上台。村口樹紅無客到，松根雲白有鐘來。半空花雨經時落，百道湖光繞寺開。相遇遠僧談往事，昔賢俱盡不勝哀。

予行市上，見文衡翁榜書「洞涇艸堂」四字。愛而購之，適融川結屋涇上，遂以相贈，懸之堂中。爰集賓客賦詩紀事，予爲作圖，亦附一律

洞涇題榜爲何人，舊墨衡山紙尚新。恰值艸堂開勝境，故應神物會延津。蕉邊客到煎茶日，水面船歸放鴨晨。如此清光堪結隱，可容漁釣作比隣。

重宿虎邱改過軒三首

旋掃苔階坐晚天，更教烹茗試新泉。一春花儘梅先放，半載牀應客再眠。星影白來窗紙上，鐘聲清到火罏邊。不禁起語呼童醒，明日看山要酒錢。

矮屋三間雨後天，相過仍愛好林泉。歌聞妓舫宵猶唱，春怪隣家夜未眠。野店風光晴自得，山街花事樂無邊。汪倫畫手人爭乞，那少春來掛杖錢。

斗室春回別有天，宵寒端賴酒如泉。牆驚火照兒推醒，僧打門歸客攪眠。老鶴忽鳴松頂上，殘星猶掛屋西邊。買船自有探梅約，却怪囊慳杜甫錢。

喜鍾有錫成進士庚辰

聿數前朝籍可憑，先人與令祖同登。慚予子姪難爲繼，羡爾簪纓已克繩。丰度入班推玉筍，才華分餅豔紅綾。白頭忝屬通門誼，及見成名喜不勝。

贈梅桐崖中丞庚辰

老我林泉一布衣，逢迎未慣莫相譏。絲蘿幸締同心久，衮繡欣看便道歸。君恕白頭容野性，人欽青綬見風威。武彝山好無因到，倘許追尋興不違。

送黄虞外史方望子入黄山修練

詩成當代説方干，何事辭家久不還。眼底烟霞非故國，夢中桐柏是名山。花深古竈憑燒藥，月冷啼猿爲守關。只是白頭慈母在，不教容易别人間。

送友人之任益陽，辛巳人日書於宛谿之倚桂軒

麴塵波泛木蘭舟，才子之官實壯遊。人過隋隄長映月，地當湘浦定宜秋。賦成鼓瑟無青眼，政就題屏尚黑頭。莫訝神清同洗馬，衛家冰玉總風流。

戰後河山帶夕陽，美人爲政有甘棠。題詩豈必如彭澤，飲酒終須憶建康。賈誼才名羞絳灌，江淹詞賦重齊梁。氣吞雲夢知多少，遥指吴天舄影翔。

方與可自黄山來吴，初寓閶門，已移寓胥江新安會館。題此贈之，兼柬其令兄望子

路近南隣得艸堂，移裝差可當還鄉。粱鴻吴會依皋廡，朱子崇安署紫陽。官渡趁潮摇亂櫹，女牆銜月下新霜。懸知兄弟論心處，尊酒城陰夜未央。

題畫

古樹禿槎枒，長日憇其下。便此幽閑地，樂得人事寡。老已厭琴書，閒即尋杯斝。幸隔城闉遠，目不觸車馬。世自與我違，我非忘世者。

鶴澗先生，畫迹孤潔冷雋，嗣武雲林。詩亦清迥絶俗，如其爲人。顧求其嗣子所編所謂《焚餘艸》者二十年不可得，而總集如《國朝詩别裁集》《山左詩鈔》《江蘇詩徵》所選，僅寥寥三數篇，知佚已久矣。今年春在上海，有以先生書畫册乞售者，録得遺詩十餘章。返東山寓廬，又發篋出所藏先生畫跡，合以諸家所選，先後共得詩四十九篇。亦可窺豹一斑矣。

至先生平生行誼，諸家記述頗略。亦不載其生卒年月，據卷中《游堯峰詩序》及張符驤所作先生《生壙記》，知實生於我朝順治四年丁亥，距明社之屋已數年矣。顧守先人之訓，高不事之節，以父母未得合葬，自營生壙，不敢以妻祔。又讀卷中《由木瀆入崇禎橋》、《贈戴南枝》諸什，家國之痛，白首如新。彼龔、錢輩身食朝禄，名滿當代。一旦桑海改易，則盡喪其平生，以視先生能無愧死乎？集録既終，謹書卷尾，以誌景行。宣統甲寅，後學上虞羅振玉記於東山寓居之洗耳池。

鶴澗先生遺詩補遺

余避跡虎丘，灑掃先祠二十餘年。薇洲内弟適移居山下，風雨晦明，每相過從，老景甚歡。今日以紙索畫，漫爲寫此，兼形之詩乙酉

愛此居隣近，招尋每論詩。山頭與山下，老矣歲寒時。

題舊贈薇洲畫戊子

逝水流光兩鬢霜，爾爲阿舅我爲郎。家常數盡平生事，四十年中幾斷腸。

畫虎邱圖

雨中劚筍共餐飯，月底烹泉同論詩。此種高懷非易得，君行莫忘虎邱時。

九日訪吴蘭谷隱士於齊女門外乙酉

豆花棚底疏籬下，曾共諸君過艸堂。别後只今多歲月，白頭風雨費思量。

再訪吴蘭谷不遇

一抹烟雲畫不成，夕陽橋外柳邊城。候門不見牽船返，蘆葉蕭蕭動水聲。

仿趙大年山水

垂楊秋老萬條霜，畫稟偷翻趙令穰。卻似朝陵回邸後，荻花落雁寫池塘。

仿王叔明水村圖

松逕寥寥印屐痕，水雲淰淰滃山根。暮樵歸去攜黄鶴，□落鷗波畫水村。

題畫

座中佳士掩柴關，黄土牆低露遠山。莫訝杏花村店迥，白衣人在綠筠間。

仿曹雲西山水

雪屋雞窗一盞燈，亂鴉聲裏閣三層。濮陽王墓知何處，寫出荒寒大小蒸。

戲作寒林並題

一天風□太無端，白傅長裘入夢寒。門巷蕭條人跡少，可憐愁殺老爰安。

臨家藏翟院深真迹

一卷羲皇一卷騷，一間茅屋鎮翛翛。祇應難隔尋詩路，竹外桃邊有石橋。

贈皇甫廷益

老屋敧斜竹徑深，避喧生怕俗人尋。望山橋下清吟者，賴爾敲門慰夙心。

贈程汝諧

望山橋下偏西路，雪後春流滿釣磯。我有新詩就君質，醉中常踏月明歸。

往輯鶴澗先生詩，得四十九篇。近於先生書畫卷軸間又録得十三篇。爰附刊於後。乙酉九月，仇亭老民記。

葦間老人題畫集

葦間老人傳

侯嘉繙

先生邊氏，原名維祺，字頣公。又字壽民。以字行。家淮陰舊城之梁陂橋。善畫蘆雁，人呼邊雁。雍正間，先生自江漢還，與余并客君山下。得余詩，抗聲歌之，聲如鳳凰。還淳方樸山粲如、金沙王牆東汝驤序其文，曲盡其妙。今之文有能如先生之清且遠乎？人非有道不能文，畫理亦然。當海天空濶，月色澄明，有孤雁橫自雲中，聲嘹喨欲貼天去。先生睨之曰：是「弋人何慕」耶！世廟在潛邸時，有其畫四幅。先生不以此時圖功名，而甘老于馬藻凫鷖之鄉。此豈無得於中者而然歟？

先生少貧困，以授徒爲業。中年名滿天下，徵畫者日衆。以其資，構屋于蒹葭秋水之間以自適，買田一區於東郭七里塘以自給。煙雲供養，以養其壽。年雖老而神明不衰，豈偶然也哉。作《壽民先生傳》。

弃篋記

顧棟高

山陽邊壽民，以文名，兼精于畫。四方之求之者，踵相接也。而其家不能存一紙，年六十，置一篋，緘其口而竅之。有佳者輒入其中，名曰「弃篋」。同人競爲詩，而乞錫山顧子弁其首。

余曰：「邊子計誤矣。不觀莊子之言胠篋乎？有大盜者負之而趨，惟恐邊子弃之不多也。昔楚王亡烏嗥之弓，左右請求之。王曰：『楚人亡之，楚人得之。又何求焉？』孔子曰：『惜未大也。何不曰：人亡之，而人得之。』嗚乎！莊孔同一道也。且邊子以技名天下，將焉所取乎？料不能取諸宫中。雲霞之變幻，煙水之迷漫，邊子吸其靈氣，揎袖攘臂，變現筆端。咫尺千里，而顧私諸一篋，因拘纆索，將攖造物之怒，蛟龍將攫取之，不止人間劫盜而已。邊子宜取諸天地，還諸天地，以大地作粉本，以遽廬爲府藏。而又烏用弃爲？曹將軍畫馬，不得少陵作詩，文與可畫竹，不得坡公作記，豈能至今存乎？視邊子之計孰多？」

時水南老人在坐，怒。拂几駡曰：「甚矣！顧子之狡獪也。已實欲得之，而復爲大言以欺邊子。又妄擬古人，請罰大觥。」顧子欣然就飲。謝曰：「吾意實有是，又涉僭妄，罪無辭。雖然，吾言不可廢也。」坐客皆大笑。遂書之以爲記。

葦間老人題畫集

山陽邊壽民頤公撰

詩

蘆雁

涼月白蘆花，疏星夜耿耿。蓬窗人未眠，掠過孤飛影。
急雨打枯荷，凍風欺敗葦。嗟彼稻粱田，滯穗能有幾。
皚皚沙洲磧，蘆叢壓更多。莫嗟寒太酷，塞北又如何？
鵝鴨爭稻粱，雁兮爾應恥。奮翮上青霄，江天淨如此。
飛以雲爲鄉，宿以蘆爲宅。不與矰繳人，何處尋踪跡。
征鴻唳雲際，殘荻拂江流。尺幅無多大，能容天地秋。
瑟瑟黃蘆響，嘹嘹白雁鳴。老夫住葦屋，對景寫秋聲。

倦羽息寒渚，飢腸啄野田。稻粱留不住，老翅破蒼煙。

四海都無矰繳，江湖秋色堪誇。不須打更奴子，忘機臥穩平沙。

迢遞關山計客程，湘雲湘水動離情。夜深且傍蘆花宿，三十六灣秋月明。

板橋一曲水通村，岸潤沙平綠有痕。我畫雁鴻求粉本，葦間老屋日開門。

三三兩兩傍蘆花，風湛寒江月淨沙。多少孤舟未歸客，十分秋思在天涯。

蘆葉蘆根雪未消，楚江煙冷水迢迢。渚禽沙鳥無踪跡，空有征鴻自暮朝。

鴨嘴灘頭幾曲沙，栖鴻安穩似歸家。愁他風雪無遮護，多寫洲前蘆荻花。

孤飛隨意向天涯，卻傍江湖覓淺沙。恐有漁舟隣近岸，幾回不敢宿蘆花。

不羨湘江菰米肥，寒沙折葦暫相依。一聲嘹亮貼天去，下土弋人空殺機。

涯曲潮平沙渚橫，風吹落葉動深更。連天幾陣驚飛去，笑汝蘆中不解鳴。

于陵于陸羽繽紛，豈逐菰蒲野鶩羣。昨夜西風看矯翮，一行沖破碧天雲。

秋風白雁下黃蘆，要作無人看處圖。廿載江湖邊塞客，于今衰病息菰蒲。

江村稻熟水平沙，塞雁南歸萬里家。一夜西風吹不斷，雪天月白臥蘆花。

一行斜逐楚天雲，嘹唳寒煙動夕曛。風急不知洲近遠，荻花聲裏各爲羣。

有人徵畫自攜錢，宿食飛鳴要畫全。老我孤踪少儔侶，祇圖隻影落秋煙。

禿毫掃葦亂鬅鬆，互渚回沙墨淡濃。猶恐雁嫌秋冷落，胭脂滴滴點芙蓉。

是風是雪即蒙鬆，折葦寒波復幾重。慧業才人頗知否，雪泥鴻爪暫留踪。

帶將秋影過湘潭，風景關河應早諳。只道隨陽已得地，那知冰雪滿江南。

相伴蘆花與荻花，水雲深處便爲家。不知人世求安宅，樂土何曾異泛槎。

未寒舉族便南征，月冷沙平秋氣清。記得洞庭人靜夜，孤舟泊處兩三聲。

碧天雲淡蓼花疏，一片秋光滿太湖。隨意好尋栖止處，莫驚風起夜銜蘆。

黃蘆颯颯白沙平，一片秋聲引雁聲。記得去年江上路，孤舟夜半聽分明。

寫來食宿與飛鳴，楓葉蘆花稱旅情。自度前身是鴻雁，悲秋又愛繪秋聲。

一年兩地平分住，南北征途不肯休。我是南人畫南雁，瀟湘一段水雲秋。

不受人間握粟呼，橫空渺渺下平蕪。影留靜渚蹤難繫，書破高雲字欲無。河朔草深多羽箭，江南水淺足茭蘆。憑君問訊盟鷗侶，臥穩寒塘十里湖。

墨梅

冰雪江城十萬枝，開花看到落花時。西泠處士仙家種，南國佳人絕代姿。日出照殘銀瑪瑙，風高吹破玉琉璃。年年紙帳寒香裏，管領襄陽一段詩。

水晶簾子照疏林，碎翦鮫綃結碧陰。一葉不留逢晏歲，百花已過見冰心。村前香醉雲岩蝶，隴上魂消月夜碪。有客橫琴彈古調，曲終無語閉門深。

何勞傅粉與施朱，地老天荒骨自殊。幽意未曾逢屈子，芳魂應不嫁林逋。瑤仙果遇香猶在，玉女來時體欲無。夢繞清溪三百曲，滿天風雪一人孤。

冰肌玉骨絕纖塵，天上何年謫太真。半落半開二分月，向南向北兩邊春。鐘殘角斷情無着，水碧山寒淡有神。欲折一枝香滿袖，不知持贈與何人。

不入繁華瘦可憐，孤根多寄水雲邊。殘于鐵笛初吹後，香在春風未到先。一幅橫斜江上畫，幾叢縞袂月中仙。明朝欲訪戴安道，載得山陰雪滿船。

妙香零落古揚州，楚客招魂憶舊游。好月不來還寂寞，先生相對亦風流。一雙白鷺飛銀海，十斛明珠墮玉樓。酒熟醉依花小睡，千枝萬朵化成愁。

拂水橫岩玉一層，蕭然人意冷如冰。輕雲縹緲嬌無力，細雨迷離瘦不勝。月落影隨歸嶺杖，風殘香送過江僧。此君信是多情者，黃四娘家種未曾？

昏黃疏影臥莓苔，脈脈無言笑幾回。小驛孤城遊子別，斷橋流水故人來。平分清味與飢鶴，暗長芳心入酒杯。繞屋玲瓏三十樹，不知第一是誰開。

鋤開明月地原寬，泣盡鮫人淚滿盤。香欲斷時千樹碧，色當空處十分寒。夜窗客憶江南好，春瘴猿啼嶺表殘。幾世清修才得此，散爲冰雪綴林端。

驢背吟成香在衣，清魂飄蕩渾無依。雪消寒谷數枝墮，雲斷空山一片飛。隔水人家霜冷淡，過橋酒舍霧霏微。他時應解將軍渴，梅葉青青梅子肥。

瓶菊

黄花初放酒新香，籬落蕭疏興味長。不管門前有風雨，先生爛醉過重陽。
插花都道秋花好，瓶菊能支十日妍。誰道墨仙仙筆底，精神留得一千年。
巨瓶不問是何窑，口濶中宏氣自豪。折得菊花隨手插，高齋此況最風騷。
幾株雪白幾株黄，分取籬邊帶晚霜。老去看花圖自在，盆栽瓶插過重陽。
玉瓶雅稱菊枝斜，畫與真花頗不差。持去賣錢償酒價，不知秋色落誰家。

籬菊

一尺美人腰，憑欄多窈窕。君看高士花，籬上懸秋曉。

酒菊

英英麗草，稟氣靈和。春茂翠葉，秋耀金華。布濩高原，蔓衍陵阿。揚芬吐馥，載芳載葩。爰拾爰采，佐之醇酒。御于王公，以介眉壽。
菽粟瓶罌貯滿家，天教將醉作生涯。不知新酒堪篘未，今歲重陽有菊花。

荷

墮葉一枝秋，涼風四五里。吹落紅蓮衣，餘香猶在水。
插花最是插荷難，花綻枝疏葉易乾。爭似畫來粘素壁，六郎顏色四時看。
亂撥松煤興太狂，荷花荷葉滿池塘。停毫欲向騷人問，還是花香是墨香？
一池墨汁孕仙胎，荷葉荷花歷亂開。若識糊塗真面目，清香早向鼻尖來。

白荷

花中君子卻相宜，不染纖塵白玉姿。最愛聞香初過雨，晚涼池館月來時。

殘荷

紅香墮盡已秋聲，殘葉孤房意更清。爲問多情周茂叔，可來沙嘴一閒行？

甲午重陽後五日病餘題螯菊

臥病懨懨日損神，不知門外已秋深。誰家稚子持黄菊，貽我床頭一甕金。
霜螯此際膏應滿，況我東隣是酒家。不是病中無意緒，肯教辜負者瓶花。

芍藥

半開瓶芍藥，帶露折名園。折簡動離思，忘形助戲言。吟邊春齒頰，捧過豔庭軒。早起添新水，無風葉自翻。

墨芍藥

墨池飛出將離花，毫端掃盡胭脂色。三月江南春雨空，一枝翦取遺幽客。
一枝初向洛橋分，漠漠春山淡淡雲。恰似漢宫新賜浴，風前試着墨絲裙。

蛤蜊

酒醒柴門江月寒，星星燈火照沙灘。笑他張翰秋風後，不作蓴鱸一例看。

蓮

南人家水曲，種藕亦良謀。落得好花看，秋來子亦收。

四季平安圖

特大瓶邊四季魚，戲拈謔語一胡盧。何須更種平安竹，春夏秋冬看此圖。

香櫞

塊壘難平卻耐看，洞庭嘉種落霜寒。幽香總帶崢嶸氣，不比纍纍橘柚酸。

雙稻穗貫雙鮎魚

雙鮎穗貫何爲者，要作年年順遂看。頌祝有懷將不得，無聲詩裏報平安。

鱖魚

春漲江南楊柳灣，鱖魚撥剌緑波間。不知可是湘江種，也帶湘妃淚竹斑。

蛤菌

老屋葦間洗酒鐺，盤飧不用費庖丁。只須山菌兼花蛤，便作詩人骨董羹。

榴

記得端陽在畫樓，蜀葵蒲艾與忘憂。别來風雨惟儂好，皓齒明眸映晚秋。

繡毬

誰言天孫巧，未若春風奇。團團霏玉屑，綴上最高枝。

鍾馗

應候榴花綻曉風，得時顔色倍鮮濃。先生大有逢人意，也把青衫换淺紅。

詞

十六字令雪鴻

鴻，冰雪沙洲耐晚風。爪痕在，健翮已騰空。

采桑子蘆雁

平生雅愛隨陽鳥，二月春風，八月秋風，塞北江南一路通。　畫圖寫出瀟湘景，沙嶼蘆叢，水蓼芙蓉，身在朝煙暮靄中。

好事近 四季平安圖

頌禱鬱情私，聊藉渝縻申意。畫個古瓶安穩，又雙雙花鋍。　諧聲會意要人猜，好似春燈謎。慧業才人知否？是新年祥瑞。

前調 茶壺茶瓶

石鼎煮名泉，一縷迴廊煙細。絶愛嫩香輕碧，是頭綱風味。　素瓷淺盞紫泥壺，亦復當人意。聊淬辯鋒詞鍔，濯詩魂書氣。

前調 雁

接翼向南飛，飛到荻花洲宿。兩岸芙蓉點點，愛淺紅輕緑。　有菰米處即爲家，何用稻粱足。明日又乘風去，任江南江北。

前調 雁

結伴好隨陽，翔集總無時節。生計稻粱菰米，更披霜衝雪。　吹來風定荻蘆間，絮白同明月。千里水天一色，看高低明滅。

沙塞子 雁

閒窗醮墨貌秋鴻，和赭石，沙嶼蘆叢。添幾點芙蓉水蓼，淺紅深紅。　一生踪跡與渠同，描寫處，悽惋無窮。看此幅荒江斷雁，一片秋風。

水調歌頭雁

秋水一何碧，蘆葉弄晴霜。玉關奮起雙翼，幾日到瀟湘。不戀沉雲菰米，不與棲雞爭食，天際任翱翔。偶愛芙蓉渚，棲息水雲鄉。論蹤跡，看情性，不尋常。鰕生結茅葦際，相狎不相妨。摹寫飛鳴食宿，點染汀沙浦渚，揮洒笑顛狂。老拙無他技，筆墨擅微長。

洞仙歌雁

蓼花灘畔，詎相連荷渚。嘹唳天邊似人語。怕玉關冷落，一意隨陽。應認得，歲歲年年舊路。水雲明又滅，此際菰米，沈沈禁誰取。隨分可療飢。暮雨朝煙，蘆葦岸好停雙羽。卻不解，伊多少離愁，意咽咽聲聲，恁般悽楚。

賀新涼女史惲冰畫菊

三徑秋如許，是香閨、弄粉調脂，精心摹取。宛似春風鬬芳豔，小白嫣紅姹紫。更翠葉、羅羅堪數。妙手徐熙工没骨，算國朝只有南田比，承家學，又才女。　鰕生寫菊平生喜，每狂來、揎袖揮毫，淪糜滿紙。顛倒欹斜籬落下，一味傲霜而已。論秀媚、停勻輸此。老圃秋容圖便面，料韓公懷袖清風起。譜詞闋，頌君美。

玉樓春雪雁

一羣陽鳥環相向，四野同雲雪漭瀁。平沙漠漠盡瓊田，遠岸茫茫皆玉障。　蘆花都作琪花放，清極翻成富麗象。幕天席地任飛眠，宜傲他銷金寶帳。

浪淘沙 雁

塞草日茫茫，塞月荒荒。關河冷落客途長，都説江南煙水好，且自隨陽。　菰米足瀟湘，蘆荻蒼蒼。于焉飲啄忽飛翔，排向碧天書幾字，如此秋光。

柳梢青 雁

水落寒沙，攜來儔侶，相伴蘆花。塞北風霜，江南煙水，到處爲家。　行行字字欹斜，聲斷候鳴鳴暮笳。匹馬秋風，孤舟夜雨，人在天涯。

百字令 藕

華池深淺，趁湘妃布襪，暗尋根節。驚起鴛鴦眠穩處，玉枕一雙輕撇。洗出凝脂，堆陳碧碗，訝認冰蠶繭。秋來多恨，淚珠滴透香骨。　正是露飽蕉衫，酒醒荷葉，細嚼玲瓏雪。記向尊前偷冷眼，纖手戲招窺月。慣弄嬌憨，湘衣未褪，故灑蕭郎舌。粉香新碾，一甌紫玉香屑。

長亭怨慢 雁

彈指初寒時序，結伴隨陽，幾多辛苦。湘浦煙深，衡陽沙遠且延佇。迴汀枉渚，便認作家鄉住。荻尾響秋風，知菰米稻粱何處。　問予，廿年落拓，地北天南羈旅。揮毫狀物，也只算自抒心緒。況葦間雁汊門迎，正粉本當前無數。寫不了相思，又把新詞填譜。

醉太平 雁

長亭短亭，山程水程。南歸倦翮須停，臥沙洲不驚。三更四更，風清月明。蘆花夾裏舟行，傍蓬窗數聲。

前調

垂垂暮天，灣灣暗川。飛來紅蓼灘前，在蘆花那邊。漁燈未燃，江村寂然。一聲叫破寒煙，伴沙鷗早眠。

鳳皇臺上憶吹簫 將營葦間書屋作附

城畔荒原，宅邊餘地，周遭一望蒹葭。似芙蓉江上，淺渚平沙。此地儘堪茅屋，門開處、斜對漁家。垂楊裏，幾畦菊圃，半截籬笆。

嗟嗟！趙囊空矣。徒年年虛願，擔擱煙霞。笑半生鳩拙，技止塗鴉。縱是誅茅插竹，也憑仗，數筆蘆花。點染過，三春將盡，十丈谿沙。

滿江紅 葦間書屋附

萬里歸來，就宅畔，誅茅結屋。柴扉外，沙明水碧，荇青蒲綠。安穩不愁風浪險，寂寥卻喜煙雲足。更三城宛轉一舟通，人來熟。泉水洌，手堪掬。甕酒美，巾堪漉。只有情有韻，無拘無束。壯志已隨流水去，曠懷不與浮雲逐。笑吾廬氣味似僧寮，享清福。

望江南 葦間好附

葦間好，明浦豁西窗。兩岸荇蘆侵澗水，半天紫緑挂斜陽。新月到迴廊。

葦間好，最好是新晴。寺後菜畦春雨足，城頭帆影夕陽明。人傍女牆行。

葦間好，難得在城闉。煙火萬家闤闠密，荻蘆一帶鳥魚親。卻似近情人。

葦間好，郊外一舟通。帆影閣前春水緑，蓮花街上夕陽紅。人在畫圖中。

葦間好，時節愛清明。隔岸婦姑挑野菜，靠城兒女放風箏。滿耳是蒲聲。

葦間好，清事幾多忙。古畫購來須鑒定，新詞填就要商量。隔水盼蓉莊。

葦間好，重五好嬉游。蒲艾青青縈檻外，葵榴燦燦出牆頭。如在木蘭舟。

葦間好，初夏最關情。淺水半篙荷葉出，深蘆一帶水禽鳴。雨後雜蛙聲。

葦間好，亭搆水中央。臥柳天然成略彴，垂枝低亞障斜陽。暑月儘乘涼。

葦間好，生意總堪誇。堦下雨分書帶草，牆陰秋豔海棠花。扁豆結籬笆。

葦間好，薄暮曲欄憑。隣寺聲聲聽佛號，隔灘閃閃見漁燈。水際亂飛螢。

葦間好，重九雨霏霏。古寺客穿紅葉出，小舟人載菊花歸。酒熟蟹螯肥。

葦間好，卻好是儂家。或集或翔圖雁影，和煙和雨畫蘆花。對景便無差。

葦間好，蕭瑟憶深秋。芟去敗蘆寬水面，落殘紅葉露牆頭。水畔冷颸颸。

沁園春 葦間書屋附

三疊青城，一水通流，到我屋邊。愛蒲風波影，都無塵俗；魚莊蟹舍，儘有溪鮮。劚地栽松，編籬架豆，飫我山廚不費錢。消長晝，惟清茶濁酒，靜坐閒眠。　幽栖已謝塵緣，久不見，剡溪訪戴船。忽葦邊林外，伊呀柔櫓；依稀漸近，笑語喧闐。步出柴扉，柳陰凝望，舊雨扁舟共晚煙。南邨叟，與一癯一胖，黃面蒼髯。

買坡塘 丁卯正月二十八日，蓴江學長招集晚甘園同人賦詩，余譜此調　附

蕩輕舟緑楊陰裏，晚甘門對漁浦。梅邊竹外盤迴徑，略約斜通蓉渚。凝望處，有幾個詩翁小立疏籬語。鬚眉最古，是檇李豪英，謂蔣錢二君。楚湘耆舊，謂彭丈。奎宿五星聚。　拈霜管，都是黃鐘大呂。太平歌詠和許。候蟲時鳥音聲小，慚愧啁啾奚補。坐起舞。欣此日他鄉故國多儔侶。丁甯舊雨。願歲歲年年，名園文酒，容我小詞譜。

題跋

木瓜

木瓜以金陵之栖霞山者爲佳。圓大堅好，膚理澤蠟，無凍梨斑及蟲口齧蝕狀，故久而愈香。得

一二枚便足了一冬事矣。

犬

古人云：畫虎不成反類狗。不審畫狗不成，又將何似耶？爲之一噱。

鱖魚

此余昔時作也。多不過二十餘年耳。縻蝕黝黯，如數百年物。物之易舊如此；人之易老可知。撫卷歎息，爲識數語。

葦間先生，品詣超卓。以文章雄一時。當日結社曲江樓，與周白民先生洎吾家浩亭、海方兩公號十子。名振大江南北，而詩畫特其緒餘。今海内但知重先生畫耳，非真知先生者也。顧詩文久佚，而畫名則遠聞海外。

茲《題畫詩》一册，乃黄峴亭大令從畫本録出者。而王君道生續録之，羅君叔韞又增益而編類之。得詩七十首，詞三十五闋，題跋三則。吉光片羽，裁見一斑，不足覘先生之學之全也。刻成，贅語以識顛末。光緒己亥十月，後學邱崧生。

《葦間老人題畫集》一卷，據卷後光緒己亥邱崧生跋，原本爲黄峴亭所輯，王道生續之，先祖雪堂公又增益之。邱氏初刻，如皋冒氏又刻入《楚州叢書》。今輯《雪堂學術論著集》，收入第五集，以傳本已鮮也。繼祖兒時，嘗就家藏老人畫迹所題，録爲一册，補是集所遺。年久已付飄風，無可踪跡。唯篋中《雪堂所藏書畫記畧》草稿尚無恙。檢所録，凡得詩一首，題跋二首，隻鱗片羽，不忍竟棄，爰録附於後：

宿食飛鳴信手塗，無人態度未全殊。蘆洲荻港菰蒲曲，趁我毫端墨不枯。

余酷愛荆溪茶具，每得佳製，日夕摩挲。茶香人氣，積久光澤可鑒毛髮。寶愛過深，而每受傷於童婢之手，徒增悵悒，不如寫圖清玩永保無失也。

余藏研十有二，端溪舊坑青花蕉葉白稱上品者僅得其三。色則鮮潔蒨麗，質者温潤柔膩，殺墨則水石交融。余愛玩之，爲之撫摩，爲之洗濯，爲之什襲，復爲之寫照。

老人尚有《葦間書屋》及《潑墨》兩圖，藏何守拙舅氏所，一九六三年在北京見之，今舅氏已歸道山，兩圖不識尚在其家否？一九八五年三月羅繼祖識于長春寓居之兩啟軒。

再續寰宇訪碑録

再續寰宇訪碑録敘

幼治金石學，得孫季仇先生《寰宇訪碑録》，訝其目録多至七千八百餘通，疑宇内貞珉，殆畢萃於是矣。已又得吾鄉趙悲庵司馬《補訪碑録》著録又千八百餘通，益有夥頤之歎，幾如傭耕者之覩陳涉殿屋帷帳也。光緒壬午，校孫氏《訪碑録》，購訪古刻所得，尚有孫趙未著録者。乃恍然天下之寶日出不窮，固非一二人之聞見所得而盡，頗擬裒輯一書，以補苴兩家之闕。塵俗羈縻，屢作屢輟。癸巳歸自越中，得石墨數十種，皆孫趙二録所未載者。炎夏尠事，棖觸舊懷，盡發舊藏，益以同好所得，晨鈔暝寫，成書二卷，列目將二千通。玉耳目盲昧，益以人事乖迕，困於飢疲，精力茶耗，其於撰著未遑專詣。謏舛奪誤，諒必不免。昔季仇先生《訪碑録》廿年始有成書，悲翁撰《補録》亦十九年乃就。然玉曩校孫先生書刊正將七百事，校趙氏書亦將三百事，以兩先生之淹雅，日力之紆且長，疏紊猶復不少。矧玉之闇陋，歲律未更，草稾已具，其違失詎可問耶。大雅宏達，匡我不逮，它山攻錯，跂余望之。上虞羅振玉。

再續寰宇訪碑録卷上

秦

泰山石刻殘字李斯篆書。今僅存十字，計二石。嘉慶二十年，常熟蔣伯生因培令泰安時得之玉女池。　山東泰安

漢

建元專文八分書。建元元年八月。　浙江歸安陸氏家藏

柏梁四九專文八分書。元鼎二年。旁有宋元豐三年吕大防題，元至正二年九月李好文識並行書。　陝西盩厔路氏拓本

太初專文八分書。太初二年。　浙江會稽徐氏家藏

天漢專文八分書。天漢元年。　浙江歸安陸氏家藏

征和專文八分書。征和元年八月三日。　浙江歸安陸氏家藏

元平專文篆書。元平元年八月。　浙江歸安陸氏家藏

萬歲不敗專文八分書。元康元年八月。　浙江歸安陸氏家藏

五鳳專文八分書，反文。五鳳元年八月。　浙江歸安陸氏家藏

潘氏專文篆書。甘露二年八月。　浙江歸安陸氏家藏

黄龍專文八分書，反文。黄龍元年七月。　浙江歸安陸氏家藏

太歲壬寅專文八分書。黄龍元年。　浙江歸安陸氏家藏

河平專文八分書。河平元年三月七日。光緒十五年出於會稽西皐鄉。　浙江蕭山魯氏家藏

麃孝禹刻石八分書。河平三年八月。　山東歷城李氏藏石

朱博殘碑八分書。河平□年。　山東諸城尹氏藏石

邢氏專文八分書。元壽元年。　浙江歸安陸氏家藏

都亭侯管君作專文八分書。建武元年八月五日。　浙江歸安陸氏家藏

永平專文篆書。永平十六年作。　浙江歸安陸氏家藏

建初專文八分書。建初元年八月。　浙江歸安陸氏家藏

司馬長元石門刻石八分書。建初八年六月。　山東文登

莫氏專文八分書。元和三年八月。　浙江歸安陸氏家藏

永元專文篆書。永元三年。　浙江歸安陸氏家藏

大吉宜孫子專文八分書。永元六年。　浙江歸安陸氏家藏

永元專文八分書。永元三年。　浙江上虞王氏家藏

□陽三老石堂題字八分書。延平元年十二月。　滿洲托活洛氏藏石

永初專文篆書。永初四年。　浙江歸安陸氏家藏

永甯專文八分書。永甯元年八月。　浙江歸安陸氏家藏

建光專文八分書。建光乙年八月。　浙江歸安陸氏家藏

延光專文八分書。延光元年。　浙江歸安陸氏家藏

延晃專文八分書。延晃元年閏月十八日。　浙江歸安陸氏家藏

延光專文八分書，反文。延光二年。　浙江歸安陸氏家藏

永建專文八分書。永建五年八月。　浙江歸安陸氏家藏

陽嘉二年殘碑八分書。光緒元年出土，今歸海豐吳氏。　山東曲阜

碑陰八分書。　山東曲阜

買房記八分書。永和元年三月。近年出土，文字樸陋，然似非僞託。　山東泰安

大吉詳宜子孫專文八分書。永和五年八月十日。　浙江歸安陸氏家藏

宋伯望殘刻八分書。漢安二年二月戊辰朔三日庚午。　山東莒州莊氏藏石

黃其專文八分書。建康元年八月。　浙江會稽徐氏家藏

永加專文八分書，反文。永加元年八月十日。　浙江歸安陸氏家藏

本初專文八分書。本初元年歲在丙戌。　浙江歸安陸氏家藏

建和專文八分書。建和二年八月七日。　浙江歸安陸氏家藏

永興專文八分書。永興元年八月。　浙江歸安陸氏家藏

永壽殘石八分書。永壽元年。　山東滕縣高氏家藏

永壽專文八分書。永壽三年。　浙江歸安陸氏家藏

龜茲將軍劉平國碑淳于伯□撰，八分書。永壽四年八月十二日。　新疆阿克蘇

王氏萬年專文篆書。永康元年。　浙江歸安陸氏家藏

吴里專文篆書，反文。永康元年七月辛未朔十二日。　浙江歸安陸氏家藏

吴作專文八分書。永康二年，歲在戊申。　浙江歸安陸氏家藏

建寧專文八分書。建寧元年八月。　浙江會稽徐氏家藏

郭泰碑八分書。建寧二年。此碑原石久佚，近年復出。　山東濟甯

碑陰無字，有畫象，已漫漶。　山東濟甯

樊毅脩華岳廟碑八分書。光和元年。　浙江會稽徐氏藏本

三公山碑八分書。光和四年四月。　直隸元氏

碑側八分書。　直隸元氏

光和專文八分書。光和七年。　浙江歸安陸氏家藏

中平專文八分書。中平六年。　浙江歸安陸氏家藏

建安專文八分書。建安二年八月。　浙江歸安陸氏家藏

建安專文八分書。建安廿四年三月。　浙江歸安陸氏家藏

劉曜殘碑八分書。無年月，署縣事長洲宋祖駿訪得。　山東東平

伏生授經畫象無題字。無年月，許瀚訪得。　山東沂州

上庸長石闕題字八分書。無年月。　四川羅江李氏藏石

卜君之頌額字篆書，陽刻。無年月。　江蘇嘉定錢氏藏本

廣平侯闕題字篆書。無年月。　江蘇嘉定錢氏藏本

富且貴至萬世專文篆書。懷甯方朔訪得，考爲西漢甄邯墓專。　江蘇上元

麟元專文八分書。漢麟元元年。此專拓本乃蕭山魯卓叟觀詧所贈，考漢無麟元年號，而專字樸厚，絶非贋作，著之以質方雅。

琴亭國李夫人墓門題字八分書。無年月。　山東蓬萊張氏藏石

魏

嘉平專文八分書，反文。嘉平二年七月。浙江海甯蔣氏家藏

孫□專文八分書。嘉平四年。

吴

黄龍專文八分書。黄龍二年八月。浙江歸安陸氏家藏

吴家冢專文八分書。黄龍三年。浙江歸安陸氏家藏

赤烏專文八分書。赤烏五年。浙江歸安陸氏家藏

造作吴冢吉翔位至公卿專文八分書。赤烏七年。浙江歸安陸氏家藏

赤烏專文八分書。赤烏七年。浙江歸安陸氏家藏

赤烏專文八分書。赤烏八年，歲在乙丑。浙江歸安陸氏家藏

赤烏專文八分書。赤烏十年。浙江歸安陸氏家藏

赤烏專文八分書。赤烏十四年。江蘇吴縣蔣氏拓本

潘緒專文八分書。泰元元年八月。浙江歸安陸氏家藏

建興專文八分書。建興三年。　浙江歸安陸氏家藏

富貴萬年專文八分書。五鳳三年七月八日。　浙江歸安陸氏家藏

太平專文八分書。太平元年，太歲在丙子。　浙江歸安陸氏家藏

下邳丁潘專文八分書，反文。太平二年八月廿日。　浙江歸安陸氏家藏

作之宜貴專文八分書。太平二年九月七日。　浙江歸安陸氏家藏

胡大君專文八分書。太平三年七月八日。　浙江歸安陸氏家藏

大中番君作專文八分書，反文。永安元年八月十日。　浙江歸安陸氏家藏

舍人番君作專文八分書。永安元年八月十三日。　浙江歸安陸氏家藏

永安專文八分書。永安二年七月廿日。　浙江歸安陸氏家藏

兒氏造作專文八分書。永安二年。　浙江歸安陸氏家藏

丁氏造作專文八分書。永安三年。　浙江歸安陸氏家藏

富貴宜壽專文八分書。永安四年七月十日。　浙江歸安陸氏家藏

永安專文八分書。永安五年八月。　浙江歸安陸氏家藏

永安專文八分書。永安五年八月廿四日。　浙江歸安陸氏家藏

存者富貴亾者萬安專文八分書。永安七年七月。　浙江歸安陸氏家藏

甘露專文八分書。甘露元年二月七日。　江蘇吴縣蔣氏家藏

潘氏專文八分書。甘露二年八月。　浙江蕭山魯氏家藏

臨淮裴雁專文八分書，反文。寶鼎二年七月。　浙江歸安陸氏家藏

徐君郭專文八分書。寶鼎二年，歲在丁亥。　浙江歸安陸氏家藏

寶鼎專文八分書。寶鼎三年，歲在丙子。　浙江歸安陸氏家藏

吴興烏程所立靈穴專文八分書。寶鼎三年。　浙江歸安陸氏家藏

寶鼎專文八分書。寶鼎四年。　浙江歸安陸氏家藏

常富貴宜孫子專文八分書。建衡二年。　浙江歸安陸氏家藏

建衡專文正書。建衡三年。　江蘇吴縣蔣氏家藏

吴赤專文八分書。建衡三年八月八日。　浙江歸安陸氏家藏

范氏造專文篆書。鳳皇元年九月。　浙江歸安陸氏家藏

吴興鼓□專文八分書。鳳皇二年。　浙江歸安陸氏家藏

汜宜作專文八分書。鳳皇二年九月。　浙江歸安陸氏家藏

施氏作甓專文八分書。鳳皇三年。　浙江歸安陸氏家藏

延年曾壽專文八分書。天册元年八月乙酉朔。　浙江歸安陸氏家藏

荀氏造專文八分書。天璽元年，太歲在丙申。　浙江歸安陸氏家藏

史立兄弟四人葬所專文八分書。天紀元年。　浙江歸安陸氏家藏

萬歲不敗專文八分書。天紀元年八月。　浙江歸安陸氏家藏

丹陽芮氏作專文八分書。天紀元年，太歲丁酉。　浙江歸安陸氏家藏

天紀專文八分書，反文。天紀二年八月十七日。　浙江歸安陸氏家藏

天紀專文篆書。天紀二年，太歲在□。　浙江歸安陸氏家藏

賈午井專文八分書。天紀二年。　浙江歸安陸氏家藏

萬歲專文八分書。天紀二年。　浙江歸安陸氏家藏

天紀專文八分書，反文。天紀三年閏月十七日。　浙江歸安陸氏家藏

倉城專文八分書。有倉凌、天一倉、陶倉、談倉、陳倉譚各種。　江蘇上元

晉

劉氏專文八分書，反文。泰始四年八月。

任氏造專文八分書。咸寧元年八月。

泰歲在□專文八分書。咸寧四年。

吳興鄒專文八分書。太康元年九月廿日。　浙江歸安陸氏家藏

陳長所作專文年月篆書，「陳長所作」四字八分書。太康二年，太歲辛丑。　浙江歸安陸氏家藏

太康專文篆書。太康二年九月。　浙江歸安陸氏家藏

太康專文八分書。太康二年，太歲在己丑。　浙江歸安陸氏家藏

施冢甓專文八分書。太康二年，歲在辛丑。　浙江歸安陸氏家藏

房宣墓題字八分書。太康三年二月。　山東

太康專文八分書。太康三年，歲在任寅。　浙江歸安陸氏家藏

太康專文八分書，反文。太康三年，歲在任寅。　浙江歸安陸氏家藏

太康專文八分書，反文。太康三年八月。　浙江歸安陸氏家藏

黃家所造作專文八分書。太康三年。　浙江歸安陸氏家藏

太康專文八分書。太康三年十月。　浙江歸安陸氏家藏

鄒造作專文八分書。太康四年。　浙江歸安陸氏家藏

太康專文八分書。太康五年，歲在甲辰。　浙江歸安陸氏家藏

安邱長城陽王君神道篆書，計二石。太康五年。　山東福山王氏藏石

楊普壁專文八分書。太康六年。　浙江歸安陸氏家藏

楊氏興功專文篆文。太康六年八月。　浙江歸安陸氏家藏

陳郡殷氏專文正書，陰文。太康六年八月。　浙江歸安陸氏家藏

邱季承父專文八分書。太康七年，丙午歲。　浙江歸安陸氏家藏

管葬宜貴專文八分書。太康七年。　浙江歸安陸氏家藏

朱墓專文八分書。太康七年。　浙江歸安陸氏家藏

太康專文八分書。太康七年，太歲在丙□。　浙江歸安陸氏家藏

太康專文八分書。太康七年七月。　浙江歸安陸氏家藏

太康專文八分書。太康八年八月廿日。　浙江歸安陸氏家藏

太康專文八分書。太康五年九月。　浙江會稽徐氏家藏

僕冢專文八分書，反文。太康八年七月。　浙江歸安陸氏家藏

臨安淩弼制專文八分書。太康八年八月十日。　浙江歸安陸氏家藏

鄒氏所造專文八分書。太康八年八月。　浙江歸安陸氏家藏

萬歲不敗專文八分書。太康八年八月二日。　浙江歸安陸氏家藏

□國君之吉宅專文八分書。太康九年正月。

吴氏專文篆書。太康九年。　浙江會稽徐氏家藏

吴造專文八分書。太康九年。又一品文同，無「吴造」字。　浙江會稽徐氏家藏

太康專文篆書。太康九年，歲在戊申。　浙江歸安陸氏家藏

太康專文八分書。太康九年八月卅日。　浙江歸安陸氏家藏

汝南細陽黄訓字伯安墓專文八分書。太康九年。　浙江歸安陸氏家藏

僕家所作專文八分書，反文。太康九年。　浙江歸安陸氏家藏

陳泰專文八分書。太康九年八月。　浙江歸安陸氏家藏

僕家甓專文八分書。太康九年八月。　浙江歸安陸氏家藏

太康專文八分書。太康九年十月。　浙江歸安陸氏家藏

永熙專文八分書。永熙元年八月六日。　浙江歸安陸氏家藏

永熙專文八分書，反文。永熙元年八月十[illegible]。　浙江歸安陸氏家藏

永平專文八分書。永平元年七月。　浙江歸安陸氏家藏

歲在辛亥專文八分書，反文。元康元年。

元康專文八分書。元康元年八月。　浙江歸安陸氏家藏

陳豨爲父作專文八分書。元康元年七月十七日。　浙江歸安陸氏家藏

東萊曲成魯練墓專文八分書。元康元年八月十日。　浙江歸安陸氏家藏

陳鍾紀作富貴宜子孫興專文八分書。元康元年六月。　浙江歸安陸氏家藏
元康專文八分書。元康元年八月廿六日。　浙江歸安陸氏家藏
常平安專文八分書。元康二年歲壬子。　浙江歸安陸氏家藏
董助作專文八分書。元康二年九月。　浙江歸安陸氏家藏
元康專文篆書。元康二年，太歲在任子。　浙江歸安陸氏家藏
元康專文八分書。元康三□。　浙江會稽徐氏家藏
陳鍾紀作富貴宜孫子專文八分書。元康三年六月廿七日。　浙江歸安陸氏家藏
吴興東遷楊長所作專文八分書。永寧元年。　浙江歸安陸氏家藏
潘氏作專文八分書。永寧元年，太歲在辛酉。　浙江歸安陸氏家藏
莫奉作專文八分書，反文。永寧元年七月。　浙江歸安陸氏家藏
永寧專文八分書。永寧元年八月丁巳朔十五日。　浙江歸安陸氏家藏
永寧專文八分書。永寧元年，太歲在辛酉。　浙江歸安陸氏家藏
永寧專文八分書。永寧元年八月十日。　浙江歸安陸氏家藏
汝氏專文八分書。永寧元年，太歲在辛酉。　浙江歸安陸氏家藏
李瑞作大冢專文八分書，反文。永寧元年。　浙江歸安陸氏家藏

孝子典南專文八分書。永寧元年。　浙江歸安陸氏家藏

永里陳□專文八分書。永寧元年八月。　浙江歸安陸氏家藏

蔡作寧作專文八分書。永寧元年，歲在辛酉。　浙江歸安陸氏家藏

俞冢專文八分書。永寧二年八月乙丑朔七日。　浙江歸安陸氏家藏

施晏所作專文八分書。永寧二年八月十八日。　浙江歸安陸氏家藏

永寧專文八分書。永寧二年八月。　浙江歸安陸氏家藏

永寧專文八分書。永寧二年，太歲在壬戌。　浙江歸安陸氏家藏

永寧專文八分書。永寧二年七月戊寅朔廿四日。　浙江歸安陸氏家藏

永寧專文八分書。永寧二年，太歲在壬戌七月戊寅。　浙江歸安陸氏家藏

萬歲專文八分書。永寧二年八月。　浙江歸安陸氏家藏

施祀專文八分書。永寧三年八月。　浙江歸安陸氏家藏

太安專文八分書。太安元年七月廿四日。　浙江歸安陸氏家藏

太安專文八分書，反文。太安二年，太歲在亥。　浙江歸安陸氏家藏

施氏貴壽宜孫[illegible]〔一〕專文八分書。太安二年，歲在癸亥。　浙江歸安陸氏家藏

太安專文八分書。太安二年七月。　浙江歸安陸氏家藏

永安專文八分書。永安元年七月十一。　浙江歸安陸氏家藏

建武專文八分書。建武元年。　浙江歸安陸氏家藏

長七寸專文八分書。建武元年八月丁丑任氏。　浙江會稽徐氏家藏

菅賤字士同專文八分書，反文。永興五年。　浙江歸安陸氏家藏

永興專文八分書。永興二年。　浙江歸安陸氏家藏

孝子中郎陳鍾紀作專文八分書。元康三年六月。　浙江歸安陸氏家藏

王鳳專文八分書。元康三年。　浙江歸安陸氏家藏

元康專文八分書。元康三年七月十五日。　浙江歸安陸氏家藏

元康專文八分書。元康三年八月。　浙江歸安陸氏家藏

元康專文八分書。元康四年。　浙江歸安陸氏家藏

元康專文八分書。元康五年，歲乙卯七月。　浙江歸安陸氏家藏

諫議錢丕之造作專文八分書。元康五年八月。　浙江歸安陸氏家藏

萬歲專文八分書。元康五年，歲在癸卯。　浙江歸安陸氏家藏

元康專文八分書。元康五年。　浙江歸安陸氏家藏

施晞年世制作先君冢專文八分書。元康六年，太歲丙戌。　浙江歸安陸氏家藏

□山里施傳所作專文八分書。元康七年八月。　江蘇吳縣蔣氏家藏

元康專文八分書，反文。元康八年八月六日。　浙江歸安陸氏家藏

萬歲專文八分書。元康八年。　浙江歸安陸氏家藏

元康專文八分書，反文。元康八年戊午。　浙江會稽徐氏家藏

俞辰作專文八分書。元康八年，太歲壬午八月。　浙江歸安陸氏家藏

孤子宣專文篆書。元康八年八月。　浙江歸安陸氏家藏

□里錢冢專文八分書。元康九年八月十日。　浙江歸安陸氏家藏

施作專文八分書，反文。元康九年七月。　浙江歸安陸氏家藏

萬世不敗專文篆書。元康九年八月。　浙江歸安陸氏家藏

屠承所作專文八分書，反文。永康元年，太歲在庚申。　浙江歸安陸氏家藏

陳希專文八分書。永康元年七月。　浙江歸安陸氏家藏

朱暘專文八分書。永康元年七月。　浙江歸安陸氏家藏

俞邪專文八分書。永康元年八月。　浙江歸安陸氏家藏

聶祚專文八分書，反文。永康元年，太歲在申八月。　浙江歸安陸氏家藏

會稽山陰楊彥□專文八分書。永康元年八月。　湖南武陵趙氏家藏

永康專文八分書。永康元年二囗。　浙江歸安陸氏家藏

永康專文八分書，反文。晋，永康元年。案：「晋」即「晉」之媘。　浙江歸安陸氏家藏

永寧專文八分書。永寧元年七月。　浙江歸安陸氏家藏

盛冢專文八分書。永興二年。　浙江歸安陸氏家藏

光熙專文八分書。光熙元年。　浙江歸安陸氏家藏

永嘉專文八分書。永嘉元年八月十日。　浙江歸安陸氏家藏

永加專文八分書。永加元年七月廿日。　浙江歸安陸氏家藏

永嘉專文八分書。永嘉元年，歲在丁卯。　浙江歸安陸氏家藏

俞道由兄弟治作專文八分書。永嘉元年八月十日。　浙江歸安陸氏家藏

萬歲不敗專文八分書。永加元年。　浙江歸安陸氏家藏

晉國司馬專文八分書。永嘉元年，歲丁卯八月一日。　浙江歸安陸氏家藏

錢世專文八分書。永嘉元年，其歲在丁卯。　浙江歸安陸氏家藏

永加專文八分書。永加元年，歲在丁卯八月一日。　浙江歸安陸氏家藏

吕士容專文八分書。永嘉元年八月廿日。　浙江歸安陸氏家藏

下舍許望作專文八分書。永嘉元年八月一日。　浙江歸安陸氏家藏

永嘉專文八分書，反文。永嘉二年七月。浙江歸安陸氏家藏

永嘉專文八分書。永嘉二年，太歲在戊辰八月廿日。浙江歸安陸氏家藏

萬年專文八分書。永嘉二年八月。浙江歸安陸氏家藏

永嘉專文八分書。永嘉三年八月。浙江歸安陸氏家藏

錢烏制專文八分書。永嘉三年九月。浙江歸安陸氏家藏

永嘉專文八分書，反文。永嘉三年八月。浙江歸安陸氏家藏

永嘉專文八分書。永嘉三年，太歲在己巳十五日。浙江歸安陸氏家藏

黄矦墓專文八分書。永嘉三年八月廿四日。浙江歸安陸氏家藏

永嘉專文八分書。永嘉四年。浙江歸安陸氏家藏

晉世王官滿君墓專文八分書。□嘉四年。案：當是「永嘉」。

永嘉專文八分書。永嘉六年七月。浙江歸安陸氏家藏

永嘉專文正書。永嘉六年九月十日。浙江會稽徐氏家藏

石作專文八分書。永嘉七年六月廿一日。浙江歸安陸氏家藏

石作專文八分書。永嘉七年七月卅日。浙江歸安陸氏家藏

永嘉專文八分書。永嘉七年八月廿三日。浙江歸安陸氏家藏

建興專文八分書。建興元年八月。　浙江歸安陸氏家藏

羅燕專文八分書，反文。建興二年，太歲在甲戌八月。　浙江歸安陸氏家藏

管士芝手作專文八分書。建興二年八月。　浙江歸安陸氏家藏

建興專文八分書。建興三年八月十日。　浙江歸安陸氏家藏

孫氏造專文八分書。建興三年，太歲在乙亥。　浙江歸安陸氏家藏

盧恕專文八分書。建興三年。　浙江歸安陸氏家藏

屠玉專文八分書，反文。建興四年八月。　浙江歸安陸氏家藏

鄒邦□專文八分書。建興四年七月丁亥朔廿。　浙江歸安陸氏家藏

建興專文八分書。建興四年八月十日。　浙江歸安陸氏家藏

建興專文八分書，反文。建興四年八月。　浙江歸安陸氏家藏

建武專文八分書，反文。建武元年閏月十八日。　浙江歸安陸氏家藏

沈惠光作專文八分書。建武元年，太歲在丑。　浙江歸安陸氏家藏

太興專文八分書。大興元年七月己巳朔廿三日。　浙江歸安陸氏家藏

大興專文篆書，反文。大興元年。　浙江歸安陸氏家藏

大興專文八分書。大興三年，太歲在辰。　浙江歸安陸氏家藏

諫議大夫管作專文八分書。大興四年八月。浙江歸安陸氏家藏
吴甯送故作專文八分書。大興四年八月。浙江歸安陸氏家藏
吴甯送故吏民作專文八分書。大興四年。浙江歸安陸氏家藏
大興專文八分書。大興四年八月丁亥。浙江歸安陸氏家藏
大興專文八分書。大興四年九月二日。浙江歸安陸氏家藏
施令遠專文八分書。永昌元年八月十五日。浙江歸安陸氏家藏
永昌專文八分書，反文。永昌元年八月廿二日。浙江歸安陸氏家藏
澤伯作專文八分書，反文。永昌元年九月廿二日。浙江歸安陸氏家藏
太寧專文八分書。太寧元年，太歲癸未。浙江歸安陸氏家藏
太寧專文八分書。太寧元年七月丙子朔。浙江歸安陸氏家藏
太寧專文八分書。太寧元年八月。浙江歸安陸氏家藏
莫少光專文八分書，反文。太寧元年八月。浙江歸安陸氏家藏
弘仁作專文八分書，反文。泰寧三年，太歲在酉。浙江歸安陸氏家藏
弘眀作專文八分書。泰寧三年，太歲在酉。浙江歸安陸氏家藏
太寧專文篆書。太寧三年，太歲在乙酉八月。浙江歸安陸氏家藏

播令專文八分書。咸和元年七月。　浙江歸安陸氏家藏

莫惠長專文八分書。咸和元年，太歲丙戌八日。　浙江歸安陸氏家藏

王尚造專文八分書。咸和元年八月六日。　浙江歸安陸氏家藏

咸和專文八分書。咸和元年八月三日。　浙江歸安陸氏家藏

吕氏造作專文八分書。咸和元年。　浙江歸安陸氏家藏

咸和專文八分書，反文。咸和元年八月十五日。　浙江歸安陸氏家藏

咸和專文八分書，反文。咸和四年八月一日。　浙江歸安陸氏家藏

咸和專文八分書，反文。咸和五年九月七日。　浙江歸安陸氏家藏

咸和專文八分書。咸和七年八月。　浙江歸安陸氏家藏

孤子宣隋專文八分書，反文。咸和七年八月廿一日。　浙江歸安陸氏家藏

咸和專文八分書，反文。咸和八年，歲在癸巳。　浙江歸安陸氏家藏

咸和專文八分書。咸和九年八月甲辰朔十日。　浙江歸安陸氏家藏

揚國佐專文八分書。咸康元年。　浙江歸安陸氏家藏

咸康專文八分書。咸康三年。　浙江歸安陸氏家藏

咸康專文八分書。咸康三年，歲在丁酉八月十日。　浙江歸安陸氏家藏

蕭氏專文八分書，反文。咸康四年，太歲在戊。　浙江歸安陸氏家藏

咸康專文八分書。咸康四年八月。　浙江歸安陸氏家藏

咸康專文八分書。咸康四年九月十日。　浙江歸安陸氏家藏

俞氏造專文八分書。咸康五年。　浙江歸安陸氏家藏

咸康專文八分書。咸康六年二月。　浙江歸安陸氏家藏

咸康專文八分書。咸康六年九月三日。　浙江歸安陸氏家藏

錢瑶專文八分書。咸康七年八月十日。　浙江歸安陸氏家藏

咸康專文八分書。咸康八年八月廿日。　浙江歸安陸氏家藏

管候作專文八分書。咸康八年。　浙江歸安陸氏家藏

咸康專文八分書。咸康八年七月廿。　浙江歸安陸氏家藏

建元專文八分書，反文。建元元年八月十日。　浙江歸安陸氏家藏

蒼梧廣信令羅專文八分書，反文。建元二年八月。　浙江歸安陸氏家藏

吴君立專文八分書。建元二年八月廿日。　浙江歸安陸氏家藏

永和專文八分書。永和元年。　浙江會稽徐氏家藏

永和專文八分書。永和元年二月十日。　浙江歸安陸氏家藏

大佳人二千石專文八分書，反文。永和二年八月八日。　浙江歸安陸氏家藏

包咸字士之專文八分書，反文。永和二年。　浙江歸安陸氏家藏

萬歲不敗專文八分書。永和三年。　浙江歸安陸氏家藏

永和專文八分書，反文。永和三年。　浙江歸安陸氏家藏

王惠平專文八分書，反文。永和三年八月。　浙江歸安陸氏家藏

清公所作專文八分書。永和四年。　浙江歸安陸氏家藏

管弘作專文八分書。永和四年八月廿二日。　浙江歸安陸氏家藏

永和專文八分書。永和四年八月一日。　浙江歸安陸氏家藏

永和專文八分書。永和五年二月，太歲己酉。　浙江歸安陸氏家藏

莫作專文篆書。永和五年，太歲在辛酉。　浙江歸安陸氏家藏

永和專文八分書。永和七年八月廿日。　浙江歸安陸氏家藏

黃舍人專文八分書。永和八年八月。　浙江歸安陸氏家藏

永和專文八分書。永和十年丙寅八月丙子朔廿日。　浙江歸安陸氏家藏

劉愴爲母□作專文正書。永和十一年八月。　浙江會稽徐氏家藏

永和專文八分書。永和十二年八月。　浙江歸安陸氏家藏

升平專文八分書。升平元年，太歲在巳。　浙江歸安陸氏家藏

升平專文八分書。升平二年，太歲在午。　浙江歸安陸氏家藏

升平專文八分書。升平三年七月廿四日辛巳。　浙江歸安陸氏家藏

都氏專文八分書。升平三年。　浙江歸安陸氏家藏

范詔專文八分書。升平三年八月十三日。　浙江歸安陸氏家藏

升平專文八分書。升平四年八月十日。　浙江歸安陸氏家藏

楊季專文八分書，反文。升平四年九月。　浙江歸安陸氏家藏

楊仲專文八分書。升平四年九日。　浙江歸安陸氏家藏

莫故郶專文八分書，反文。興寧元年八月。　浙江歸安陸氏家藏

興寧專文八分書，反文。興寧二年八月十日。　浙江歸安陸氏家藏

興寧專文八分書。興寧二年癸亥。　浙江歸安陸氏家藏

興寧專文八分書。興寧三年。　浙江歸安陸氏家藏

太和專文八分書。太和元年八月廿日。　浙江歸安陸氏家藏

太和專文八分書。太和元年八月十日。　浙江歸安陸氏家藏

泰和專文八分書，反文。泰和元年八月十日。　浙江歸安陸氏家藏

黄生專文八分書。泰和三年九月二日。　浙江會稽徐氏家藏

南無莫□□墓專文八分書。泰和四年七月廿六日。　浙江歸安陸氏家藏

泰和專文八分書。泰和五年八月一日。　浙江歸安陸氏家藏

泰和專文八分書。泰和六年歲辛未。　浙江歸安陸氏家藏

丁氏專文八分書。咸安二年□月廿五。　江蘇吴縣蔣氏家藏

莫氏專文八分書。寧康三年八月。　浙江歸安陸氏家藏

施狠作專文八分書，反文。寧康三年八月一日。　浙江歸安陸氏家藏

吴作專文八分書。寧康三年，歲在乙亥八月。　浙江歸安陸氏家藏

太元專文八分書，反文。太元元年八月卌日。　浙江歸安陸氏家藏

故障王專文八分書。泰元元年，歲在丙子。　浙江歸安陸氏家藏

泰元專文八分書，反文。太元四年八月。　浙江歸安陸氏家藏

太元專文八分書，反文。太元七年九月。　浙江歸安陸氏家藏

萬歲不敗專文八分書。太元七年。　浙江歸安陸氏家藏

太元專文八分書。太元八年，歲在癸。　浙江歸安陸氏家藏

泰元專文篆書。泰元九年七月壬午朔十九日。　浙江歸安陸氏家藏

孤子錢羣專文八分書。太元十二年八月。　浙江歸安陸氏家藏

大元專文正書。大元十三年七月，歲在壬子。　浙江會稽徐氏家藏

泰元專文八分書。泰元十四年仲秋之月。　浙江歸安陸氏家藏

太元專文八分書。太元十八年。　浙江歸安陸氏家藏

泰元專文八分書，反文。泰元廿年。　浙江歸安陸氏家藏

太元專文八分書，反文。太元廿二年。　浙江歸安陸氏家藏

隆安專文八分書。隆安元年。　浙江歸安陸氏家藏

隆安專文八分書。隆安二年戊戌仲秋月。　浙江歸安陸氏家藏

龔期墓專文八分書。隆安三年。　江蘇太倉錢氏家藏

巴郡騎都尉楊君闕題字正書。隆安三年十月。　浙江歸安姚氏家藏

馬司徒作專文八分書，反文。義熙午年八月十八日。　浙江歸安陸氏家藏

莫上計專文八分書。義熙六。　浙江歸安陸氏家藏

義熙專文八分書。義熙七年八月二十六日。　浙江歸安陸氏家藏

義熙專文八分書。義熙十一年。　浙江歸安陸氏家藏

元熙專文八分書。元熙元年，太歲己未。　浙江歸安陸氏家藏

好太王碑八分書。無年月。　奉天懷仁

前秦

呂憲墓表八分書。弘始四年十二月。　陝西

宋

永初專文正書，反文。永初元年。　浙江歸安陸氏家藏

元嘉專文正書，反文。元嘉六年。　浙江歸安陸氏家藏

元嘉專文正書。元嘉十年。　浙江歸安陸氏家藏

元嘉專文正書，反文。元嘉十三年八月。　浙江歸安陸氏家藏

元嘉專文正書。元嘉十五年。　浙江歸安陸氏家藏

元嘉專文正書，反文。元嘉十六年八月。　浙江歸安陸氏家藏

吴賊曹專文正書。元嘉十六年。　浙江歸安陸氏家藏

元嘉專文正書。元嘉十八年。　浙江會稽徐氏家藏

劉氏大吉專文八分書。元嘉廿年。　浙江上虞羅氏家藏

孫和造專文正書，反文。元嘉二十一年。　陝西盩厔路氏家藏

元嘉專文正書。元嘉廿三年。　浙江歸安陸氏家藏

元嘉專文正書。元嘉二十六年。　浙江歸安陸氏家藏

孝建專文正書。孝建三年八月。

楊仕有造象正書，疑僞作。大明元年六月。　浙江會稽徐氏家藏

丁廣賜專文正書。大明三年。

大明專文正書。大明五年。　浙江歸安陸氏家藏

泰始專文正書。泰始三年八月十日。　浙江歸安陸氏家藏

泰始專文正書。泰始四年。　浙江歸安陸氏家藏

昇明專文正書，反文。昇明元年。　浙江歸安陸氏家藏

謝康樂遊石門詩刻正書。無年月。案：此疑是後人補刻，姑坿此。　浙江青田

齊

建元專文正書。建元三年八月。　浙江歸安陸氏家藏

永明專文正書，反文。永明元年。　浙江歸安陸氏家藏

桓幽州八世孫之墓專文正書。永明三年。　陝西盩厔路氏家藏

永元專文正書。永元二年戊辰。案：永元二年乃庚辰，此誤。　浙江會稽徐氏家藏

梁

天監專文正書。天監四年。　四川

鄱陽王題名正書。天監十三年十二月，後有宋嘉定九年《鄭子思題字》，八分書，近年搜得，似非僞作。　江蘇吴縣蔣氏家藏

普通專文反左書。普通元年。　浙江會稽徐氏家藏

柳仲保造象正書。大同九年四月。案：此僞作。　江蘇吴縣李氏藏石

兒中良妻冢專文正書。大同十一年。　江蘇江甯甘氏藏石

釋慧影造象正書。中大同元年。　江蘇丹陽

朱异造象八分書。太清元年。案：此疑僞作。　江蘇丹陽

太祖神道左闕題字正書。無年月，同治八年訪得。　江蘇句容

太祖神道右闕題字反左書。無年月。　江蘇句容

侍中中軍將軍南康蕳王神道東闕題字正書。無年月，在西門外十五里石獅溝。

侍中中軍將軍南康蕳王神道西闕題字反左書。無年月。

侍中左衛將軍建安敏侯神道東闕題字正書。無年月，在淳化鎮石柱塘。 江蘇上元

侍中左衛將軍建安敏侯神道西闕題字正書，左行。無年月。 江蘇上元

侍中仁威將軍新渝寬侯神道題字正書。無年月。 江蘇

陳

周文有造象正書，陽刻。永定二年。案：此僞作。

太建專文篆書，反文。太建元年八月。 山東黄縣丁氏藏石

後魏

趙琱造象記正書。皇興三年。 山東黄縣

光州靈山寺墖下銘正書。太和元年十二月八日。 河南

宕昌公暉福寺碑正書。太和十三年七月。

汝南縣主簿周哲墓誌正書。太和十九年十月。 河南洛陽

北海王元詳造象記正書。太和廿二年九月。 河南洛陽

著作郎韓顯宗墓誌正書。太和廿三年十二月。

侯太妃造象正書。景明三年八月。　河南洛陽

廣川王造象正書。景明四年十月。　河南洛陽

湪縣當陌村高洛周等造象正書。正始元年三月。　滿洲托活洛氏藏石

安定王元燮造象正書。正始四年二月。　河南洛陽

楊安祥造象正書。正始五年正月。　河南洛陽

張榮造象正書。永平五年正月。　河南洛陽

徂徠山法堅法榮二比丘僧造象正書。延昌元年二月。　山東泰安

王忠合造象正書。延昌元年三月。

廣樂太守柏仁男楊宣碑正書。延昌元年十一月。　直隸

涇雍二州別駕皇甫驎墓誌銘正書。延昌四年四月。

孫寶憘造象正書。神龜元年三月。　山東樂安

趙阿歡造象正書。神龜三年。　河南洛陽

樂陵太守賈道貴造象正書。正光元年六月。　浙江會稽徐氏藏石

齊郡太守□玄墓誌正書。正光元年□月。　山東福山王氏藏石

樊可憘造象正書。正光三年。　陝西盩厔路氏藏本

蘇邨造象正書。正光三年四月。山東平度

黄石崖法義兄弟姊妹等造象廿四軀記正書。正光四年七月廿九日。山東歷城

鞠彦雲墓誌正書。正光四年十一月。山東黄縣

介休縣令李謀墓誌正書。孝昌二年二月。

青信王爲夫李遠造象正書。孝昌二年四月。河南洛陽

法義卅五人造彌勒象記正書。孝昌二年九月。

臨普帥僧達等造象正書。孝昌二年□月。山東

楊豐生造象正書。孝昌三年。

皆公寺造象正書。孝昌三年二月。山東樂安

邑義六十人造象正書。孝昌三年八月。山東益都

明威將軍劉康奴等殘造象正書。孝昌三年。

鹿光熊造象正書。孝昌四年三月甲寅朔。山東郯城

樂陵太守李文遷造象正書。永安二年十一月，年月在碑側。山東青州蘇氏藏石

韓顯祖造象正書。永熙三年六月。

西魏

王石足造象記正書。大統元年八月。　河南禹州

杜縣令杜照賢等造四面象碑正書。大統十三年十一月十五日。　河南禹州

袥州開化郡太守張始孫四面造象正書。大魏元年丁丑二月。案：碑不著元號，只著甲子，是時魏恭帝之四年，宇文周受禪之元年。碑原在山西安邑，今歸吴縣蔣氏。　江蘇山陽

東魏

定州刺史司空邪珍碑正書。天平元年七月。　直隸

碑陰正書。　直隸

碑側正書。　直隸

恒農太守程哲碑正書。天平元年十一月庚辰朔三日。

伏波將軍曹榮宗造象正書。天平三年二月。　河南洛陽

比丘惠暉造象正書。天平四年正月。

比丘尼道□造象正書。天平四年四月。　河南洛陽

寧朔將軍爲亾兄直閤造象正書。天平四年閏月。　山東

柳昭爲女夫劉還遠造象正書。元象元年五月八日。

張敬等石柱造象正書。元象元年六月，凡六面。　山東諸城王氏藏石

并州刺史張法樂造象正書。元象元年九月。　山西平定

親色諸母一切人造象正書。元象元年十月丁亥朔。光緒五年，邑令蕭山魯燮光訪得之縣西八十里寺頭村聖壽寺。　山西和順

碑陰正書。　山西和順

定州刺史文靜李公墓誌銘正書。元象元年十二月。　直隸

黃石崖齊州刺史乞伏鋭造象正書。元象二年三月。　山東歷城

仏弟子仇貴艁象正書。興和二年二月。

馬都愛造象正書。興和二年十月。　山東濰縣陳氏藏石

豐樂寺比丘貟光門徒弟子造象正書。興和三年十一月。

成休祖等造象成紹宗記，正書。興和四年。

勃海太守王偃墓誌銘正書。武定元年十月。　山東陵縣

楊顯叔造象正書。武定二年三月。　山東歷城

劉世明造象正書。武定二年十二月，今歸端午橋。　山東益都

王氏女造象正書。武定三年九月三日。

道憑法師造象正書。武定四年四月。　河南安陽

安鹿交邨邑儀王法現等造象正書。武定五年七月。　直隸

王光爲亾父母造象正書。武定七年四月丙戌。　山東黃縣丁氏藏石

龍山寺主比丘道瓚記正書。武定七年四月丙戌朔四月八日癸巳。

殘造象正書。武定七年。　山東福山王氏藏石

杜文雅等造象正書。武定八年二月八日。　河南禹州

方霻帀造象正書。武定八年二月二十三日。

源磨耶造象正書。武定八年三月。　山東

意瑗法義造佛國碑正書，四面有字。武定□年。額旁有「熙寧六年八月賈元再立」欵。　滿洲托活洛氏藏石

陽城洪懋等造象正書。年月泐。　河南洛陽

田秀□造象正書。大魏□□元年□甲十月甲子朔。　山東臨朐

北齊

邢多五十人等造象正書。天保二年七月。　山西盂縣

法義孟洪賓等十六人造象正書。天保二年七月。

宋顯伯等造象龕記銘程洛文並正書。天保三年四月。　河南河内

碑陰正書。　河南河内

碑側正書。　河南河内

惠感爲忘師造象正書。天保四年八月。

張氏郝敬造白玉象正書。天保五年正月。

諸維那等卌人造太子象正書。天保五年二月。　山東濰縣郭氏藏石

殷雙和造象正書。天保五年四月。

比丘尼靜恭等造廬舍那象正書。天保五年五月。　山東濰縣

王憐妻趙氏墓誌銘正書。天保六年七月。　江蘇吴縣吴氏藏石

陳使君造象記正書。天保六年七月。　山東掖縣

魯彦昌造越殿國象正書。天保六年七月。

比丘尼如靜爲亾師造象正書。天保七年閏月。

比丘法宏等廿五人造象正書。天保七年五月。

法義兄弟八十人造象正書。天保八年三月。今歸端午橋工部。　山東昌邑

宋王仁造象正書。天保八年三月。

石同寺比丘惠教等造象正書。天保八年六月。

宋敬業等造塔記正書。天保九年六月。　山東益都房氏藏石

皇甫琳墓誌正書。天保九年十一月。　山東

王信天造象正書。天保九年十二月。　山東諸城

慧炬寺僧道閏造象正書。天保己卯二月。

比丘尼慧承靜遊等造象正書。乾明元年八月。

徐明弁造象記正書。乾明元年。　山東長清

方法師靈山寺刻石班經碑八分書。乾明元年。　河南安陽

標異鄉義慈惠石柱銘正書。太寧二年四月十七日。

阿鹿交村七十人造象正書。河清二年二月。

比丘□瓚慧微等造象正書。河清三年二月庚寅朔。　山東濰縣郭氏藏石

處士房周陀墓誌正書。天統元年十月。　山東益都郭氏藏石

□胐墓誌八分書。天統二年二月。　山東

劉僧同邑卅餘人造象正書。天統二年四月。　山東濟甯

鎮池寺李磨侯造象正書。天統三年四月。　山西盂縣

陳塏造象正書。天統四年二月。　山東

正信士法義廿人等造象正書。天統四年九月。　山東益都

信仕佛弟子逢略造象王文貴正書。天統四年九月癸巳朔四日。

青淨女王豐妻□孫造象正書。天統四年十月。

郭鐵造象正書。天統四年十二月。

道俗廿人造象正書。天統五年四月。　山東維縣郭氏藏石

薛匡生造象正書。武平元年。　山東濟甯

崔優婆夷造象銘正書。武平元年四月。

比丘尼靜深造象正書。武平元年十一月。

馬祠伯造象正書。武平二年四月。

法義兄弟等卌仁造象正書。武平任辰三月。

邑義主一百人造象正書。武平三年三月。舊在黄石崖，今歸漢軍許氏。　山東歷城
傅醜聖頭姊妹二人造象正書。武平三年五月。　山東諸城王氏藏石
膠州國盆造象正書。武平四年二月。　山東日照丁氏藏石
賈思業造象正書。武平四年十一月。　山東濰縣陳氏藏石
軌禪師及法義等造象正書。武平五年七月。　山東泗水
碑側正書。　山東泗水
陽州長史鄭子尚墓誌銘正書。武平五年十二月。　滿洲托活洛氏藏石
仲和褋姓邑義卌四人殘造象正書。無年月。
王惠感造象正書。無年月。
王元感造象正書。無年月。　山東金鄉

北周

王悦生造象正書。保定二年。　江蘇江甯
法明造象正書。天和元年六月三日。
庫汗安洛造象正書。天和二年九月。

韓尊造象正書。天和三年六月。今歸宗室伯羲氏。　山東臨淄

比丘尼曇貴造象正書。建德元年四月。　江蘇儀徵阮氏藏石

齊安戍主時珍墓誌正書。宣政元年十二月。　山東福山王氏藏石

隋

佛陀金郎造石佛象題字正書。開皇元年，字在佛背。光緒三年高郵宣鼎得之甓社湖西，宣鼎有跋，象今在放生寺。　江蘇高郵

海州刺史南陽縣侯王謨題名正書。開皇三年四月十七日，後坿五絶一首。　江蘇海州

玉函山劉洛造象正書。開皇四年八月十五日。　山東歷城

潁州別駕元英墓誌正書。開皇五年七月。　滿洲托活洛氏藏石

玉函山比丘尼靜遠造象正書。開皇七年二月。　山東歷城

玉函山羅沙彌造象正書。開皇八年七月廿日。　山東歷城

玉函山殷洪纂息仕㳅造象正書。開皇八年八月。　山東歷城

玉函山傅朗振造象正書。開皇八年九月五日。　山東歷城

玉函山羅江海造象正書。開皇八年十月廿日。　山東歷城

玉函山王景遵造象正書。開皇八年。　山東歷城

淳于儉墓誌正書。開皇八年十一月。　山東淄川

千佛山宋去疾造象正書。開皇十一年五月。　山東歷城

易州易縣固安陵雲鄉民造象正書。開皇十一年。

皇甫鳳詳造象正書。開皇十二年。　山東諸城

宋磨侯造象正書。開皇十二年九月八日。　浙江錢唐

蘄州刺史李則墓誌正書。開皇十二年十一月，光緒八年出土。　直隸深州

少容山韓長秀刻經題記八分書。開皇十三年二月。　直隸行唐

玉函山羅寶奴造象正書。開皇十三年五月二日。　山東歷城

東莞阮景暉等造象碑正書。開皇十四年九月。

女□從等造象正書。開皇十五年正月。　山東歷城

張正道爲父母造象正書。開皇十五年六月，石藏仁和韓氏。　直隸正定

邵孝禮墓誌正書。開皇十五年十月。　山東濰縣

陳黑闥造象正書。開皇十六年二月十一日。　山東章邱

張元象造象正書。開皇十六年二月。　山東濰縣

高登妃高暎妃等造象正書。開皇十六年六月。　山東臨淄

某縣令造象殘碑正書。開皇十七年。

馮開昌造象記正書。仁壽元年三月辛巳朔八日。　山東莘縣

寶輪禪院舍利塔記正書。仁壽元年四月。　河南閿鄉

陀羅尼經殘字正書。仁壽元年六月，在棲霞塔之第二級。　江蘇上元

信州舍利塔下銘正書。仁壽二年四月八日，此碑同治癸酉脩夔城得之。　四川奉節

洪州總管安平公蘇慈墓誌銘正書。仁壽三年三月七日。　山西蒲城

造如意輪觀音大士象記正書。歲次丙辰正月。狩谷望之《古京遺文》云：丙寅乃推古天皇十四年，當隋大業二年。　日本大和國法隆寺

造金堂藥師象記正書。歲次丁卯，當隋大業三年。　日本大和國法隆寺

邯鄲令蔡君妻張夫人墓誌銘正書。大業二年十二月，石藏端午橋工部家。　直隸

九□作專文正書。大業四年。　浙江會稽徐氏家藏

主簿吴嚴墓誌銘正書。大業四年十月。

王摩侯舍利塔記正書。大業五年正月。　陝西長安

治平寺塔盤題字八分書。大業七年七月，在上方山治平寺塔盤，乾隆癸卯燬於火，此刻遂亡。

近歸安吴氏，有重刻本。　江蘇吴縣

李君畱造象正書。大業七年九月。　山東歷城

左武衛大將軍吴公李氏女墓誌銘正書。大業十一年五月。

玉函山李惠猛妻楊靜太造觀音象記正書。無年月。　山東歷城

玉函山顔海造象正書。無年月。　山東歷城

玉函山比丘尼智定造象正書。無年月。　山東歷城

白佛山須昌縣丞李文府等造象三十七種正書。　山東東平

五峯山蓮花洞造象三十種正書。　山東長清

玉函山顔海妻展造象正書。無年月。　山東歷城

唐

千佛崖沙棟造象正書。武德二年。

上太子藏聖德太子瑪瑙石記正書。推古二十九年辛巳，當唐武德四年。　日本畿内道大阪國

造釋迦佛象記正書。法興元卅一年辛巳，狩谷望之考爲推古二十九年，當唐武德四年。　日本大和國法隆寺

法隆寺釋迦象背款識正書。戊子年十二月，乃推古三十六年，當唐貞觀二年。　日本大和國法隆寺

清信女妙光造象正書。貞觀五年七月。　河南洛陽

洪□在千佛堂造釋迦象記正書。貞觀五年十二月十五日。　直隸唐山

成纂妻趙氏墓題字正書。貞觀六年五月。

大法師行記弟子海雲集，正書。貞觀六年八月。

敖倉粟窖刻字正書。貞觀八年十二月。

畦淨妙造象正書。貞觀九年。　直隸唐山

堪法師灰身塔題字正書。貞觀十二年四月。

趙州□城縣丞孟鏡玄造象記孟鏡玄撰，正書。貞觀十二年□月。　直隸唐山

輕車都尉□□造象正書。貞觀十四年四月。　直隸唐山

豫章公主造象正書。貞觀十五年三月。

慧靜禪師塔銘正書。貞觀十五年四月。

□□並妻郁久閭造象正書。貞觀十五年十一月。　河南洛陽

至德觀注主孟靜素碑岑文本文，褚遂良正書。貞觀十六年五月。　江西臨川李氏藏本

韓萬年造象正書。貞觀十六年十月。　河南洛陽

陳君約造象正書。貞觀二十年正月。　直隸唐山

慧休禪師記德文正書。貞觀二十年三月。　河南安縣
張文達造象正書。貞觀二十年。
道登建宇治橋斷碑行書。天化二年，當唐貞觀二十年。　日本畿内道西京府
造彌陁佛象記正書。貞觀二十年八月。　河南洛陽
清信女爲亾女造象正書。貞觀二十年十月。　河南洛陽
和衆粟窖專文正書。貞觀二十三年十二月。
李惠寬造法華經碑李君政正書。貞觀□□□年九月。　直隸唐山
二天造象記正書。狩谷望之定爲白雉元年，當唐永徽元年。　日本
松資令湯君妻傷氏墓誌銘正書。永徽二年正月。　江蘇吴縣吴氏藏石
殘造象正書。永徽二年二月。　直隸唐山
張善同爲芮國公造象正書。永徽三年三月。　河南洛陽
左文福造象正書。永徽四年正月。　河南洛陽
敬秋生爲妻董造象正書。永徽四年十二月。　河南洛陽
程村造橋碑正書。永徽四年月，在大吕。　直隸灤城
李處岳造象正書。永徽六年三月。　河南洛陽

終南山光明寺慧了法師塔銘正書。顯慶二年二月。　陝西長安

房仁裕碑崔融撰，房綝正書。顯慶二年。　陝西醴泉

大女石□□造象正書。顯慶四年十月。　直隸唐山

清信女呂□□造象正書。顯慶四年十月。　直隸唐山

李□通造象正書。顯慶四年四月。　直隸唐山

郎楚路敬淳造象正書。顯慶五年。　河南武安

殘造象正書。顯慶五年。　河南洛陽

鼓山蔣王内人安太清造象正書。龍朔二年七月。　河南武安

鼓山蔣王内人劉媚兒造象正書。龍朔二年七月。　河南武安

張周醜等造象正書。龍朔二年八月十五日。　陝西扶風

霍妃爲七世父母造象正書。龍朔三年。　直隸唐山

李古母霍造象正書。龍朔三年。　直隸唐山

比丘尼真願造象正書。龍朔三年。　直隸唐山

周村十八家造象正書。麟德元年六月。　河南脩武

梁君故夫人成氏墓誌正書。麟德元年十二月。　陝西長安

楊智積墓誌正書。乾封二年八月。
華陽觀主王軌碑于敬之撰，王玄宗正書。乾封二年十一月。　江蘇元和韓氏宋本
李鉢頭母王造象正書。總章元年五月一日。　河南洛陽
王贇墓誌正書。總章元年九月，光緒二年黔易路璜所得。　河南洛陽
船首王後銅墓誌正書。天智七年，當唐總章元年。　日本河内國古市郡
敬愛寺石龕佛象銘孟利貞撰，正書。總章二年七月。　河南洛陽
武功□□道造象正書。總章二年十月。　直隸唐山
李義豐等造彌勒象記正書。咸亨元年十二月。　江蘇上元李氏藏石
李夫人王琬墓誌正書。咸亨元年十二月。　陝西
眭師□妻康造象正書。咸亨二年十月一日。　直隸唐山
眭當心妻游造象正書。咸亨二年十月三日。　直隸唐山
殘造象正書。咸亨二年十月。　直隸唐山
眭師仁妻宋造象正書。咸亨三年六月。　直隸唐山
栢仁縣尉周楚仁造象正書。咸亨三年九月。　直隸唐山
栢鄉縣丞牛密母張造象銘正書。咸亨三年十月。　直隸唐山

道王府典軍朱遠墓誌正書。咸亨四年二月。　陝西
裴可久墓誌正書。咸亨四年二月。　江蘇吴縣吴氏藏石
宋懿德造象正書。咸亨四年。　河南洛陽
侯無隱造象正書。咸亨五年四月。　直隸唐山
比丘尼惠署造象正書。咸亨五年五月八日。　直隸唐山
魯萬感造象正書。咸亨五年六月八日。　直隸唐山
趙世興姊妹等造象正書。咸亨五年。　直隸唐山
齊大雅造象正書。上元二年二月。　直隸唐山
柏仁縣主簿息張□□造象正書。上元二年四月。　直隸唐山
霍金剛爲亾妻張造象正書。上元二年六月。　直隸唐山
王義弘造象正書。上元二年七月。　直隸唐山
孫智海造象正書。上元二年七月。　江南郟縣
王札等道俗一百餘人造寺記正書。上元二年八月。
周遠志造彌陀象文正書。上元二年十二月八日。　河南洛陽
劉奉芝墓誌趙昂撰，從姪秦行書。上元二年。

□伏□爲亾母尚婆造象正書。上元三年六月。　直隸唐山

攝山僧用虛詩刻正書。上元□年。　江蘇江甯

臧弘儉造象正書。儀鳳元年二月八日。　直隸唐山

杜仁撫造象正書。儀鳳二年八月。　直隸唐山

小野朝臣毛人銅墓誌正書。天武天皇六年丁丑十二月，當唐儀鳳二年。　日本畿内道西京府

劉通洛刻經記正書。儀鳳三年四月，山東張大令夢蓉攜歸觀城。　直隸行唐

霍法雲爲父母造象正書。儀鳳三年。　直隸唐山

馬君起石浮圖碑銘正書。儀鳳四年。

辰溪縣令張仁墓誌正書。調露元年十月。

管城縣令張曄墓誌正書。調露元年十月。

□□郡開國公孫管真墓誌正書。調露元年十月。　陝西

孔仁誨妻路造〔象〕正書。調露二年二月八日。　直隸唐山

孔仁誨妻路造象正書。調露二年□月□五日。　直隸唐山

僧大滿造象正書。永隆元年十二月。　河南洛陽

王善相妻禄氏墓誌正書。永隆二年二月。　陝西

濟度寺尼法樂禪師墓誌正書。永隆二年三月。　河南

范陽令楊府君妻韋氏墓誌銘正書。永隆二年八月十八日。　江蘇吴縣吴氏藏石

傅黨仁等造象正書。永隆二年九月。　江蘇

李子龍造象正書。永隆二年十月。　直隸唐山

邢州□□爲天皇天后造象正書。永隆二年□月。　直隸唐山

燕懷王造象正書。開耀元年二月乙丑朔二十日。

張君政墓誌銘正書。開耀元年十一月。　河南洛陽

公孫神欽造象正書。開耀二年二月。　河南洛陽

李聞禮墓誌正書。永淳元年七月。　陝西

新田部碑正書。白鳳十一年正月，當唐永淳元年。　日本

王寶明造象正書。永淳二年二月。　河南洛陽

朝請大夫張懿墓誌銘正書。永淳二年二月。

范陽盧約造象正書。垂拱元年三月。　直隸唐山

李嘉慶同弟造象正書。垂拱二年十月。　直隸唐山

郭□造象八分書，陽刻。垂拱二年。　江蘇山陽邱氏藏本

張仁珪爲二親造象碑銘芮智璨撰，行書。垂拱三年三月。	
莫神扶造象正書。垂拱三年四月八日。	河南洛陽
社官安僧達等造象正書。永昌元年三月。	河南洛陽
那須直韋提碑正書。朱鳥四年，當唐永昌元年。	日本下野國
王預女大娘造象正書。永昌元年七月。	直隸唐山
周行有造象正書。天授二年。	河南洛陽
李大娘造象正書。天授二年。	河南洛陽
比丘僧玄葉爲兄玄惈造象正書。天授二年二月。	河南洛陽
孝廉張慶之墓誌銘正書。天授三年正月。	湖北襄陽
張敬之墓誌銘正書。天授三年正月。	湖北襄陽
殘造象正書。天授三年。	河南洛陽
比丘僧德□造象正書。天授三年二月。	河南洛陽
張思道墓誌銘正書。如意元年四月。	陝西長武
神智造象正書。長壽二年七月十五日。	
王寶泰造象記正書。延載元年八月。	河南洛陽

房懷亮墓誌正書。延載元年十月。直隸唐山

王楚惠爲亾妻造象正書。萬歲通天二年五月。直隸唐山

王文幹妻造象正書。萬歲通天二年五月十八日。直隸唐山

王嘉會兄弟爲亾妣造象正書。萬歲通天二年。直隸唐山

馮文安妻王造象正書。萬歲通天二年。直隸唐山

□義造象正書。萬歲通天二年七月八日。直隸唐山

兄女阿恰造象正書。聖曆元年臈月。直隸唐山

藥師寺東塔橖銘正書。文武二年，當唐聖曆元年。日本奈良縣大和國

張□造象正書。聖曆二年四月。直隸唐山

董思□造象正書。聖曆二年□月廿三日。直隸唐山

柏仁縣高□造象正書。聖曆三年五月八日。直隸唐山

李□愛造象正書。聖曆三年五月八日。直隸唐山

郭信則造象正書。聖曆三年十月。直隸唐山

尋山館仙壇山銘道士周道賜書畫。聖曆三年，上鐫天尊象。江蘇溧陽

侯□恪造象正書。久視元年七月十五日。直隸唐山

李金玉造象正書。久視二年二月。　直隸唐山

侯足爲孫女造象正書。大足元年三月。　直隸唐山

比丘尼法意造象正書。大足元年三月。　直隸唐山

侯□賔造象正書。大足元年四月。　直隸唐山

宋業爲亾妻成造象正書。大足元年五月。　直隸唐山

楊□女造象正書。大足元年六月。　直隸唐山

前左衛翊衛附成□□造象正書。大足元年六月。　直隸唐山

洺州清漳縣丞息趙□□造象正書。大足元年。　直隸唐山

比丘尼□□造象行書。大足□年。　直隸唐山

比丘尼思欣造象正書。長安元年十二月十五日。　直隸唐山

李山海妹智相具相等造象正書。長安元年十二月十五日。　直隸唐山

張處恭造象正書。長安二年十月八日。　直隸唐山

比丘僧王國賓造象正書。長安二年□月一日。　直隸唐山

尹餘烈造象正書。長安二年□月八日。　直隸唐山

遊擊將軍趙智侃墓誌銘正書。長安三年三月。

僧懷義造象正書。長安三年四月。　直隸唐山

郭□母王造象正書。長安三年四月。　直隸唐山

殘造象正書。長安三年五月二十二日。　直隸唐山

翟神街造象正書。長安三年八月二十日。　直隸唐山

柏仁縣録事戎衛石利涉造象正書。長安三年八月二十一日。　直隸唐山

□□爲亾息造象正書。長安三年八月二十一日。　直隸唐山

比丘僧王國寶造象正書。長安三年□月八日。　直隸唐山

霍神鳳造象正書。長安四年三月二十四日。　直隸唐山

尹光兒尚爲亾兄造象正書。長安四年三月。　直隸唐山

薛鎌石刻殘字正書。長安四年。　江蘇上元孫氏藏石

韓阿黑造象正書。神龍二年三月。　直隸唐山

王才賔造浮圖頌正書。神龍二年。　河南洛陽

□文政墓誌正書。神龍二年十月。　山東泰安

岱岳觀高仁敬等設祭題名正書。神龍三年。　山東泰安

文忌寸祢麻吕銅墓版正書。慶雲四年九月，當唐景龍元年。　日本大和國宇陁郡

威柰大郀銅墓誌銘正書。慶雲四年十一月，當唐景龍元年。　日本大和國葛下郡

比丘尼孫尚造象正書。景龍元年十一月。　直隸唐山

岱岳觀鮑懷□陳休貞陪祭題名正書。景龍二年三月十三日。　山東泰安

柏仁縣□□造象正書。景龍二年八月。　直隸唐山

王□□妻爲姑造象正書。景龍三年八月。　直隸唐山

穗積親王奉行碑正書。和銅二年，當唐景龍三年。　日本

晉建安太守史憲神道碑從孫嶷撰，從孫處權正書。景龍四年。　江蘇溧陽

霍元約造象正書。唐隆元年七月十日。　直隸唐山

伊福吉部臣德足比賣墓誌正書。和銅三年，當唐（唐隆元年）（景龍四年）。　日本

奉仙觀楊太希祭告文正書。景雲二年六月。　河南濟源

齊神度造象正書。景雲三年。　直隸唐山

定樂村造象正書。景雲□年。　直隸定州

李智明造象正書。延和元年八月一日。　直隸唐山

□□造地藏象記正書。開元二年四月十五日。　河南洛陽

張貓造象正書。開元二年十月。　江蘇海州

栢人霍昌運造象正書。開元三年七月十五日。　直隸唐山

故人高應墓誌正書。開元四年十一月十九日，光緒十六年出土。　山東益都

張敬琮造象正書。開元五年三月。　河南洛陽

近江新田村碑正書。養老元年十月，當唐開元五年。　日本東山道滋賀縣

薛君夫人柳氏墓誌銘正書。開元六年四月。　河南洛陽

張惟誚造象正書。開元七年三月。　河南洛陽

京兆府功曹韋希損墓誌銘子璞玉撰，正書。開元八年正月。

梁方妻張氏墓誌正書。開元八年十月。　滿洲托活洛氏藏石

石浮圖銘釋元英撰，正書。開元九年四月。　直隸房山

元明天皇御陵碑正書。養老五年十二月，當唐開元九年。　日本大和國奈良坂

□思道墓誌正書。開元九年十月。

唐貞休德政碑八分書。開元十年七月。　山東萊州

比丘尼阿妙造象正書。開元□年十二月。　直隸唐山

比丘尼智玉造象正書。開元十二年。　直隸唐山

裴貞意造象正書。開元十三年二月。　河南洛陽

下贊鄉碑正書。神龜三年二月，當唐開元十四年。　日本東山道羣馬縣

楚州安宜縣令王君夫人劉氏合葬墓誌銘閭丘亮撰，正書。開元十五年十月。

韓逈秀造象正書。開元十九年三月八日。　直隸唐山

菩提寺山墓記正書。開元十九年。　河南洛陽

秀士張點墓誌正書。開元二十一年十月。　湖北襄陽

太原縣丞蕭令臣墓誌正書。開元二十三年二月。

周村卌餘家鐫象記正書。開元廿四年正月。　河南脩武

實行優婆夷未曾有功德塔銘杜昱撰並正書。開元二十六年五月。

孔水祠張湛撰，正書。開元二十七年三月。

楊貴氏瓦墓誌正書。太平十一年八月，當唐開元二十七年。　日本大和國宇治郡

倪若水殘碑八分書。無年月，尚存二石，以《唐書》本傳考之，當在開元間。

山名村碑正書。太平十三年，當唐開元二十九年。　日本群馬郡上野國

崔君妻獨孤氏墓誌長子季梁修並正書。天寶二年十二月。　陝西

慶唐觀金籙齋頌崔明允撰，史惟則八分書。天寶二年。　山西浮山

陀羅尼呪正書。天寶三載二月十五日。　陝西西安

宇文琬墓誌銘周弥撰，曹惟良正書。天寶三載十月。　陝西

率府郎□夫人墓誌銘徐拱撰並八分書。天寶三祀。　河南洛陽

敦煌索思禮墓誌正書。天寶三載八月。　陝西

太奉國寺故上座龕塋記石鎮文，崔英正書。天寶四載九月。

故人諸葛府君夫人韓氏墓誌正書。天寶四載十月。

禾山石壁龍溪二字石刻顔真卿正書。天寶五年，每字高四尺許。

王迴山造石浮圖銘正書。天寶六載正月。　山東陵縣

義興周夫人墓誌銘正書。天寶六載。　山西汾陽

翠峰亭記房涣撰並正書。天寶八載三月。　陝西郃陽

馬隨王阿勝造象正書。天寶九年二月。　河南洛陽

竹野王墓碑正書。天平勝寶三年四月，當唐天寶十年。　日本大和國高市郡

張璬墓誌張晏撰，正書。天寶十二載二月。　陝西

張元忠妻令狐氏墓誌銘行書。天寶十二年十二月。　陝西長安

釋迦牟尼佛跡圖記正書。天平勝寶五年，當唐天寶十二年。　日本西京府藥師寺

隴西尹公浮圖銘辛嶅撰，正書。天寶十四載八月。

龍瑞宮界至記賀知章正書。無年月，當在天寶間。　浙江會稽
思道禪師墓誌行書。乾元元年。　山西夏縣
李崇珣造象正書。順天元年五月。案：「順天」，史思明僞號，當唐乾元二年。　直隸唐山
吏部常選上柱國李曠造象正書。順天二年三月，當唐上元元年。　直隸唐山
蜯川府長史焦璀墓誌正書。寶應元年十二月。
鑑真和尚墓誌正書。天平寶字壬寅，當唐寶應元年。　日本東山道椽木縣
脩造多賀城碑正書。天平寶字六年，當唐寶應元年。　日本陸奥國宫城郡
陽磨山功德銘正書。大曆二年八月。　山西壽陽
崇徽公主手痕碑正書。大曆四年。　山西靈石
杜□□爲男希逸惠朗造象正書。大曆四年八月。　直隸唐山
侯門爲見在母造象正書。大曆六年閏三月。　直隸唐山
茅山紫陽觀玄靜先生李君碑柳識撰，張從申正書。大曆七年八月。　浙江歸安吴氏藏本
太常寺丞張鋭墓誌錢庭篠撰，張慆正書。大曆九年三月。　陝西長安
高屋連枚人墓誌正書。寶龜七年，當唐大曆十一年。　日本畿内道大阪府
舜廟碑韓雲卿撰，韓秀實八分書。大曆十一年。　廣西臨桂

平蠻頌韓雲卿撰，韓秀實八分書。大曆十二年五月二十五日。　廣西桂林

李嘉珍墓誌正書。大曆十三年十月。

一切如來心真言並記尼心印撰記，正書。大曆十三年正月。

涅槃經摩崖正書。寶龜九年，當唐大曆十三年。　日本大和國宇智郡

馬承光碑杜知泰撰，正書。大曆間。　甘肅涇州

僧肅然造象正書。建中元年二月。　河南河内

張孝子祠殘碑正書。建中□年。　江蘇句容

紀廣純女吉繼墓誌正書。延曆三年，當唐興元元年。　日本河内國石川郡

通法禪師塔銘王綰撰，正書。貞元元年四月。　直隸正定

武陵縣主簿𣏕嵒墓誌劉震述，正書。貞元五年八月。　河南洛陽

長豐縣令李丕墓誌銘行書。貞元六年十一月。　直隸通州劉氏藏石

張公妻王氏墓誌揚自政撰，正書。貞元八年三月。　陝西

清河郡夫人張氏墓誌裴同亮撰，正書。貞元十六年。

李潘殤女墓石記李藩記，从父淳正書。貞元十七年十二月三日。

龔夫人墓誌銘正書。貞元二十年五月。　江蘇元和顧氏藏專

倪家專文正書。永貞元年。　浙江會稽徐氏家藏

晉祠新松記正書。元和元年。　山西太原

定山睦州刺史李幼清題名正書。元和元年。　浙江仁和

李昕妻姜氏墓誌正書。元和二年二月八日。

劉通妻張夫人墓誌銘正書。元和元年八月。　江蘇甘泉

銅山湖記張西岳撰，行書。元和二年二月。　浙江上虞

定山殿中侍御史鄭敦題名正書。元和二年五月。　浙江仁和

定山饒州刺史李夷簡題名正書。元和二年。　浙江仁和

東莞十人等造佛堂記正書。大唐元二年歲次丁亥六月。案：「元」字下奪「和」字，元和二年太歲正是丁亥。　江蘇海州

大元帥社碑正書。大同四年，當唐元和四年。　日本東山道青森縣

唐彭夫人墓誌正書。元和五年九月。

靈嵩寺功德堂記正書。元和六年三月。　山西壽陽

天城山蘭若等記正書。元和六年。　河南濟源

零陵寺升蘭僧澄觀題字正書。元和六年五月。　江蘇溧陽

重修古楞伽寺碑正書。元和六年六月。　山西壽陽

沁河枋□蘭若記□□□撰並正書。元和六年十一月。　河南濟源

裴耀卿神道碑許孟容撰，歸登八分書。元和七年十一月。　山西稷山

亾妻李氏墓誌孤子苻載述並正書。元和七年八月。

張曛墓誌銘崔歸美撰，屈賁正書。元和八年十一月。　湖北襄陽

臨洮軍副將陳志清墓誌步□□撰，行書。元和九年十月，光緒三年出土。　陝西鳳翔

疊綵山馬日温題名正書。元和九年。　廣西桂林

沙門勝道上補陀洛山碑正書。弘仁五年九月，當唐元和九年。　日本東山道橡木縣

杭州刺史盧元輔天竺寺詩正書。元和十年。　浙江錢唐

張府君彌勒佛讃正書。元和十年四月。

李繼墓誌文弟紳撰，正書。元和十一年十一月。　陝西

湞陽東嶺洞谷記元傑撰，正書。元和十一年十二月。　廣東英德

慈尊院村斷碑正書。弘仁七年，當唐元和十一年。　日本南海道三重縣

香山寺辛祕題名正書。元和十二年閏五月。　河南登封

太原王府君墓誌銘王禮賢撰，耿元製正書。元和十二年十月。

臧君夫人周氏墓誌銘張師素撰，正書。元和十三年三月。　陝西

渤海王五代孫李仍叔四歲女墓誌仍叔撰，正書。元和十三年七月。　山西絳州

般若波羅蜜多心經李常暉正書。元和十四年三月。　江蘇甘泉

周珍故妻張夫人墓誌正書。元和十四年四月。

石忠政墓誌銘正書。長慶二年八月。

絳守居園池記正書。長慶三年。

顔永墓誌李德芳述，正書。長慶四年。

吴興沈朝墓誌銘胡不干撰，左仇正書。寶曆元年八月十日。　浙江上虞丁氏藏專

游石室新記王化清撰，正書。寶曆元年九月二十日。　廣東高要

大和州益田池碑銘沙門徧照金剛撰並行書。天長二年，當唐寶曆元年。　日本畿内道奈良縣

南溪詩刻李渤撰並八分書。寶曆二年三月七日。　廣西桂林

元巖銘李涉撰並八分書。無年月，涉爲渤弟，故列此。　廣西桂林

沙門靈璨刻經封仕清正書。大和二年四月。

坐忘論道士張宏明正書。大和三年七月。

名州司兵姚君夫人李氏墓誌正書。大和五年二月二十七日。

金剛經六譯并序及鄭覃等贊楊穎述，楊承和集王右軍行書。大和六年。

王君夫人李氏墓誌劉礎撰並正書。大和六年五月。　陝西

大理司直辛幼昌墓誌銘畦□撰，正書。大和七年三月。　陝西

大府寺主簿楊迥墓誌銘賈文度撰，弟逍正書。大和八年八月。

焦山劉崇曹□題名正書。大和八年十一月，道光甲午僧六舟得之雷崩石水中，丰埋於土。　江蘇丹徒

李君殘墓誌正書。大和□年，後有宋葆淳跋。　江蘇甘泉

邵咸墓誌銘正書。開成元年十一月。　江蘇嘉定瞿氏藏專

黃公記正書。開成二年。　山西絳州

上福寺陀羅尼經幢奚虛己正書。開成五年三月。　浙江上虞

往生碑沙門處訥撰，正書。門成五年五月。　浙江會稽

頡丘李公夫人彭城劉氏墓誌銘曹寘商撰，正書。開成五祀七月二十三日。　江蘇甘泉

薛贊墓誌銘薛昫撰，正書。開成五年十一月。　安徽鳳臺

陳少公亾太夫人蔣氏墓誌銘呂貞儉撰，正書。會昌元年二月。　江蘇甘泉

五夫陀羅尼經幢万俟宗正書。會昌三年九月，宋慶曆七年重竪。　浙江上虞

寶蓋寺陀羅尼殘經幢正書。無年月，經後觀察使季及刻字張太安欵與《五夫幢》同，故列此。　浙江上虞

五大夫新橋記余球述，周援行書。會昌三年立，大中四年重建。　浙江上虞

陀羅尼經幢元承嗣記，正書。會昌四年九月。　孟縣

季氏墓誌于濆撰，正書。會昌五年正月。

劉舉墓誌銘正書。大中元年八月。　江蘇甘泉

大中專文正書。大中二年七月。　浙江歸安陸氏家藏

劉沔神道碑韋博撰，柳公權正書。大中二年十一月。　陝西盩厔路氏藏本

脩高公佛堂碣鄭宏裕撰，正書。大中二年。　甘肅涇州

崧鎮陀羅尼經幢行書。大中三年。　浙江上虞

冷泉關王宰題名正書。大中三年二月。　山西靈石

重刻銅山湖記張西岳撰，正書。大中三年八月。　浙江上虞

重刻葉處士墓誌麋箾撰，高師立正書。無年月。在《重刻銅山湖記》碑陰，與《銅山湖記》殆一時所立。　浙江上虞

姚勖陸墉等題名篆書。大中四年二月。

董氏内表弟墓誌銘外兄鄒敦愿撰，正書。大中六稔六月。　江蘇甘泉

再建圓覺大師舍利塔銘陳寬文，崔倬正書。大中七年正月。

賜白雲先生詩並禁山勑碑正書。大中八年四月。　河南濟源

百巖寺重建法堂記僧智本述，正書。大中八年十月。　陝西脩武
岳林寺塔銘李柔撰，正書。大中十年正月。　浙江奉化
和粲粟窖專文正書。大中十年八月二十六日。
鄭恕己墓誌正書。大中十年十一月。　江蘇
潁川陳夫人墓誌銘王頊撰，正書。大中十年十一月。　江蘇
玉函山沙門義初造象正書。大中十祀。　山東
米氏女墓誌銘正書。大中□年。　江蘇甘泉
遺德廟陁羅尼殘經幢正書。大中十一年四月。　浙江上虞
和粲粟窖專文正書。大中十一年十一月。
白虎山海州刺史盧紹等題名正書。大中十二年正月十七日。　江蘇海州
唐安寺比丘尼廣惠塔銘令狐專撰，孔□□正書。大中十三年六月十八日，道光辛卯出土。　陝西長安
蓁處士逆修墓誌麋簡撰，行書。咸通二年十月。　浙江上虞
咸通專文正書。咸通四年，僧達受得之甯波天甯寺。　陝西盩厔路氏家藏
高道墓碑正書。貞觀五年五月，當唐咸通四年。　日本東山道青森縣
隴西李扶墓誌銘馬郁撰，正書。咸通四年，道光戊戌出土，今歸歸安吴氏。　江蘇泰州

舍屋槽廠什物並造象記正書。咸通四載六月。

碑陰正書。記什物及人名。

女弟子黃順儀造經幢正書。咸通七年六月。　河南洛陽

盧夫人崔氏墓誌銘李邃撰，姪男嵩正書。咸通八年。　河南洛陽

高壁鎮通濟橋記蕭珙撰，行書。咸通十三年四月。　山西靈石

殘墓誌正書。咸通□□□□己酉朔，僅存一角。　江蘇甘泉

劉阿逅墓誌正書。乾符二年四月。　江蘇吳縣吳氏藏石

劉氏室女墓誌親叔劉從周記，正書。乾符二年八月。

造釈迦像記正書。貞觀十七年，當乾符二年。　日本東海道東京府

北岳真君叙聖修廟記道士崔航述，甄宣教正書。乾符四年七月。　直隷曲陽

嶺南節度使右常侍楊公女子書墓誌銘正書。乾符五年十月。　陝西

信州應天禪院尼禪大德塔銘正書。廣明元年七月九日。　江蘇甘泉

宣州南陵縣尉張師儒墓誌銘蔡德章撰，男溥正書。廣明元年十月。

道德經幢正書。廣明元年十一月，道光丁酉出土，今歸歸安吴氏。　江蘇泰州夏氏藏石

開元寺石柱贊王悚撰，沙門修一正書。廣明二年夏九月。　直隷易州

魯城令張畟等造經幢□□光撰，僧□仁正書。廣明二年九月。　直隸行唐

潘城道場碑劉驪撰，陶貞固正書。中和三年七月。　江蘇溧水

贈工部尚書羅讓碑公乘億撰，鄭褒正書。龍紀元年三月。　直隸大名

福建觀誓使陳巖墓誌銘黄璞撰，胡兆祉正書。景福二年八月。　福建閩縣

山居洞杜鵑詩刻張濬、劉崇龜唱和，張巖正書。乾寧元年三月二十九日。　廣西臨桂

雲巖寺銘正書。天祐二年十月。

神福寺靈跡記王居仁撰，王崇裕正書。天祐四年五月。　山西

戴叔倫神道碑八分書。無年月，文已摩滅，只存額字。　江蘇金壇

雨崖二字摩崖李邕正書。無年月。　浙江處州

胡府君墓誌蓋篆書。無年月。　浙江處州

國慶寺陀羅尼呪幢正書。無年月。　浙江上虞

沙彌尼法真殘塔銘沙門季良撰並正書。無年月。

祕閣歷生劉守忠墓誌正書。□□□年八月壬寅朔十三日庚寅。

王仁哲妻造象正書。□□三年十二月。　直隸唐山

故韶州刺史孫造象正書。無年月。　直隸唐山

侯行矩造象正書。無年月。直隸唐山

上輕車都尉李士高造象正書。無年月。直隸唐山

李君摻妻王氏造象正書。無年月。直隸唐山

柏鄉縣比丘尼阿任造象正書。無年月。直隸唐山

趙義敦妻賈氏造象正書。無年月。直隸唐山

趙州柏鄉縣孟義造象正書。無年月。直隸唐山

比丘尼正念造象正書。無年月。直隸唐山

霍智滿造象正書。無年月。直隸唐山

南和縣郭行質造象正書。無年月。直隸唐山

解玄苻造象正書。無年月。直隸唐山

柏鄉縣開州刺史孫造象正書。無年月。直隸唐山

柏鄉縣開州刺史男造象正書。無年月。直隸唐山

李思太妻造象正書。無年月。直隸唐山

柏鄉郝義僧造象正書。無年月。直隸唐山

路州路城縣僧李進道造象正書。無年月。直隸唐山

柏鄉宗□寺僧思真造象正書。無年月。直隸唐山
趙□造象正書。無年月。直隸唐山
信女高法愛造象正書。無年月。直隸唐山
柏鄉縣□瑞造象正書。無年月。直隸唐山
李君操造象正書。無年月。直隸唐山
張阿□造象正書。無年月。直隸唐山
李二娘造象正書。無年月。直隸唐山
曹大念妻孟造象正書。無年月。直隸唐山
周□順妻張造象正書。無年月。直隸唐山
彭□諸造象正書。無年月。直隸唐山
比丘尼慈英造象正書。無年月。直隸唐山
張恭妻傅造象正書。無年月。直隸唐山
曹州下兵十人造象正書。無年月。直隸唐山
揚□表妻曾造象正書。無年月。直隸唐山
陳叔仁妻董造象正書。無年月。直隸唐山

比丘尼智惠造象正書。無年月。　直隸唐山

趙知悉造象正書。無年月。　直隸唐山

尼□行造象正書。無年月。　直隸唐山

柏鄉路神□造象正書。無年月。　直隸唐山

大女阿愁爲亾父存母造象正書。無年月。　直隸唐山

禓□九爲母造象正書。無年月。　直隸唐山

李承嗣造象正書。無年月。　直隸唐山

李思順妻韓造象正書。無年月。　直隸唐山

李菩薩造象正書。無年月。　直隸唐山

安□縣尉鄭崇造象正書。無年月。　直隸唐山

賈寶積造象正書。無年月。　直隸唐山

柏鄉縣□更生造象正書。無年月。　直隸唐山

劉海超殘造象正書。無年月。　直隸唐山

智□爲亾□造象正書。無年月。　直隸唐山

郝義僧爲亾妻造象正書。無年月。　直隸唐山

平舒縣丞曹元矩妻造象正書。無年月。　直隷唐山

饒陽縣孔壽隱造象正書。無年月。　直隷唐山

陳孝綽造象正書。無年月。　直隷唐山

皇甫令忠造象正書。無年月。　直隷唐山

柏鄉縣劉思運造象正書。無年月。　直隷唐山

冀州武□縣比丘善□造象正書。無年月。　直隷唐山

栢仁縣令牛弘正造象正書。無年月。　直隷唐山

解隱造象正書。無年月。　直隷唐山

前趙州司户參軍楊山寶爲父母造法華經題記正書。無年月。　直隷唐山

郝義僧爲男造象正書。無年月。　直隷唐山

内丘縣比丘尼堅定造象正書。無年月。　直隷唐山

李女晟真慶等造象正書。無年月。　直隷唐山

王巨忠脩塔院銘寺主文器篡行書。年月泐。

德州刺史殘碑張璲撰，高肅行書。年月缺泐。道光戊申知縣沈准訪得，並據《顔書東方朔畫象贊碑陰記》内有張璲名，因定爲唐刻。　山東陵縣

隨求陀羅尼經幢正書。無年月，亦無朝代，宋景祐四年重建。文内「葉」字作「𦯊」，知爲唐人書，故列此。

雍州同官縣張懷□造象正書。無年月。

永康令杜君夫人朱氏墓誌正書。書其年十一月葬于龍首原，以前並未見年號，坿於唐末。

〔校記〕

〔一〕原稿此字難以辨識，影印以存真。

再續寰宇訪碑録卷下

後梁

葬惠光和尚舍利銘記王温正書。乾化五年十月八日。　河南

會稽□鍾公墓誌銘正書。年月泐。

後唐

堯山縣宣務鄉修弟一尊羅漢記正書。天成四年。　直隸唐山

王立修弟五尊羅漢記正書。天成四年三月。　直隸唐山

化度禪院陀羅尼經幢錢元瓘記，正書。長興四年三月。　浙江蕭山

後晉

福祈禪院碑張孝先撰並正書。天福四年臘月望。　浙江上虞

太子左庶子蔡府君墓誌李匡堯撰，正書。天福八年。

脩塔梢佛柱並裝脩摩騰大師及金剛真身記正書。開運二年三月。　浙江錢唐

石屋洞朱四娘造象正書。開運二年三月。　浙江錢唐

石屋洞陳及造象正書。開運二年三月。　浙江錢唐

石屋洞傅可詢造象正書。開運二年三月十五日。　浙江錢唐

石屋洞馬□並妻金一娘造象正書。開運二年。　浙江錢唐

白馬寺造象建塔記正書。開運二年三月。　河南洛陽

後漢

石屋洞張宗造象正書。甲辰，乃天福九年。　浙江錢唐

石屋洞何景安造象正書。甲辰七月。　浙江錢唐

石屋洞吴室造象正書。甲辰十一月。　浙江錢唐

石屋洞徐安造象正書。甲辰。浙江錢唐
石屋洞羅三十四娘造象正書。甲辰。浙江錢唐
石屋洞符三娘造象正書。甲辰。浙江錢唐
石屋洞李七娘造象正書。甲辰。浙江錢唐
石屋洞朱德榮造象正書。甲辰。浙江錢唐
石屋洞金君德造象正書。甲辰。浙江錢唐
石屋洞汪仁勝造象正書。甲辰。浙江錢唐
石屋洞龍彦造象正書。甲辰。浙江錢唐
石屋洞顧君勝造象正書。甲辰。浙江錢唐
石屋洞潘保盛造象正書。甲辰。浙江錢唐
石屋洞夏承厚造象正書。甲辰。浙江錢唐
石屋洞費十娘造象正書。甲辰。浙江錢唐
石屋洞秦彦滔造象正書。乾祐元年五月。浙江錢唐
石屋洞顧邽造象正書。乾祐元年十月。浙江錢唐
石屋洞余一娘造象正書。戊申十二月，即乾祐元年。浙江錢唐

重立石窟寺唐幢記行書。乾祐初歲。　河南鞏縣

後周

石屋洞錢眉壽造象正書。廣順□年。　浙江錢唐
彰德軍采石題記正書。顯德元年十二月。　河南
道士楊政題名正書。顯德二年五月。　浙江會稽
現身羅漢坐化遺屬王福新撰，正書。顯德二年。　山西浮山
栖巖寺修舍利殿記李瑩撰，張靄行書。顯德六年九月九日。　陝西蒲州
石屋洞張万進造象正書。顯德六年十一月。　浙江錢唐
廣慈禪院殘碑正書。無年月。　陝西咸甯

南漢

新開宴石山記劉崇遠記，□昭正書。大寶二年九月二十四日。　廣西博白
扶風郡亾人馬氏二十四娘買地券正書。大寶五年十月一日。　江蘇吴縣蔣氏藏本

吴

孟璠殘墓誌正書。天祐十二年閏二月。原在北湖，今歸儀徵張午橋觀詧。　江蘇甘泉

李濤妻汪氏墓誌正書。順義四年，石藏揚州李氏。　江蘇山陽

義井欄題字正書。順義二年十一月。　江蘇上元

南唐

清涼寺井欄題字僧廣惠正書。保大三年。　江蘇上元

壽州開元寺新建金剛經碑周維簡撰，陳匡譽正書，經文行書。保大五年十月二十八日。　廣西臨桂

攝山徐鉉題名篆書。無年月。　江蘇上元

攝山徐鍇題名篆書。無年月。　江蘇上元

後蜀

駙馬都尉張匡翊題名八分書。廣政二十六年二月。

宋

同州修文宣王廟碑梁勛撰，行書。乾德二年九月。　陝西大荔

重修龍池石塊記行書。開寶六年四月。　河南濟源

新修唐憲宗廟記趙□撰，張仁愿正書。開寶六年五月十二日。　陝西蒲州

碑陰正書。羣臣題名　陝西蒲州

泰國忠懿王錢俶神道碑李至撰，王著行書。端拱己丑正月。

修彌勒象閣記李德用撰，楊霸文行書。至道三年九月。　陝西武功

鄧忠懿王錢俶墓誌銘慎知禮撰，正書。淳化元年正月。　河南洛陽

重脩白龍廟記行書。淳化二年。　陝西盩厔

法海院修舍利石塔記張哲撰，閻羽行書。咸平四年七月。

碑陰正書。紀施主出錢數目。

咸平專文正書，反文。咸平五年。　浙江歸安陸氏家藏

玉兎寺寶録正書。景德二年。　山西浮山

曹璨等致祭北嶽題名正書。景德二年九月。　直隸曲陽

鵲山大王崔府君碑孟應撰，和尹書。景德二年十月，側有政和七年十月王祖年題記。

折太君碑正書。大中祥符三年。　山西保德

宣陽宮大殿碑正書。大中祥符三年。　浙江宣平

北岳廟周瑩等題名正書。大中祥符四年十月。　直隸曲陽

魯國閔榮墓誌銘孤子仁度正書。大中祥符五年二月。　江蘇吴縣

棲霞洞熊同文等題名俞獻可篆書。大中祥符五年九月。　廣西臨桂

御製文宣王贊並詔行書。大中祥符五年。　浙江會稽

御製文宣王贊並詔行書。大中祥符五年。　陝西耀州

北岳廟張茂先設譙題名正書。大中祥符六年。　直隸曲陽

陳堯佐題名行書。皇宋祀汾陰之再□孟冬。案：祀汾陰在大中祥符四年，此云「再□」，當是六年。　浙江會稽

刱長樂亭記陳堯咨撰並行書。大中祥符七年九月。

棲霞洞俞獻可等題名篆書。天禧二年孟秋。　廣西臨桂

陽明洞張懷寶等題名正書。天禧二年八月。　浙江會稽

陽明洞高紳等題名正書。天禧三年。　浙江會稽

陽明洞投龍簡記正書。天禧四年三月。　浙江會稽

陽明洞射的潭投龍簡記正書。天禧四年六月。　浙江會稽

北岳廟康廷諒建道場題記正書。天禧四年十月。　直隸曲陽

陽明洞任布題名正書。無年月。案：嘉泰《會稽志》布以天禧五年移知建州，此當在四、五年間。　浙江會稽

海清寺塔西壁柳巒題記正書。天聖元年十月。　江蘇海州

海清寺塔紇會柳巒題記正書。無年月。　江蘇海州

鷹遊山僧懷珪題名正書。無年月。案：海清寺塔《柳巒題記》内有懷珪名，故坿此。　江蘇海州

海清寺塔盛延德等題記朱湘正書。天聖三年十一月。　江蘇海州

華陽洞李迪等題名正書。天聖四年季春。　江蘇句容

海清寺塔曾榮齋僧記行書。天聖五年四月。　江蘇海州

海清寺塔東海縣令蘇可久捨物記倪文忠正書。天聖六載六月一日。　江蘇海州

白水縣齋十詠並序甯參撰，吴節行書。天聖六年仲冬。　山西白水

重脩白水縣獄記甯參撰，吴節八分書。天聖六年仲冬。　山西白水

海清寺塔單和題記行書。天聖十年正月。　江蘇海州

寶應蓮宫門人爲義從法師建尊勝經幢沙門德政正書。明道二年。

石門洞葉清臣題名正書。寶元二年六月。　浙江青田

南明山高陽洞葉道卿孫元規題名正書。寶元二年。　浙江處州

高陽洞孫沔題名正書。寶元二年。　浙江處州

顧延嗣捨召柱記奉斌正書。寶元二年閏十二月。　江蘇上元

公堂銘張□撰，正書。慶曆元年臘月。

楚州新建學記宋祁撰，李仲□正書。慶曆二年中秋。　江蘇山陽

王信臣題名正書。慶曆二載季冬。　浙江會稽

保寧寺牒並帖僧惠詮正書。慶曆三年五月。　陝西興平

北岳廟何儼祭告記正書。慶曆四年八月。　直隸曲陽

棲霞洞李永清等題名孟寅正書。慶曆四年九月。　廣西臨桂

縉雲縣新脩文宣王廟記正書。慶曆四年。　浙江縉雲

益州路提點刑獄官王釗文王神宇題名正書。慶曆四年。　四川

石門洞馬尋題名正書。慶曆四年季冬。　浙江青田

天開巖祖無擇題名正書。慶曆五年三月。　江蘇上元

桂州瘞宜賊首級記孔延之記，正書。慶曆五年三月。　廣西臨桂

石門洞宋純題名正書。慶曆五年九月。　浙江青田

杜杞等復鑑湖題記正書。慶曆七年十月。　浙江山陰
高陽洞李堯俞題名正書。慶曆八年孟冬。　浙江處州
魏中庸等題名正書。皇祐元年九月十八日。　江蘇上元
孫元規等題名正書。皇祐元年十月。　浙江會稽
華陽洞魏中庸方峻等題名正書。無年月。方峻以皇祐元年爲句容令，故列此。　江蘇句容
傳求等釋奠題名八分書。皇祐二年正月，在《開成石經》之後。　陝西長安
龍隱巖孫沔等題名正書。皇祐二年二月。　廣西臨桂
北岳廟仇公綽題名正書。皇祐二年四月。　直隸曲陽
烏石山李上交題名正書。皇祐二年。　福建侯官
遊小隱山記正書。皇祐三年二月。　浙江山陰
知乾州奉天縣事文彥若墓誌銘張芻撰，正書。皇祐三年十月。　河南洛陽
石門洞苗振題名正書。辛卯孟冬，乃皇祐三年。　浙江青田
石門洞王起題名正書。皇祐五年寒食。　浙江青田
屯村報恩寺題名殘刻正書。至和元年。　江蘇吳縣
隱山蘇安世等題名正書。二年正月二日，當宋至和二年。　廣西臨桂

雉山蘇安世等題名正書。乙未三月。　廣西臨桂

鐫智者大師等象記正書。至和二年九月。　廣西臨桂

靈巖寺劉異等題記劉拱正書。至和三年三月。　陝西郃陽

官山塋界碑正書。嘉祐二年七月。　浙江山陰

仙都山沈紳題名八分書。嘉祐二年。　浙江縉雲

無錫縣學記章望之撰，正書。嘉祐三年。　江蘇無錫

高陽洞舜功等題名正書。嘉祐三年授衣日。　浙江處州

華景洞蕭固等題名行書。嘉祐三年八月。　廣西臨桂

華陽洞吴組等題名正書。嘉祐三年仲冬。　廣西臨桂

僧彦脩艸書石刻《肚痛帖》、《寄邊衣詩》、《入洛詩》。嘉祐三年十月，計二石。　陝西長安

三賢堂贊劉敞撰，正書。嘉祐四年重陽日。

龍隱巖余靖等題名趙璞正書。嘉祐五年。　廣西臨桂

石門洞陳經題名正書。慶曆改元後廿年，乃嘉祐五年。　浙江青田

石經殘碑篆正二體書。嘉祐六年，計《易》、《書》、《詩》、《春秋》、《禮記》、《周禮》六經，共三百十二紙，每紙八行，行十字。　江蘇山陽丁氏宋本

石經禮記中庸殘碑篆正二體書。嘉祐六年，在東岳廟内。　河南祥符

華景洞李師中題名篆書。嘉祐六年正月。　廣西臨桂

龍隱岩李師中詩刻正書。無年月，坿此。　廣西臨桂

石門山陳道古題名八分書。嘉祐六年二月。　浙江青田

勸農事文正書。嘉祐六年六月。　廣西臨桂

北岳廟司徒顔題名正書。嘉祐六年七月。　直隸曲陽

龍隱巖宋頌李師中撰，陳愔正書。嘉祐七年六月。　廣西臨桂

鍾信等龍門題名孫世文題，正書。嘉祐七年十月。　河南洛陽

嘉祐專文正書。嘉祐八年。　浙江雲和

山陰縣新建廣陵斗門記張燾撰並正書。嘉祐八年十月。　浙江山陰

雉亭詩黄照撰，正書。甲辰仲春乃治平元年。　廣西臨桂

王一娘造象記正書。治平元年五月。　江蘇

雉山孔延之等題名正書。治平元年臘後一日。　廣西臨桂

黄君祥題名正書。治平二年四月。　江蘇上元

伏波巖陸詵等題名余藻行書。治平二年立夏後二日。　廣西臨桂

靈慶祠鄭惟幾等題名正書。治平三年八月。在鹽池靈慶公碑側。	山西安邑
天開巖張稚圭題名正書。治平四年。	江蘇上元
自龍隱巖泛舟至稚山詩刻章峴撰，正書。治平四年季春。	廣西臨桂
龍隱巖張田詩刻正書。治平四年六月題，政和甲午三月孫光祖重書。	廣西臨桂
句漏洞王越石詩刻陳階正書。治平四年十月。	廣西臨桂
隱山沈起等題名行書。治平四年仲冬十二日。	廣西臨桂
大重院碑正書。治曆三年丁未，當宋治平四年。	日本東山道青森縣
穆得臣等題名正書。熙寧元年三月。	浙江山陰
石門山李惟賓題名正書。熙寧元年九月。	浙江青田
孫琪等題名正書。熙寧元年十二月。	浙江會稽
孫琪等題名正書。熙寧二年二月。	浙江會稽
孫覺等題名正書。熙寧二年二月。	浙江山陰
轉度運使以下禱雨題名行書。熙寧二年五月。	
伏波山章峴崔靜唱和詩正書。己酉仲冬乃熙寧二年。	廣西臨桂
三天洞包廓等題名正書。熙寧三年九月晦日。	安徽宣城

石門洞王延老題名正書。辛亥三月，乃熙寧四年。　浙江青田
寶華山似榘等題名正書。熙寧五年閏二月初十日。　廣西臨桂
龍洞蔣之奇觀海題名行書。壬子，乃熙寧五年。　江蘇海州
伏波巖達夫等題名正書。熙寧五年八月。　廣西臨桂
九曜石米黻詩刻行書。熙寧六年七月，在仙掌石旁。　廣東南海
王安脩題名正書。熙寧六年，在《晉祠銘》碑陰。　山西太原
逖武襄祭文神宗御製，宋敏求正書。熙寧六年十一月。
迴穴張覲等題名許彦光正書。熙寧六年。　廣西臨桂
高陽洞沈括等題名正書。熙寧六年十二月。　浙江處州
石門洞沈括題名正書。熙寧六年十二月。　浙江青田
石門山崔堯封題名正書。甲寅四月，乃熙寧七年。　浙江青田
石門山劉誼題名正書。熙寧七年五月。　浙江青田
龍隱巖周應期等題名正書。熙寧七年六月八日。　廣西臨桂
風洞張覲等題名正書。熙寧七年六月。　廣西臨桂
晁端彦題名正書。熙寧七年九月。　浙江會稽

千佛岩王㝅題名正書。熙寧七年九月。　江蘇上元

天開岩韓宗厚等題名正書。熙寧七年九月。　江蘇上元

華景洞閻紳等題名行書。熙寧七年孟冬。　廣西臨桂

處士吴浹墓誌銘堂弟卑撰，弟桓正書。熙寧七年十月。　浙江雲和

林公石牀詩刻行書。甲寅。《粤西金石畧》考爲熙寧七年。　廣西富川

三鈷寺門碑正書。承保元年，當宋熙寧七年。　日本西京府西山

張百藥等題名正書。熙寧八年四月。　陝西畧陽

白龍洞李時亮詩刻行書。熙寧八年。　廣西臨桂

韓魏公墓誌銘陳薦撰，宋敏求正書。熙寧八年。　江蘇仁和韓氏藏本

南明山王廷老題名正書。熙寧八年五月。　浙江處州

石門山王廷老題名正書。無年月，坿此。　浙江青田

南明山石梁崔堯封題名正書。熙寧八年。　浙江處州

高陽洞劉輔之題名正書。乙卯六月，乃熙寧八年。　浙江處州

南明山晁端彦題名正書。乙卯閏月，乃熙寧八年。　浙江處州

南明山石梁晁端彦題名正書。無年月，坿此。　浙江處州

高陽洞董經臣等題名正書。熙寧九年五月。　浙江處州

問答孫韓二真人仙客詩艸書。熙寧九年九月。　陝西耀州

姜君妻史夫人墓誌銘胡志忠撰，姚原古正書。熙寧十年九月。　江蘇泰州

石門洞張靚題名正書。無年月，當在熙寧間。　浙江青田

東嶽廟甃蓮盆鄭德並妻林三十一娘題字正書。元豐元年正月，兩盆題字年月並同。　福建侯官

禹穴程師孟題名正書。元豐元年清明日。　浙江會稽

靈巖寺劉忱等題名正書。元豐元年七月。　陝西郘陽

陽明洞程宏等題名正書。元豐元年。　浙江會稽

龍隱巖朱子美等題名正書。元豐初年六月。　廣西臨桂

雉山張頡等題名正書。元豐元年八月。　廣西臨桂

龍隱巖張頡等題名正書。元豐元年八月。　廣西臨桂

曾公巖記並唱和詩劉誼撰，正書。元豐元年九月。　廣西臨桂

黄茅岡東坡詩刻並題名正書。元豐元年九月。　江蘇銅山

陽明洞李皇臣等題名正書。元豐二年仲春。　浙江會稽

開福寺知冀州蓚縣事常諤臣修塔記常諤臣正書。元豐元年五月十日。　直隸景州

迴穴曾布等題名正書。元豐二年五月。　廣西臨桂

疊采山曾布等題名正書。元豐二年六月三日。　廣西臨桂

伏波巖曾布等題名正書。元豐二年六月三日。　廣西臨桂

水月洞曾布等題名正書。元豐二年中秋。　廣西臨桂

中隱山劉宜父等題名正書。元豐二年八月。　廣西臨桂

金剛經蘇軾正書。元豐三年。原二石，已缺其一，乾隆五十三年翁方綱補書。　江西臨江

雉山陳倩等題名正書。元豐三年十二月。　廣西臨桂

伏波巖陳倩等題名王軾記，正書。元豐三年十二月。　廣西臨桂

劉氏義門額並記趙抃記，正書。元豐四年二月。今碑字已漫滅，僅存其額。　浙江上虞

雉山君美等題名李時亮題，行書。元豐四年孟夏。　廣西臨桂

豹山潛德巖三字林通正書。元豐四年八月。　廣西富川

石門洞三字摩崖正書。元豐五月。　浙江青田

弟一山蔣之奇題名正書。元豐六年四月十五日。　安徽盱眙

留題融州老君巖詩劉誼撰，正書。元豐六年七月。　廣西融縣

天梯嶺開路題字行者載昌記，正書。元豐六歲。　浙江處州

天梯嶺方便二字摩崖正書。元豐六年。　浙江處州

邢平等題名行書。元豐七年正月八日，在《晉祠銘》碑陰。　山西太原

明州長史王説墓誌舒亶撰，杜侹正書。元豐九年三月，道光己亥出土。　浙江鄞縣

丁竦等題名正書。無年月。案：嘉泰《會稽志》竦以元豐二年十二月知州事，四年十二月替，故坿此。　浙江會稽

石門洞裴維甫題名行書。無年月。案：咸淳《臨安志》維甫杭人，登嘉祐四年進士。《温州府志·職官表》載維甫元豐間任永嘉令。坿此。　浙江青田

雉山李孝忠等題名行書。元祐二年九月七日。　廣西臨桂

文明寺米元章等題名行書。戊辰暮春，乃元祐三年。　江蘇陽湖

安武軍節度使郝質夫人朱氏墓誌銘朱嬰撰並正書。元祐三年十一月。　河南

龍洞王華曜等題名行書。元祐四年三月。　江蘇海州

白龍洞苗子居等題名闞蔚宗題，正書。元祐四年二月。　廣西桂林

介神廟詩刻張商英撰，正書。元祐四年三月。　山西介休

王説妻李夫人墓誌吴矜撰，樓光正書。元祐五年。　浙江鄞縣

重脩周孝侯廟碑沃彦撰，劉明仲正書。元祐六年正月。　江蘇宜興

雉山孫覽等題名行書。元祐六年三月。　廣西臨桂

王摩詰畫竹題字游師雄題，王箴正書。元祐六年冬至。　陝西鳳翔
平鄉縣令廳壁題名碑謝敬撰，正書。元祐七年十月。　直隸平鄉
鄉貢明經孔師祖墓誌銘王若撰，孔宗哲正書。元祐七年十一月。　山東曲阜
太常少卿石輅墓誌杜純撰，晁補之正書。元祐八年十月。　山東日照丁氏藏本
重脩周公廟賦王□撰並正書。元祐八年十二月。　陝西岐山
耀州脩州學記李注記，俞次皋正書。元祐九年三月。　陝西耀州
則功德主□塔記正書。紹聖元年。　直隸曲陽
北岳廟孫敏行題名正書。紹聖元年八月。　直隸曲陽
龍隱巖盧約等題名正書。紹聖二年初伏。　廣西臨桂
蔣穎叔詩帖行書。紹聖二年八月。　江蘇宜興
龍隱巖胡宗回等題名正書。紹聖二年季秋。　廣西臨桂
白龍洞盧潛禮等題名正書。紹聖二年九月。　廣西臨桂
晉祠王脩題名正書。紹聖二年十月初二日，在《晉祠銘》碑陰。　山西太原
劉仙巖唐少卿遇仙記正書。紹聖三年正月。　廣西臨桂
琵琶泓詩楊模撰，正書。紹聖三年三月。　廣西臨桂

三巖寺劉涇題名正書。紹聖三年重九。　浙江處州
伏波巖胡宗回等題名胡義脩題，正書。紹聖三年十月。　廣西臨桂
迴穴梁才甫題名正書。紹聖三年十二月。　廣西臨桂
弟一山吕嘉問題名正書。紹聖四年三月。　安徽盱眙
伏波巖譚掞等題名正書。紹聖四年孟秋。　廣西臨桂
石門洞程實題名正書。紹聖四年。　浙江青田
米芾南明山題字行書，復有劉涇贊並行書。紹聖四年。　浙江處州
青田縣崇道觀慕仙銘劉涇正書。紹聖四年。　浙江處州
石門洞劉涇謝雨題名正書。紹聖四年。　浙江青田
南明山石梁張康國題名正書。紹聖□□。　浙江處州
三巖方塽等題名正書。元符元年仲秋。　浙江處州
樂圃先生墓表米芾撰並行書。元符元年。　江蘇吴縣
龍隱巖畱怙等題名正書。元符二年正月。　廣西臨桂
伏波巖程子立等題名正書。元符二年孟夏。　廣西臨桂
潛珍洞許端卿等題名行書。元符三年五月。　廣西臨桂

元風洞程節題名正書。元符二年五月。廣西臨桂
屏風巖許中甫題名正書。庚辰六月，即元符三年。廣西臨桂
清秀山杜唐臣等題名正書。元符三年八月。廣西臨桂
列女蔣氏塚西觀寺碑正書。元符三年中秋，前刻「蘇頲撰神道碑」，後刻「王端禮記」。廣西富川
龍隱巖余夢錫題名正書。建中靖國元年仲春。廣西臨桂
伏波巖程節等題名正書。辛巳清明前二日，乃建中靖國元年。廣西臨桂
龍隱巖程節等題名正書。建中靖國元年寒食日。廣西臨桂
冷水巖許慶等題名正書。辛巳季春，乃建中靖國元年。廣西臨桂
迴穴許元善等題名正書。辛巳季夏，乃建中靖國元年。廣西臨桂
龍隱巖米芾詩刻行書。建中靖國元年。廣西臨桂
千佛巖趙襄杜侄題名正書。建中靖國元年八月。江蘇上元
白虎山郡守余授等題名正書。建中靖國元年重九日。江蘇海州
孔望山龍洞余授張勵題名正書。建中靖國元年十月八日。江蘇海州
龍隱岩譚掞等題名行書。辛巳臘，乃建中靖國元年。廣西臨桂
弟一山陳敏等題名殘字正書。崇寧元年二月。安徽盱眙

弟一山李夷行等題名正書。崇寧元年六月。　安徽盱眙

雉山程子立等題名行書。崇寧元年季夏。　廣西臨桂

雉山高士勤許賔題名正書。崇寧元年七月。　廣西臨桂

蔡卞書經偈行書。崇寧元年十一月。　山東長清

龍隱巖程節讀米南宮詩作李彥弼正書。崇寧元年。　廣西臨桂

龍隱巖程節喜神讃李彥弼撰，正書。無年月，坿此。　廣西臨桂

王氏雙松記晁説之撰，晁詠之正書。崇寧二年。

周延陵季子碑錢景瞻行書。崇寧二年四月。　江蘇江陰

石夷吾等樓觀題名正書。崇寧二年十二月。　陝西盩厔

雉山程建題名行書。崇寧三年清明前一日。　廣西臨桂

弟一山盧陵毛□等題名張□□行書。崇寧三年。　安徽盱眙

弟一山許彥等題名正書。崇寧三年十月。　安徽盱眙

弟一山王正彥等題名正書。崇寧四年三月。　安徽盱眙

龍隱巖王若愚題名正書。崇寧五年。　廣西臨桂

孝堂山郭革脩柱及石牆記正書。崇寧五年七月。　山東肥城

富丞相登大象閣詩于巽記並正書。大觀元年正月。 陝西耀州

孫敏行等題記正書。大觀元年三月。 陝西郚陽

顯慶祠董宗師等題記行書。大觀元年四月。 山西安邑

清秀山王若愚等題名張莊正書。大觀元年五月。 廣西臨桂

楊公持題名正書。大觀元年，在鬱林觀東岩下。 江蘇海州

鬱林觀東壁石曼卿詩刻譚亨甫刻並題，正書。大觀元年。 江蘇海州

旌賢崇梵院牒 陝西藍田

八行八刑條制碑正書。大觀元年十二月。山東臨朐、城武、章邱、河南滎陽、湖南常德、湖北興國均有此碑。

雉山鄱陽程□等題名行書。大觀二年正月。 廣西臨桂

李公紀題名行書。大觀二年孟冬。 浙江山陰

方子元等探禹穴題名行書。大觀三年季春。 浙江山陰

寶勝院朱日初造塔記正書。大觀三年六月。

清秀山公輔等題名正書。大觀四年清明前六日。 廣西臨桂

屏風山程公岩記侯彭老撰，趙岍行書。大觀四年八月。 廣西臨桂

武功縣男郭景脩墓誌王允中撰，趙令高正書。大觀四年閏八月。　山東
龍洞蘇子駿等題名田升之正書。大觀四年閏八月。　江蘇海州
雉山張子脩等題名正書。大觀四年九月。　廣西臨桂
思武堂記魯百能撰並行書。無年月。碑記高公純建堂事，公純以大觀四年知平定州，故列此。　山西平定
白龍洞公輔等題名行書。政和元年季春。　廣西臨桂
弟一山周可南等題名正書。政和元年。　安徽盱眙
孔望山西巖王舜文等題名田升之正書。政和元年八月。　江蘇海州
纂風鎮福聖院結界記釋元照記，行書。政和七年十月。　浙江上虞
隱山陳仲宜等題名唐懋題，正書。政和元年仲冬。　廣西臨桂
白龍洞唐進德題名行書。政和二年三月。　廣西臨桂
雉山杜賢萬等題名正書。政和二年五月。　廣西臨桂
風洞王先之等題名正書。政和二年季秋。　廣西臨桂
修普濟寺記曹景儉撰，王𢡊行書。政和二年孟冬。　陝西澄城
雉山謝勳等題名行書。政和三年孟春。
北岳廟馮澤題名正書。政和三年九月。　直隸曲陽

□州棧閣脩橋路記林高撰，錢□正書。政和四年三月九日。 廣西全州
解□造羅漢象題記正書。政和四年五月。 直隸行唐
重脩五仙祠記張勱撰，行書。政和四年十月。 廣東南海
鼓山陳紹夫等題名正書。政和五年三月。 福建閩縣
弟一山黃汝立等題名正書。政和五年四月。 安徽盱眙
攝山施安中題名行書。政和五年秋。 江蘇江甯
龍門江忠等題名正書。政和五年十一月。 河南洛陽
千佛巖姜安中題名正書。政和五年孟冬。 江蘇上元
千佛巖徐君瑞等題名正書。政和五年仲冬。 江蘇上元
伏波巖李端臣獨游題名正書。乙未元日，乃政和五年。 廣西臨桂
清秀山端臣獨遊題名行書。無年月，坿此。 廣西臨桂
建築隆兊州記李彥弼撰並正書。政和五年八月。 廣西臨桂
弟一山孫彥成等題名正書。政和六年二月。 安徽盱眙
雉山李端臣題名行書。政和六年季秋。 廣西臨桂
千佛巖述夫等題名正書。丙申中秋，乃政和六年。 江蘇上元

陳明叟墓誌銘陳宜之撰，正書。政和七年四月。　河南

千佛巖徐禋題名正書。政和七年四月。　江蘇上元

攝山曾和遠等題名正書。政和七年。　江蘇上元

陳寂之墓誌兄寧之撰，正書。政和七年四月。

伏波巖劉秉文題名行書。政和七年。　廣西臨桂

元風洞曹邁等題名李彩霄行書。政和七年七月。　廣西臨桂

棲霞洞曹邁等題名行書。丁酉七夕前三日，乃政和七年。　廣西臨桂

李遠墓誌胡松年撰，綦執禮正書。政和七年七月。

李端臣同曹聖延遊風，洞及七星觀詩李昆甫行書。政和七年七月二十七日。　廣西臨桂

冷水岩銘李彥弼撰，李昆青行書。政和七年。　廣西臨桂

神妃娘娘廟香罏題字正書。政和七年孟秋，後有「元延祐元年季春刻」字。　直隸元氏

千佛巖項德□等題名正書。政和八年。　江蘇上元

千佛巖殘題名正書。政和八年三月。　江蘇上元

通判海州劉居實宿海清宫題名行書。重和二年仲春十一日。　江蘇海州

千佛巖龐持正題名正書。重和二年□月十三日。　江蘇上元

千佛無㝵熙叟等題名正書。重和□年□月。 江蘇上元

千佛巖彦淵等題名正書。宣和元年四月。 江蘇上元

千佛巖管邦惠等題名正書。宣和元年。 江蘇上元

千佛巖章柄王量等題名正書。宣和元年孟夏。 江蘇上元

千佛巖邵樽題名正書。宣和元年三月。 江蘇上元

伏波巖劉鎡等題名行書。宣和元年六月。 廣西臨桂

天開巖趙士騶題名正書。宣和元年八月。 江蘇上元

仙樂雲篆記御書。政和七年，宣和元年刻。 陝西耀州

千佛巖王瑒題名正書。宣和二年正月。 江蘇上元

伏波巖毛子嘉等題名行書。宣和二年六月。 廣西臨桂

白虎山知州事張叔夜題名正書。宣和二年重陽。 江蘇海州

藏春洞陽翟王元道等題名篆書。宣和二年十二月。 安徽建德

藏春洞王元道等題名行書。宣和□□臈月。 安徽建德

華巖經藏發願文李構記，正書。宣和三年十月。 陝西咸甯

三明寺妙嚴殿記李桓撰，劉用之正書。宣和三年。

碑陰張嵩撰，沙門法暉正書。

蘇文忠公畫竹刻石宣和三年冬至。 江蘇沛縣

劉仙巖養氣湯方呂渭記，正書。宣和四年上巳。 廣西臨桂

鼓山俞師直等題名正書。宣和四年四月。 福建閩縣

天慶禪院住持達大師塔記正書。宣和五年十一月。 河南洛陽

南明山程志行題名行書。宣和六年首夏。 浙江處州

屏風山蔡懌等題名正書。宣和六年八月。 廣西臨桂

棲霞洞蔡懌等題名正書。宣和六年八月。 廣西臨桂

伏波巖蔡懌等題名行書。宣和七年季春。 廣西臨桂

勅封嘉潤侯牒正書。宣和七年。 山西浮山

伏波巖練山甫題名正書。宣和七年。 廣西臨桂

千佛巖張述夫等題名正書。政和七年仲夏。 江蘇上元

弟一山高元亮題名行書。靖康元年正月。 安徽盱眙

碧雲洞詩刻正書。靖康元年上巳。 廣西富川

伏波巖呂成之題名行書。靖康元年季夏。 廣西臨桂

蒙亭唱和詩張洵、尚用之、吕源、季昇之、葉宗諤正書。靖康改元季夏。　廣西臨桂

清秀山明叔等題名正書。靖康改元五月。　廣西臨桂

米芾畫佛行書。無年月。明知淮安府陳文刻燭。　江蘇山陽

損之等遊龍興山寺殘題名篆書。年月泐。　江蘇海州

千佛巖莫伯輿題名正書。丁酉三月。　江蘇上元

千佛巖莫伯秩題名正書。丁酉五月。　江蘇上元

千佛巖林箎題名正書。丁酉二月。　江蘇上元

千佛巖曹明遠題名正書。戊戌閏月。　江蘇上元

千佛巖胡恢題名篆書。無年月。　江蘇上元

千佛岩沈述師題名篆書。無年月。　江蘇上元

道士羅拱辰題名正書。無年月。　浙江會稽

石門洞祝公明等題名正書。無年月。　浙江青田

迦諾迦伐蹉尊者象並黄庭堅書題郭熙畫秋山詩行書。無年月，俗名《放光碑》。　江蘇溧水

玉乳泉井闌題字陳堯佐八分書。無年月。　江蘇丹陽

野老泉三字摩崖正書。無年月，相傳爲東坡書。　江西都昌

南宋

施園地記釋宗紹正書。建炎二年六月。　廣西臨桂
屛風山周與道等題名行書。建炎二年十月。　廣西臨桂
屛風山鄧公衔題名行書。建炎二年天寧節。　廣西臨桂
龍隱岩尹温叔題名正書。建炎四年六月。　廣西臨桂
弟一山黄裘等題名正書。建炎四年。　安徽盱眙
七星岩何勉之題名正書。紹興元年清明。　廣東高要
靈泉寺碑記王安中撰並正書。紹興二年四月。　廣西柳州
戒石銘並詔諭太宗御製銘，黄庭堅正書，高宗詔諭行書。紹興二年七月。　廣西梧州
休甯縣明倫堂記鄒補之記並八分書。紹興四年。　安徽休甯
元風洞少隱題名正書。紹興四年七月。　廣西臨桂
冷水岩劉彦適等題名行書。紹興四年七月。　廣西臨桂
讀書岩董弅錢孫觀題名行書。紹興四年十月。　廣西臨桂
伏波岩孫覿題名正書。紹興四年十月。　廣西臨桂

龍隱岩少隱等題名正書。紹興五年三月。　廣西臨桂

高宗賜呂頤浩勑及頤浩劄子勑行書，劄子正書。無年月，後有嘉定十四年呂昭亮及明永樂四年楊士奇跋，稱此勑賜於紹興五年。　浙江上虞連氏家藏

棲霞洞龍躍等題名正書。紹興六年上元。　廣西臨桂

雉山唐孝稱題名正書。紹興六年重九日。　廣西臨桂

朱近買地券正書。紹興九年十一月。　安徽

贈少保汪澥神道碑汪藻撰，吴悦正書。紹興九年。　江蘇丹徒

禹跡圖正書。元符三年正月，紹興十二年十一月重校立。

重刻李陽冰當塗縣三大字篆書。紹興十四年。　安徽當塗

瓦版藥師經正書。天養元年，當宋紹興十四年。　日本西京府山城國

龍隱岩元壽題名正書。紹興十六年寒食前二日。　廣西臨桂

無錫縣學記李彌正撰並正書。紹興十六年十一月。　江蘇無錫

七星山張淵道等題名正書。紹興十八年六月。　廣西臨桂

龍隱岩張淵道等題名正書。紹興十八年六月。　廣西臨桂

龍隱岩汪恪等題名正書。紹興十八年六月。　廣西臨桂

伏波岩劉昉等題名正書。紹興十八年六月。　廣西臨桂

冷水岩汪恪等題名正書。紹興十八年六月。　廣西臨桂

雉山劉方明題名正書。紹興十八年六月。　廣西臨桂

伏波岩劉方明題名正書。紹興十八年十月。　廣西臨桂

劉仙岩張平叔真人贈劉道人歌張仲宇正書。紹興十八年歲除日。　廣西臨桂

劉彦登等題名八分書。紹興十九年二月。　廣西臨桂

劉仙岩路質夫等題名正書。紹興十九年二月。　廣西臨桂

司馬温公書家人卦八分書。紹興十九年重午，司馬備刻並記。　廣西臨桂

龍隱岩方滋題名正書。紹興十九年。　廣西臨桂

劉仙岩郭顯卜築題名棲霞子正書。紹興十九年。　廣西臨桂

劉仙岩李師中留題並曹輔梁子美和詩正書。紹興十九年。　廣西臨桂

劉仙岩郭顯砌岩記正書。紹興二十年。　廣西臨桂

伏波岩劉淪題名行書。紹興二十年。　廣西臨桂

龍隱岩唐逢堯題名行書。紹興二十一年六月。　廣西臨桂

鼓山林槐老等題名正書。紹興二十一年重九日。　福建閩縣

劉仙岩感應頌海庵老人撰，正書。紹興二十二年四月。　廣西臨桂

劉仙岩佘先生還丹歌覺真道人行書。紹興二十二年。　廣西臨桂

劉仙岩贈佘公老人詩趙夔撰，行書。紹興二十二年六月。　廣西臨桂

龍隱岩王次張等題名八分書。紹興二十二年。　廣西臨桂

基衡室安倍宗任女墓碑正書。仁平二年，當宋紹興二十二年。　日本東山道青森縣

夫子杏壇圖正書。紹興二年十月，孔宗壽記。紹興二十四年上元日，何先覺重刻。　廣西横州

穿雲岩題字唐德正正書。紹興二十四年二月。　廣西臨桂

劉仙岩詩刻呂愿忠撰，行書。紹興二十四年季春。　廣西臨桂

中隱岩呂愿忠等題名行書。紹興二十四年季春。　廣西臨桂

中隱岩呂愿忠詩刻行書。紹興二十四年季春。　廣西臨桂

白龍洞呂愿忠詩刻行書。紹興二十四年季春。　廣西臨桂

清秀岩呂愿忠詩刻行書。紹興二十四年季春。　廣西臨桂

華陽洞呂愿忠詩刻行書。紹興二十四年季春。　廣西臨桂

呂愿忠游隱山六洞詩刻正書。紹興二十四年季春。　廣西臨桂

玩珠岩任續呂愿忠唱和詩正書。紹興二十四年。　廣西臨桂

贈檢校少保王德神道碑傅雱撰，楊□□正書。紹興二十四年。　江蘇上元

永州新學門記張浚撰，正書。紹興二十四年。　湖南

鼓山趙仲承等題名王叔濟題，正書。紹興二十五年仲春。　福建閩縣

窰户趙成造專文正書。紹興二十五年四月八日。　江蘇丹徒

温泉薛球題名正書。紹興二十五年□夏十五日。　陝西臨潼

孔子行教圖贊記□宗皇帝贊，何先覺記，正書。紹興二十五年三月。　廣西横州

冷水岩盧約等題名行書。紹興二十五年初伏。　廣西臨桂

龍洞曾孝藴題名正書。紹興二十六年正月。　江蘇海州

石門洞虞似平題名行書。紹興二十六年季春。　浙江青田

石門洞謝伋詩刻正書。紹興二十六年。　浙江青田

仙都山虞似平題名正書。紹興二十六年。　浙江縉雲

伏波岩張璩等題名正書。紹興二十六年末伏。　廣西臨桂

龍隱岩王孝先題名正書。紹興二十六年十月。　廣西臨桂

棲霞洞張好禮等題名正書。紹興二十七年正月。　廣西臨桂

劉季高題名正書。紹興二十七年六月。　江蘇上元胡氏藏石

仙都山虞似平重游題名正書。紹興二十七年。　浙江縉雲
藥水岩□欽題刻正書。紹興二十九年二月。　陝西郘陽
桂林盛事記張仲宇記，梁材正書。紹興二十九年七月。　廣西臨桂
梁弼直祈雨記正書。紹興三十二年夏。　廣西荔浦
棲霞洞王輔之題名八分書。隆興初元七月。　廣西臨桂
老君洞張説詩刻行書。隆興元年九月。　廣西融縣
龍隱岩劉文舉等題名姪思存正書。隆興元年。　廣西臨桂
弟一山隆興癸未殘題名行書。　安徽盱眙
適野亭記范榮撰，行書。隆興二年八月。　江蘇海州
吴梓題記正書。隆興二年。　浙江山陰
伏波洞鄭子禮題名行書。隆興二年中秋。　廣西臨桂
劉仙岩張惟等題名行書。乾道元年九月。　廣西臨桂
伏波岩林得之等題名行書。乾道元年臘月。　廣西臨桂
程公岩張安國詩刻艸書。乾道二年六月。　廣西臨桂
水月洞張孝祥題名行書。乾道二年。　廣西臨桂

劉仲遠畫象贊張孝祥撰，行書。乾道二年。　廣西臨桂

張孝祥朝陽亭詩艸書。無年月。　廣西臨桂

棲霞洞張孝祥張維唱和詩行書。無年月。　廣西臨桂

鼓山王瞻叔題名行書。乾道三年暮春。　福建閩縣

龍隱岩孫師聖題名八分書。乾道三年六月。　廣西臨桂

屏風山李似之題名正書。乾道三年，後有「明年七月再至」題字。　廣西臨桂

張公洞記張維撰，八分書。乾道三年十二月。　廣西臨桂

碧雲岩趙善政題字正書。乾道五年二月。　廣西富川

諸葛武侯祠記張栻撰，正書。乾道五年二月。　湖南衡陽

通濟堰碑並堰規范成大行書。乾道五年四月。　浙江麗水

伏波岩宋公玉題名行書。乾道五年六月。　廣西臨桂

潛洞尹壽卿題名正書。乾道五年中元。　廣西臨桂

伏波岩劉舜舉題名正書。庚寅三月，乃乾道六年。　廣西臨桂

龍隱岩朱紱等題名正書。壬辰三月，乃乾道八年。　廣西臨桂

中隱山福緣寺脩造記僧祖華記，僧日隆正書。乾道九年上元。　廣西臨桂

靈岩山石幢題字行書。乾道九年十一月。　江蘇吴縣

棲霞洞章潭等題名正書。乾道九年。　廣西臨桂

屏風山范成大題名行書。淳熙元年。　廣西臨桂

棲霞洞鄭少融題名行書。淳熙元年。　廣西臨桂

棲霞洞萬必達題名正書。淳熙元年仲秋。　廣西臨桂

中隱山鄭少融題名行書。淳熙元年仲秋後三日。　廣西臨桂

屏風山夏彦鴻題名正書。淳熙元年仲秋。　廣西臨桂

伏波洞秦舜卿題名正書。淳熙元年重陽。　廣西臨桂

讀書岩常恭題名行書。淳熙元年冬。　廣西臨桂

棲霞洞范至能題名行書。淳熙二年。　廣西臨桂

水月洞張敬夫題名行書。淳熙二年中秋日。　廣西臨桂

伏波岩王千秋題名行書。淳熙三年三月。　廣西臨桂

白龍洞李景亨題名八分書。淳熙三年立夏日。　廣西臨桂

静江府虞帝廟碑朱熹撰，吕勝己八分書。淳熙三年四月。　廣西臨桂

龍隱洞李景亨等題名行書。淳熙四年。　廣西臨桂

賈遵祖真儒岩詩刻正書。淳熙五年中春。　廣西臨桂

隱山廖重能題名行書。淳熙五年六月。　廣西臨桂

平重盛公墓誌正書。治承三年，當宋淳熙五年。　日本畿内道兵庫縣

冷水岩張拭題名行書。淳熙五年閏六月。　廣西臨桂

隱山詹體仁題名正書。淳熙五年閏月。　廣西臨桂

隱山黃德琬題名正書。淳熙五年仲秋。　廣西臨桂

鄭國公何德揚神道碑正書。淳熙六年。　浙江慶元

棲霞洞楊絳詩刻行書。淳熙七年上元。　廣西臨桂

龍隱岩劉焴題名行書。淳熙七年六月。　廣西臨桂

彈子岩梁安世題名行書。淳熙七年中秋日。　廣西臨桂

棲霞洞梁安世詞行書。淳熙七年重九。　廣西臨桂

天開岩趙伯晟題名正書。淳熙七年九月。　江蘇上元

宿攝山偶成詩趙伯晟撰，正書。淳熙七年重陽後三日。　江蘇上元

弟一山趙師睪等題名八分書。淳熙七年十二月。　安徽盱眙

潛洞王清叔題名正書。淳熙八年。　廣西臨桂

冷水岩梁安世題名行書。淳熙八年立秋後一日。　廣西臨桂

屏風山梁安世詩刻行書。淳熙八年立秋後一日。　廣西臨桂

彈子岩徐夢莘詩刻行書。淳熙八年仲秋。　廣西臨桂

彈子岩梁安世乳牀賦行書。淳熙八年長至。　廣西臨桂

弟一山洙泗時佐題名八分書。淳熙八年季冬。　安徽盱眙

儀制令刻石正書。淳熙八年。　陝西畧陽

隱山王正己題名正書。淳熙九年六月。　廣西臨桂

宗室不沴墓誌銘楊興宗撰，正書。淳熙九年。

彈子岩熊飛題名篆書。淳熙九年莫秋。　廣西臨桂

讀書岩王維則題名行書。淳熙十年七月。　廣西臨桂

弟一山余端禮等題名八分書。淳熙十年。　安徽盱眙

弟一山臨安錢沖之等題名行書。淳熙十年。　安徽盱眙

弟一山趙不流題名正書。淳熙十年十月。　安徽盱眙

弟一山陳居仁等題名行書。淳熙十一年正月。　安徽盱眙

伏波岩詹儀之題名正書。淳熙十一年季春。　廣西臨桂

雉山胡彦温等題名行書。淳熙十一年五月。　廣西臨桂
弟一山章森詩刻行書。淳熙十一年十月。　安徽盱眙
彈子岩詹體仁等題名正書。淳熙十二年正月。　廣西臨桂
彈子岩李滋書聯語篆書，欵八分書。淳熙十二年。　廣西臨桂
虞山詹體仁等題名行書。淳熙十二年九月。　廣西臨桂
龍隱岩詹儀之題名正書。淳熙十三年十月。　廣西臨桂
鼓山朱熹題名行書。淳熙十四年。　福建閩縣
隱山詹儀之題名正書。淳熙十四年二月。　廣西臨桂
上虞縣重脩學記豐誼撰，潘友端正書。淳熙十四年六月。　浙江上虞
隱山詹儀之題名正書。淳熙十四年七月。　廣西臨桂
隱山劉愈題名正書。淳熙十四年。　廣西臨桂
水月洞詹儀之題名行書。淳熙十五年四月。　廣西臨桂
鍾山趙希堅等題名正書。淳熙十六年。　江蘇上元
夫子象賛毛友賛，毛恕記，正書。淳熙十六年六月。　廣西融縣
慈明禪師象賛六世孫守詵記，正書。淳熙十六年季夏。　廣西全州

弟一山天台謝深甫等題名正書。淳熙十六年七月二十七日。安徽盱眙
須菩提象記住山守詵記，正書。淳熙十六年七月。廣西全州
淳熙殘題名正書。在玻璃泉，僅存十餘字。安徽盱眙
水月洞吴宗旦等題名正書。紹熙改元。廣西臨桂
弟一山宋之瑞等題名正書。紹熙二年四月。安徽盱眙
石門洞陳公權題名行書。紹熙二年。浙江青田
弟一山□□詩刻行書。紹熙二年八月十二日。安徽盱眙
弟一山郭正□□等題名正書。紹熙三年。安徽盱眙
藏春洞趙□黄沐等題名正書。紹熙四年仲春。安徽建德
弟一山倪思正等題名行書。紹熙四年。安徽盱眙
紹熙癸丑殘題名行書。在玻璃泉。安徽盱眙
弟一山□□詩刻行書。紹熙四年四月。安徽盱眙
儀鳳橋石柱趙充夫嗣秀王等題名正書。紹熙四年九月。浙江烏程
水月洞張釜題名八分書。紹熙五年正月。廣西臨桂
石門洞鄭挺等題名正書。紹熙五年。浙江青田

朱晞顔還珠洞詩刻正書。紹熙五年重午後廿日。　廣西臨桂
龍隱岩千葉梅唱和詩朱希顔唱，胡□劉袞和，劉袞行書。紹熙五年長至。　廣西臨桂
華陽洞游九言題名正書。慶元元年。　江蘇句容
弟一山東平劉荀等題名正書。慶元元年正月。　安徽盱眙
朱希顔石木詩刻正書。慶元元年。　廣西臨桂
白龍洞朱希顔胡長卿唱和詩行書。慶元改元。　廣西臨桂
蘇文忠公贈文長老三詩行書。慶元元年五月。　浙江秀水
彈子岩朱希顔詩刻行書。慶元改元。　廣西臨桂
石屏記洪邁撰並行書。慶元元年九月，後有「十月望朱希顔跋」。　廣西臨桂
元巖陳讜題名行書。乙卯仲冬，乃慶元元年。　廣西臨桂
彈子岩陳讜題名正書。慶元改元十一月。　廣西臨桂
陳讜遊桂林諸岩洞詩刻行書。慶元元年十一月。　廣西臨桂
弟一山莆田黄□開封柳□一等題名正書。慶元元年十一月二十四日。　安徽盱眙
給事中王信墓誌洪□撰，正書。慶元二年。　浙江麗水
王信妻郭碩人墓誌戴溪撰，何澹行書。慶元二年。　浙江麗水

石門章邵等題名正書。慶元二年立夏前一日。　陝西褒城
鼓山曹季本題名曹磬行書。慶元二年季冬。　福建閩縣
元岩王岳題名正書。慶元三年。　廣西臨桂
陸放翁詩刻艸書。慶元三年四月，杜思恭刻。　廣西臨桂
水月洞張埏詩刻行書。慶元四年季春。　廣西臨桂
真仙岩張錡等題名正書。慶元四年季春。　廣西臨桂
龍隱岩王子羽題名行書。慶元四年中秋前二日。　廣西臨桂
陸放翁雲蒸露湛硯銘八分書。歲在己酉，乃慶元五年。　江西南昌彭氏家藏
元岩翟子壄題名行書。庚申重午，當是慶元六年。　廣西臨桂
雉山李大異題名正書。嘉泰改元仲春。　廣西臨桂
隱山趙庚等題名正書。嘉泰元年七月。　廣西臨桂
弟一山鄭㮚等題名正書。嘉泰元年九月。　安徽盱眙
蔡伯尹壙記男潮誌，正書，父執朱誠之書諱。嘉泰二年十二月。　浙江宣平
弟一山陳樸等題名行書。嘉泰三年九月。　安徽盱眙
隱山蔡戡題名正書。嘉泰三年重九。　廣西臨桂

弟一山陳□□楊谷等餞北使題名正書。嘉泰四年正月二十三日。　安徽盱眙

辰山趙悦道題名正書。嘉泰四年七夕前七日。　廣西臨桂

弟一山張嗣古等題名正書。嘉泰四年八月。　安徽盱眙

伏波岩謝夢龍等題名正書。開禧改元季春。　廣西臨桂

鼓山吴渙題名石應孫正書。開禧改元孟秋。　福建閩縣

弟一山孟猷等題名正書。開禧元年十月。　安徽盱眙

弟一山晉陵丁常任等題名正書。開禧二年正月。　安徽盱眙

彈子岩趙善恭等題名行書。開禧二年清明前十日。　廣西臨桂

虎邱可中亭側周師成題名正書。開禧二年十月。　江蘇吴縣

三岩王庭芝題名黄嵤行書。開禧三年三月。　浙江處州

處州應星樓記葉宗魯撰，何澹行書。開禧三年孟秋。　浙江麗水

等慈寺石塔題記八分書。開禧三年九月。　浙江上虞

如法寺碑正書。承元二年八月，當宋嘉定元年。　日本東山道青森縣

弟一山錢塘俞建等題名正書。嘉定二年。　安徽盱眙

冷水岩鄭子壽題名正書。嘉定二年。　廣西臨桂

龍隱岩黄師淵題名正書。嘉定二年。　廣西臨桂

真僊岩亭賦易祓撰，鮑粹然行書。嘉定二年十二月。　廣西融縣

廣州學額管田段地基碑正書。嘉定二年。　廣東南海

井闌蔣世顯題字正書。嘉定三年。　江蘇甘泉

弟一山□卓趙師嵒等題名行書。嘉定三年十一月。　安徽盱眙

弟一山趙汝淵等題名行書。嘉定三年十二月。　安徽盱眙

白龍洞管定夫題名正書。嘉定四年中元後四日。　廣西臨桂

隱山管湛題名正書。嘉定五年六月。　廣西臨桂

隱山管湛題名正書。嘉定五年秋。　廣西臨桂

□景武壙記正書。嘉定五年九月。　浙江處州

棲霞洞管定夫等題名正書。嘉定六年。　廣西臨桂

白龍洞崔正子等題名正書。嘉定六年二月。　廣西臨桂

方公祠堂記吴獵記，正書。嘉定六年五月。　廣西臨桂

冷水岩方信孺題名正書。嘉定六年六月。　廣西臨桂

伏波洞方信孺題名正書。嘉定六年閏月。　廣西臨桂

中隱山管定夫題名正書。嘉定六年先重陽一日。　廣西臨桂

隱山方信孺題名正書。嘉定六年。　廣西臨桂

劉仙岩管定夫題名正書。嘉定六年。　廣西臨桂

華景洞方孚若題名正書。嘉定六年十月。　廣西臨桂

寶華山方孚若等題名正書。嘉定六年。　廣西臨桂

方公祠堂迎送神曲柯夢得撰並八分書。嘉定六年孟冬。　廣西臨桂

九獅橋題字正書。嘉定七年二月六日。　浙江上虞

龍隱岩陸放翁書詩境二字正書。嘉定七年，方信孺刻。　廣西臨桂

龍隱岩方信孺詩刻正書。嘉定七年四月朔。　廣西臨桂

華景洞張自明詩刻艸書。嘉定七年夏五。　廣西臨桂

清秀山方信孺題名正書。嘉定七年。　廣西臨桂

清秀山張自明題名行書。嘉定七年。　廣西臨桂

潛珍洞趙善淇題名正書。嘉定七年。　廣西臨桂

水月洞張自明詩刻行書。嘉定七年七月。　廣西臨桂

棲霞洞張誠子詩刻艸書。嘉定七年七月。　廣西臨桂

琴潭岩方孚若題名行書。嘉定七年七月。　廣西臨桂
琴潭二字方信孺八分書。無年月，坿此。　廣西臨桂
西山李子凝題名行書。嘉定七年重九。　廣西臨桂
雉山李子凝題名行書。嘉定七年九月。　廣西臨桂
隱山卦德亭銘陳孔碩撰，篆書。嘉定七年九月。　廣西臨桂
龍隱岩野夢詩刻行書。嘉定七年。　廣西臨桂
世節堂三字摩崖易袚正書。嘉定八年二月。　廣西臨桂
西山碧桂山林四字方信孺篆書。無年月，坿此。　廣西臨桂
西山方信孺詩刻艸書。無年月，坿此。　廣西臨桂
伏波岩方孚若詩刻行書。無年月，坿此。　廣西臨桂
方孚若再游龍隱岩追和陶商翁韻詩刻艸書。無年月，坿此。　廣西臨桂
定城令趙用墓誌正書。嘉定八年二月。嘉慶丙子，陸茂才廷燦得之滸墅，旋仍納石墓中。　江蘇吴縣
伏波岩無名氏詩刻正書。嘉定八年八月。　廣西臨桂
伏波岩米芾畫象宋高宗贊，行書。方信孺跋，正書。嘉定八年八月。　廣西臨桂
靈巖寺王守中題名行書。嘉定八年。　陝西郘陽

甘泉惠應廟勑牒碑行書。嘉定九年。　浙江處州

仙都山留元剛題名正書。嘉定九年。　浙江縉雲

仙都山田君錫等題名正書。嘉定九年。　浙江縉雲

靈鷲山石塔欵識正書。嘉定九年正月。　浙江處州

靈鷲山比邱師稱建塔題名正書。嘉定九年四月。　浙江處州

龍隱岩方信孺詩刻艸書。嘉定九年。　廣西臨桂

龍隱岩曾仝題名行書。嘉定九年十月。　廣西臨桂

靈鷲山比邱師倬建塔題名正書。嘉定九年十一月。　浙江處州

華巖洞方信孺詩刻行書。嘉定九年十二月。　廣西臨桂

靈鷲山建塔題記正書。嘉定十一年。　浙江處州

三宿岩厲元範題名行書。嘉定十年二月。　江蘇上元

三岩戎鈴題名正書。嘉定十一年仲春。　浙江處州

如法寺釜堂畫象碑正書。建保七年，當宋嘉定十二年。　日本青森縣陸奥國

李敏監造青平山軍倉碑記正書。嘉定十四年十月。　安徽盱眙

郡守汪綱等題名正書。嘉定十五年二月。　浙江山陽

龍隱岩葉任道題名正書。嘉定十五年夏五。　廣西臨桂

弟一山劉□□等題名正書。嘉定十六年。　安徽盱眙

藥水岩趙彦吶詩刻男洗夫正書。嘉定十六年五月。　陝西畧陽

休甯縣脩學碑程珌撰，金葵正書。嘉定十六年七月。　安徽休甯

三天洞謝彙伯題名正書。嘉定十六年。　安徽宣城

黄州判官魏玠壙誌男汝礪文並正書。嘉定十七年三月。　江蘇吴縣

桑盤金城王廟石香鑪欵識於仁佑正書。嘉定十四年孟夏。　江蘇吴縣

虞剛簡詩刻正書。寶慶二年正月。　陝西畧陽

重脩天慶觀記高之問撰王松正書。寶慶二年三月。　江蘇吴縣

荀氏義井題字正書。寶慶三年。　江蘇上元

靈巖寺郭公衮題名正書。寶慶三年六月。　陝西畧陽

置融州貢士庫記唐麟撰，毛奎正書。紹定元年孟春。　廣西融縣

千佛岩張椿老等題名正書。紹定二年。　江蘇上元

千佛岩張嘉言題名正書。紹定二年。　江蘇上元

水月洞陳疇題名正書。紹定三年五月。　廣西臨桂

葉武子奏免浮財物力碑正書。紹定三年。　浙江麗水

仙都山趙立夫題名正書。紹定四年立夏後二日。　浙江縉雲

端石棋枰刻字正書。紹定四年六月。　浙江烏程

柳寬夫壙誌子孟仁撰，正書。紹定四年七月，文後有「亥山巽向」四字。　浙江景甯

趙德德政頌張茂良撰，正書。紹定四年秋。　廣西臨桂

磐泉題字正書。紹定五年二月。　廣西全州

齊國夫人潘氏納壙誌孤哀子湯詵正書。紹定五年三月。　浙江麗水

陳孺人買地券正書。紹定六年，道光己亥出土。　江蘇甘泉

遺德廟記李知先正書。紹定六年四月。　浙江上虞

報國寺告示碑正書。紹定六年示，端平元年立。　浙江烏程

弟一山殘題名行書。端平改元。　安徽盱眙

延昌寺遵公捨田碑行書。端平元年。　浙江

伏波岩汪應午題名正書。端平二年端午。　廣西臨桂

老君洞唐容題名正書。端平三年清明。　廣西融縣

鼓山趙汝詗題名正書。端平三年四月。　福建閩縣

趙郎中德政碑秦祥發撰並正書。端平三年。　廣西臨桂

穿山趙師恕題名行書。端平三年七月。　廣西臨桂

中隱山鍾春伯范旂叟題名正書。端平三年十月。　廣西臨桂

中隱山蕭子敬題名正書。端平三年。　廣西臨桂

棲霞洞趙子肅邵伯高題名篆書。端平三年十二月。　廣西臨桂

元岩吕祖异題名正書。嘉熙改元正月。　廣西臨桂

七星岩章鎣等題名正書。嘉熙元年。　廣東高要

湘山寺創庫庫本公據正書，唐桂跋行書。嘉熙元年。　廣西全州

烏青鎮酒正題名記沈平記正書。嘉熙三年中元日。　浙江烏程

鼓山趙希譙等題名正書。嘉熙三年。　福建閩縣

井闌題字正書。嘉熙四年。　江蘇甘泉

福勝廟勑牒碑周大榮行書。嘉熙四年十月。　浙江雲和

元巖黄應武詞正書。淳祐元年五月。　廣西臨桂

棲霞洞謝逵題名正書。淳祐元年六月。　廣西臨桂

中隱山羅愚題名正書。淳祐元年中伏。　廣西臨桂

王順齋琴塼欵識八分書。淳祐二年。　浙江處州王氏家藏
周公墓誌正書。淳祐三年，道光己亥出土。　江蘇甘泉
隱山曾宏正詩行書。淳祐三年。　廣西臨桂
水月洞曾宏正詞行書。淳祐三年九月。　廣西臨桂
伏波岩徐敏題名行書。淳祐六年中春。　廣西臨桂
屏風山翁安之題名正書。淳祐六年。　廣西臨桂
鼓山俞𧁫題名正書。淳祐六年清明前三日。　福建閩縣
伏波岩劉受祖題名行書。淳祐六年。　廣西臨桂
鼓山趙希裕題名八分書。淳祐七年孟冬。　福建閩縣
松楊縣進士題名碑馬光祖記，正書。淳祐八年。　浙江松陽
鼓山方克昌題名正書。淳祐八年上巳之明日。　福建閩縣
鼓山趙與滂題晏國師喝水岩詩正書。淳祐九年閏三月。　福建閩縣
鼓山樓治興題名正書。淳祐九年七月。　福建閩縣
慈感渡舍利塔銘正書。淳祐九年。　浙江烏程
龍隱岩李曾伯題名正書。淳祐十年二月。　廣西臨桂

元岩李曾伯詩刻正書。淳祐十年春。　廣西臨桂

西山李曾伯題名正書。淳祐十年四月。　廣西臨桂

中隱山陳鐸題名正書。淳祐十一年前立春二日。　廣西臨桂

雉山曾原一題名正書。淳祐十二年上巳。　廣西臨桂

隱山曾原一題名正書。淳祐十二年五月。　廣西臨桂

釣臺趙東等題名行書。淳祐十二年仲秋。　江蘇海州

鞏嶠增脩學廩記行書。淳祐□□。　廣東南海

伏波岩趙立題名行書。寶祐二年閏六月。　廣西臨桂

伏波岩胡德新題名正書。寶祐三年元宵後一日。　廣西臨桂

西山悟空寺捨田記正書。寶祐三年。　浙江麗水

府判廳石刻正書。寶祐三年九月。　山西鳳臺

棲霞洞朱埴題名正書。寶祐六年。　廣西臨桂

延昌寺僧祖紹捨田碑葉西慶撰，正書。寶祐六年季春。　浙江處州

諭朱廣用勑並表記勑艸書，謝表正書。開慶元年仲春。　廣西臨桂

隱山李曾伯詩刻行書。開慶元年六月。　廣西臨桂

紀功摩崖李曾伯撰，行書。開慶元年。　廣西臨桂
三岩安劉題名正書。景定元年三月。　浙江處州
伏波岩李曾伯題名正書。景定元年首夏二日。　廣西臨桂
白龍洞李勁題名正書。景定五年。　廣西臨桂
劉仙岩任忠益題名正書。景定五年。　廣西臨桂
九曜石趙禄等題名殘字正書。咸淳元年。　廣東南海
小蓬萊歌王臯撰，正書。咸淳元年八月。　浙江處州
僊奕洞趙與霦詩刻行書。咸淳二年。　廣東馬平
華巖樓下井闌題字正書。咸淳二年。　江蘇上元
文丈山玉帶生硯銘篆書，在硯側。咸淳二年。
報恩寺井闌比丘福基題字正書。咸淳二年。　江蘇上元
曹鎮盱眙守余汝疆碑記正書。咸淳三年清明。　安徽盱眙
伏波岩朱景行題名行書。咸淳四年十二月。　廣西臨桂
捨田立祠紀實碑正書。咸淳五年。　浙江處州
嘉應廟勑牒碑正書。咸淳六年。　浙江烏程

尋仙館三清殿記盧國慶撰，袁僑正書。咸淳九年。　江蘇溧水

龍隱岩吕師夔題名正書。咸淳九年夏五。　廣西臨桂

弟一山□□曹鎮題名正書。咸淳九年九月。　安徽盱眙

王順齋先生墓誌銘劉黻撰，潛説友正書。咸淳九年十二月。　浙江青田

顯應廟牒碑正書。咸淳十年正月。　浙江縉雲

西山章時發題名行書。咸淳十年四月。　廣西臨桂

老君洞劉子薦詩刻行書。德祐元年菊節。　廣西融縣

臨賀守陳士辛修城記正書。德祐二年三月。　廣西賀縣

如法寺碑行書。建治二年正月，當宋景炎元年。　日本青森縣陸奥國

陸奥山王社碑行書。弘安元年，當宋祥興元年。　日本青森縣陸奥國

宋四士題名篆書。無年月，在鬱林觀唐刻後。　江蘇海州

石林虞仲子題名行書。無年月。　江蘇海州

弟一山□□挈家來遊殘題名正書。無年月。　安徽盱眙

弟一山林介然殘題名正書。無年月。　安徽盱眙

弟一山□天潤等題名行書。無年月。　安徽盱眙

弟一山諸葛□□等題名行書。無年月。安徽盱眙
弟一山□德輿題名行書。年月泐。安徽盱眙
弟一山□子副等題名篆。丙申九月之七日。安徽盱眙
碧鮮亭題字正書。無年月。江蘇上元
石房題字正書。無年月。江蘇上元
唐公喦題字正書。無年月。江蘇上元
迎賢石題字正書。無年月。江蘇上元
醒石題字正書。無年月。江蘇上元
攝山伯奇題名正書。癸卯仲冬。江蘇上元
攝山曲轅子題名正書。丁未十月。江蘇上元
攝山胡亞題名正書。壬辰正月。江蘇上元
攝山蘇梲題名正書。五月六日。江蘇上元
攝山彥駿暘叔同無礙禪師題名正書。無年月。江蘇上元
攝山張耘老題名正書。己亥六月。江蘇上元
三宿岩趙伯林等題名行書。丁丑重陽。江蘇上元

三宿岩堅濯浚等題名行書。重陽後三日。　江蘇上元

千佛巖摩崖白乳泉試茶亭六字正書。無年月。　江蘇上元

弟一山李璆馬純題名正書。無年月。《宋史》有李璆登政和進士，未知即此人否。　安徽盱眙

弟一山宋貺趙述題名行書。己巳仲夏。　安徽盱眙

弟一山殘詩刻行書。無年月。　安徽盱眙

李莊簡家訓正書。年月泐。　浙江上虞

還珠洞曾宏正等詩刻行書。無年月。　廣西臨桂

清秀山張仲欽題名正書。無年月。　廣西臨桂

元岩翟子楙題名行書。庚申重午。　廣西臨桂

穿山胡仲威詩刻行書。無年月。　廣西臨桂

焦山浮玉二字趙孟奎正書。無年月。　江蘇丹徒

孟繼隆同母汪氏脩常安禪院寶墖塼記正書。無年月。　安徽宣城

郭巨石室水裏保紏首龐氏馬氏等脩石柱記正書。乙未丑月，疑是宋人書。　山東肥城

武鋒軍專文正書。無年月。　江蘇山陽

精鋭軍專文正書。無年月。又一品左行，反文。　江蘇山陽

御前敢勇軍專文正書。無年月。　江蘇山陽
鎮江敢勇軍專文正書。無年月。　江蘇山陽
鎮江武鋒軍專文正書。無年月。　江蘇山陽
鎮江左軍專文正書。無年月。　江蘇山陽
鎮江右軍專文正書。無年月。　江蘇山陽
鎮江前軍專文正書。無年月。　江蘇山陽
鎮江後軍專文正書。無年月。　江蘇山陽
鎮江中軍專文正書。無年月。　江蘇山陽
左軍專文正書。無年月。　江蘇山陽
楚州右軍專文正書。無年月。　江蘇山陽
淮東轉運司塼專文正書。無年月。　江蘇山陽
轉運司塼王專文正書。無年月。　江蘇山陽
淮東安撫司專文正書。無年月。　江蘇山陽
楚州副都統司專文正書。無年月。　江蘇山陽
淮東水軍專文正書。無年月。　江蘇山陽

采石水軍專文正書。無年月。　江蘇山陽

采水專文正書。無年月。　江蘇山陽

後軍官專文正書，反文。無年月。　江蘇山陽

右軍弟□將官專文正書。無年月。　江蘇山陽

鎮江遊奕軍專文正書。無年月。又一品，直行，反文。　江蘇山陽

鎮江劉副都統造專文正書。無年月。　江蘇山陽

鎮江都統司中軍專文正書。無年月。　江蘇山陽

知縣提督專文正書。無年月。　江蘇山陽

建康府禁城塼專文正書。無年月，陰文。　江蘇山陽

建康都統司專文正書。無年月。振玉案：此專側皆有提點將官及作頭欵。玉所見者凡十八種，具録於此。一提點將官楊琳，作頭周旺。一提點將官柳世昌，作頭徐德。一提點將官張宏，作頭吴亮川。一提點將官張宏，作頭吴亮目。一提點將官張宏，作頭吴亮六。一提點將官張宏，作頭吴亮九。一提點將官張顯，作頭□□。一提點將官楊良弼，作頭□□。一提點將官□良嗣，作頭劉俊。一提點將官□□，作頭陳貴。一提點將官□□，作頭賈旺。一提點將官郭友誠，作頭王德。一提點將官□顯忠，作頭文貴。一提點將官陳珏，作頭□□。一提點將官曹威，作頭□□朱成。一提點將官魯衢，作頭□□。一提點將官薛忠，作頭鄭　江蘇山陽

進。均正書，陰刻。又一品提點將官□□，作頭馬皋，陳臻正書，陽文。　江蘇山陽

□州右軍專文正書。無年月。　江蘇山陽

步一將專文正書。無年月。　江蘇山陽

步二將專文正書。無年月。　江蘇山陽

步三將專文正書。無年月。　江蘇山陽

步壹專文正書。無年月。　江蘇山陽

步一專文正書。無年月。　江蘇山陽

步二專文正書。無年月。　江蘇山陽

步三專文正書。無年月。　江蘇山陽

步四專文正書。無年月。　江蘇山陽

步五專文正書。無年月。　江蘇山陽

步四將專文正書。無年月。　江蘇山陽

步五將專文正書。無年月。　江蘇山陽

招信軍專文正書。無年月。　江蘇山陽

招信軍造專文正書。無年月。　江蘇山陽

淮陰水軍塼專文正書。無年月。　江蘇山陽

淮安州新城專文正書。無年月。　江蘇山陽

淮安州專文正書。無年月。　江蘇山陽

淮安州造專文正書。無年月。　江蘇山陽

淮安州城專專文正書。無年月。　江蘇山陽

楚州專文正書，反文。無年月。　江蘇山陽

楚州己酉專文正書。無年月。又一品反文。　江蘇山陽

寶應州專文正書。無年月。　江蘇山陽

脩倉城塼專文正書。無年月。　江蘇山陽

海門縣專文正書。無年月。　江蘇山陽

揚州塼專文正書。無年月。　江蘇山陽

建康府專文正書。無年月。　江蘇山陽

池州青陽□專文正書。無年月。　江蘇山陽

塩城縣專文正書。無年月。　江蘇山陽

太平州專文正書。無年月。　江蘇山陽

朐山縣專文正書。無年月。　江蘇山陽

泰興縣燒造專文正書。無年月。　江蘇山陽

寶城專文正書。無年月，乃寶應城之省文。　江蘇山陽

寶造專文正書。無年月，乃寶應造之省文。　江蘇山陽

興化縣專文正書。無年月。　江蘇山陽

鎮江府官塼專文正書。無年月。　江蘇山陽

漣水軍專文正書。無年月。　江蘇山陽

真州專文正書。無年月。　江蘇山陽

滁州專文正書。無年月。　江蘇山陽

高郵軍城塼專文正書。無年月。　江蘇山陽

高郵城塼專文正書。無年月。　江蘇山陽

高城專文正書。無年月，乃高郵城專之省文。　江蘇山陽

真化縣專文正書。無年月。　江蘇山陽

池州銅陵縣專文正書。無年月。　江蘇山陽

徐州城塼專文正書。無年月。　江蘇山陽

楚州張春專文正書。無年月。江蘇山陽

楚州雍春專文正書。無年月。江蘇山陽

楚州工匠潘仙專文正書。無年月。又一品曰「楚州潘仙」。江蘇山陽

高郵縣王念□專文正書。無年月。江蘇山陽

寶應陳三專文正書。無年月。江蘇山陽

寶應楊三專文正書。無年月。江蘇山陽

天長王文□專文正書。無年月。江蘇山陽

行宫窑户張繼祖專文正書，陰文。無年月。江蘇山陽

行宫窑户徐元道專文正書。無年月。江蘇山陽

窑户李思恭專文正書。無年月。江蘇山陽

窑户金六專文正書。無年月。江蘇山陽

窑户張六專文正書。無年月。江蘇山陽

作頭陳□專文正書。無年月。江蘇山陽

作頭李□專文正書。無年月。江蘇山陽

二十都曹五專文正書。無年月。江蘇山陽

二十五都黄三專文正書。無年月。　江蘇山陽
窰户城專專文正書。無年月。　江蘇山陽
□匠王□專文正書。無年月。　江蘇山陽
金□六專文正書。無年月。　江蘇山陽
包十四專文正書。無年月。　江蘇山陽
朱百四專文正書。無年月。　江蘇山陽
韓百四專文正書。無年月。　江蘇山陽
馬中專文正書。無年月。　江蘇山陽
夏成專文正書。無年月。　江蘇山陽
王立專文正書。無年月。　江蘇山陽
惠殷專文正書。無年月。　江蘇山陽
謝二專文正書。無年月。　江蘇山陽
包成專文正書。無年月。　江蘇山陽
李進專文正書。無年月。　江蘇山陽
金勝專文正書。無年月。　江蘇山陽

王振專文正書。無年月。 江蘇山陽

徐念占專文正書。無年月。 江蘇山陽

馮□專文正書。無年月。 江蘇山陽

王安甲專文正書。無年月。 江蘇山陽

張子通專文正書。無年月。 江蘇山陽

朱亨專文正書。無年月。 江蘇山陽

王都□專文正書。無年月。 江蘇山陽

王小專文正書。無年月。 江蘇山陽

郁小專文正書。無年月。 江蘇山陽

聞三二專文正書。無年月。 江蘇山陽

馮二三專文正書。無年月。 江蘇山陽

鮑二三專文正書。無年月。 江蘇山陽

馬軍司專文正書。無年月。 江蘇山陽

左軍甲□□專文正書。無年月。以上各專皆道光間脩安郡城所得，一時出土甚多，兹著手拓者。 江蘇山陽

遼

甯鑒墓誌奚仲文撰並正書。乾統二年。　山西朔州

金

寶寧禪師塔銘正書。皇統八年八月刻六面石幢上。
唐山漁陽梁雯瞻禮題字行書。貞元三年孟夏。　直隸唐山
通惠院彥戒師塔銘樂説撰，金汝礪正書。正隆三年十月。
壽輝師修明月清風庵記正書。大定二年五月。
清涼院牒正書。大定三年。　江蘇沛縣
修昭化院記王革行書。貞元乙亥十二月，大定五年刻。　山西壽陽
開元寺觀音院記李□撰，李居仁正書。大定六年九月。　陝西隴州
釣臺縣令審幡等題名正書。大定十四年四月。　江蘇海州
洪濟禪院牒正書。大定十五年六月。　陝西富平
龍興寺廣惠大師舍利經幢銘釋法通撰，釋洪道正書。大定二十年十月。　直隸正定

無極縣整暇堂記李嗣立撰，李璧正書。大定二十四年十一月。　直隸無極
勝果院惠澄公塔銘李坦撰，鄧果正書。明昌元年七月。　河南河内
朐山新設山路記正書。明昌二年三月。　江蘇海州
買地券正書。明昌七年五月十七日。　陝西
白虎山户部員外郎趙福等題名正書。承安五年。　江蘇海州
五龍聖泉題字正書。承安二年。　江蘇海州
英上人塔記僧覺聰述並正書。承安四年正月。
普惠院井闌題字正書。泰和元年三月。　江蘇上元
京兆府學教授題名記孫通祥撰，王世英正書。泰和六年三月。在《宋元祐移石經碑》陰。　陝西西安
澤州景德寺牒正書。泰和八年十一月。　山西
耀州寶鑑記高坦撰，男惟忠正書。大安元年八月。　陝西耀州
永禪寺均庵主塔記王禧祐撰，正書。大安元年仲冬。　河南
湧雲樓記正書。大安二年重陽。　山西平定
圭峰古靈法語趙秉文正書。大安二年十月。　山西平定
雞澤縣文宣王廟記董恩中撰並正書。崇慶二年五月。　直隸雞澤

碑陰正書。　直隸雞澤

修中嶽正殿記張靄正書。興定六年。　河南滎陽

辨正大師奧公僧録銘僧元亨撰，徐乂正書。元光二年十二月。　陝西鄠縣

王重陽太清宫詩劉思中行書。正大七年九月。　河南鹿邑

金源官主專文正書。無年月，當是金代物，坿此。　江蘇山陽

元

太清宫執照正書。中統元年五月。　河南鹿邑

德州脩署並顔碑樓記正書。至元八年三月。　山東陵縣

濟池劉傑等題名正書。至元十八年二月。　河南濟源

燕澤碑正書。弘安五年，當元至元十九年。　日本東山道宫城縣

處州路妙真觀碑正書。至元二十年。　浙江宣平

脩孔廟碑郝經撰，盧摯正書。至元二十一年。　直隸

宣慰謝公述修考妣功德記漆伯善撰，婁咨詢正書。至元二十一年五月。

北市橋闌題字正書。至元二十四年。　浙江山陰

縉雲縣重建學記正書。至元二十六年正月。　浙江縉雲

泳澤書院碑記楊爕撰，正書。至元二十六年。　浙江上虞

新昌縣重脩儒學碑袁應椿記，石余亨正書。至元二十九年。　浙江新昌

重建紹興廟學圖　浙江會稽

碑陰正書。至元三十年良月。　浙江會稽

崇奉孔子詔上列國書，下列正書。至元三十一年七月。　浙江會稽

贈靈巖僧彥通偈林泉老衲撰，正書。至元三十一年。　山東長清

慈雲寺碑正書。永仁二年八月，當元至元三十一年。　日本東山道青森縣

太府丞史曼卿墓誌銘范庭珪撰，行書。元貞元年四月。　浙江餘姚

新昌學重建大成殿記吴天雷記，朱成子正書。元貞元年六月。　浙江新昌

法王寺請玉公長老疏正書。元貞二年七月。

彭城廟記鄭桂高記並正書。大德元年六月。　浙江麗水

縣尹韓公生祠記施栗撰，何南一正書。大德元年八月。　浙江麗水

新昌學政創泮池記李華撰並正書。大德二年十二月。　浙江新昌

嵊縣尹佘公道愛碑方回撰並正書。大德三年。　浙江嵊縣

宣慰使陳公祠堂記俞浙撰，臧夢解正書。大德四年六月。　浙江會稽

妙音寺碑正書。正安二年八月，當元大德四年。　日本青森縣陸奧國

雷塘昭佑王廟碑記馬允中撰並正書。大德五年四月。　江蘇甘泉

處州路脩儒學教授廳碑張伯厚記，李謙正書。大德五年八月。　浙江處州

開元寺首楞嚴神呪幢正書。大德五年九月。　浙江會稽

定仙和尚塔碑正書。正安四年，當元大德六年。　日本東海道静岡縣

孔廟祭器經籍記楊曲成撰，葉森正書。大德七年良月。　江蘇山陽

天山寺碑行書。嘉元二年七月，當元大德八年。　日本青森縣陸奧國

奥州御島妙覺菴賴賢菴主行實銘僧一山一字撰，行書。德治丙午，當元大德十年。　日本東山道宫城縣

萊州城隍廟碑　山東萊州

獅林寺前井闌題記正書，字小如豆。大德十年十月。　江蘇吴縣

加封孔子大成詔行書。大德十一年九月。　直隸晉州

府學加封孔子大成詔正書。大德十一年七月。　浙江紹興

加封孔子大成詔鄧錡正書。大德十一年七月。　直隸雞澤

處州路詔旨碑梅宗説正書。至大二年良月。　浙江處州

句容縣重建學記王構撰，潘汝劼正書。至大二年五月。　江蘇句容

加封孔子大成詔書正書。至大二年十二月。　浙江會稽

重脩麗陽廟碑馮德秀撰，鄭桂高正書。至大三年。　浙江麗水

加封孔子大成詔書正書。無年月。　江蘇山陽

碑陰記正書。至大三年八月。　江蘇山陽

加封孔子大成詔書正書。至大四年二月。　浙江新昌

請就公住持少林寺疏正書。皇慶二年。　河南登封

雞澤加封孔子詔書碑陰記鄧錡撰，徐介正書。皇慶二年五月。　直隸雞澤

愛宕山碑艸書。應長二年六月，當元皇慶二年。　日本青森縣陸奧國

海寧州重脩廟學碑李師道撰，李居仁正書。皇慶二年七月。　江蘇海州

碑陰李師道正書。記捐金職官姓氏。　江蘇海州

醫王寺碑行書。正和二年十月，當元皇慶二年。　日本青森縣陸奧國

石門洞馬含等題名正書。皇慶□年。　浙江青田

宣聖真影並記蔡升正書。延祐元年五月。　浙江處州

汾溪滿公道行碑胡居祐撰，法弟思微正書。延祐元年八月，二面刻。

開化寺聖旨碑楊德懋正書。　直隸元氏

碑陰楊嘉會正書。延祐二年九月。　直隸元氏

月菴海公禪師道行碑僧思微撰，子和正書。延祐三年五月。　河南登封

碑陰法嗣題名。　河南登封

麗水縣教官題名郟士凱記，正書。延祐三年十一月。　浙江麗水

節孝處士祠堂記陳庸撰，趙慧正書。延祐四年六月。　江蘇山陽

椎津村占墟碑正書。文保二年，當元延祐五年。　日本東海道千葉縣

廣宗縣脩學記董慶隆撰，趙畿正書。延祐六年四月。　直隸廣宗

碑陰正書。　直隸廣宗

創建洪福院記釋永全撰，並正書。延祐六年孟冬。　江蘇贛榆

馬耳山王泉庵石洞左得正建庵題字正書。延祐七年。　江蘇海州

海寧州創建小學碑陳一鳳撰，正書。延祐□年。　江蘇海州

新昌縣學祭器記葉載采記，宋居敬正書。至治元年三月。　浙江新昌

紹興路學脩大成殿記韓性撰，行書。至治元年孟秋。　浙江會稽

承天觀建三清殿記馮子振撰，姚秉理正書。至治元年七月。　安徽當塗

如法寺碑行書。元亨元年，當元至治元年。　日本北陸道新潟縣

日蓮書名號碑行書。元亨二年，當元至治二年。　日本東山道橡山縣

紹興路重脩儒學記正書。至治三年。　浙江會稽

告除科派指揮碑正書。至治三年六月。　浙江諸暨

開福寺重脩釋迦文殊舍利塔專文正書。至治三年八月。　直隸景州

奈良招提寺金堂鮪題字行書。元亨三年，當元至治三年。鮪如中國屋脊之鴟尾，以瓦爲之。　日本奈良縣大和國

王婦祠記李老光撰，泰不華篆書。至治□□。　浙江會稽

新昌縣儒學大成樂記王應及撰，瞿儀行書。泰定元年二月。　浙江新昌

至大報恩接待寺記韓性撰，袁桷正書。泰定元年六月。　浙江山陰

天王寺碑行書。元亨四年十一月，當元泰定元年。　日本青森縣陸奥國

重建天王寺碑胡炳文撰，程恭行書。泰定二年。　江蘇句容

石獅題字正書。泰定二年，凡二枚。

紹興路脩學殘碑正書。泰定二年。　浙江會稽

方廣院先師行蹟記泰山撰，崔文亨正書。泰定二年十月。　江蘇海州

重脩上虞縣學記戴俞撰，方君玉行書。泰定二年十二月。　浙江上虞

淮安路儒學脩造記葉景伯撰，王朵羅台正書。泰定三年十月。　江蘇山陽

處州路崇道觀記葉現撰，邢彧行書。泰定三年。　浙江處州

開州玄都萬壽宮碑朱象先撰，正書。泰定三年五月。　直隸開州

碑陰正書。　直隸開州

松浦碑正書。嘉曆二年四月，當元泰定四年。　日本青森縣陸奧國

平鄉縣加封孔子碑陰董榮祖正書。泰定四年十二月。　直隸平鄉

白虎山廉青山題名高尚志正書。致和元年四月。　江蘇海州

白虎山曾壽題名高尚志正書。致和元年四月。　江蘇海州

唐縣學記□希中撰，正書。致和元年四月。　直隸唐縣

東山清脩院者舊僧捨田碑孫守逸正書。天曆二年孟春。　浙江麗水

英濟王廟碑趙孟頫正書。天曆二年。　江蘇甘泉

新昌縣儒學田土記程良真撰，趙良貴行書。至順元年十月。　浙江新昌

萬佛良緣碑文欽記，復祖正書。至順元年。　浙江處州

重脩通濟堰記葉現記並行書。至順二年二月。　浙江處州

無想寺招雲亭記謝瑛撰，行書。至順二年二月。　江蘇溧水

茅山天王寺重建山門記王行簡撰並行書。至順三年。　浙江雲和

圓明普覺大師捨田記彌高撰，行顯行書。至順四年。　浙江烏程

褚天祐祠碣褚錫瑜識，趙由辰正書。元統元年十月。　浙江烏程

平陽郡公忠肅公神道碑虞集撰並正書。元統元年。

久米邨將軍冢碑行書。元弘三年五月，當元元統三年。　日本東海道武藏國

周氏義行路幹洛那台兀訥罕撰，李惟和正書。至元二年七月。　直隸定州

松陽縣儒學復泮池地碑陶澤撰，項棣孫行書。至元二年七月。　浙江松陽

滸闕琵琶橋井闌題字正書。至元三年仲春。　江蘇吳縣

治平寺捨田記正書。至元三年二月。　江蘇上元

王磐神道碑張晏撰並正書。至元三年四月。

崇道觀重建大殿碑葉現撰並正書。至元三年五月。　浙江青田

處州路新脩廟學碑柳貫撰，八分書。至元三年。　浙江處州

玻璃泉詩並跋余闕撰，篆書。至元三年。　安徽盱眙

瑞巖詩並跋余闕撰，正書。至元三年。　安徽盱眙

弟一山高□詩刻並序行書。至元三年九月。　安徽盱眙

英烈廟殿記汪澤民文並正書。至元四年三月。　江蘇宜興

弟一山馬元良謝至唱和詩並序謝至行書。至元四年。　安徽盱眙

道場山祈年碑何貞立記，龔加解正書。至元五年二月。　浙江烏程

多福院山吉野碑正書。延元四年，當元至元五年。　日本東山道宮城縣

王定鼇玻璃泉詩並後序正書。至元六年十二月。　安徽盱眙

弟一山徐漢□等題名行書。至正元年。　安徽盱眙

空中禪師舍利塔銘柳贇撰，正書。至正元年八月。　浙江處州

縉雲縣學復田記正書。至正二年九月。　浙江縉雲

重脩晉祠廟記王思誠撰，王九思行書。至正二年十月。　山西

鄭謹之壙誌孤子公紹誌，正書。至正二年十一月。　浙江處州

開州廟學祭器記潘□□撰，張明□正書。至正二年□月。　直隸開州

弟一山毛摶霄題名正書。至正三年三月。　安徽盱眙

劉克復登淮山堂詩並跋劉克復正書。至正三年。　安徽盱眙

處州湯氏義田碑黃溍撰，班惟志行書。至正四年十二月。　浙江龍泉

游晉祠詩序偰玉立撰序並詩及季旹詞，張執中詩，正書。至正五年。　山西

碑陰正書，石屋老人跋及規條四段。至元三年。	浙江龍泉
麗陽廟加封神號劄付並記林似祖記並正書。至正五年六月。	浙江麗水
靈隱大和尚長供記正書。至正六年十月。	
重建靈應廟記林似祖文，林彬祖行書。至正六年。	浙江處州
梅所處士祝子和墓志趙璉撰，班惟志行書。至正七年十一月。	浙江麗水
麗水學歸田殘碑正書。至正七年。	浙江麗水
弟一山張謙詩刻正書。至正七年。	安徽盱眙
修城隍廟記□知剛撰，正書。至正九年四月。	直隸唐縣
崇禪師捨田碑比丘子分記，行書。至正九年。	浙江麗水
張仕觀橋題記正書。至正九年仲冬。	江蘇吳縣
龍泉縣城隍廟碑孔暘撰，葉伯顔正書。至正十年十二月。	浙江龍泉
龍洲先生劉過墓表楊維楨撰，褚奐八分書。至正十三年。	江蘇崑山
開州大成廟造神主記張楨文，託本正書。至正十四年正月。	直隸開州
碑陰正書。本州税務題名。	直隸開州
上虞縣重建明倫堂記正書。至正十四年。	浙江上虞

平徐頌德碑龔伯遂撰，孫思楨八分書。至正十四年三月。　山東東平

加封孔子大成詔並記詔旨王詮正書記，商衍撰並正書。至正十六年六月。　浙江麗水

龍淵義塾碑宋濂撰並八分書。至正十七年九月。　浙江龍泉

耿公祠堂碑宋濂撰，季原善八分書。龍鳳九年即元至正二十三年。

泗國公祠請賜教場淤地碑蘇伯衡撰，劉宗保正書。吴元年乃元至正二十七年。　浙江處州

賀□□弟一山詩篆書。至正□□冬。　安徽盱眙

淮安路開元寺怪石和尚塔銘正書。無年月。　江蘇山陽

孝友祝公墓題字篆書。無年月。　浙江麗水

隱士徐瑞卿墓誌銘王廉撰，貢師泰正書。年月泐。　浙江上虞

無年月古刻

埃及國古刻字分三列，不可識，頗似中國古篆籀。

墓誌徵存目録

墓誌徵存目録卷一

漢

賈夫人馬姜墓石記延平元年九月十日。隸書

晉

廣野將軍和國仁碣大康五年十一月辛卯朔十九日己酉

徐君夫人管氏墓碑並陰永平元年二月十九日

處士成晃碑元康元年七月十八日

陽平樂生柩誌元康三年八月十七日。年月别刻一石

中書侍郎荀岳墓誌元康五年十月戊午朔廿二日庚辰。夫人以永安元年甲子四月十八日乙酉祔。四面刻

武威將軍魏君柩誌元康八年二月甲戌朔十日。年月刻石柱上

賈充妻郭槐墓誌元康八年十月庚午朔廿六日

徐文□墓誌元康八年十月庚午朔廿六日

貴人左棻墓誌並陰永康元年四月廿五日

沛國張朗碑永康元年十一月壬申。銘刻碑陰

幽州刺史城陽簡侯石尠墓誌永嘉二年七月十九日。四面刻

處士石定墓誌永嘉二年七月十九日

關中劉韜墓記無年月

鄭舒夫人劉氏殘墓誌無年月

後秦

遼東太守吕憲墓誌弘始四年十二月乙未朔廿七日辛酉

宋

笠鄉侯劉懷民墓誌大明八年正月甲申。陰有字，已漫滅

齊

隋郡王國中軍吕超静墓誌年月泐

梁

梁宋新巴晉源三郡太守程虔墓誌太歲己巳丁亥朔二月廿八日甲寅。考爲太清三年

後魏

南安惠王元楨墓誌太和二十年丙子十一月庚申朔二十六日乙酉

太中大夫元偃墓誌太和二十二年十二月戊申朔二日己酉

齊郡順王元簡墓誌太和二十三年己卯三月甲午。缺後半石

諮議元弼墓誌太和二十三年九月二十九日薨

汾州刺史元彬墓誌太和二十三年己卯十一月壬辰朔二十日辛酉

韓顯宗墓誌太和廿三年己卯十二月壬申朔廿六日丁酉

前河間王元定墓誌景明元年庚辰十一月丁酉朔十九日乙卯

侍中司徒公廣陵王元羽墓誌景明二年辛巳七月二十九日

任城王妃李氏墓誌景明二年十一月十九日，茹仲造

太尉頓丘郡文獻公穆亮墓誌景明三年壬午六月丁亥朔廿九日乙卯

元誘夫人馮氏墓誌景明三年十一月二十八日卒，粤八月甲申附葬

顯祖第一嬪侯夫人墓誌景明四年癸未三月癸丑朔二十一日癸酉

并州刺史雲陽男張整墓誌景明四年十一月己酉朔廿五日癸酉

恒州刺史元龍墓誌正始元年十月十六日薨

許和世墓誌正始元年十二月

使持節城陽王元鸞墓誌正始二年十一月十七日

元始和墓誌正始二年乙酉十一月十八日

前部王故車伯生妻鄯月光墓誌正始二年乙酉十一月戊辰朔廿七日甲午

豫州刺史李蕳子墓誌正始二年乙酉十二月廿四日庚申

恒農太守寇臻墓誌正始三年三月廿六日

徵士奚智墓誌正始四年丁亥三月庚申朔十三日壬申

鎮北大將軍樂陵王元思墓誌正始四年丁亥三月庚申朔廿五日甲申

武昌王元鑒墓誌正始四年丁亥三月庚申朔二十六日乙酉
揚州刺史高平侯元嵩墓誌正始四年丁亥七月戊午朔十六日癸酉
城陽王元壽妃麴氏墓誌正始四年丁亥八月戊子朔十六日癸卯
洛州刺史樂安王元緒墓誌正始四年十月丙辰朔三十日乙酉
侍中太傅北海平王元詳墓誌永平元年十一月六日
太師領司徒公彭城王元勰墓誌永平元年戊子十一月六日
江陽王次妃石夫人墓誌永平元年戊子十一月庚辰朔二十三日壬寅
章武王妃穆氏墓誌永平二年己丑四月一日戊申
安定靖王第二子給事君夫人王氏墓誌永平二年歲次星紀仲冬乙亥朔二十三日丁未
寧陵公主墓誌永平三年正月八日薨，無葬年
討虜將軍周千記墓誌永平三年十月己巳朔十七日乙酉
恒州别駕元保洛墓誌永平四年辛卯二月丁卯朔二十六日壬辰
漁陽太守宜陽子司馬元興墓誌永平四年辛卯十月癸亥朔十一日癸酉
太尉府參軍元侔墓誌並陰永平四年辛卯十一月五日
樂安王元悦墓誌辛卯十一月十七日。乃永平年

奉朝請封昕墓誌永平五年太歲壬辰四月十三日

尚書左僕射安樂王元詮墓誌永平五年壬辰八月二十六日甲申

北海王妃李氏墓誌延昌元年壬辰八月二十六日甲申

河州刺史臨澤定侯鄯乾墓誌延昌元年壬辰八月己未朔廿六日甲申

處士元顯雋墓誌並蓋延昌二年癸巳乙月丙辰朔二十九日甲申

梁州刺史元演墓誌延昌二年癸巳三月乙卯朔七日辛酉

貴華恭夫人墓誌延昌二年癸巳六月二日乙酉

左中郎將元颺妻王夫人墓誌延昌二年癸巳十二月辛巳朔四日甲申

南梁郡太守司馬景和妻墓誌延昌三年正月庚戌朔十二日辛酉

高宗嬪耿氏墓誌延昌三年七月辛酉

高宗九嬪趙充華墓誌延昌三年甲午八月丁丑朔十三日己丑薨，九月二十八日癸酉葬

洛州刺史長孫史君敬瑱墓誌延昌三年十月廿一日

冀州刺史元珍墓誌延昌三年甲午十一月丙午朔四日己酉

燕州刺史元颺墓誌延昌三年甲午十一月丙寅朔四日己巳。丙午誤作丙寅，己酉誤作己巳

定州盧奴縣令姚纂墓誌延昌四年正月十六日

顯祖成嬪墓誌延昌四年二月壬午
太子屯騎校尉山暉墓誌延昌四年三月甲辰朔十八日辛酉。有蓋，乃改晉墓誌爲之
涇雍二州別駕皇甫驎墓誌延昌四年乙亥四月癸酉朔十八日庚寅
昌國縣侯王紹墓誌延昌四年閏十月庚子朔廿二日辛酉
涼州長史王昌墓誌熙平元年三月十七日
皇内司諱光墓誌熙平元年丙申八月乙未朔二十六日庚申
豫州刺史樂陵王元彦墓誌熙平元年丙申十一月十日
復山侯吐谷渾璣墓誌熙平元年丙申十一月甲子朔廿一日甲申
濟州刺史長寧穆公楊胤墓誌熙平元年歲次實沈十一月甲子朔廿二日乙酉
洛州刺史元廣墓誌熙平元年丙申十一月甲子朔廿二日乙酉
廣平王元懷墓誌熙平二年八月廿日
王誦妻元氏墓誌歲次丁酉八月庚寅朔廿日己酉。即熙平二年
中護軍饒陽男元遥墓誌熙平二年九月二日薨。此誌不書葬年，以遥妻梁葬於神龜二年推之，當在神龜，今姑列此
兗州刺史刁遵墓誌熙平二年丁酉十月己丑朔九日丁酉。有陰
陽平惠王太妃李氏墓誌熙平二年歲次大梁十一月戊午朔廿八日癸未

高宗耿嬪墓誌並蓋神龜元年戊戌三月八日。無葬月日
瑶光寺尼慈義墓誌神龜元年十月十五日
李夫人渠蘭墓誌神龜元年歲次降婁十二月壬子朔九日庚申
本郡功曹寇憑墓誌神龜二年己亥二月辛亥朔廿三日癸酉
汝南太守寇演墓誌神龜二年二月廿三日
涇州刺史齊郡王元祐墓誌神龜二年己亥二月辛亥朔廿三日癸酉
京兆王息元遥妻梁氏墓誌己亥年八月。乃神龜二年
元珽妻穆夫人墓誌並蓋神龜二年十月廿七日癸酉
城門校尉元騰墓誌神龜二年十一月丙子朔九日甲申
司空公領雍州刺史元暉墓誌神龜三年三月甲申
高植墓誌神龜三年。銘在側
太尉公穆亮妻尉太妃墓誌神龜三年庚子六月癸卯朔三十日壬申
恒州刺史元譿墓誌神龜三年十一月十四日
晉陽男元孟輝墓誌銘神龜三年十一月辛未朔十五日乙酉
元氏趙夫人墓誌並蓋正光元年歲在玄枵十月廿一日辛酉

宮内太監劉阿素墓誌正光元年十月

平州刺史司馬昞墓誌並蓋正光元年庚子玄枵之月廿六日丙申

齊郡□玄墓誌歲次庚子□月辛丑朔廿一日。考爲正光元年十月

懷朔鎮都大將終廣男叔孫協墓誌正光元年庚子十一月辛未朔十五日乙酉

李璧墓誌並陰正光元年十二月廿一日

世宗第一貴嬪夫人司馬氏墓誌正光二年辛丑二月己亥朔廿二日庚申

潁州刺史穆纂墓誌並蓋正光二年二月己亥朔廿八日丙寅

女尚書馮迎男墓誌正光二年三月廿六日

宮第一品張安姬墓誌並蓋正光二年三月己巳朔廿九日丁酉

傅姆王遺女墓誌正光二年歲次星紀月管南吕廿日乙酉

女尚書王僧男墓誌並蓋正光二年歲躔星紀月吕無射廿日乙卯

宮門司高唐縣君楊氏墓誌正光二年十一月乙未朔三日丁酉

張盧墓誌正光三年壬寅三月癸巳朔廿三日乙卯

充華嬪盧氏墓誌正光三年壬寅四月壬戌朔三十日辛卯

輔國將軍長樂馮邕夫人元氏墓誌正光三年十月廿五日

後軍將軍鄭道忠墓誌正光三年壬寅十二月己未朔廿六日壬申
夫人孟元華墓誌正光四年正月十六日
龍驤將軍元引墓誌正光四年癸卯二月戊午朔廿七日甲申
洛州刺史元秀墓誌正光四年二月甲申
燉煌鎮將元倪墓誌正光四年癸卯二月戊午朔廿七日甲申
齊郡王妃常氏墓誌正光四年二月戊午朔廿七日甲申
前軍將軍元仙墓誌正光四年二月廿七日甲申
平州刺史元靈曜墓誌正光四年癸卯三月丁亥朔廿三日己酉
處士王基墓誌正光四年十月甲寅朔廿日癸酉
鞠彦雲墓誌正光四年癸卯十一月二日
故孝廉奚真墓誌正光四年癸卯十一月癸未朔廿七日己酉
威烈將軍元尚之墓誌正光四年癸卯十一月癸未朔廿七日己酉。此誌爲方柱形
襄威將軍大宗正丞元斌墓誌正光四年十一月癸未朔廿七日己酉
司州牧趙郡貞景王元謐墓誌正光五年甲辰閏二月壬午朔三日甲申
白水太守元平墓誌正光五年甲辰三月十日庚申

尚書左僕射冀州刺史元昭墓誌並蓋正光五年甲辰三月辛亥朔十一日辛酉。蓋有花紋，無元字
比丘尼統慈慶墓誌正光五年五月庚戌朔七日丙辰。常景文，李寧民書
孫遼浮圖銘正光五年七月廿五日
都官尚書冀州刺史元子直墓誌正光五年八月己卯朔六日甲申
彭城武宣王妃李氏墓誌正光五年甲辰八月六日甲申
杜傅姆墓銘並蓋正光五年十月三日
太常少卿元璨墓誌正光五年十一月丁未朔三日己酉
平州刺史元崇業墓誌正光五年十一月十四日
樂安王妃馮氏墓誌正光五年十一月甲子朔十四日甲子。案是年十一月丁未朔，此誤
輕車將軍元寧墓誌正光五年十一月十五日歲次甲辰丁未朔
關西十州臺使郭顯墓誌正光五年十一月丁未朔廿六日壬申
龍驤將軍檀賓墓誌正光五年十一月丁未朔廿七日癸酉
懷令李超墓誌正光六年正月丙午朔十六日辛酉
曠野將軍□淵墓誌正光六年乙巳正月丙午□廿七日
平南府功曹參軍元茂墓誌正光六年乙巳三月十七日辛酉

金城郡君元華光墓誌孝昌元年乙巳九月癸卯朔廿四日丙寅
東豫州刺史元顯魏墓誌並蓋孝昌元年十月壬申朔廿六日丁酉
廣川王元煥墓誌並蓋孝昌元年十一月壬寅朔八日己酉
大將軍太尉公中山王元熙墓誌孝昌元年乙巳十一月壬寅朔廿日辛酉
青州刺史元暐墓誌孝昌元年十一月壬寅朔廿日辛酉
恒州刺史安平縣公元纂墓誌孝昌元年歲在鶉首十一月壬寅朔廿日辛酉
都昌侯元公夫人薛氏墓誌孝昌元年十一月廿日
秦州刺史元寶月墓誌孝昌元年乙巳十二月辛未朔三日癸酉
故士吴高黎墓誌孝昌二年正月丙午十三日癸丑
介休令李謀墓誌孝昌二年二月十五日
明堂將伏君妻昝雙仁墓誌孝昌二年五月己亥朔廿九日丁卯
江陽王元乂墓誌孝昌二年七月戊戌朔廿四日辛酉
世宗宣武皇帝嬪李氏墓誌孝昌二年丙午八月丁卯朔六日壬申
太尉府功曹參軍命婦鮮于氏墓誌孝昌二年丙午八月十八日
冀州刺史侯剛墓誌並蓋孝昌二年鶉火十月丁卯朔十八日甲申

東莞太守秦洪墓誌孝昌二年丙午十月丁卯朔十八日甲申

清水太守恒農男楊乾墓誌並蓋孝昌二年丙午十月丁卯朔十九日乙酉

侍中司空公領冀州刺史元壽安墓誌並蓋孝昌二年丙午十月丁卯朔十九日乙酉

豫州刺史元珽墓誌孝昌二年十月丁卯朔十九日乙酉

西陽男高廣墓誌孝昌二年丙午十月

東夏州刺史公孫猗墓誌並蓋孝昌二年十一月丙申朔十四日己酉

恒州大中正于景墓誌並蓋孝昌二年丙午十一月丙申朔十四日己酉

七兵尚書寇治墓誌並蓋孝昌二年丙午十一月丙申朔十七日壬子

齊州平東府中兵參軍元則墓誌孝昌二年閏月七日

銀青光禄大夫于纂墓誌並蓋孝昌二年閏十一月七日

安西將軍元朗墓誌孝昌二年閏十一月丙寅朔十九日甲申

郡中正寇偘墓誌並蓋孝昌二年十二月廿六日

騎都尉董偉墓誌孝昌三年丁未二月朔十六日己酉

密陽令蘇屯墓誌孝昌三年丁未二月甲午朔廿一日甲寅

肆州刺史和邃墓誌孝昌三年丁未二月庚辰朔廿七日丁丑

南青州刺史元暐之墓誌孝昌三年二月廿七日
雍州刺史章武王元融墓誌孝昌三年丁未仲春甲午朔廿七日庚申
富平伯于纂墓誌孝昌三年丁未五月癸亥朔十一日癸酉
胡昭儀墓誌並蓋孝昌三年丁未五月廿三日
雍州刺史元固墓誌孝昌三年丁未十一月庚申朔二日辛卯
胡毛進墓誌孝昌三年丁未十一月庚申朔十三日壬申
咸陽太守劉玉墓誌孝昌三年丙午十一月廿四日卒
甄官主簿甯君墓誌孝昌三年十二月十五日
員外散騎侍郎元舉墓誌武泰元年戊申仲春己丑朔廿一日己酉
廷尉卿元公夫人薛氏墓誌武泰元年戊申二月己丑朔十七日乙巳薨
雍州刺史南平王元暐墓誌武泰元年戊申三月戊午朔十六日癸酉
梁國鎮將元舉墓誌並蓋武泰元年三月十六日
征北將軍相州刺史元宥墓誌武泰元年七月既望後二日
華州刺史丘哲墓誌武泰元年十一月戊寅朔十九日丙申
鎮軍將軍豫州刺史元子永墓誌武泰元年十一月甲寅朔廿日癸酉

冀州刺史廣平王元悌墓誌並蓋建義元年六月丁亥朔十六日壬寅

定州刺史東阿縣公元順墓誌建義元年七月丙辰朔五日庚申

車騎大將軍司空公元瞻墓誌建義元年七月六日

青州刺史任城王元彝墓誌建義元年戊申七月丙辰朔六日辛酉

太常少卿元悛墓誌建義元年七月丙辰朔十二日丁卯

晉州刺史元信墓誌無年月，但稱其年七月丙辰朔十二日。案即建義元年

相州刺史元端墓誌建義元年戊申七月丙辰朔十七日

元誕墓誌建義元年戊申七月丙辰朔十七日壬申

司空城局參軍陸紹墓誌建義元年歲亞涒灘七月丙辰朔十七日壬申

青州刺史元湛墓誌建義元年歲次實沈月在夷則十八日癸酉

徐州刺史太保東平王元略墓誌建義元年戊申七月丙辰朔十八日癸酉

瀛州刺史元廞墓誌建義元年七月十八日

光州刺史元昉墓誌建義元年七月廿日

徐州刺史王誦墓誌建義元年戊申七月丙辰朔廿七日壬午。李奬銘

冀州刺史趙郡王元毓墓誌並蓋建義元年七月三十日

武昌王妃吐谷渾氏墓誌建義元年八月十一日
始平王元子正墓誌建義元年八月丙戌朔廿四日己酉
定州刺史浚儀男元周安墓誌建義元年戊申九月乙卯朔七日辛酉
定州刺史臨淮王元彧墓誌不書卒葬年月，當在建義元年秋
大司農丞穆彥夫人元氏墓誌四月戊子朔十八日乙巳。考爲永安元年
襄州刺史鄒縣男唐耀墓誌永安元年十一月甲寅朔二日乙卯
司空公鉅平縣侯元欽墓誌永安元年十一月甲寅朔八日辛酉
光州刺史元禮之墓誌永安元年十一月廿日
元景畧妻蘭夫人墓誌永安元年戊申十一月甲寅朔廿日癸酉
濟州刺史王翊墓誌永安二年己酉二月癸未朔廿七日己酉
涼州刺史元維墓誌永安二年己酉三月壬子朔九日庚申
青州刺史元斊墓誌永安二年己酉三月壬子朔九日庚申
冀州刺史博野縣公笱君墓誌並蓋永安二年四月三日
司空公元夫人馮墓誌永安二年己酉八月十一日
丞相江陽王元繼墓誌永安二年己酉八月庚戌朔十二日辛酉

車騎大將軍邢公繼夫人大覺寺元尼墓誌永安二年己酉十一月戊寅朔七日甲申
諫議大夫建城侯小徽墓誌永安二年十一月七日
定州刺史萬年縣伯爾朱襲墓誌並蓋永安二年十一月七日
司徒公冀州刺史趙國公爾朱紹墓誌永安二年十一月七日
員外散騎侍郎元恩墓誌永安二年十一月十九日
兖州長史穆彦墓誌永安二年己酉十二月戊申朔廿六日癸未
冀州刺史長平縣男元液墓誌永安三年二月十三日
尚書左僕射范陽王元誨墓誌普泰元年三月廿七日
侍中太宰武昭王元天穆墓誌並蓋普泰元年八月戊戌朔十一日戊申
司州牧新興王元弼墓誌普泰元年辛亥八月戊戌十一日戊申
冀州刺史司空穆紹墓誌普泰元年十月丁酉朔廿四日庚申
賈散騎墓誌普泰元年辛亥十月丁酉朔十三日己酉
恒州刺史韓震墓誌普泰二年三月廿日。誌陰記祖父子孫名位
雍州刺史安豐文宣王元延明墓誌太昌元年七月癸巳朔廿八日庚申
故北海王元顥墓誌太昌元年壬子八月壬戌朔廿三日甲申

雍州刺史東海王元項墓誌太昌元年壬子八月壬戌朔廿三日甲申

瀛州刺史李新墓誌太昌元年壬子九月壬辰朔廿九日庚申

平州刺史于君妻和夫人墓誌太昌元年壬子十月辛酉朔廿四日甲申

桑乾太守宋虎墓誌太昌元年十一月十八日

林慮哀王元文墓誌太昌元年十一月十九日

晉州刺史平陽男元恭墓誌太昌元年十一月十九日己酉

司州牧城陽王元徽墓誌太昌元年壬子十一月辛卯朔十九日己酉

贈青州刺史元襲墓誌太昌元年十一月十九日

司空府參軍事元馗墓誌太昌元年壬子十一月辛卯朔十九日己亥

征東將軍西平縣侯長孫士亮妻宋氏墓誌並蓋永興二年癸丑正月庚寅朔廿日己酉。年月在誌側

河州刺史乞伏寶墓誌永熙二年三月廿一日

南岐州刺史張寧墓誌並蓋永熙二年癸丑八月廿八日

滄州刺史石育及戴夫人墓誌並蓋永熙二年十一月乙酉朔廿五日己酉

齊州刺史廣川縣侯元鑽遠墓誌永熙二年龍集赤奮若十一月乙酉朔廿五日己酉。弟昭業銘

秦洛二州刺史王悦及郭夫人墓誌永熙二年

王君殘墓誌存「永熙二年」字可辨

昭玄沙門大統令法師墓誌並蓋永熙三年甲寅二月甲寅朔三日丙辰

雍州刺史長孫子澤墓誌永熙三年三月甲寅朔二十七日己卯

平北將軍元瑗墓誌無年月，但刻字二行半

濟南王元獻墓蓋誌佚

殘墓誌存下半有「六日壬申」字，有「帝緒風隆，惟王厥載」語，故知爲魏宗室諸王

涇州刺史陸希道誌蓋篆書。誌佚

惠猛法師墓誌無年月

殘墓誌「安語」等字

又「郡君」等字

又「琴先」等字

又「京兆康王」等字

又「道俗」等字

又「徽音」等字

又「歸簡」等字

又「南鄉」等字

又「周素」等字

東魏

太中大夫元玕墓誌並蓋天平二年七月廿八日壬申

南嘉州刺史司馬昇墓誌天平二年乙卯十一月七日

滄州刺史王僧墓誌天平三年丙辰二月壬申朔十三日甲申。有側

華山王妃公孫氏墓誌天平四年丁巳七月甲午朔十六日己酉

兗州刺史張滿墓誌天平四年十一月十二日

尚書令文静公李憲墓誌元象元年十二月廿四日

齊州刺史高湛墓誌元象二年十月十七日

冀州刺史劉懿墓誌興和二年庚申正月庚戌朔廿四日癸酉

郄蓋族銘興和二年閏月廿一日

王顯慶墓記興和二年九月十八日

閭儀同墓誌興和二年十月廿八日

范思彦墓誌興和三年正月廿九日
宜陽郡王元寶建墓誌興和三年八月廿一日
冀州刺史華山王元鷙墓誌興和三年辛酉十月己亥朔廿二日庚申
元公妻李夫人墓誌興和三年黄鍾之月十七日乙酉
侍中李挺墓誌興和三年辛酉十二月廿三日黄鍾之月十七日乙酉
西河王元悰墓誌武定元年癸亥三月辛卯朔十九日
渤海太守王偃墓誌並蓋武定元年十月廿八日
淮南僖王元顯墓誌武定二年甲子八月癸丑朔廿日壬申
冀州刺史安康縣伯元均墓誌武定二年八月廿日
定州刺史廣陽文獻王元湛墓誌並蓋武定二年八月庚申
廣陽文獻王妃墓誌並蓋武定二年甲子八月庚申
伏波將軍侯海墓誌並蓋武定二年十月十日
板授城陽太守汲郡太守隗天念墓誌武定二年歲次玄枵十一月辛巳朔廿九日己酉
兗州刺史叔孫固墓誌武定二年甲子十一月辛巳朔廿九日己酉
汝陽王元賥墓誌武定三年十一月廿九日

章武王妃盧氏墓誌武定四年十一月廿二日

任城文宣王元文竫太妃馮氏墓誌武定五年丁卯十一月甲午朔十六日己酉

東安王太妃陸氏墓誌武定五年十一月甲午朔十六日己酉

安豐王妃馮氏墓誌武定六年十月廿二日

郭達墓誌武定八年庚午正月五日。隸書

吴郡王蕭正表墓誌武定八年庚午二月辛巳朔廿九日己酉

源磨耶墓誌武定八年庚午三月庚戌朔六日乙卯

太原太守穆子巖墓誌武定八年庚午五月己酉朔十三日辛酉

魏僧勗記無年月

夫人梁氏殘誌無年月

北齊

太府卿元賢墓誌齊天保二年歲在訃洽十一月辛未朔三日癸酉

懷州刺史司馬遵業墓誌天保四年二月甲午朔廿七日庚申

崔頠墓誌天保四年二月

□弘墓誌天保四年癸酉十一月己未朔廿六日乙酉

廣阿縣公竇泰墓誌天保六年乙亥二月壬午朔九日庚申

竇泰夫人婁氏墓誌天保六年二月壬子朔九日庚申

并州刺史王憐妻趙氏墓誌天保六年七月六日

齊滄二州刺史高建墓誌並蓋天保六年十月十四日。隸書

征西將軍上洛縣男元子邃墓誌天保六年乙亥十一月七日

順陽太守皇甫琳墓誌並蓋天保九年十一月庚寅朔廿日乙酉

襄城郡王高淯墓誌乾明元年庚辰四月壬午朔十六日丁酉

大都督是連公妻邢夫人墓誌皇建二年十一月十九日。隸書

趙州刺史南鄉縣子石信墓誌大寧元年十一月十九日。隸書

法懃禪師塔銘大寧二年壬午正月辛未朔五日薨

李長史妻崔宣華墓誌河清元年壬午十一月丁卯朔十八日甲申

恒定二州刺史叱列延慶妻爾朱氏墓誌河清三年甲申正月庚申朔二日辛酉。二石

樂陵王高百年墓誌並蓋河清三年甲申三月己未朔二日庚申

樂陵王妃斛律氏墓誌並蓋河清三年甲申三月己未朔二日庚申

憑法師燒身塔記河清三年三月十七日

赫連公夫人閻氏墓誌並蓋河清三年三月廿四日

墨曹參軍梁伽耶墓誌河清四年乙酉二月甲寅朔七日庚申

房周陁墓誌天統元年十月廿四日癸酉

寧朔將軍張起墓誌天統元年乙酉十一月己卯朔六日甲申。宗人張景邕造

王君墓誌天統元年十一月廿三日

儀同公孫肱墓誌並蓋天統二年二月廿五日

泉城王劉悦墓誌並蓋武平元年十一月十二日。隸書

朱岱林墓誌武平二年辛卯二月乙卯朔六日甲申

齊昌鎮將乞伏保達墓誌並蓋武平二年二月十八日

豫州刺史梁子彦墓誌武平二年辛卯四月戊寅朔廿日丁酉

平昌子劉忻墓誌武平二年辛卯五月丁未三日己酉

祭酒逢君銘武平二年辛卯十月乙亥朔十日甲申。銘文末二行在碑側

太子太師西陽王徐之才墓誌武平三年壬辰十一月己亥朔廿二日庚申

高建妻金明郡君王氏墓誌並蓋武平四年癸巳十月癸巳朔十七日己酉

開府僕射赫連子悅墓誌並蓋武平四年癸巳十一月癸亥朔二十三日乙酉
功曹李琮墓誌武平五年正月壬戌朔十二日癸酉
魏翊軍墓誌武平五年甲午十一月戊子朔廿二日己酉
陽州長史鄭子尚墓誌並蓋武平五年十二月廿三日

北周

開府儀同賀屯植墓誌保定四年甲申四月己丑朔廿一日戊申
新義郡公韓木蘭墓誌天和三年戊子十一月壬辰朔十八日己酉
郝夫人墓誌並蓋建德六年三月十一日
安定□安寧墓誌建德六年四月三十日
扶風郡公主墓誌並蓋宣政元年四月廿三日
齊車騎將軍時瓓墓誌宣政元年歲次降樓十二月神祐朔九日
邵州刺史寇嶠妻薛夫人墓誌並蓋宣政二年己亥正月四日
汝北郡中正寇偘哲墓誌並蓋宣政二年己亥正月四日
順陽太守寇熾墓誌宣政二年己亥正月四日

掃寇將軍梁嗣鼎墓誌大象二年六月廿三日
雍州刺史司空公始平文貞公國太妃盧氏墓誌並蓋大象二年庚子十一月癸未朔廿日壬寅
□夫人梁氏殘墓誌僅存一角，不見年月，以字體似周附此

隋附僞鄭

申貴墓誌開皇三年九月廿三日殂。無葬日。後有買地券
昌國公寇奉叔墓誌並蓋開皇三年癸卯十月丙寅朔
魏廣州長史寇君夫人昌平郡君墓誌開皇三年癸卯十月丙寅朔十九日甲申
濩澤公寇遵考墓誌並蓋開皇三年十月十九日
驃騎大將軍□静墓誌開皇三年十月丙寅朔十九日甲申
廣州長史寇君夫人姜氏墓誌並蓋開皇三年癸卯十月丙寅朔十九日甲申。蓋文有二分刻面背
魏東豫州大都督梁坦墓誌開皇三年癸卯十月丙寅廿日乙酉
奉朝請梁邕墓誌開皇三年癸卯十月丙寅朔廿日乙酉
邵咸墓誌開皇三年十一月十七日
潘城録事參軍楊居墓誌並蓋開皇四年甲辰三月癸亥朔十日。蓋上有兎鈕

左校署賢王成墓誌無卒葬年月，但有「開皇四年」字，姑附此

潁州别駕元洪儁墓誌並蓋開皇五年七月一日。年月書蓋上

武騎常侍王紹仙墓誌並蓋開皇五年乙巳七月丙辰朔十五日

橋紹墓誌開皇五年十月二十三日

開府儀同韓祐墓誌開皇六年十一月七日。隸書

洛州宗衛長史楊暢墓誌開皇八年戊申七月戊辰朔十七日甲申。隸書

零陽縣令任顯墓誌並蓋開皇八年戊申十一月丙寅朔廿日乙酉。隸書

臨沂縣令淳于儉墓誌開皇八年戊申十一月丙寅朔廿日乙酉

行臺侍郎韋略墓誌開皇八年戊申十二月丙申朔十四日己酉

□公静墓誌開皇九年歲次大梁十月辛酉朔一日辛酉。隸書

張僧殷息潘慶墓誌開皇九年己酉十月廿四日。隸書

定州刺史暴永墓誌並蓋開皇九年十月廿有四日。隸書

東内府録事參軍張禮墓誌並蓋開皇九年己酉十月辛酉朔廿四日甲申

濟北府君鄭夫人墓誌並蓋開皇九年己酉十月辛酉朔廿四日甲申

虎賁内郎將闞明墓誌並蓋開皇九年十月辛酉朔廿五日乙酉

東宮右親衛元仁宗墓誌開皇十年庚戌十二月甲寅朔二日乙卯
浮陽郡守王曜墓誌並蓋開皇十年庚戌八月丙辰朔十七日
車騎祕書郎張景略銘開皇十一年正月二十六日。隸書
邊城郡公爾朱敞墓誌開皇十一年辛亥十一月己卯朔廿四日庚寅。隸書
車騎將軍歸化郡公爾朱端墓誌開皇十一年辛亥十一月己卯朔廿四日庚寅。隸書有蓋
鄭君殘墓誌並蓋開皇十一年閏十二月廿六日丁酉。考爲鄭道育
涇陽旅帥孟常墓誌開皇十二年十月八日
板授蘄州刺史李則墓誌並蓋開皇十二年十一月七日
惠雲法師墓誌開皇十四年三月廿二日。有側
静證法師塔記開皇十四年
殘墓誌開皇十四年甲寅
比丘尼脩梵石室誌開皇十五年十月廿四日
板授平安郡守謝岳墓誌並蓋開皇十五年十月廿四日
雲陽男鞏賓墓誌並蓋開皇十五年乙卯十月丙戌朔廿四日己酉
□孝禮墓誌開皇十五年十月三十日

張通妻陶墓誌開皇十七年三月廿六日
美人董氏墓誌開皇十七年丁巳十月甲辰朔十二日乙卯。蜀王製
淮南縣令劉生榮墓誌開皇十八年戊午五月辛未朔二日壬申
東州縣令李盛墓誌開皇十八年十月十二日。蓋有花紋，無字
板授經州安定縣令宋睦墓誌開皇十八年戊午十月戊戌朔十二日己酉
處士劉多墓誌並蓋開皇二十年十月十七日
龍山公臧賢墓誌開皇二十年庚申十二月丙辰朔四日己酉
比丘道寂塔誌仁壽元年正月二十日終
太府卿將作大匠高虬墓誌並蓋仁壽元年二月十八日。隸書
盧文機墓誌仁壽元年二月乙卯朔十九日癸酉。有蓋
長陵縣令盧文搆墓誌仁壽元年辛酉二月乙卯朔十九日癸酉
洛州默曹參軍□韶墓誌仁壽元年歲次大梁月號大火十八日壬申
申穆墓誌仁壽元年辛酉十一月□□甲申。隸書
范陽郡正陽瑾墓誌仁壽元年十一月辛巳朔廿九日己酉。隸書
比丘慈明塔記仁壽二年四月五日

處士郭休墓誌並蓋仁壽二年八月四日。隸書

郭休墓誌並蓋仁壽二年八月四日。隸書

劉寶墓誌仁壽二年甲子十月甲子朔廿一日甲申

洪州總管安平公蘇慈墓誌仁壽三年三月癸卯朔七日己酉

淮陽郡守張府君胡夫人墓誌並蓋仁壽三年癸亥八月庚午朔十五日甲申

員外郎馬少敏墓誌並蓋仁壽四年甲子正月戊戌朔廿四日辛酉

苻盛胡夫人墓誌並蓋仁壽四年甲子十月甲子朔廿一日甲申。隸書

寧都公馮君夫人李氏墓誌仁壽四年甲子十一月癸巳朔四日丙申

馮君夫人盧氏墓誌仁壽四年甲子十一月癸巳朔四日丙申

張夫人墓誌並蓋仁壽四年甲子十一月癸巳朔廿八日庚申

前鋒直盪第一領民酋長□善來墓誌大業元年乙丑十月戊子朔廿二日己酉

陳散騎侍郎劉猛進墓誌大業元年建子之月三日丙寅。有陰

鞠遵墓誌大業二年丙寅正月丙辰朔六日辛酉

宮人朱氏墓誌大業二年仲夏十九日。諸葛穎製

劉尚食墓誌並蓋大業二年十月壬午朔廿一日

行軍長史劉珍墓誌大業二年十月廿八日。分刻二石。隸書

壺關縣令李沖墓誌並蓋大業二年十二月

□弘秤墓誌大業二年丙辰十二月壬午。丙辰乃丙寅之譌

邯鄲縣令蔡府君妻張夫人墓誌大業二年十二月廿九日

滎澤令常醜奴墓誌大業三年丁卯八月丁丑朔廿六日壬寅

尚食監張怦墓誌並蓋大業三年十月九日

汴州浚儀縣令劉淵墓誌大業三年十一月廿七日

淮南化明縣丞夫人崔氏墓誌並蓋大業三年丁卯十一月丙午朔廿七日壬申。隸書

將作少匠任軌墓誌並蓋大業四年戊辰二月甲戌朔九日壬午

板授趙州鉅鹿縣令楊德墓誌大業四年十月廿一日。隸書

扶溝縣令郭君墓誌大業四年十一月四日。隸書

西平縣男郭元和男世昌墓誌並蓋大業五年己巳十月乙未朔廿六日庚申

官人典璽李氏墓誌大業五年十月廿七日

主簿吴嚴墓誌並蓋大業五年十月。隸書

吕胡墓誌大業五年十一月十日

宫人司樂劉氏墓誌大業六年正月八日

范高墓誌大業六年庚午四月壬辰朔十七日戊申

東陽府鷹揚郎將羊瑋墓誌並蓋大業六年庚午九月己未朔十五日癸酉

宫人五品程氏墓誌大業六年庚午九月廿四日

宫人五品司仗馮氏墓誌大業六年九月廿六日

□秀墓誌大業六年十月八日

襄城郡汝南縣主簿董穆墓誌大業六年庚午十一月戊午朔三日庚申

□墮墓誌大業六年壬申十一月丁丑朔十四日庚寅

尚書主客侍郎梁瓌墓誌並蓋大業六年戊午朔廿九日丙戌。案戊午乃十一月

宫人司饎六品賈氏墓誌大業六年庚午閏十一月壬子朔十九日

周大將軍府參軍事段模墓誌並蓋大業六年庚午十二月丁巳朔五日辛酉

强弩將軍賈珉墓誌大業六年庚午十二月丁巳朔十四日庚午。隸書

宫人典綵六品朱氏墓誌大業六年十一月丁巳朔廿日

宫人司仗郭氏六品墓誌大業七年正月廿三日

内承奉劉則墓誌並蓋大業七年辛未四月丙辰朔六日辛酉

斛斯摳墓誌大業七年四月廿一日
宮人陳氏六品墓誌大業七年四月廿九日
宮人司燈李氏六品墓誌大業七年五月廿二日
冠軍司録元鍾墓誌並蓋大業七年辛未十月癸丑朔廿一日癸酉。隸書
廉平縣君禮氏墓誌大業七年歲在鶉首龍集涒灘十一月三日。有蓋
□睦墓誌大業七年十二月壬子朔九日庚申
宮人尚寢衣魏氏墓誌大業七年十二月廿二日
府司馬郭達墓誌大業八年庚申正月五日。隸書
梁郡太守劉德墓誌大業八年正月九日壬子終。無葬日
孟孝敏妻劉氏墓誌大業八年二月廿二日
宮人何氏六品墓誌大業八年二月廿二日
宮人陳氏七品墓誌大業八年三月三日
建州刺史徐智竦墓誌大業八年三月廿一日。有陰
宮人韋氏墓誌大業八年六月十六日
宮人蕭氏墓誌大業八年七月廿五日

陶邱簡侯蕭瑒墓誌並蓋大業八年壬申八月戊申朔十三日庚申

□緊墓誌大業八年壬申八月戊申朔廿五日壬申

裴逸墓誌大業八年壬申八月戊申廿五日壬申

田光山夫人李氏墓誌大業八年十月丁未朔十四日庚申

河陽都尉孔神通墓誌並蓋大業八年壬申十一月八日

蕭汎墓誌大業十一年十一月十四日

板授洛州曠年縣令□墮墓誌大業六年壬申十一月丁丑朔十四日庚寅。隸書。案六年乃八年之譌

王君妻成公夫人墓誌並蓋大業八年十一月廿六日

宫人陳氏墓誌大業九年正月十六日

齊張君妻蘇夫人墓誌並蓋大業九年二月十七日。隸書

齊漢陽王府記室參軍皇甫洂墓誌並蓋大業九年二月廿八日

張業墓誌並蓋大業九年二月廿八日

周岐山縣侯姜明墓誌大業九年癸酉二月乙巳朔廿八日壬申

朝散大夫張盈墓誌並蓋大業九年三月十日

張盈妻蕭氏墓誌並蓋大業九年三月十日

豆盧宮人墓誌大業九年八月廿六日
金紫光禄大夫豆盧寔墓誌大業九年十月辛未朔三日癸酉。隸書
北海縣令趙朗墓誌大業九年癸酉十月辛未十五日乙酉。隸書
太僕寺司稟張虔墓誌大業九年癸酉十月辛未朔廿六日丙申
洛州從事郭寵墓誌大業九年十一月二日
齊陳府君墓誌並蓋大業九年癸酉十二月庚午朔十三日壬午
梁州倉曹參軍宋仲墓誌大業九年癸酉十二月庚午十六日乙酉。隸書
新鄭縣令蕭瑾墓誌大業九年十二月庚午朔廿八日丁酉。隸書
士人張鳳舉墓誌大業九年
宮人元氏墓誌大業十年二月廿三日
文安憲侯牛弘女暉墓誌大業十年三月廿六日。隸書
崔上師妻封夫人墓誌大業十年甲戌四月戊辰朔六日癸酉
宮人采女田氏墓誌大業十年六月廿四日
張達墓誌大業十年七月廿五日
宮人司寶陳氏墓誌大業十年七月廿九日

高嗣墓誌並蓋大業十年八月十九日
姚太墓誌大業十年甲戌八月丙寅朔十九日甲申
唐宮人墓誌大業十年十月廿一日
侯宮人墓誌大業十年十月廿七日
虎賁郎將鄧昞墓誌大業十年甲申十一月乙未朔十五日己酉
魏郡太守張軻墓誌並蓋大業十年十一月乙未朔十五日己酉
鮑宮人墓誌大業十年十二月廿七日
宮人典樂姜氏墓誌大業十一年正月十六日
突娑墓誌大業十一年乙亥正月十八日卒。姓不可考
高唐令崔玉墓誌大業十一年正月甲午朔廿七日庚申
禮部侍郎陳叔明墓誌大業十一年正月廿八日辛酉
上郡三川縣正明雲騰墓誌並蓋大業十一年乙亥二月甲戌朔九日
韓城縣令白仵貴墓誌大業十一年乙亥二月甲子朔七日庚午
内常侍苟夫人宋氏墓誌大業十一年二月廿一日。有蓋
桃弗縣令王袞墓誌並蓋大業十一年乙亥二月甲子朔廿一日甲申。蔡允恭撰

□該墓誌大業十一年乙亥二月甲子朔二十一日甲申
右翊衛大將軍張壽墓誌並蓋大業十一年二月廿二日
嚴參軍墓誌並蓋大業十一年乙亥三月癸巳朔五日丁酉
左禦衛將軍伍恭公墓誌大業十一年三月十四日
張波墓誌大業十一年三月廿二日
金紫光禄大夫蕭岑孫濱墓誌大業十一年乙亥四月癸亥朔廿一日乙酉
左衛大將軍吴公李氏女墓誌文並蓋大業十一年五月十八日
扶風郡陳倉縣令曹海凝墓誌並蓋大業十一年乙亥六月壬戌朔十五日丙子
太僕卿元公墓誌大業十一年乙亥八月辛酉朔廿四日
太僕卿元公夫人姬氏墓誌大業十一年乙亥八月辛酉朔廿四日甲申
故平正常景墓誌並蓋大業十一年乙亥八月辛酉朔廿四日甲申
宮人司餝丁氏墓誌大業十一年八月廿五日
□德墓誌大業十一年十一月九日
右光禄大夫范安貴墓誌並蓋大業十一年十一月十四日
肥鄉縣令蕭翹墓誌並蓋大業十一年乙亥十一月己丑朔廿六日甲寅。蔡叔悌製文

始扶汴蔡四州刺史段濟墓誌並蓋大業十二年丙子正月戊子朔廿二日己酉。隸書
□澈墓誌大業十二年三月十日
宫人徐氏墓誌大業十二年三月廿六日
滕王長子厲墓誌大業十二年丙子七月乙卯朔十八日壬申
襄國郡贊作羊本墓誌大業十二年丙子七月乙卯朔三十日甲申
□世琛墓誌大業十二年丙子七月乙卯朔三十日甲申
宫人司言楊氏墓誌大業十二年八月四日
上林署丞卞鑒墓誌並蓋大業十二年丙子十月甲申朔二日乙酉
張主簿墓誌大業十二年丙子十月甲申朔二日乙酉
房公蘇威夫人宇文氏墓誌大業十二年十月十三日
將陵縣令明質墓誌大業十二年十月甲申朔十九日壬寅
齊郡丞□直墓誌大業十二年丙子十月甲申朔二十六日己酉
故宫人常泰夫人墓誌大業十二年十一月三日
通議大夫宋永貴墓誌大業十二年十一月癸丑朔廿一日癸酉
馮夫人叱李氏墓誌大業十二年丙子十二月癸未朔二日甲申

宮人六品御女唐氏墓誌大業十三年二月十三日

宮人六品□氏墓誌大業十三年二月廿五日

宮人司計劉氏墓誌大業十三年七月四日

義安郡夫人元氏墓誌僞鄭開明元年五月十六日甲申。隸書。銘文末行在誌側

舒懿公韋匡伯墓誌僞鄭開明二年七月廿□日。有蓋

殘墓誌存銘文一角，「系自天賓」云云

又字「孝□」云云

蘄將軍墓誌蓋誌佚。正書

帥都督故唐君蘇夫人墓誌蓋篆書

隅陽縣令王明府墓誌蓋正書

姑臧太守成公墓誌蓋

故上儀同孫王君墓誌蓋無年代，考書體在齊隋間，姑附此。正書夾篆隸

墓誌徵存目録卷二

唐上

崔公妻庫狄夫人墓誌武德六年癸未六月乙巳朔五日己酉

□夫人月相墓誌武德八年乙酉十二月辛酉朔廿五日乙酉

洛州總管府司馬崔長先墓誌並蓋武德九年景戌二月庚申朔廿三日壬午

闞道愛墓誌貞觀元年丁亥二月甲寅朔十九日壬申。隸書

息州長史崔志墓誌貞觀元年丁亥二月甲寅朔廿九日壬午。隸書

吴州公府記室參軍劉粲墓誌貞觀元年丁亥七月丁亥朔二十二日壬申

隨黎陽鎮將程鍾墓誌貞觀元年十月五日

洛州長史金鄉縣公楊奴墓誌貞觀二年十月十二日

段夫人張氏墓誌貞觀二年戊子十一月癸卯朔七日己酉

左光禄大夫蔣國公屈突通墓誌貞觀二年十一月廿八日

沁源縣令郭通墓誌貞觀二年十一月三十日

譚伍墓誌貞觀三年己丑六月庚午朔廿五日甲午

蔣國夫人墓誌貞觀三年己丑七月庚子朔二十八日丁卯。隸書

安定胡質墓誌貞觀四年庚寅正月丁卯朔十九日乙酉

李彦墓誌貞觀四年庚寅二月丁酉朔二十四日庚申。隸書

蒲州河東縣令李徹墓誌並蓋貞觀四年十一月壬戌朔廿一日壬午。隸書

永安男吴景達夫人劉氏墓誌貞觀四年庚寅十一月壬戌朔廿三日甲申

□褘墓誌貞觀五年辛卯二月辛卯朔十六日丙午

房仁守墓誌貞觀五年辛卯三月庚申朔十三日壬申。隸書

開府儀同三司劉節墓誌貞觀五年七月十五日。隸書

永嘉府隊正郭倫妻楊氏墓誌貞觀六年二月十八日

張纂妻趙氏墓誌貞觀六年五月廿九日

新喻縣丞胡儼墓誌貞觀六年壬辰九月辛巳朔四日

河陰縣主簿張濬墓誌貞觀六年十一月五日。隸書

平原郡博陵縣令張伯墓誌並蓋貞觀七年二月一日
隨處士張叡墓誌貞觀七年癸巳二月己酉朔一日己酉
隨越王府司兵參軍事賈通墓誌並蓋貞觀七年六月十四日。隸書
玄昭監張明墓誌貞觀七年七月廿四日。隸書
隨左光禄大夫耿士隆墓誌貞觀七年十月五日
□遠墓誌貞觀七年癸巳十月乙巳朔廿八日
隨徵士解深墓誌貞觀八年正月廿一日
永嘉府羽林張岳墓誌貞觀八年甲午三月癸酉朔四日景子
河南府録事邢弁墓誌並蓋貞觀八年三月廿二日
韓仁師墓誌貞觀八年五月辛未朔三十日庚子
處士李繼叔墓誌貞觀八年甲午八月庚子朔廿一日庚申
田夫人墓誌貞觀八年八月廿二日
隋江都安德府司馬孫隆墓誌貞觀八年十一月己巳朔廿八日景申
洛州河南縣從政鄉君夫人慕容墓誌貞觀九年乙未二月戊戌朔六日
耿君墓誌貞觀九年八月廿七日

東宮門大夫長孫家慶墓誌貞觀九年
蒲州虞鄉縣丞王安墓誌貞觀十年景申五月庚寅朔十七日景午
蔣合墓誌貞觀十年十月十七日
王夫人墓誌貞觀十年景申十一月丁亥朔四日庚寅
隨兗州長史徐純墓誌貞觀□年十一月十六日。年上泐一字，不知何年，姑坿此
儀同三司王護墓誌貞觀十一年二月廿九日
校尉陳公夫人劉氏墓誌並蓋貞觀十一年丁酉七月癸未朔二日甲申
安山縣侯羅君副墓誌貞觀十一年八月廿一日
通事舍人長孫仁並夫人陸氏墓誌貞觀十一年十月廿二日
張舉墓誌貞觀十一年。此卒年，葬年月泐
魏王府主簿唐遜夫人柳氏墓誌貞觀十二年閏二月廿七日
潘基墓誌貞觀十二年九月十日。隸書
滄州景城縣令蕭瑶墓誌貞觀十三年己亥二月十七日
僧順禪師塔誌貞觀十三年二月廿二日
張騷墓誌貞觀十三年己亥十一月己亥朔四日壬寅。隸書

張君夫人秦氏銘並蓋貞觀十四年庚子正月己亥朔十七日乙卯
楊士漢墓誌貞觀十四年七月七一日。「一」字殆衍文
魏君夫人雷氏墓誌貞觀十四年十一月三日
前梁漳川郡太守山陰縣侯孟保同墓誌貞觀拾肆年庚子拾壹月玖日
□孝基墓誌貞觀十四年十一月十日
慧静法師靈塔銘貞觀十五年四月廿三日
處士賈仕通墓誌貞觀十五年辛丑五月辛酉朔十二日壬申
薄夫人墓誌並蓋貞觀十五年五月廿五日
處士梁凝達墓誌貞觀十五年辛丑九月己未朔十五日癸酉
隋饒安縣令矦君夫人劉氏墓誌貞觀十五年辛丑十月己丑朔九日丁酉
洛州處士李英墓誌貞觀十五年十一月五日
清平縣公世子李道素墓誌貞觀十五年辛丑十一月戊午朔十五日壬申
蘇州吴縣丞杜榮墓誌貞觀十五年十二月戊子朔卅日丁亥
劉夫人墓誌貞觀十六年二月廿四日
劉粲墓誌貞觀十六年六月廿五日

毗沙妻楊夫人墓誌貞觀十六年壬寅七月甲寅朔廿日癸酉
大智焱律師塔銘貞觀十六年十月
大智廻論師塔銘貞觀十六年十月
隋化隆縣長劉政墓誌貞觀十六年壬寅十一月癸丑朔廿日壬申
將仕郎范陽盧君妻馮氏墓誌並蓋貞觀十六年十一月二十日
隨毗陵郡無錫縣令姚孝寬墓誌貞觀十七年癸卯十月丁未朔廿七日癸酉
藍田縣尉□賓墓誌貞觀十七年十一月十四日
□武校尉任德墓誌貞觀十七年十一月
繁昌縣令馬志道墓誌並蓋貞觀十七年癸卯十二月□午朔廿八日癸酉
□懷文墓誌貞觀十八年甲辰二月乙巳朔五日己酉
開府右尚令王仁則墓誌貞觀十八年甲辰二月乙巳朔五日己酉
馮信墓誌並蓋貞觀十八年二月十六日
智炬大師塔記貞觀十八年四月
處士霍恭墓誌貞觀十八年甲辰七月壬申朔十一日壬午
姚暢墓誌貞觀十八年甲辰八月壬寅朔十九日庚申

張鍾葵墓誌貞觀十八年十月九日

處士王通墓誌貞觀十八年十月辛丑朔九日己酉

崔法師龕銘貞觀十八年十一月

大申優婆夷塔銘貞觀十九年二月

齊張明府楊夫人墓誌貞觀十九年乙巳五月戊辰朔三日庚午

隋卭州司户參軍明雅墓誌貞觀十九年六月丁酉朔廿四日

霍漢墓誌貞觀十九年六月廿五日

董君夫人任氏墓誌貞觀十九年七月十八日

何相墓誌貞觀十九年乙巳九月丙寅朔七日壬申

張綱墓誌貞觀十九年乙巳十月景申朔十四日

洛州伊闕縣令劉德墓誌貞觀十九年乙巳十二月乙未朔十二日景午

楊華墓誌貞觀十九年乙巳十二月乙未朔十二日景午

大雲法師塔銘貞觀十九年

斑夫人墓誌貞觀廿年景午二月甲午朔二十七日庚申

法師静感墓誌貞觀廿年三月

慧休法師記德文貞觀廿年季春

楊德墓誌貞觀二十年景午四月壬戌朔二十四日乙酉

崇政鄉君齊夫人墓誌並蓋貞觀廿年五月十一日

齊府功曹參軍尹貞墓誌廿年五月廿九日。當是貞觀

李護墓誌並蓋貞觀廿年六月一日

魏文德銘貞觀廿年六月十二日

左宗衛大都督楊士達墓誌並蓋貞觀廿年丙午七月辛卯朔十二日壬寅

處士餘當墓誌貞觀廿年景午八月庚辛朔廿三日甲子

驃騎將軍□忠墓誌貞觀廿年九月庚寅朔廿日己酉

處士傅叔墓誌並蓋貞觀廿年十月十四日

優婆夷孫佰悦灰身塔銘貞觀廿年十月十五日

騎都尉王君妻馬氏墓誌貞觀廿年景午十月己未朔十五日癸酉

范相墓誌貞觀廿年景午十月己未朔廿七日乙酉

隋殷州刺史段師墓誌貞觀廿年十一月二日

忠州墊江縣令王才墓誌貞觀廿年十二月十五日

睦州桐廬縣主簿李桀墓誌貞觀廿年丙午十二月己未朔廿四日壬午
□舉墓誌貞觀廿一年丁未二月戊午朔廿八日乙酉
隨奮武尉元質墓誌貞觀廿一年四月六日
慧休法師灰身塔頌貞觀廿一年四月
洛州徵士萬德墓誌貞觀廿一年丁未六月景辰朔五日庚申
萬年縣尉孔長寧墓誌貞觀廿一年丁未八月乙卯朔廿八日壬午
康大農墓誌貞觀廿一年丁未九月甲申朔一日甲申
涪州永安縣令樂善文墓誌貞觀廿一年十月八日
徐妻劉夫人墓誌貞觀廿一年丁未十月甲寅朔十日癸酉
徵士向英墓誌貞觀廿一年丁未十一月癸未朔廿日壬寅
楊達墓誌貞觀廿一年十二月廿一日
武騎尉張秀墓誌貞觀貳拾貳年戊申正月壬午朔貳拾捌日己酉
隋平州録事參軍張育墓誌貞觀廿二年戊申二月壬子朔廿一日壬申
文安縣主墓誌貞觀廿二年三月廿二日
張行滿墓誌並蓋貞觀廿二年戊申四月辛亥朔二十三日

益州新津縣丞丘藴墓誌並蓋貞觀廿二年戊申六月庚戌朔廿三日壬申

武騎尉范雅墓誌貞觀廿二年戊申七月庚辰朔七日景戌卒

殿中直長張通墓誌貞觀廿二年七月廿七日

右領軍果毅毛盛墓誌貞觀廿二年九月十八日

梁基墓誌並蓋貞觀二十二年九月廿八日

趙昉墓誌貞觀廿二年戊申十一月戊寅朔七日甲申

霍寬墓誌貞觀廿二年十一月十三日

隋倉部侍郎辛衡卿墓誌貞觀廿二年十二月廿四日

鄖州參軍事胡寶墓誌貞觀廿二年戊申十二月丁未朔廿四日庚午

大緣禪師塔記貞觀廿二年十二月

處士任道墓誌貞觀廿二年戊申閏十二月九日

處士宋榮墓誌貞觀廿二年戊申閏十二月丁丑朔廿七日癸卯

記室賈昂墓誌貞觀廿三年正月十六日

趙榮墓誌貞觀廿三年己酉二月景子朔廿二日丁酉

趙妻麴夫人墓誌貞觀廿三年己酉三月二日

闞英墓誌並蓋貞觀廿三年己酉三月十一日
楊昭墓誌貞觀廿三年三月十七日
薛朗墓誌貞觀廿三年己酉三月乙巳朔廿六日庚午
和州香林府長史張雲墓誌貞觀廿三年四月十一日
禹藝墓誌貞觀廿三年己酉四月乙亥朔廿八日壬寅
郡君楊夫人墓誌貞觀廿三年六月十八日
青州録事參軍李良墓誌貞觀廿三年己酉七月十八日
鄭州新鄭縣令劉文墓誌貞觀廿三年八月十八日
鄧州司倉張舒墓誌貞觀廿三年八月廿二日
燕明墓誌貞觀廿三年乙亥八月癸酉朔廿五日丁酉
集州録事參軍王文鷩夫人墓誌貞觀廿三年九月四日
□秀墓誌貞觀廿三年九月十日
唐州刺史平興縣公周仲隱墓誌貞觀廿三年十月廿五日
隋樓煩郡秀容縣長侯雲墓誌貞觀廿三年十一月壬寅朔五日丙午
坊州司倉參軍董柱墓誌貞觀廿三年十一月廿日

轘轅府鷹揚後任斛斯達墓誌貞觀廿三年己酉十二月辛未朔三日癸酉
濟州別駕李君絢墓誌貞觀廿三年己酉十二月辛未朔十二日壬午
桂州都督府司兵參軍□興墓誌二石佚一，不見紀年，中有「武德七年率義歸誠」語，故姑附貞觀末
隨車騎將軍金行舉墓誌永徽元年三月三日
祁讓墓誌永徽元年庚戌四月乙巳朔二日庚午
樂達墓誌並蓋永徽元年四月廿九日
隨燕王府録事段君夫人墓誌永徽之元五月廿三日
處士張鳳憐墓誌永徽元年庚戌六月戊辰朔十八日乙酉
張寶墓誌永徽元年庚戌八月丁卯朔七日癸酉
吕買墓誌並蓋永徽元年十月八日
毛文通墓誌永徽元年十月丙寅朔
張藥墓誌永徽元年十一月一日
法珍法師塔記永徽元年十二月八日
荆州松資縣令湯君妻傷氏墓誌永徽二年正月十五日
潘卿墓誌永徽二年正月廿七日

衛州新鄭縣令王順孫墓誌永徽二年辛亥二月乙丑朔九日癸酉
版授永和縣令韓才墓誌永徽二年辛亥二月□一日
隋豫州保城縣丞支彦墓誌永徽二年二月廿日
道雲法師塔記永徽二年四月八日
仇道及夫人袁氏墓誌永徽二年辛亥四月甲子朔十日癸酉
郝榮墓誌永徽二年辛亥四月甲子朔廿一日甲申
李敬墓誌永徽二年辛亥六月四日
單信墓誌永徽二年辛亥六月癸亥朔廿二日
處士張義墓誌永徽二年八月戊戌朔廿三日甲申
蜀王西閤祭酒蕭勝墓誌永徽二年辛亥八月壬戌朔廿二日甲申。後人妄增褚遂良書
驃騎將軍孫遷墓誌永徽二年九月辛卯朔六日景申
弘農楊藝墓誌永徽二年辛亥九月辛卯朔十六日景午
玄武丞楊仁方墓誌永徽二年閏九月廿五日
幽州范陽令楊基墓誌永徽二年辛亥閏九月辛酉朔廿五日乙酉
夫人唐氏墓誌永徽二年十月五日

隋高陽令趙君夫人姚潔墓誌並蓋永徽二年辛亥十月庚寅朔八日丁酉

李謇墓誌永徽二年十月八日

許士端墓誌永徽二年□月十三日

楊氏馬夫人墓誌永徽二年十二月廿五日

馬忠墓誌永徽二年辛亥十二月卅日

趙才墓誌永徽三年壬子正月己未朔九日丁卯

張氏故成公夫人墓誌永徽三年壬子正月己未朔十八日景子

處士李清墓誌永徽三年壬子□月戊子朔三日辛卯

隋朝散大夫牛君夫人申氏墓誌並蓋永徽三年壬子二月十日

楊佰隴墓誌永徽三年壬子二月戊子朔廿二日己酉

游擊將軍吴孝墓誌永徽三年壬子三月戊午朔三日庚申

陳君夫人楊氏墓誌永徽三年三月十六日

嚴君夫人鄭金墓誌永徽三年壬子四月戊子朔廿日甲午

李處士墓誌永徽三年壬子六月丁亥朔三日辛卯

歸州興山縣丞皇甫德相墓誌永徽三年壬子六月丁亥朔四日庚寅

貝州臨清縣令王宏墓誌永徽三年七月十四日卒。無葬年

上儀同秦進儀墓誌永徽三年壬子八月景戌十五日庚子

宣節尉張萬善墓誌永徽三年壬子八月丙戌朔十七日壬寅

蓋夫人墓誌永徽三年九月七日

隋青州博昌縣令王則墓誌永徽三年十月一日

鄭滿墓誌永徽三年壬子十月乙酉朔

右屯衛司騎趙安墓誌永徽三年壬子十月十三日

顔瓌墓誌永徽三年壬子十月乙酉十九日癸卯

宫官司設墓誌永徽三年壬子十月乙酉朔廿五日

楊清墓誌永徽三年十月廿五日

右武衛幽州潞城府果毅都尉魏德墓誌永徽三年壬子十月乙酉朔廿五日己酉

孫夫人墓誌永徽三年十月廿五日

左驍衛朔陂府折衝都尉段會墓誌永徽三年十一月七日

斛斯夫人索氏墓誌永徽三年十一月廿九日

豳州新平縣丞閻志雄墓誌永徽三年十二月廿三日

處士程寶安墓誌永徽四年癸丑正月癸丑朔十五日
處士張洛墓誌永徽四年正月廿一日
劉普耀墓誌永徽四年癸丑二月癸未朔十四日景申
將仕郎劉裕墓誌永徽四年二月二十日壬寅
黄岡縣令梁有意墓誌永徽四年二月廿七日
隋左龍驤驃騎王協墓誌永徽四年三月九日
翊衛府旅帥顔人墓誌永徽四年三月十日
張逸墓誌永徽四年三月廿一日
韓子墓誌永徽四年癸丑四月壬午朔三日甲申
濟州東阿縣尉趙爽墓誌永徽四年四月十日
上開府上大將軍安延墓誌永徽四年四月廿八日
李智墓誌並蓋永徽四年辛亥五月十日
邢夫人墓誌永徽四年五月辛亥朔廿二日壬申
姚思忠墓誌永徽四年五月廿□日
左翊衛隊正甘朗墓誌永徽四年六月十六日

曹州寃句縣令楊逸墓誌並蓋永徽四年六月廿六日
朱師墓誌永徽四年七月十一日
公孫達墓誌永徽四年七月辛亥朔十六日景寅
隋千人校尉周藻墓誌永徽四年七月廿三日
隰州西道縣令劉攬墓誌並蓋永徽四年八月三日
史君夫人田氏墓誌永徽四年八月十一日
曹夫人墓誌永徽四年癸丑八月庚辰朔廿一日庚子
處士何盛墓誌永徽四年八月庚辰朔廿三日壬寅
楊夫人墓誌永徽四年癸丑九月庚□朔十五日甲子
幽州長史燕君夫人姜氏墓誌永徽四年九月廿一日
慶州弘化縣令張晈墓誌永徽四年九月廿四日
處士楊昊生墓誌並蓋永徽四年十月己卯朔廿二日庚子
穀水鄉君張夫人墓誌永徽四年十一月十二日
段會夫人吕氏墓誌永徽四年十二月戊巳朔十九日景申。案戊巳乃戊寅之譌
慧登法師灰身塔記永徽五年正月

游擊將軍信義府右果毅都尉韓暹墓誌永徽五年二月丁丑朔八日
趙嘉夫人郭氏墓誌永徽五年甲寅二月丁丑朔廿一日丁酉
通泉金城二縣令王素墓誌永徽五年甲寅二月丁丑朔三十日景午
趙夫人墓誌永徽五年三月二日
華歆墓誌永徽五年三月廿四日
王才墓誌永徽五年甲寅三月廿四日庚午
潁州下蔡縣令李信墓誌並蓋永徽五年甲寅三月丁未朔廿七日癸酉
顏相墓誌永徽五年甲寅四月丁丑朔廿七日壬寅
張夫人墓誌永徽五年五月九日
□君及夫人劉氏殘墓誌永徽五年甲寅五月景午朔十五日庚申
曹州離狐縣蓋贊君故妻孫夫人墓誌永徽五年甲寅五月景午朔十六日辛酉
苻肅墓誌並蓋永徽五年甲寅閏五月乙亥朔廿八日壬寅
王寬墓誌永徽五年甲寅閏五月乙亥朔廿八日壬寅。後有夫人常氏永徽六年二月辛丑朔九日己酉祔葬題字
成君吴夫人墓誌永徽五年七月十二日
建陵縣令席泰墓誌永徽五年歲在攝提月蹕夷則廿九日壬寅

張琛墓誌永徽五年甲寅八月甲辰朔十七日

姬推墓誌永徽五年癸丑八月甲辰朔十七日庚申

楊貴墓誌永徽五年九月廿五日

陪戎副尉韓懷墓誌並蓋永徽五年十月七日卒

韓通墓誌並蓋永徽五年十月卅日

處士金魏墓誌永徽五年歲在攝提十一月癸丑朔廿四日景申

象城縣尉李果墓誌永徽五年十二月十九日

騎都尉李强墓誌永徽六年正月十一日

洛陽縣淳俗鄉君劾夫人墓誌永徽六年二月六日

沈士公墓誌永徽六年乙卯二月辛酉朔九日。辛酉乃辛丑之譌

饒陽男房基墓誌永徽六年乙卯二月辛丑朔廿日庚申

朝散大夫元勇墓誌永徽六年二月卅日

隋東宮左親侍盧萬春墓誌永徽六年乙卯三月辛未朔三日癸酉

文林郎夫人張氏墓誌並蓋永徽六年三月

新安縣令趙仲子墓誌永徽六年三月廿七日

晉陽府鷹揚王孝瑜夫人孫氏墓誌永徽六年乙卯四月庚子朔十日己酉
張才墓誌永徽六年四月十六日。賈無名撰
洛州河南縣陳氏王夫人墓誌永徽六年乙卯四月庚子朔廿一日庚申
桓彦墓誌並蓋永徽六年五月三日
洛汭府隊正李表墓誌永徽六年乙卯五月庚午朔四日癸酉卒。無葬日
左翊衛金谷府司馬權開善墓誌永徽六年五月十五日
趙勣墓誌永徽六年乙卯五月廿七日
黄羅漢墓誌永徽六年七月一日卒。無葬年
路基妻解氏墓誌永徽六年七月十四日
王瑗達墓誌永徽六年乙卯九月戊辰朔三日庚午
蘇州司馬輕車都尉崔泰墓誌永徽六年十月一日
韓遷墓誌永徽六年乙卯十月丁酉朔十三日己酉
太原□君墓誌永徽六年十月十三日
宣簡公孫王惠墓誌永徽六年十月廿四日
張義墓誌永徽六年乙卯十一月丁卯朔六日壬申

隋清河郡書佐徐漢墓誌永徽六年十二月七日
王氏郭夫人墓誌永徽六年乙卯十二月丙申朔七日壬寅
劉夫人墓誌並蓋永徽六年乙卯十二月七日
徐君通墓誌永徽六年乙卯十二月丙申朔十一日丙午
始州黄安縣丞高儼仁墓誌永徽六年乙卯十二月景申朔廿五日庚申
永嘉府隊副張羊墓誌顯慶元年二月三日
隋屯田侍郎柳君夫人蕭氏墓誌顯慶元年景辰二月乙未朔廿六日庚申
陽城縣丞王君夫人陰氏墓誌顯慶暮春三月廿日
處士范重明墓誌顯慶元年五月十四日
張弘秀墓誌顯慶元年景辰五月甲子朔廿一日甲申
處士趙通墓誌顯慶元年六月四日
韓智門墓誌並蓋顯慶元年景辰六月甲午朔廿一日
并州太谷縣尉賈統墓誌顯慶元年六月廿七日
李君夫人孟氏墓誌顯慶元年六月廿八日
張夫人墓誌顯慶元年七月廿日

韓玄墓誌並蓋顯慶元年八月五日
李君夫人安平縣君吕氏墓誌顯慶元年八月廿八日
隋晉王祭酒車銑墓誌並蓋顯慶元年九月十一日
郭君夫人張氏墓誌顯慶元年九月廿一日
趙肅墓誌顯慶元年十月五日
上輕車都尉張君夫人可那氏墓誌顯慶元年十月十八日
程雄墓誌顯慶元年丙辰十月十八日己酉
許州鄢陵縣令張盛墓誌顯慶元年十一月十二日
樂文義墓誌顯慶元年十一月廿四日
文林郎張金剛墓誌顯慶元年十二月十二日
左武侯桑泉府司馬程騖墓誌顯慶元年景辰十二月辛卯朔十二日壬寅
王卿故任夫人墓誌顯慶元年十二月十九日
并州祁縣令成徵墓誌顯慶元年景辰十二月丙寅朔十九日□申
王段墓誌顯慶二年正月壬寅朔十四日癸酉
汴州封邱縣令張才墓誌顯慶二年丁巳閏正月庚寅朔廿日己酉

張伽墓誌顯慶二年丁巳閏正月庚寅朔廿日己酉
府典籤房高墓誌顯慶二年閏正月廿五日
張夫人墓誌顯慶二年二月廿六日
京兆杜文貢墓誌顯慶二年二月廿六日
右勳衛周君平墓誌顯慶二年三月八日
嵩州禄事參軍元則墓誌顯慶二年丁巳三月八日
段秀墓誌並蓋顯慶二年三月廿一日
隨門下坊録事張相墓誌並蓋顯慶二年四月十六日
吴素墓誌顯慶二年四月癸酉
隴州吴山縣丞王立墓誌顯慶二年六月戊午朔三日庚申
張武哲墓誌顯慶二年六月十六日
綠綱墓誌顯慶二年丁巳七月十六日
行珍州榮德縣丞杜君妻崔素墓誌顯慶二年七月廿七日戊申
慧澄法師灰身塔記顯慶二年七月
張夫人墓誌顯慶二年八月十四日

常君及妻柳葬誌顯慶二年丁巳八月丁巳朔廿八日甲申

霍夫人墓誌顯慶二年丁巳八月丁巳朔廿八日

梁君妻白土鄉君孔夫人墓誌顯慶二年九月十七日

王玄墓誌顯慶二年九月景戌朔十七日壬寅

張貴墓誌顯慶二年丁巳九月景戌朔廿四日己酉

張伽墓誌顯慶二年十月十八日。此伽夫人王氏誌

黃梅縣尉韓政墓誌顯慶二年丁巳十月丙辰朔廿九日

李信墓誌顯慶二年十一月六日

臨清縣令王君妻李氏墓誌顯慶二年十一月十八日

姚處士墓誌並蓋顯慶二年丁巳十一月乙酉朔廿二日□午

趙令則墓誌顯慶二年丁巳十二月乙卯朔十九日

高達墓誌並蓋顯慶三年正月廿三日

郭君夫人墓誌顯慶三年正月廿三日

慕容夫人墓誌顯慶三年戊午正月甲申朔廿三日景午

大張優婆夷塔銘顯慶三年正月

妙信法師塔記顯慶三年二月

妙德法師塔記顯慶三年二月

比丘尼僧愍塔記顯慶三年二月八日

王夫人墓誌顯慶三年戊午三月癸未朔廿日

周紹業墓誌顯慶三年戊午四月癸丑朔八日景辰

徐德墓誌顯慶三年戊午四月癸丑朔八日

王法墓誌顯慶三年戊午四月癸丑朔廿日

正信法師塔記顯慶三年四月

荀氏楊夫人墓誌顯慶三年□□五月癸丑朔九日辛酉

張君夫人王氏墓誌顯慶三年五月廿一日

陪戎副尉劉珪墓誌顯慶三年戊午八月辛亥朔廿二日壬申

韓承墓誌顯慶三年戊午八月辛亥朔廿二日壬申

處士馬壽墓誌顯慶三年九月十八日

張氏亡女墓誌顯慶三年九月廿二日

舒州同安縣丞爨君夫人張氏墓誌顯慶三年九月廿三日

姚才墓誌顯慶三年九月廿七日
隨邵州録事參軍楊道綱墓誌顯慶三年戊午十月廿三日
王夫人墓誌顯慶三年十月廿四日
暴賢墓誌顯慶三年戊午十月庚戌朔廿四日癸酉
王居士磚塔銘顯慶三年十月。敬客書
驍騎尉宋義墓誌顯慶三年戊午十一月庚辰朔十七日
鄭國公府前典籤潘公張夫人墓誌顯慶三年十一月廿□日
杜長史妻薛瑶華墓誌顯慶三年歲躔戊午十二月一日己酉
慧曇法師灰身塔記顯慶三年十二月
洛州司兵薛忠墓誌顯慶三年戊午十二月己酉朔十二日庚申
霍萬墓誌顯慶三年十二月十三日
張達妻李夫人墓誌顯慶四年己未二月戊申朔二日己酉
處士成朗墓誌顯慶四年二月廿五日
石州臨泉縣令楊士墓誌並蓋顯慶四年己未三月戊寅朔二十五日壬寅
隨處士成願壽墓誌顯慶四年三月廿五日

將仕郎張安都墓誌顯慶四年四月三日
處士李兒墓誌顯慶四年己未四月十四日
智守法師塔記顯慶四年四月
絳州夏縣丞張弘誌文顯慶四年五月八日
故夫人王氏墓誌顯慶四年五月廿六日
王約墓誌顯慶四年七月九日
支懷墓誌並蓋顯慶四年己未七月景子朔九日甲申
田通墓誌顯慶四年七月十日
萇夫人墓誌顯慶四年七月十六日
隨并州司兵張義墓誌顯慶四年七月廿七日
冀州南宫縣尉張公直妻楊夫人墓誌顯慶四年八月九日
呼論縣公新林府果毅諱陀墓誌顯慶四年己未八月一日乙巳朔十六日□申
處士郭君夫人楊氏墓誌顯慶四年己未八月乙亥朔廿八日壬申
衛尉少卿息豆盧遜墓誌顯慶四年己未八月乙巳朔廿八日壬申
北平縣令董明墓誌並蓋顯慶四年十月廿七日

吉州廬陵縣丞皇甫弘敬墓誌顯慶四年十月卅日

范信墓誌顯慶四年己未十月卅日

徐氏路夫人墓誌顯慶四年閏十月十七日

陪戎副尉安度墓誌顯慶四年己未十一月癸卯朔七日己酉

李三墓誌顯慶四年十一月十八日

張夫人墓誌並蓋顯慶四年十二月十二日

段夫人墓誌顯慶四年己未十二月癸酉朔廿四日景申

都水監舟楫令孟普墓誌顯慶五年庚申正月壬寅朔五日景午

張居士墓誌顯慶五年庚申正月壬寅朔八日己酉

王段墓誌顯慶三年正月壬寅朔十四日癸酉。五年正月爲壬寅朔，三殆五之譌

翟惠隱墓誌顯慶五年二月二日

賈元叡墓誌顯慶五年二月二日

王進墓誌顯慶五年庚申二月壬申朔二日甲戌

番禺府折衝都尉平棘縣公紇干承基墓誌顯慶五年庚申二月壬申朔十三日甲申

晉安縣令蕭君夫人柳氏墓誌顯慶五年庚申二月十三日

樊寬墓誌並蓋顯慶五年庚申二月壬申朔十三日甲申
承務郎崔誠墓誌顯慶五年庚申二月壬申朔十三日
蕭夫人袁客仁墓誌並蓋顯慶五年二月十三日。分刻二石
宋豐墓誌顯慶五年庚申三月壬寅朔一日壬□。缺下一角
鄜州直羅縣丞張德操墓誌顯慶五年庚申三月壬寅朔八日戊□
劉延壽墓誌顯慶五年四月十□日
尚書都事故息顏襄子墓誌顯慶五年五月二日
處士趙軌墓誌顯慶五年五月九日
驍騎尉苗明墓誌顯慶五年五月九日
王郎將君墓誌顯慶五年庚申七月庚子朔七日丙午
張泉墓誌顯慶五年庚申七月庚子朔十日己酉
司户桓鋭墓誌顯慶五年七月十日
二品宫墓誌顯慶五年七月廿七日
昭武校尉任德墓誌顯慶五年七月廿七日
常夫人墓誌顯慶五年七月

南陽張懷文墓誌顯慶五年八月四日
會稽縣丞李君夫人墓誌顯慶五年八月十六日
田仁墓誌顯慶五年八月廿二日
邛州蒲江縣令蕭慎墓誌顯慶五年庚申八月廿二日。賀紀製
關預仁妻茹夫人墓誌並蓋顯慶五年九月四日
魏君墓誌顯慶五年九月八日
高德及夫人黎氏合葬墓誌顯慶五年十月三日
夫人封氏墓誌顯慶五年庚申十月戊辰朔十七日甲子
殘墓誌顯慶五年庚申十月十七日。姓名漫漶
郭敬墓誌顯慶五年庚申十月戊辰朔廿九日景申
萬夫人墓誌顯慶五年十月卅日
文林郎耿文訓墓誌顯慶五年十一月十二日
潞州長史真定公許行師墓誌並蓋顯慶五年十一月廿三日
梁君夫人姚氏墓誌顯慶五年十一月景申朔廿九日壬辰
淄川縣令祖君夫人墓誌顯慶五年十二月七日

太府卿真定郡公許緒墓誌顯慶五年十二月十三日
武騎尉賈欽墓誌顯慶五年十二月十九日
處士賈君墓誌顯慶五年庚申十二月丁卯朔廿四日
處士張楚墓誌顯慶六年二月七日
綿州博士張武墓誌顯慶六年二月七日
□琳墓誌顯慶六年辛酉二月癸酉
太常寺永康陵令侯忠墓誌顯慶六年辛酉二月景寅朔十九日甲申
王敏墓誌顯慶六年二月十九日
齊青州高陽郡守陽昕墓誌顯慶六年二月十九日
康氏故史夫人墓誌顯慶六年三月七日
武騎尉任素墓誌顯慶□年四月廿七日。年上一字已泐，姑坿此
董君及夫人墓誌龍朔元年辛酉三月十一日景午
河南縣録事王寬墓誌並蓋龍朔元年三月十九日甲寅
處士奇長墓誌龍朔元年四月九日
雲騎尉王君及夫人魏氏墓誌龍朔元年四月廿一日

張善墓誌龍朔元年辛酉四月乙丑朔廿七日辛卯
七品亡宫典飾墓誌龍朔元年四月卅日
處士宋虎墓誌龍朔元年八月廿一日
侯夫人義明鄉君譚氏銘龍朔元年八月甲子朔廿一日甲申
左翊衛斛斯德墓誌並蓋龍朔元年辛酉八月甲子朔廿七日庚寅
騎都尉靖徹墓誌龍朔元年九月廿三日
夫人竹妙墓誌龍朔元年九月廿三日
處士吴辯墓誌龍朔元年辛酉九月癸巳朔十□日辛酉
文林郎爨君墓誌龍朔元年十月八日
袁斌墓誌龍朔元年十月八日
處士房寶子墓誌龍朔元年辛酉十月癸亥朔十一日癸酉
處士郭壽墓誌龍朔元年辛酉十月癸亥朔十一日癸酉
處士張興墓誌龍朔元年辛酉十月癸亥朔廿三日乙酉
張士高墓誌龍朔元年建亥之月廿三日乙酉
始安郡太守慈源縣侯徐綜墓誌龍朔元年辛酉十月□亥朔廿三日乙酉

張寶墓誌並蓋龍朔元年十月廿三日
張君夫人喬娥墓誌龍朔元年十一月十一日
將仕郎段洽墓誌龍朔元年辛酉十一月壬辰朔十一日壬寅
吴志墓誌龍朔元年十一月廿四日
李護墓誌龍朔元年辛酉十一月壬辰朔廿九日庚申
徐師墓誌龍朔二年正月十六日
將仕郎王積善墓誌龍朔二年三月廿五日
陪戎副尉張伯通墓誌並蓋龍朔二年四月十四日
潞州上黨縣丞劉氏賈夫人墓誌龍朔二年壬戌四月庚申朔十四日癸酉
馮夫人墓誌並蓋龍朔二年五月廿六日
隴西王府侯司馬妻竇夫人銘並蓋龍朔二年五月廿六日
董夫人墓誌龍朔二年壬戌六月二日
田惠墓誌龍朔二年壬戌六月己未朔十四日壬申
張處士故夫人朱氏墓誌龍朔二年六月十五日
張處士墓誌並蓋龍朔二年六月廿七日

斛斯祥墓誌並蓋龍朔二年七月廿二日

開府索玄墓誌並蓋龍朔二年七月廿二日

都督王羅墓誌龍朔二年壬戌八月丁亥朔四日庚寅

蒲州汾陰縣丞李謂墓誌龍朔二年壬戌八月四日

越州諸暨縣主簿宫君夫人秦沖墓誌龍朔二年八月十日

韓文潘夫人墓誌龍朔二年壬戌八月十六日

皇甫相貴墓誌龍朔二年九月四日

文林郎桓萬基墓誌龍朔二年九月十一日

西州麴善岳墓誌龍朔二年壬戌十月丁亥朔廿八日甲寅

定州司馬辛驥墓誌並蓋龍朔二年十一月十七日。文一石未完，餘刻蓋之四周。崔行功製

德潤府左果毅都尉高捧墓誌龍朔二年壬戌十一月景辰朔廿九日甲申

昭武校尉秦義墓誌並蓋龍朔三年正月廿八日

涇陽令周顯墓誌龍朔三年正月卅日

□師墓誌龍朔三年正月卅日

孫君夫人宋氏墓誌並蓋龍朔三年二月十二日

舒王府典軍王仁墓誌龍朔三年癸亥二月乙酉朔廿二日景午
魏王府廐牧丞路徹墓誌龍朔三年四月二日
段文會墓誌龍朔三年四月二日
侯君夫人郭氏墓誌並蓋龍朔三年四月十七日
處士郎仁墓誌龍朔三年五月八日
處士田君彦墓誌龍朔三年癸亥五月八日
馮達墓誌龍朔三年五月十二日
鄭州新鄭縣令唐沙墓誌龍朔三年五月廿日
宗夫人墓誌龍朔三年六月二日
□氏女漫伍墓誌龍朔三年六月十四日
王楷墓誌龍朔三年八月三日
藺處士墓誌龍朔三年八月三日
常開墓誌龍朔三年癸亥八月壬午朔三日甲申
蒲州汾陰縣丞李靖墓誌龍朔三年□□八月四日
皇甫字墓誌龍朔三年癸亥八月壬午朔九日庚寅

程夫人令秀墓誌並蓋龍朔三年癸亥八月壬午朔廿一日壬寅

蜀王府隊正安師墓誌龍朔三年癸亥九月辛亥朔廿日庚午

斛斯處士張夫人墓誌並蓋龍朔三年□月四日

處士樊端墓誌龍朔三年十月五日辛巳朔五日乙酉

汝州録事參軍封温墓誌龍朔三年癸亥十一月庚戌朔十一日庚申

文林郎仵願德墓誌龍朔三年癸亥十一月庚戌朔十二日庚申

揚州大都督府户曹太夫人趙氏墓誌龍朔三年十一月廿三日壬申

游擊將軍高望府果毅王敬墓誌龍朔三年十一月廿四日

薛貞墓誌龍朔三年十二月十七日

彭城劉夫人墓誌龍朔三年癸亥十二月乙丑十八日□酉。案乙丑當作庚辰

始州黄安縣令傅交益墓誌龍朔三年癸亥十二月庚辰朔廿七日景午

德州參軍桓君夫人張氏墓誌並蓋龍朔□年十月廿九日

處士李英墓誌龍朔□年十□月五日

隋立信尉袁相墓誌龍朔□年十□月十□日

鄧威墓誌龍朔□年□月□日

陪戎校尉焦寶墓誌麟德元年正月廿四日
處士吕府君陳夫人墓誌麟德元年正月廿五日
掖庭宫司簿王氏墓誌麟德元年甲子二月己卯朔十二日庚寅
騎都尉李文墓誌麟德元年甲子二月己卯朔十八日□申
邊君墓誌並蓋麟德元歲甲子二月己卯朔廿四日壬寅
王才及夫人毛氏墓誌麟德元年甲子三月己酉朔十三日辛酉
前壽安縣博士秦寶墓誌麟德元年三月己□朔廿五日癸未
前朔州善陽縣丞□玄德墓誌麟德元年甲子四月七日甲申
處士張仁墓誌麟德元年五月廿五日
南陽强處士墓誌麟德元年七月辛未朔十五日乙酉
深州晏城縣丞宋璋墓誌麟德元年七月廿七日
陪戎尉王德妻鮮于夫人墓誌麟德元年甲子七月丁未朔廿七日
驍騎尉皇甫璧墓誌麟德元年八月九日
衡州司馬王善通墓誌麟德元年十月十一日
洛中處士孟師墓誌並蓋麟德元年十一月二日

涇陽縣令梁秀墓誌麟德元年十一月五日
段贖夫人墓誌麟德元年十一月乙巳朔五日己酉
翊衛大督羅端墓誌麟德元年甲子十一月乙巳朔五日己酉
台州録事參軍袁弘毅墓誌麟德元年甲子十一月乙巳朔十六日庚申
王達墓誌麟德元年十一月廿八日
將仕郎霍達墓誌麟德元年十一月廿八日
輕車都尉强偉墓誌麟德元年十一月廿八日
梁君夫人成淑墓誌麟德元年十二月十一日
隋幽州先賢府車騎王君墓誌並蓋麟德元年十二月十一日
校尉馮安墓誌麟德元年甲子
隋奉誠尉邢誓墓誌麟德二年正月三日
成君妻劉夫人墓誌麟德二年正月三日
護軍李遠墓誌麟德二年正月十八日
處士趙端墓誌麟德二年正月廿九日
李護墓誌麟德二年二月癸酉朔十八日庚寅

李智墓誌麟德二年二月癸酉朔十八日庚寅
房仁懸墓誌麟德二年二月廿五日
董君夫人杜氏墓誌麟德二年二月廿八日
隋金谷府鷹揚權豹墓誌麟德二年乙丑二月乙酉朔三十日壬寅
隋懷州王屋縣令楊康墓誌麟德二年三月七日
夫人王氏墓誌麟德二年乙丑三月癸卯朔廿八日
懷音府隊正侯僧達墓誌並蓋麟德二年閏三月廿八日卒。葬日空格
九品亡宫人墓誌並蓋麟德二年四月
河東王夫人墓誌並蓋麟德二年乙丑五月壬申朔十三日甲申
王夫人相兒墓誌麟德二年乙丑六月二日
九品亡宫人墓誌並蓋麟德二年六月
史信墓誌麟德二年七月十二日
南陽張運才墓誌麟德二年甲子七月辛未朔十五日乙酉
亡宫九品墓誌麟德二年七月廿一日
亡宫人九品墓誌麟德二年七月廿一日

宣州司法參軍事夫人杜氏墓誌麟德二年乙丑七月廿四日甲子
王惠墓誌麟德二年八月三日
索達墓誌並蓋麟德二年八月三日
賈信墓誌麟德二年八月庚子朔三日壬寅
張滿墓誌麟德二年八月三日
河東柳尚遠妻宇文夫人墓誌並蓋麟德二年八月十五日
洛州仇夫人墓誌麟德二年九月十三日
文林郎支敬倫墓誌麟德二年九月廿一日
楊客僧墓誌麟德二年九月廿五日
馬弘基墓誌麟德二年乙丑九月庚子朔廿七日
趙元粲墓誌麟德二年乙丑九月庚子朔廿八日丁卯
亡宫九品墓誌麟德二年九月
左監門校尉王宣墓誌麟德二年十月十一日
周夫人墓誌並蓋麟德二年十月十一日
魏氏田夫人墓誌麟德二年十月十八日

□君劉夫人墓誌麟德二年乙丑十一月己巳朔二日庚午

驍騎尉馮貞墓誌麟德二年十二月廿四日

張寬墓誌麟德三年景寅正月戊辰朔十八日乙□

處士張仁墓誌並蓋麟德三年七月三日

董師墓誌乾封元年景寅正月戊辰朔廿九日景申

處士王延墓誌乾封元年景寅二月戊戌朔五日壬寅

飛騎尉田君夫人桑氏墓誌乾封元年景寅二月戊戌朔十二日己酉

洛州録事楊君夫人張氏墓誌乾封元年二月十二日

左衛長史顔仁楚墓誌並蓋乾封元年景寅二月戊戌朔廿三日庚申

大員照禪師塔銘乾封元年二月

邊敏墓誌乾封元年三月廿九卒。無葬月日

□君及夫人董氏墓誌乾封元年四月六日

萬年宫監趙宗墓誌乾封元年景寅四月丁酉朔廿四日壬戌

歙州司馬來君墓誌乾封元年四月廿五日

處士支郎子墓誌乾封元年五月七日

恒州行唐縣主簿崔沖墓誌乾封元年六月景申朔十九日甲寅

騎都尉郭君夫人楊氏墓誌乾封元年九月七日

處士張君夫人梁氏墓誌乾封元年九月十日

飛騎尉張行恭墓誌乾封元年景寅十月癸巳朔十七日己酉

處士陳才墓誌乾封二年正月廿日

潞州襄垣縣令裴嗣墓誌乾封二年正月

左驃騎左一車騎將軍王道智墓誌乾封二年二月十八日

邢州南和縣令趙君夫人梁氏墓誌乾封二年二月十八日

上開府董葵墓誌乾封二年二月廿九日

固州白水縣令楊元墓誌乾封二年丁卯二月壬申朔廿九日戊子

李表墓誌乾封二年四月七日

陪戎尉周君德墓誌乾封二年五月廿四日

處士張兄仁夫人成公氏墓誌乾封二年六月三日終。即以是日窆

陳壽墓誌乾封二年七月七日

游擊將軍信義府果毅都尉韓暹夫人靳氏墓誌乾封二年七月十四日

處士張海墓誌乾封二年八月十四日

董榮墓誌乾封二年丁卯八月己丑十四日壬寅

咸陽府長上果毅楊智積墓誌乾封二年八月十八日

處士張伯隴墓誌乾封二年八月廿六日

車騎王端墓誌並蓋乾封二年九月三日

張鬼墓誌並蓋乾封二年丁卯九月戊午朔廿七日

袁夫人墓誌乾封二年十月九日

黔州洪杜縣丞張善并夫人上官氏墓誌乾封二年十月廿二日

靖千年墓誌乾封二年十月廿二日

隰州大寧縣令王纂墓誌並蓋乾封二年十月廿二日

其州榆社縣令王和墓誌並蓋乾封二年十月廿二日

蒲津關令張仁墓誌乾封二年丁卯十月廿二日

黄君夫人孫氏墓誌乾封二年丁卯十月戊子朔廿七日壬戌

段君妻李夫人墓誌乾封二年十月廿八日

張府君並夫人燕氏墓誌乾封二年十一月五日

牛君彦墓誌乾封二年十二月廿三日
嶲州録事李弘墓誌並蓋乾封二年閏十二月景辰朔五日庚申
虢州閿鄉縣丞孫恭墓誌乾封二年閏十二月十一日
杜慶墓誌乾封二年閏十二月十七日
謝通墓誌乾封二年閏十二月十七日
安義府右果毅都尉婁敬墓誌並蓋乾封二年閏十二月景辰朔十七日壬申
杜敬墓誌乾封二年閏十二月十七日
張朗墓誌乾封二年閏十二月廿七日
王師墓誌乾封三年戊辰正月乙酉朔十八日壬寅
張對銘乾封三年戊辰正月乙酉朔二十五日
南和縣令張彦墓誌並蓋乾封三年正月廿五日
靖徹夫人王氏墓誌乾封三年二月十六日
并州主簿張胤墓誌乾封□年二月
通君閻夫人墓誌並蓋總章元年三月七日
騎都尉張德墓誌總章元年戊辰三月乙酉十二日景申

洛州河南縣南斌故妻高氏墓誌總章元年戊辰五月甲申朔七日庚寅
孫處信墓誌總章元年五月十九日
李君夫人宋氏墓誌總章元年丁卯六月甲寅朔七日庚申
處士李文墓誌總章元年戊辰六月□寅朔廿九日壬午
彭義墓誌總章元年七月癸未朔廿四日景午
王贇墓誌總章元年九月廿八日
潘君夫人牛氏墓誌總章元年戊辰十月九日
洛州趙師墓誌總章元年戊辰十月壬子朔十九日庚午
武騎尉王君墓誌總章元年戊辰十月壬子朔廿三日癸酉
李泰墓誌總章元年戊辰十一月辛巳朔二日壬午
郲鄏府隊副梁方墓誌總章元年戊辰十一月辛巳朔四日甲申
孫君墓誌並蓋總章元年戊辰十一月辛巳五日己酉
元槩墓誌總章元年十一月十四日
朱信墓誌總章二年己巳正月庚辰朔十七日
右戎衛翊衛徐買墓誌總章二年正月廿七日

行洛陽宫青城監監事王德墓誌總章二年己巳二月庚戌朔十一日庚申
并州文水縣尉唐仁軌墓誌總章二年二月廿三日
武騎尉范彦墓誌總章二年二月廿四日
李夫人墓誌總章二年三月十九日
儒林郎王令墓誌總章二年三月廿八日
趙夫人墓誌總章二年五月十四日
劉君妻斛斯氏墓誌總章二年己巳五月戊寅朔十九日景申
張玉山墓誌總章二年五月廿五日
文林郎張君夫人朱氏墓誌總章二年六月廿六日
上騎都尉康達墓誌總章二年七月八日
陪戎副尉曹德墓誌總章二年八月廿六日
楊行禕墓誌並蓋總章二年八月廿六日
趙義墓誌總章二年九月廿六日
杜夫人墓誌總章二年九月廿六日
趙君墓誌總章二年九月廿六日

夫人惠氏墓誌總章二年己巳十一月景子朔十五日庚寅
處士上官義墓誌總章二年十一月廿七日
飛騎尉蘭德墓誌總章二年十二月一日
王夫人殘墓誌總章三年正月廿一日
道安禪師塔銘總章三年二月十五日
涿郡張夫人墓誌總章三年庚午三月十一日
程義墓誌並蓋咸亨元年三月十二日
劉德閏墓誌咸亨元年庚午三月十四日
燉煌公李君墓誌並蓋咸亨元年庚午四月癸卯朔十九日辛酉
處士劉德師墓誌咸亨元年五月廿四日
郭君夫人劉氏墓誌咸亨元年五月□日
左領軍翊府親衛劉明墓誌咸亨元年六月一日
魏王府參軍毛景墓誌咸亨元年六月十三日
處士申恭墓誌咸亨元年庚午六月壬寅朔廿日辛酉
楊湯墓誌咸亨元年七月十四日

瀛州河澗縣令樂達墓誌咸亨元年七月壬申朔十四日乙酉
張軌墓誌咸亨元年庚午閏九月辛丑廿日庚申
同州朝邑縣令柳尚善墓誌咸亨元年閏九月廿日
處士索行墓誌咸亨元年閏九月二十日
齊州歷城縣令庫狄通墓誌咸亨元年閏九月廿一日
趙夫人墓誌咸亨二元年十月一日
交州都督府參軍樊玄紀墓誌並蓋咸亨元年十月四日
處士程碩墓誌咸亨元年庚午十月庚午朔四日癸酉
曹州離狐縣丞蓋蕃墓誌咸亨元年庚午十月庚午朔四日癸酉
相州湯陰縣令王君德墓誌咸亨元年十月庚午朔四日癸酉
隨騎都尉司馬興墓誌並蓋咸亨元年庚午十月庚午朔四日癸酉。二石分刻
處士朱通墓誌咸亨元年龍集敦牂十月庚午朔廿五日庚寅
汴州中牟縣丞樂玄墓誌並蓋咸亨元年庚午十月庚午朔廿八日丁酉
右戎衛開福府旅帥仵欽墓誌咸亨元年十一月庚子朔三日壬寅
隋奉車都尉段瑋墓誌咸亨元年庚午十一月庚子朔十日己酉

隨江陽公張曉墓誌咸亨元年□□月廿日

吴王府執仗張節墓誌咸亨二年正月十一日

韓昱墓誌並蓋咸亨二年三月九日

荆州大都督郯襄公孫女張墓誌咸亨二年四月廿二日

相州林慮縣丞奇玄表墓誌並蓋咸亨二年辛未五月景申朔十四日己酉

周王西閤祭酒程務忠妻鄭氏墓誌咸亨二年五月十七日

武騎尉謝慶夫墓誌咸亨二年七月十二日

王小墓誌咸亨二年七月十二日

并州司兵張君夫人王氏墓誌咸亨二年八月八日

夫人宋氏墓誌咸亨二年辛未十一月甲午朔三日景申

鄧恢墓誌咸亨二年十二月甲子朔十日癸酉

上護軍王慈善墓誌咸亨二年□月□日

游擊將軍劉盛墓誌咸亨三年正月三日

上騎都尉馬寶義墓誌咸亨三年壬申正月甲午朔十三日景午

洛州王師墓誌並蓋咸亨三年正月廿二日

田紀墓誌咸亨三年二月十日

孟善王墓誌咸亨三年壬申二月癸亥朔十一日癸酉

蘇州崑山縣令張祖墓誌咸亨三年二月癸亥朔廿二日甲申

陪戎副尉康武通墓誌咸亨三年二月廿二日

平陽路夫人墓誌咸亨三年二月廿八日

□德墓誌咸亨三年三月廿九日。君諱□字德

王逸墓誌咸亨三年壬申三月壬辰朔廿九日庚申

上柱國王玄墓誌咸亨三年癸酉五月庚寅朔廿四日壬子巽時

朝散大夫尹達墓誌咸亨三年壬申六月庚申朔一日庚申

湖州刺史封泰墓誌咸亨三祀龍集涒灘律中南呂十四日壬申

揚州大都督府長史盧承業墓誌咸亨三年壬申八月己未朔十四日壬申

通州宣□縣尉嚴君及夫人燕氏墓誌咸亨三年十月十六日癸酉

河州大夏縣主簿張弘墓誌咸亨三年十月二十七日

上柱國楊大隱墓誌咸亨三年壬申十月戊午朔廿八日

處士淳于恭及夫人陳氏墓誌咸亨三年十一月十五日

處士王君墓誌咸亨三年十一月十五日
處士李子如墓誌咸亨三年十二月三日
辰州刺史費胤斌墓誌咸亨三年十二月三日
張義墓誌並蓋咸亨三年壬申十二月戊子朔廿二日己酉
德州平原縣丞畢粹墓誌咸亨四年正月廿二日
房州司法參軍李志墓誌咸亨四年正月廿二日
安邑關君夫人墓誌咸亨四年二月十六日
三品孫慕容知禮墓誌咸亨四年二月廿八日
絳州司户參軍慕容知敬墓誌咸亨四年二月廿八日
道王府典軍朱遠墓誌咸亨四年二月廿八日
隋淮南郡太守慕容三藏墓誌咸亨四年二月廿八日
暴廉墓誌咸亨四年二月丁巳朔廿八日
左親衛裴可久墓誌咸亨四年二月丁巳朔廿九日乙酉
度支郎中彭君夫人侯氏墓誌咸亨四年癸酉三月丁亥朔十四日
王夫人墓誌咸亨四年四月五日

隆州晉安縣令唐君夫人杜淑墓誌咸亨四年四月三十日
處士張翌墓誌咸亨四年五月十七日
處士康元敬墓誌咸亨四年五月景戌朔廿九日甲寅
成夫人墓誌咸亨四年申酉六月廿三日。申酉乃癸酉之誤
上柱國邊真墓誌咸亨四年六月廿六日
武騎尉韓節墓誌並蓋咸亨四年八月二日
溱州録事曹澄墓誌咸亨四年八月十四日
劉君夫人譙氏墓誌咸亨四年八月廿七日
黄州行參軍韓仁師墓誌咸亨四年九月廿一日
齊府直司楊晟墓誌咸亨四年癸酉十月壬午朔三日甲申
處士王儉墓誌咸亨四年十月四日
襄州襄陽縣主簿張傑墓誌咸亨四年癸酉十月壬午朔十六日丁酉
韓寶才墓誌咸亨四年□酉十一月九日
張君賈夫人墓誌咸亨四年十一月廿一日
處士侯彪墓誌並蓋咸亨五年甲戌二月辛巳朔二日壬午

飛騎尉王則墓誌咸亨五年甲戌二月辛巳朔四日甲申
梓州通泉縣令王君夫人姜氏墓誌咸亨五年二月四日
夫人史氏墓誌咸亨五年甲戌二月辛巳朔廿九日己酉
夫人何氏墓誌咸亨五年甲戌四月庚辰朔六日乙酉
黄素墓誌並蓋咸亨五年甲戌四月庚辰朔卅日己酉
騎都尉張玄景墓誌並蓋咸亨五年七月十四日
處士張才墓誌咸亨五年甲戌七月戊申朔廿六日癸酉
飛騎尉張貞墓誌咸亨五年甲戌八月戊寅朔七日甲申
祕閣歷生劉守忠墓誌咸亨五年甲戌八月□寅朔十三日庚寅
劉嶷墓誌咸亨五年甲戌八月戊寅朔廿五日壬寅
潞州禮會府果毅王郎墓誌咸亨五年甲戌十月八日
關君夫人王氏墓誌咸亨□年二月十六日
處士張昌墓誌咸亨□年三月十五日
文林郎王君夫人墓誌上元元年甲戌八月戊寅朔廿九日
洛汭府隊正董軸墓誌上元元年甲戌十月丁丑朔十四日庚寅

處士王義墓誌上元元年十一月廿五日
刑部尚書長孫祥墓誌上元二年乙亥二月乙亥朔廿八日□寅
滄州東光縣令許行本墓誌並蓋上元二年二月乙亥朔廿八日壬寅
亡宮七品墓誌上元二年二月廿八日
騎都尉郭義本墓誌上元二年七月四日
泗州漣水縣主簿范君夫人柳氏墓誌上元二年七月七日
趙王府長史王祥墓誌上元二年八月十三日
祠部郎中裴君夫人皇甫氏墓誌上元二年八月壬申朔十三日甲申
劉洪墓誌上元二年乙亥十月辛未朔廿七日
亡宮九品墓誌上元二年□月廿八日
□壽墓誌上元二年十一月四日卒，廿一日殯
岐州司户參軍楊□哲墓誌上元二年十一月五日
處士張沖兒墓誌上元二年十一月九日
陝州司户張君程夫人墓誌並蓋上元二年十一月九日
丁賓墓誌上元二年乙亥十一月辛丑朔九日己酉

驍騎尉韓昂墓誌上元二年十一月辛丑朔廿日庚申

喬難墓誌並蓋□元二年十一月廿日

鄭州中牟縣主簿楊軌墓誌並蓋上元二年十一月廿一日

并州晉陽縣令李君羨夫人劉氏墓誌上元二年乙亥十二月庚午朔一日

襄州襄陽縣尉陳懷儼墓誌上元三年景子正月庚子朔廿二日辛酉

史氏趙夫人墓誌上元三年景子正月庚子朔廿二日辛酉

朝請大夫袁□仁墓誌上元三年二月庚子朔廿二日辛酉

上輕車都尉馬懷墓誌上元三年二月廿二日

處士左祐墓誌上元三年景午三月乙巳朔十七日辛酉。景午乃景子之誤

處士武懷亮墓誌上元三年四月廿九日

處士樂巋墓誌並蓋上元三年五月十八日

忠武將軍從弟李君彥夫人魏氏墓誌上元三年七月十六日

户部員外郎趙威墓誌上元三年景子十月乙未朔三日丁酉

巂州邛都丞張客墓誌上元三年十月八日

定州刺史爾朱義琛墓誌上元三年景子十月乙未朔十五日己酉

右驍衛翟瓚墓誌上元三年十月廿日
處士封德墓誌上元三年景子十一月二日
袁氏故柳夫人墓誌上元三年庚子十一月乙丑朔八日壬申。庚子乃景子之誤
韓慈墓誌上元三年景子十一月乙丑朔廿日甲寅
戎州南溪縣令□貞墓誌上元三年十一月廿日
汝州司馬楊神威墓誌上元三年十一月廿日
右武衛兵曹參軍劉義弘墓誌上元三年丙子十一月乙丑朔廿一日丁卯
王愛墓誌儀鳳元年丙子十一月乙丑朔廿一日乙酉
董文墓誌並蓋儀鳳元年十二月十三日
處士孟運墓誌儀鳳二年丁丑正月乙丑朔九日癸酉。乙丑當作甲子
定州司馬蔡君長墓誌儀鳳二年二月十六日
周豫州刺史淮南公杜公墓誌並蓋儀鳳二年丁丑五月壬戌朔七日戊辰
殤子王烈墓誌儀鳳二年五月十一日
常州江陰縣丞賈整墓誌儀鳳二年七月廿五日
陪戎校尉趙巨墓誌儀鳳二年九月廿三日

處士王寶墓誌儀鳳二年十月十一日

康君夫人曹氏墓誌儀鳳二年十一月二十六日

并州主簿□元墓誌儀鳳二年丁丑十二月八日□申

施州司馬張君王夫人墓誌儀鳳二年丁丑十二月己丑朔十八日景午

車騎周廣墓誌儀鳳三年正月十四日

邵武縣令靳勗墓誌儀鳳三年戊寅正月己未朔十四日壬申

唐州録事參軍王烈墓誌儀鳳三年戊寅正月廿七日

封州司馬董力墓誌儀鳳三年戊寅二月乙丑朔八日景申

亡宮墓誌儀鳳三年三月十五日

義州司馬穆宜長墓誌儀鳳三年四月丁亥朔十日景申

處士司馬道墓誌儀鳳三年戊寅五月景辰朔十七日壬申

陪戎副尉王文曉墓誌儀鳳三年戊寅十二月癸未朔廿日壬申

左衛率府翊衛王晟墓誌並蓋儀鳳四年己卯正月壬午朔廿一日壬寅

尚書吏部郎中張仁禕墓誌儀鳳四年己卯正月壬午朔廿一日壬寅

陪戎尉樂弘懿墓誌儀鳳四年正月廿五日

霍王府親事姬恭仁殯誌儀鳳四年三月辛巳朔十一日辛卯
□元善妻公孫氏墓誌儀鳳四年四月十一日
舒州司法參軍事□賞墓誌儀鳳四年四月廿九日
處士王韜墓誌儀鳳四年五月五日
王留墓誌儀鳳四年己卯五月庚辰朔五日甲申
亡宮墓誌儀鳳四年五月十七日
亡宮六品墓誌並蓋調露元年七月五日
處士李弘裕墓誌調露元年己卯七月己卯朔十九日丁酉
將仕郎王慶墓誌調露元年己卯八月己酉朔十二日庚申
左親衛長上校尉樂玉墓誌調露元年己卯八月己酉朔十二日庚申
亡宮四品墓誌調露元年八月十二日
右千牛府曹參軍□且墓誌調露元年八月廿二日
朗州都督元仁師墓誌並蓋調露元年十月戊申朔二日己酉
鄭州管城縣令張曄墓誌調露元年己卯十月戊申朔二日己酉
王通墓誌調露元年十月七日

平夷戍主康續墓誌調露元年十月戊申朔八日乙卯

處士曹宮墓誌調露元年十月十三日

幽州都督府參軍事朱憲墓誌調露元年十月十三日

漁陽郡公孫管俊墓誌調露元年十月十四日

□□郡公孫管真墓誌調露元年十月十四日

綿州萬安縣令管均墓誌調露元年十月十四日

辰州辰谿縣令張仁墓誌調露元年十月廿三日

陪戎副尉羅甑生墓誌調露元年十月廿三日

御史杜秀墓誌調露元年歲居單閼十月戊申朔廿五日壬申

馬珍墓誌調露元年十一月戊寅朔廿日丁酉

亡宮九品墓誌調露元年十一月廿五日

卞國公泉男生墓誌調露元年十二月廿六日壬申。王德真撰，歐陽通書

安神儼墓誌調露二年二月廿八日

何摩訶墓誌調露二年二月廿八日

洛州洛陽縣記室參軍樂恭墓誌調露二年庚辰四月乙巳十七日辛酉

宣州漂陽縣尉李師墓誌調露二年庚辰六月甲辰朔十七日
亡宫墓誌永隆元年九月一日
游公妻甄夫人神柩誌永隆元年庚辰十月壬寅十三日甲寅
嘉州龍游縣尉索義弘墓誌並蓋永隆元年十一月廿三日
大都督王君夫人禄氏墓誌永隆二年二月九日
冀州南宫縣尉武騎尉邢弢墓誌永隆二年辛巳二月辛丑朔九日己酉
武騎尉李慎墓誌永隆二年辛巳二月辛丑朔廿日庚申
滄州景城縣令蕭瑶及夫人杜氏墓誌永隆二年辛巳二月辛丑朔廿日庚申
法燈法師墓誌永隆二年三月廿三日
法樂法師墓誌永隆二年三月廿三日
王氏吕夫人墓誌永隆二年四月八日卒。無葬年
濮州鄄城縣令王才墓誌永隆二年四月十日
處士王君墓誌永隆二年四月廿一日
王明墓誌永隆二年辛巳七月戊辰朔十五日壬午
康杴墓誌永隆二年八月六日

幽州范陽縣令楊君夫人韋氏墓誌永隆二年八月十八日

左威衛郯鄜府司馬杜才墓誌開耀元年辛巳十一月景申朔七日壬□

□賞墓誌開耀元年十一月廿五日

張君政墓誌並蓋開耀元年十一月廿五日

司禦率府翊衛張敬玄墓誌開耀元年十二月廿六日

處士張師子墓誌永淳元年壬午三月乙未朔九日壬寅。乙未乃甲午之誤

上柱國張和墓誌永淳元年三月十六日

游擊將軍康摩伽墓誌並蓋永淳元年四月三日薨。無葬日。當與康留買同時葬

鄜州司倉參軍李君妻裴氏墓誌永淳元年壬午四月甲子朔七日庚午。姑夫元萬頃製

成小師墓誌永淳元年五月十日

李辯墓誌永淳元年五月十七日

正議大夫李聞禮墓誌永淳元年七月十八日

左威衛洛汭府隊副韓德信妻程夫人墓誌永淳元年七月廿四日

祕書省校書郎李元軌墓誌永淳元年七月廿九日

處士賈文行墓誌永淳元年八月十二日

僕寺廐牧署令蘭師墓誌並蓋永淳元年八月廿四日

左清道率頻陽府長上果毅康留買墓誌永淳元年十月十四日

貝州司户參軍杜敏墓誌永淳元年壬午十月庚申朔廿三日壬午

上黨府主帥董冬墓誌永淳元年壬午十月庚申朔廿六日乙未

驍騎尉崔通銘文永淳元年壬午之歲建亥之月廿六日乙酉

涼國公府長史上騎都尉張達墓誌永淳元年十月廿六日

文林郎張貴寬墓誌永淳元年十月廿六日

蘇州嘉興縣燕秀墓誌並蓋永淳元年壬午十一月庚寅朔十三日壬寅

巫州龍標縣令崔志道墓誌永淳元年十一月十七日。盧獻製

昌平尉李相墓誌永淳元年十一月廿日

淄州高苑縣丞趙義墓誌永淳元年壬午十一月廿五日。王允元撰

帶方郡王扶餘隆墓誌永淳元年壬午十二月庚寅朔廿四日癸酉

房州竹山縣主簿楊君夫人杜芬墓誌永淳二年二月十四日

朝請大夫張懿墓誌永淳二年癸未二月己未朔十四日癸酉

李君才女王君妻墓誌永淳貳年癸未四月戊子貳拾捌日乙酉

上騎都尉趙勤墓誌永淳二年癸未六月丁巳朔十六日壬申
孟氏麻夫人墓誌永淳二年十一月十七日
太常寺大樂令暢昉墓誌並蓋弘道元年十二月十七日
刑部侍郎鄭肅墓誌嗣聖元年正月廿六日
王寶墓誌嗣聖元年甲申二月癸丑朔九日壬辰
魏州昌樂縣令孫義普墓誌並蓋文明元年五月廿一日
上柱國成倫墓誌文明元年甲申六月辛巳朔五日乙酉
上柱國孫通墓誌文明元年七月十二日
□義墓誌文明元年甲申七月庚辰朔二十四日癸酉金
徵士皇甫鏡幾墓誌文明元年甲申八月五日
師州録事參軍王岐墓誌並蓋文明元年八月五日。嗣子神祐書
亡宫七品墓誌文明元年九月廿五日
無錫縣令楊君夫人王氏墓誌光宅元年甲申九月廿二日
孫德墓誌光宅元年十月六日
定遠將軍李瑨墓誌並蓋光宅元年甲申十月己卯朔十九日丁酉

將仕郎呂君墓誌光宅元年十月廿四日
瀛州□城縣令宋君夫人王氏墓誌光宅元年十月廿四日
尚書左丞盧君夫人李灌頂墓誌光宅元年甲申十一月乙酉朔十三日辛酉
洛州偃師縣令高安期墓誌光宅元年十一月十九日
孟君夫人李氏墓誌光宅元年甲申十一月戊申朔廿五日庚申
昌平縣男趙承慶墓誌垂拱元年正月十三日
洛州司户參軍事格處仁墓誌垂拱元年乙酉二月丁丑朔八日甲申
强山監録事成德墓誌垂拱元年乙酉二月丁丑朔八日甲申
洛州河南縣張夫人墓誌垂拱元年乙酉三月景午朔十六日辛酉
賀州桂嶺縣丞譚德墓誌垂拱元年三月廿八日
朝散大夫賈玄贊墓誌垂拱元年乙酉六月乙亥朔廿二日景申。妄人改刻大業，己亥改辛未
樂平公孫柳永錫墓誌垂拱元年乙酉七月己酉朔廿一日乙丑。己酉乃乙巳之誤
處士河東柳偘墓誌垂拱元年乙酉七月乙丑朔廿一日。乙丑乃乙巳之誤
洛州肥鄉縣令張濟墓誌垂拱元年乙酉十月癸酉朔十二日甲申
登仕郎丁範墓誌垂拱元年乙酉十月癸酉朔十二日甲申

宋州録事爾朱旻墓誌垂拱元年乙酉十月癸□朔十三日乙酉

潁州潁上縣令獨孤守義墓誌垂拱元年乙酉十月癸酉朔十三日乙酉

處士張倫墓誌垂拱元年十月廿五日

洛汭府旅帥韓郎墓誌垂拱元年二月一日

游擊將軍黄師墓誌垂拱元年乙酉十二月壬申朔十三日甲申

上柱國張貞墓誌垂拱元年□月廿八日

洛州偃師縣令高安期妻元氏墓誌垂拱二年二月十四日

蔣王府參軍張覽墓誌並蓋垂拱二年景戌三月辛丑朔廿日庚申

王徵君臨終口授銘垂拱二歲孟夏四日終。弟紹宗、甄金並書

高士王行淹墓誌並蓋垂拱二年景戌四月庚午朔四日癸酉

管基墓誌垂拱二年景戌六月己巳朔四日壬申

左衛翊衛武騎尉王行威墓誌垂拱二年九月戊戌朔五日壬寅。僧彦琮撰

田玄善妻張氏墓誌垂拱二年十月廿三日

管思禮墓誌垂拱二年景戌十月戊辰朔廿三日庚寅

處士陳沖墓誌垂拱二年景戌十二月丁卯朔廿八日甲午

鄆州司馬郭肅宗墓誌垂拱三年丁亥閏正月七日壬申

天官文林郎周君妻公孫氏墓誌垂拱三年閏正月十九日

宣義郎吉懷惲墓誌並蓋垂拱三年丁亥閏正月己酉朔廿五日庚寅

崔貴仁墓誌垂拱三年二月三日。嗣子元慶書

處士掌徹墓誌垂拱三年二月八日

宣州參軍許堅墓誌垂拱三年二月十五日

邵州刺史長樂縣男□守義墓誌垂拱三年二月十五日

襄州長史司馬寔墓誌垂拱三年三月二十一日。隸書

上柱國右武衛長史張成墓誌垂拱三年丁亥五月九日

高嶷墓誌垂拱三年十月六日

清信女李定品靈廟文垂拱三年十月廿五日

樂師夫人張氏墓誌垂拱三年十月廿九日

乾封主簿樊浮丘夫人李氏墓誌垂拱三年丁亥十月壬辰朔廿九日

樊氏六娘七娘九娘墓誌垂拱三年丁亥十月壬辰朔廿□日

上護軍龐德威墓誌垂拱三年十一月辛酉朔廿二日壬午

德州將陵縣丞李敏墓誌垂拱四年戊子正月庚申朔二日辛酉
洪州都督府高安縣尉封明府夫人崔氏墓誌垂拱四年正月十三日
亡宫八品墓誌垂拱四年正月廿三日
懷州河内縣丞李善智墓誌垂拱四年戊子正月庚申朔廿三日壬午
陳護墓誌垂拱四年正月廿三日
内寺伯飛騎尉成忠墓誌垂拱四年戊子三月三日
李威墓誌垂拱四年四月十日
田君亡妻衡墓誌垂拱四年五月一日
韓王府兵曹參軍延陵縣公陸紹墓誌垂拱四年戊子五月戊午朔十五日
韓府法曹參軍息蕭洛賓墓誌並蓋垂拱四年戊子五月戊午朔廿七日癸丑
恒州石邑縣令袁希範墓誌並蓋垂拱四年七月十七日
左金吾引駕袁景恒墓誌垂拱四年戊子七月十七日
吕行端墓誌垂拱四年七月十七日
神和府折衝鄧法明夫人李氏墓誌垂拱四年九月卅日
武騎尉楊寶墓誌垂拱四年十月廿四日

上柱國張君第五息安安墓誌並蓋垂拱四年十月廿四日
郭本墓誌垂拱四年十一月十七日
文林郎李道瓘墓誌垂拱四年十一月十七日
澤王府主簿梁寺並夫人唐氏墓誌垂拱四年十一月十七日。朱賓撰，鄭莊書
鄉長程丞墓誌垂拱四年十一月
亡宫九品墓誌垂拱四年十二月十八日
冀州刺史武欽載墓誌垂拱四年十二月廿八日
贊皇縣男李君夫人弘農縣君銘永昌元年己丑正月乙卯朔廿八日
忠州司馬匹婁德臣墓誌永昌元年四月十五日。仍稱唐不用武氏新字
瀛州東城縣令鄭贍墓誌永昌元年己丑四月癸未朔十五日丁酉
五品宫人墓誌永昌元年己丑八月五日
左豹韜衛宿衛陪戎副尉張君妻邢夫人墓誌永昌元年己丑九月庚戌朔廿四日
唐中僞周僞周自載初改建子，以十一月爲正月，十二月爲臘月，正月爲一月，至久視十月後復用夏正
韓王府記室參軍元智威墓誌載初元年己丑十一月庚辰朔五日甲申
忻州司户參軍陳平墓誌載初元年己丑臘月己酉朔一日己酉

武騎尉徐澄墓誌並蓋載初元年五月九日

陪戎副尉霍恭墓誌載初元年五月廿七日

慕容夫人墓誌並蓋載初元年六月十五日

九品亡宫墓誌載初元年六月十五日

達節先生孫澄墓誌天授元年十月十二日

項城令邢郭墓誌天授元年庚寅十月甲辰朔廿九日壬申

常州司法參軍柳君太夫人杜氏墓誌天授二年正月十八日。隸書

亡宫九品墓誌天授二年正月廿四日

趙王親事洛州王智通墓誌天授二年二月七日

滄州弓高縣令杜季方墓誌天授二年辛卯二月庚辰朔七日癸巳。庚辰乃癸卯之誤，癸巳乃己酉之誤

魏州館陶縣主簿皇甫玄志墓誌天授二年辛卯二月癸酉朔七日己酉。誌作癸酉，乃癸卯之誤

南州刺史杜舉墓誌文天授二年辛卯二月癸卯朔七日己酉

疊州密恭縣丞楊師善及夫人丁氏墓誌天授二年辛卯二月癸卯朔七日己酉

河南郡丞格善義妻斛斯氏墓誌天授二年二月七日

伊州刺史衡義整墓誌天授二年二月十八日。史寶定文，董履素書

溱州司户崔思古墓誌天授二年二月廿四日
常州無錫縣令楊陶墓誌天授二年二月廿八日
魏州録事參軍王裕墓誌天授二年建卯之歲建巳之月八日
上騎都尉掌思明銘天授二年辛卯四月壬寅朔九日庚辰卒
故夫人任氏墓誌天授二年四月廿四日
朝散大夫張君妻田雁門縣君墓誌天授二年辛卯六月庚子朔三日壬寅
陳崇本墓誌天授二年六月廿二日
曹王府隊正韓旗墓誌天授二年七月十二日
新城郡樊太君墓誌並蓋天授二年七月十六日
雍州美原縣扈小沖墓誌天授二年辛卯八月四日
王朋墓誌天授二年辛卯九月十八日
鳳閣主書皇甫君張夫人墓誌天授二年九月十八日
渠州司倉楊紹基墓誌並蓋天授二年辛卯十月十二日
曹王府隊正韓傑墓誌天授二年十月十二日
廉州封山縣令爨古墓誌天授二年十月十二日

亡宫六品墓誌天授二年十月十□日
上柱國王玄裕墓誌天授二年辛卯十月戊戌朔廿三日庚申
曹州離狐縣丞高像護墓誌天授二年歲在單閼十月戊戌朔廿三日庚申
文林郎焦松墓誌天授二年十月廿四日
潞州□堯墓誌天授二年辛卯十月戊戌朔卅日丁卯
益州大都督府功曹參軍張玄弼墓誌並蓋誌云改葬，不記年月，據張景之誌，在天授三年正月六日。李行廉撰
處士張景之墓誌天授之三年正月六日
將仕郎張敬之墓誌天授三年正月六日
孝廉張慶之墓誌天授三年正月六日
德州蓨縣令蘇卿墓誌天授三年正月十七日。倪若水撰
處士申屠實墓誌天授三年壬辰正月戊辰朔十七日甲申
文林郎董本墓誌天授三年壬辰正月戊辰朔廿九日
渭州利爾鎮將李文疑墓誌天授三年壬辰三月丁卯朔四日庚午
朱行墓誌如意元年四月廿日
上騎都尉李琮墓誌如意元年六月四日

文林郎楊訓墓誌如意元年壬辰八月癸亥朔十日
飛騎尉申屠義墓誌如意元年壬辰之歲建戌之月十八日
上柱國劉善寂墓誌長壽元年九月十五日
右威衛丹州府校尉邢政墓誌長壽元年十月九日。路敬淳文
上柱國栢玄墓誌長壽二年癸巳正月壬辰朔十八日己酉
上騎都尉許琮妻李氏墓誌並蓋長壽二年癸巳正月壬辰朔廿九日庚申
奚官局令莫義墓誌長壽二年臘月十三日
崔德墓誌長壽二年臘月廿五日
南陽白水張君墓誌長壽二年一月十九日
賈隱墓誌長壽二年二月十二日
舒饒二州别駕梁玄敏墓誌長壽二年癸巳二月辛酉朔十二日壬申
五品亡宫墓誌長壽二年四月十二四日。二、四二字當有一衍
六品亡宫墓誌長壽二年六月三日
張道墓誌長壽二年六月廿四日
八品亡宫墓誌並蓋長壽二年七月廿二日

尚明墓誌長壽二年七月廿二日
文州刺史陳察墓誌長壽二年八月三日
邢州鉅鹿縣丞王義墓誌長壽二年八月十五日。杜嗣先撰
檢校左金吾郎將楊順墓誌長壽二年八月廿七日
水衡監丞王貞墓誌並蓋長壽二年八月廿七日
右豹韜衛右郎將昝斌墓誌並蓋長壽二年八月廿八日
處士張亢墓誌長壽二年八月廿八日
司宫臺内給事蘇永墓誌長壽二年十月十七日
王氏故劉夫人墓誌長壽二年癸巳十月丁□廿九日乙酉
程玄景墓誌長壽三年正月廿二日
康智墓誌長壽三年四月七日
公士崔言墓誌歲次甲午四月甲寅朔八日辛酉。考爲長壽三年
孫師岐墓誌長壽三年甲午四月甲寅朔十四日丁卯
澤州司馬張玄封墓誌長壽三年甲午四月甲寅朔庚午
處士劉君墓誌長壽三年甲午五月甲申朔十三日景申

洪州高安縣丞關師墓誌延載元年甲午五月甲申朔廿六日己酉
將仕郎房懷亮墓誌延載元年十月廿三日
亡宫墓誌證聖元年正月五日
蕭遇墓誌證聖元年乙未正月辛巳朔十六日丙申
石州方山縣令申守墓誌證聖元年乙未正月辛巳朔廿九日己酉
許君夫人崔氏墓誌並蓋證聖元年正月廿九日
高珍墓誌證聖元年臘月十三日
朝議大夫南郭生墓誌證聖元年臘月廿三日
齊朗墓誌證聖元年一月十七日
古君夫人匹婁氏墓誌證聖元年一月十八日
楊岳墓誌證聖元年乙未三月戊申朔十三日庚申
舒州司法楊君夫人賈通墓誌證聖元年乙未三月戊申朔廿六日癸酉
武騎尉徐府君墓誌並蓋證聖元年五月九日
王思惠妻孟夫人墓誌證聖元年五月十四日
左衛勳衛李難墓誌證聖元年五月廿六日

七品宮人墓誌證聖元年五月廿七日
隆州司功參軍鄭宏墓誌證聖元年六月十四日
九品亡宮人墓誌證聖元年六月廿六日
張思賓墓誌證聖元年乙未八月廿七日
七品亡宮墓誌天册萬歲元年九月廿八日
劉基墓誌天册萬歲元年乙未十月乙亥朔廿二日
封抱墓誌並蓋天册萬歲元年十月廿八日
潞州潞城縣令張忱墓誌天册萬歲元年十月廿八日
故人馮操墓誌天册萬歲二年正月二日
騎都尉王思訥墓誌天册萬歲二年景申正月乙巳朔十一日戊寅
五品亡宮誌文天册萬歲二年正月廿八日
八品亡宮誌文萬歲登封元年壹月六日
天官石侍郎第二息所生馬夫人墓誌並蓋萬歲登封元年景申一月甲辰朔九日
左監門長上楊昇墓誌萬歲登封壹月廿七日
劉君夫人清源縣太君郭寶墓記萬歲登封元年二月十二日。次子元節製文

上柱國李起宗墓誌萬歲登封元年柒月廿壹日

上柱國牛高墓誌萬歲通天元年景申正月己亥朔十一日己酉。以長術推之，月朔不合，且景申正月乃萬歲登封，待考

亡尼八品墓誌萬歲通天元年伍月拾肆日

天官常選粱瞰墓誌萬歲通天元年五月廿日

將仕郎宋智亮墓誌並蓋萬歲通天元年景申伍月辛丑朔貳拾陸日景寅甲時

國子律學直講仇道朗墓誌萬歲通天元年五月廿六日

張君徐夫人墓誌萬歲通天元年六月十五日

崔鋭夫人高氏墓誌並蓋萬歲通天元年七月六日

上輕車都尉公士成公循墓誌萬歲通天元年十月廿二日卒

常舉墓誌萬歲通天元年

會州刺史公士尉之神柩誌萬歲通天貳年丁酉貳月戊辰朔貳日己巳

春坊藥藏郎張金才墓誌萬歲通天二年二月六日

處士張信墓誌萬歲通天二年二月十七日

處士楊約墓誌萬歲通天貳年丁酉貳月戊辰朔拾柒日甲申

隴西成紀郡李夫人墓誌萬歲通天二年丁酉二月十七日

文安縣令王君夫人薛氏墓誌萬歲通天貳年丁酉貳月戊辰朔拾漆日甲申

上柱國陳玄墓誌萬歲通天貳年貳月拾玖日

珍州榮德縣丞梁師亮墓誌萬歲通天二年三月六日

文林郎□義墓誌萬歲通天貳年丁酉肆月景辰朔廿日乙酉

司禮主簿趙睿墓誌萬歲通天二年丁酉四月□□朔廿日乙酉

王元璋墓誌萬歲通天貳年丁酉伍月貳日

尚乘局奉乘劉洪預墓誌萬歲通天二年丁酉五月二日

文林郎路巖墓誌萬歲通天二年丁酉五月景申朔廿五日庚申

趙州贊皇縣主簿劉含章李夫人墓誌萬歲通天二年六月廿一日

常協墓誌萬歲通天貳年丁酉捌月甲子朔貳拾柒日庚寅

處士奚弘敬墓誌萬歲通天貳年丁酉捌月甲子朔□□日甲申

洛州趙元智墓誌萬歲通天二年八月廿一日

上護軍韓仁惠墓誌萬歲通天二年丁酉八月己酉朔二十一日甲申

營繕監左右校署令張君夫人闞氏墓誌萬歲通天貳年捌月貳拾柒日

隆州西水縣宰董希令墓誌萬歲通天二年丁酉十月甲子朔廿二日乙酉

太子左諭德裴咸墓誌聖曆元年戊戌十月己酉
嶲州刺史高陽縣男許君夫人王氏墓誌聖曆二年正月四日
右玉鈐衛金池府折衝都尉楊亮墓誌並蓋聖曆二年正月十八日
雲騎尉牛阿師墓誌聖曆二年己亥臘月廿日
泗州司馬邊惠墓誌聖曆二年一月丁巳朔五日辛酉
姚恭墓誌並蓋聖曆二年一月丁巳朔廿八日甲申
利州刺史清河縣子崔玄藉夫人李氏墓誌聖曆二年己亥壹月丁巳朔廿八日甲申
國子監太學生武騎尉崔韶墓誌聖曆二年己亥一月丁巳朔廿八日甲申
至孝右率府翊衛崔仲俊墓誌聖曆二年己亥一月丁巳朔廿八日甲申
潞州司法秦佾墓誌聖曆二年二月二日
鄴縣尉王望之墓誌聖曆二年歲在大淵獻二月景戌朔十二日丁酉
岐州雍縣尉王慶祚墓誌聖曆二年己亥二月景戌朔十二日丁酉。盧俌撰
安邑封明府夫人李氏幽壤記聖曆二年己亥二月景戌朔十七日壬寅
貞隱子墓誌聖曆二年二月十七日。族承烈撰
鼎州涇陽縣尉杜君夫人趙氏墓誌並蓋聖曆二年二月廿四日

姬素墓誌 聖曆二年三月十七日

弘化大長主墓誌並蓋 聖曆二年三月十八日

滄州東光縣丞王進墓誌 聖曆二年己亥三月景辰朔廿九日甲申

瀛州文安縣令王德表墓誌 聖曆二年己亥三月景辰朔二十九日甲申。薛稷纂，第四子景書

蜀州長史鄭知賢墓誌 聖曆二年六月七日

澤州長史楊正本夫人韓氏墓誌 聖曆二年己亥六月甲申朔十九日壬寅

安西録事參軍程瞻墓誌並蓋 聖曆二年己亥七月癸丑朔二日甲寅

夏官郎中慕容君夫人費婉墓誌並蓋 聖曆二年八月九日

同州白水縣令孔元墓誌 聖曆二年己亥八月壬午朔廿一日壬寅

蕭思一墓誌 聖曆二年十月十六日

衢州蕭使君男墓誌 聖曆二年十月十六日

徐州刺史蘭陵公蕭繕墓誌並蓋 聖曆二年十月十六日

金花府司馬張達墓誌並蓋 聖曆二年己亥十月壬午朔廿八日己酉

鄧州穰縣令南玄暕墓誌 聖曆二年乙亥十月甲午朔廿八日乙酉

夫人袁氏墓誌 聖曆三年正月十五日

唐州司馬閻基墓誌聖曆三年正月廿一日

文林郎劉胡墓誌聖曆三年庚子正月壬子朔廿一日壬辰

左玉鈐衛將軍高慈墓誌聖曆三年臘月十七日

田志承夫人墓誌並蓋聖曆三年壹月十一日

陪戎副尉胡悊墓誌聖曆三年庚子一月戊寅朔廿五日

左千牛衛戴希晉墓誌聖曆三年庚子二月辛巳朔二日壬午

貴安府折衝都尉王建墓誌聖曆三年二月二日

黔州石城縣主簿鄭遘墓誌聖曆三年五月十二日

鄭州録事參軍李璋墓誌聖曆三年庚子五月己酉朔十二日庚申

司禮寺大醫正直左春坊藥藏局巢思玄神靈誌久視元年五月十三日亡

薛剛墓誌並蓋久視元年庚子五月己酉廿四日壬午。冉元一詞

麴信墓誌久視元年庚子七月廿六日

承奉郎吴續墓誌久視元年庚子七月二十六日癸酉

嶲州刺史許樞墓誌久視元年閏七月六日。邵昇撰

上柱國秦府君張夫人合葬墓誌久視元年閏七月廿五日

亡宫墓誌久視元年庚子八月十五日庚申朔

鄧州穰縣尉張守素墓誌久視元年十月五日

滑州韋城縣主簿梁鍌墓誌並蓋久視元年庚子十月乙巳朔五日己酉。徐彦伯撰

右衛翊衛褚承恩墓誌久視元年十月廿二日

洛陽宫總監褚君夫人墓誌久視元年十月廿二日

武騎尉張府君段夫人墓誌久視元年庚子十月乙巳朔廿六日庚午

冠軍大將軍馬神威墓誌久視元年十月廿八日

并州盂縣令崔哲墓誌並蓋久視元年庚子十月乙巳朔廿八日壬申。申屠錫撰

馮名墓誌久視元年歲臨庚子建亥之月壬申之辰

相州刺史袁公瑜墓誌久視元年十月廿八日。狄仁傑撰書

鄧州司法參軍事袁承嘉墓誌久視元年十月廿八日。此無狄仁傑欵，校以前誌，文字正同，殆亦出梁公手

上騎都尉李買墓誌久視元年庚子十一月乙亥朔八日壬子

右衛從善府校尉劉公綽墓誌久視元年十一月八日

左衛翊衛沈浩禕墓誌久視元年庚子十一月十六日

左衛翊衛和克忠墓誌久視元年十一月廿二日

右肅政臺主簿路庭禮墓誌久視元年十二月十七日
右羽林衛大將軍泉獻誠墓誌大足元年辛丑二月甲辰朔十七日庚申。梁惟忠撰
苑北面監積翠屯主楊府君墓誌大足元年二月廿九日
永嘉府左果毅都尉孫阿貴夫人竹氏墓誌大足元年三月十二日
萊州掖縣令趙進墓誌大足元年四月廿三日
婺州武義縣令元玄慶墓誌大足元年四月廿九日
栢善德夫人仵氏墓誌大足元年五月十二日
亡宫墓誌大足元年七月朔二日
鼎州三原縣令盧行毅墓誌大足元年辛丑八月辛丑朔廿日庚申。隸書。蘇頲文
永州司倉王思墓誌長安元年十一月十六日
秦府君妻張氏墓誌長安二年正月廿五日
司馬論墓誌長安二年壬寅正月己巳朔廿八日景申
楊高墓誌長安二年三月戊辰朔三日庚午
京兆男子杜并墓誌長安二年四月十二日
營繕大匠遼東郡公泉男產墓誌並蓋長安二年四月廿三日

忠州司馬婁君夫人墓誌長安二年七月廿日
亡宮墓誌長安二年十一月二日
上柱國馬舉墓誌長安二年十一月廿二日
綿竹縣主簿張廉夫人樊氏墓誌並蓋長安二年壬寅十二月癸巳朔十日壬寅
吉州長史劉齊賢墓誌長安三年正月四日
處士成惲墓誌長安三年正月八日終
張君夫人孫氏墓記長安三年癸卯二月癸巳朔十四日景午
文林郎王貞墓誌長安三年癸卯二月癸巳朔十四日丙午。張秀撰
賈楚墓誌長安二年仲春二月十七日己酉
陳州司馬上輕車都尉公士成君夫人耿氏墓誌長安三年二月十七日己酉
處士張嘉墓誌長安三年癸卯二月十七日己酉
平原府左果毅都尉王嘉墓誌並蓋長安三年二月十七日
游擊將軍趙智侃墓誌長安三年癸卯二月癸巳朔廿八日庚申
延州敦化府兵曹參軍事張士龍墓誌長安三年乙卯二月癸巳朔廿八日庚申
兖州龔邱縣令程思義墓誌長安三年二月廿八日

張矩墓誌長安三年癸卯二月癸巳朔廿八日庚申

檢校勝州都督王珖墓誌長安三年癸卯 三月壬戌朔十一日壬申

相州臨漳縣令慕容懷固墓誌長安三年癸卯三月癸巳朔廿四日乙酉

魏州莘縣尉王養墓誌長安三年癸卯三月癸巳朔廿八日庚申

六合縣尉王則墓誌並蓋長安三年四月十一日

亡宫人六品墓誌長安三年癸卯四月壬辰朔十一日壬寅

同州隆安府右果毅都尉康郎墓誌長安三年癸卯四月壬辰朔廿三日甲寅

居士尚真墓誌長安三年癸卯庚申朔戊辰日。是年無庚申朔，惟閏四月爲辛酉，殆誤先一日

處士張師墓誌長安三年八月一日

宋州虞城縣尉張君表墓誌長安三年癸卯八月辛酉朔十二日壬申

左衛勳一府勳衛元思亮墓誌長安三年八月廿四日

居士尚真銘長安三年癸卯八月庚申朔廿五日戊辰。外孫僧定持建

蒲州猗氏縣令高隆基墓誌長安三年癸卯十月己未朔三日辛酉。盧粲撰

洛州司户高纘墓誌並蓋長安三年十月三日。族父嶠撰

岷州刺史張仁楚墓誌長安三年癸卯十月己未朔十二日庚午

張茂墓誌長安三年癸卯十月己未朔十五日癸酉

杜夫人墓誌長安三年十月□三日

辛仲連妻盧八娘墓誌長安三年□月十九日

處士董義墓誌長安三年癸卯十一月戊子朔廿二日己酉

監門校尉陳叔度墓誌長安三年十二月丁巳朔十日丙寅

隴西李玄福墓誌長安三年十二月十日

王美暢夫人長孫氏墓誌長安三年

岐州雍縣晁多知墓記長安四年正月十八日。刻造象下方

雍州參軍侯令璋之銘長安四年正月廿八日

郴州録事參軍王詢墓誌並蓋長安四年甲辰二月丙辰朔十七日壬申

王寶墓誌長安四年甲辰二月景辰朔十七日壬申

宣德郎李符妻摯墓誌並蓋長安四年三月五日

宣州涇縣尉杜君夫人孫氏墓誌長安四年三月晦

尚藥奉御蔣府君夫人劉氏墓誌長安四年七月十九日

張方仁墓誌長安四年甲辰八月甲寅朔七日庚辰

處士邢彦褒墓誌長安四年甲辰八月甲寅朔七日庚申

姚州刺史皇甫文備墓誌長安四年八月十九日

右鷹揚尉翊府右郎將王敏墓誌並蓋長安四年甲辰九月甲申朔廿三日丙午

亡宫七品長安四年十一月朔二日

成州長史張安墓誌並蓋長安四年十一月廿日

濮州司法參軍姚處賢墓誌長安四年十一月廿日終。無葬年

葛路墓誌長安四年甲辰十一月癸未朔廿七日己酉

亡宫五品墓誌□年□月□日。不紀年號，姑坿此

桓公墓誌蓋

蘭陵郡蕭公墓誌蓋

雷府君墓誌蓋

司禮寺太醫署朱玄儼墓誌神龍元年乙巳正月壬午朔廿五日

上輕車都尉李弘禮墓誌神龍元年乙巳正月壬□朔廿八日乙酉

澧州司户參軍卜元簡墓誌神龍元年乙巳二月辛亥朔廿□日

亡宫七品墓誌神龍元年三月五日甲申

公士安令節墓誌神龍元年三月五日。鄭休文撰，石抱璧書
王及德墓誌並蓋神龍元年乙巳三月庚辰朔六日乙酉
亡宫七品墓誌神龍元年三月廿七日景午
亡宫八品墓誌神龍元年五月七日乙酉
亡宫六品墓誌神龍元年八月廿五日
亡宫七品墓誌神龍元年九月
吏部常選甯思真墓誌神龍元年十月廿四日甲時
亡宫九品墓誌神龍元年十一月十四日
處士康悊墓誌神龍元年乙巳十一月丁丑朔廿六日壬寅
亡宫墓誌神龍元年十二月十四日
亡宫九品墓誌神龍元年十二月廿六日
五品亡宫墓誌神龍元年十二月廿六日
亳州刺史李愻墓誌神龍二年景午正月廿一日
并州録事朱照墓誌神龍二年閏正月廿七日
户部侍郎臨都公夫人裴氏墓誌神龍二年四月六日

亡宫九品墓誌神龍三年四月廿九日

上柱國孫君夫人李氏墓誌神龍二年景午五月癸卯朔七日己酉

婺州東陽縣令桑貞墓誌並蓋神龍二年景午五月癸卯朔十八日庚申

太子中舍人丹陽甘基墓誌神龍二年七月一日

亡宫七品墓誌神龍二年七月一日

平昌孟公祖母陸氏墓誌神龍二年七月廿日

亡宫九品墓誌神龍二年九月十九日

□文政墓誌神龍二年十月

益州大都督府士曹參軍李延祐墓誌神龍二年景午十一月辛未朔二日壬申

處士騎都尉李通墓誌神龍二年景午十一月辛丑朔廿日庚申

天水趙氏故山陽范夫人墓誌神龍二年十一月二十日

興州刺史劉寂墓誌神龍二年十一月卅日

亡宫九品墓誌神龍二年十二月三日

處士陳泰墓誌神龍二年景午十二月辛未朔廿七日丁酉

亡宫八品墓誌神龍三年正月廿一日終。無葬年

王君夫人趙郡李清禪墓誌神龍三年四月六日
亡宫九品墓誌神龍三年四月廿九日
中興成王府參軍楊承胤墓誌神龍三年丁未七月一日景申朔
亡宫九品墓誌神龍三年七月二日
河間邢君劉夫人墓誌神龍三年七月七日
八品亡宫誌文並蓋神龍三年八月十九日
胡國公嫡孫秦利見墓誌景龍元年十月六日
右金吾衛將軍漁陽縣子閻虔福墓誌景龍元年丁未十一月乙未朔八日壬寅
滎陽鄭道妻李夫人墓誌景龍元年十二月廿六日
申州羅山縣令王素臣墓誌景龍二年戊申二月甲子朔廿四日丁丑
忻州定襄縣令杜安墓誌景龍二年戊申三月廿八日辛酉
殘墓誌景龍二年八月十五日
河南獨孤氏墓誌景龍二年九月十二日
泗州刺史趙本質妻温氏墓誌景龍二年戊申十月己丑朔廿六日甲寅
永嘉府果毅都尉于賁墓誌並蓋景龍二年十一月廿七日。張嘉之撰

將作監大蔭監副監高知行墓誌景龍三年二月九日
某君及夫人楊氏墓誌景龍三年七月十九日。二石，佚前一石。柳紹先撰，李爲仁書
魏國夫人裴覺墓誌景龍三年七月乙卯朔廿九日癸酉
冀州南宫縣尉邢德弢墓誌景龍三年八月六日
朱陽縣開國男和智全墓誌景龍三年八月十八日
黎州刺史王佺墓誌並蓋景龍三年丁酉八月乙酉朔十八日壬寅
金州西城縣令息梁嘉運墓誌景龍三年己酉十月甲申朔二日乙酉
王行果墓誌景龍三年己酉十月廿六日
殿中侍御史王齊丘墓誌景龍三年十月廿六日。路敬潛詞
隰州雙池府折衝逯府君墓誌景龍三年十月廿六日
雍州美原縣丞王景之墓誌景龍三年己酉十月甲申朔廿六日己酉
鴻臚掌客王感墓誌景龍三年十一月十八日
南陽居士韓神墓誌景龍三年十一月十八日
婺州義烏縣主簿臧南金妻陳夫人墓誌景龍三年己酉十一月癸丑朔廿日壬辰。趙楱岑撰
撫州刺史臧崇亮墓誌並蓋景龍三年己酉十一月癸丑朔廿日壬申。高庶幾撰

洋州長史王震墓誌景龍三年十一月廿六日。隸書。梁載言撰，弟蒙書
亡宫九品墓誌景龍三年十一月卅日
申屠行墓誌景龍三年己酉十二月癸未朔二日甲申
衢州長史周君夫人江夏縣君李氏墓誌景龍三年己酉十二月癸未朔廿四日丙午
梓州銅山縣尉楊承福墓誌景龍四年二月廿八日。寇溆字子鏡撰
虞部郎中右監門衛中郎將杜昭烈墓誌景龍四年三月廿一日。康子元撰
朱懷智墓誌景龍四年四月十六日
衛尉寺丞柳順墓誌景龍四年五月辛亥朔廿二日壬申。何茂撰
陳守素故妻李墓誌景龍四年五月十日
并州竹馬府果毅羅承先夫人李氏墓誌景龍四年六月四日
金城郡公波斯阿羅憾邱銘景雲元年四月一日
福昌縣令長孫夫人李氏墓誌景雲元年九月十二日
吉州廬陵縣令李智墓誌景雲元年十一月二日
少府監中尚丞李君趙夫人墓誌景雲元年十一月十九日
荆州大都督府司馬鄧森墓誌景雲二年辛亥二月景子朔七日壬□

雍州長安縣丞蕭思亮墓誌景雲二年辛亥二月景子朔十五日庚寅。顔惟貞撰
吴王府騎曹參軍張信墓誌景雲二年二月十五日
沈夫人墓誌景雲二年辛亥三月丙午朔七日壬子。隸書。孫處玄撰
左屯衛將軍盧玠墓誌景雲二年辛亥四月景子朔九日甲申
亡宫墓誌景雲二年丁未四月景子朔九日甲申
張冬至妻趙氏墓誌景雲二年辛亥五月景午朔四日己酉
大陰監丞宗達墓誌景雲二年辛亥七月甲戌十七日
右金吾衛中郎將裴昭墓誌景雲二年八月十八日
王屋縣丞白知新妻鄭氏墓誌景雲二年十月十九日
少府監織染署令王君妻張氏墓誌景雲二年辛亥十月壬寅朔廿九日庚□
文林郎田待墓誌景雲二年辛亥十一月壬申朔十一日壬午
彭州長史任城縣男劉公權墓誌景雲二年辛亥十一月壬申朔十三日甲申
孝子大理司直郭思訓墓誌景雲二年辛亥十二月辛丑朔十五日乙卯
隰州隰川府左果毅都尉陳君夫人張氏墓誌景雲二年十二月廿一日
綿州刺史孫何師墓誌景雲三年正月六日

李君夫人裴氏墓誌太極元年正月廿六日

絳州稷山縣丞何君墓誌並蓋太極元年二月庚子朔十日乙卯

判太子率更令崔孝昌墓誌並蓋太極元年壬子二月廿一日

杭州於潛縣尉賀玄道墓誌太極元年壬子三月庚子朔四日癸酉

處士王天墓誌太極元年壬子三月十五日

隰州司馬慕容思廉墓誌太極元年十月廿四日庚申

游擊將軍蕭貞亮墓誌延和元年壬子七月戊辰朔十八日乙酉

□陽縣令□君墓誌十月廿六日。不記年，以書迹似在初唐，姑附此

□君墓誌紀年泐，存「十一月丙寅葬」字。書迹似在開元前，姑附此

墓誌徵存目録卷三

唐下 僞燕附

夫人長孫氏墓誌先天元年十月十三日
安府士曹蘇叔節墓誌並蓋先天元年十月廿五日
右衛率府親衛上騎都尉王傑墓誌先天元年十月廿五日。裴翰撰
許州司馬楊孝弼墓誌先天元年丁酉十月丁□朔廿五日庚辰
左威衛參軍孟君妻劉氏墓誌並蓋先天元年壬子十一月丙寅朔七日壬申
青州司倉參軍趙克廉墓誌先天元年十一月十九日
張君夫人翟氏墓誌並蓋先天二年癸丑二月乙未朔廿六日庚申
程孝成夫人尹氏墓誌先天二年八月廿九日
石州刺史劉穆墓誌並蓋先天二年癸丑十一月十二日壬申

曹州濟陰尉鄭儉墓誌開元二年甲寅正月庚申朔廿三日壬午
貝州臨清縣尉李簡亡妣毛氏墓誌開元二年甲寅閏二月己未朔五日癸亥
趙州長史孟貞墓誌開元二年三月十五日
華州永豐鎮副張叔子墓誌開元二年四月十四日
太上皇三從弟李君夫人王氏墓誌並蓋開元二年甲寅五月丁亥朔二十二日己酉
侯莫陳大師壽塔文開元二年六月十日入涅槃。崔寬撰，王玄貞書
汴州浚儀縣尉梁煥墓誌開元二年八月十七日
給事中戴令言墓誌並蓋開元二年甲寅十二月甲寅朔七日庚申。賀知章撰
右衛中郎將鄭玄果墓誌開元二年甲寅十二月廿九日
亡宫六品墓誌開元三年二月廿日
忠武將軍邢思賢墓誌並蓋開元三年二月廿日
陽平郡路府君並夫人陳氏墓誌開元三年乙卯二月癸丑朔二十日壬申
大理寺評事封無遺墓誌開元三年二月廿一日
武榮州南安縣令王基墓誌開元三年乙卯三月癸未朔二十日壬寅。隸書
處士王頠墓誌開元三年三月廿四日

渭州刺史將作少匠孟玄一墓誌開元三年四月九日
幽府士曹參軍孟裕墓誌並蓋開元三年四月九日
將作監主簿孟友直女墓誌開元三年四月九日
麟趾觀張法師墓誌開元三年乙卯五月丁巳朔十日庚寅
桂州都督府倉曹許義誠墓誌開元三年六月十一日
行淄州司馬韋珣墓誌並蓋開元三年乙卯六月辛亥朔二十日庚午
□衛勳衛上護軍楊越墓誌開元三年乙卯八月庚戌朔廿三日壬申
亳州録事參軍崔君夫人李氏墓誌開元三年乙卯十月己酉朔十二日庚申
處士盧調墓誌開元三年十月十三日
并州盂縣令崔君夫人源氏墓誌並蓋開元三年乙卯十月己酉朔廿二日庚午。張九齡撰，姚文簡書
安南都護府長史杜忠良墓誌開元三年乙卯十月丁亥朔廿二日庚午
冀州武强縣主簿趙保隆墓誌開元三年乙卯十月乙丑朔廿五日
故明經舉王師墓誌開元三年乙卯十月己酉朔廿五日癸酉
吏部常選元温墓誌開元三年十一月廿四日
□仁墓誌開元四年景辰五月景子朔二十七日壬寅

法藏禪師塔銘開元四年景辰五月景子朔二十七日壬寅。田休光撰
岐州岐山府果毅安思節墓誌開元四年五月廿七日
李府君張夫人墓誌開元四年景辰十月癸卯朔七日己酉
故人高應墓誌開元四年十一月十九日卒。即於是日葬
太常協律郎裴公故妻賀蘭氏墓誌開元四年十二月十九日
密州刺史元希古墓誌開元五年丁巳正月五日
右軍衛沙州龍勒府果毅都尉張方墓誌開元五年丁巳正月壬寅朔二十五日景寅
潞州屯留縣令温君李夫人墓誌開元五年丁巳二月壬申朔十三日甲申
亡宫七品墓誌開元五年二月十九日
朱貞墓誌開元五年丁巳三月二日
潤州司士參軍源君夫人崔氏墓誌開元五年三月二日
齊州山茌縣丞張齊丘墓誌開元五年三月廿日。魏承休撰
義豐縣開國男崔四郎墓誌開元五年五月十日終。無葬年
信安縣主元府君墓誌開元五年八月五日。歐陽植撰並書
廣州都督府長史朱齊之墓誌開元五年丁巳十月丁卯朔七日癸酉。許景先詞

游擊將軍董嘉斤墓誌開元五年十月十九日。上官珪書

陪戎副尉趙敬玄墓誌開元五年十一月丁酉朔六日壬寅

故人劉遼墓誌開元六年正月十四日

光禄少卿王子麟墓誌並蓋開元六年戊午正月丙申朔十四日己酉。隸書

吴郡陸大亨墓誌開元六年戊午二月丙寅朔七日壬申

燕紹墓誌開元六年五月三日

右衛兵曹參軍裴亮妻崔氏墓誌開元六年戊午五月甲午朔廿一日甲寅

吏部常選蔣楚賓夫人于氏墓誌開元六年七月十日

幽栖寺尼正覺浮圖銘開元六年戊午七月癸□朔十五日丁未

扶陽公護軍韋項墓誌並蓋開元六年戊午七月丁癸朔廿九日辛酉。丁癸乃癸巳之誤。蘇晉撰

右衛中候上柱國任明墓誌開元六年八月十一日

薛君夫人柳舉誌開元六年八月廿九日

廣府兵曹賈黄中墓誌並蓋開元六年十月廿四日

鄭州長史魏愨墓誌開元六年十月廿四日

大弘道觀主三洞法師侯尊誌文開元六年十月廿四日

翊衛任愛墓誌開元六年戊午十一月辛卯朔十二日壬寅
劉府君張夫人墓誌開元六年戊午十一月辛卯朔十九日己酉
儀州遼城府左果毅劉元超墓誌並蓋開元六年戊午十一月辛卯朔十九日
睦州建德縣令王君墓誌開元六年戊午十一月廿五日乙卯
華州長史王君妻墓誌大足之歲經一十八載。考爲開元六年
魏州參軍事裴迴夫人李氏墓誌開元七年四月廿七日。蔣洌撰
處士李强友墓誌開元七年五月廿一日。從兄積文
左威衛洛汭府兵曹參軍呂文倩墓誌開元七年己未六月十八日癸酉
龍州刺史許觀墓誌開元七年閏七月十六日
魏州司法參軍事元素墓誌開元七年閏七月廿八日甲申
左驍衛河南府永嘉府折衝都尉王元墓誌開元七年己未九月甲戌朔五日庚申
尚書右丞倪泉墓誌開元七年十一月六日
張氏故郭夫人墓誌開元七年己未十一月乙卯朔七日辛酉
處士衛節墓誌開元七年己未十一月乙卯朔十八日壬申
東海郡太君鮮于氏墓誌開元七年十一月十九日

京兆府功曹韋希損墓誌開元八年庚申正月八日。子璞玉撰
松州交川縣令墓誌開元八年正月甲寅朔廿日癸酉
處士王則墓誌開元八年二月甲申朔一日甲申
□君墓誌開元八年庚申三月甲申朔一日甲申
晉州洪洞縣令敬守悳墓誌開元八年庚辰二月十五日
武州刺史公孫思觀墓誌開元八年三月十九日。歐陽植撰
沙陀公夫人金城縣君阿史那氏墓誌開元八年三月廿九日
吏部常選贈趙州長史李元確墓誌開元八年五月八日
鄧州刺史封夫人李氏墓誌開元八年九月廿五日終
洪州都督府兵曹參軍黄承緒墓誌開元八年十月六日
上輕車都尉陶悳墓誌開元八年庚申十月己丑朔十八日丙午
邕府長史周利貞墓誌開元八年十月十八日。孫洪然撰，賈庭芝書
梁處士張夫人墓誌開元八年庚申十月廿三日
鄭州管城縣令楊璡墓誌開元八年十月卅日
國子生李夫子銘開元八年十一月卒

襄州穀城縣主簿路玄墓誌開元八年十月廿三日
青州千乘縣令孟晟墓誌開元八年十一月廿三日
賈明墓誌開元九年辛酉四月丁丑朔八日甲申
營州平遼鎮副賈感墓誌開元九年作噩之歲中吕之月九日乙酉
蕭舉墓誌開元九年五月丁未朔廿一日景寅。行書
楚州司馬桓歸秦墓誌開元九年七月十六日辛酉
楊君檀夫人墓誌並蓋開元九年八月景子朔九日甲申。景子當作乙亥
雅州名山縣尉王大義墓誌開元九年辛酉八月甲戌朔九日壬午。甲戌當作乙亥
綿州參軍張思道墓誌開元九年十月十日
和州刺史琅邪伯顔謀道墓誌開元九年十月十日
瀛州束城縣令張景旦墓誌開元九年十月十一日
晉州霍邑令楊純墓誌開元九年十月十一日
汝州長史安平縣男崔公夫人太原王氏墓誌開元九年辛酉十月乙亥朔廿二日景申
相州刺史賀蘭務温墓誌開元九年十月廿三日。李昇期撰
左千牛衛長史樊覽墓誌並蓋開元九年十月廿八日

寧州刺史裴撝墓誌開元九年十月廿九日
左衛翊衛裴君夫人李氏墓誌開元九年十月廿九日
登州司馬王慶墓誌開元九載龍集辛酉十一月甲辰朔六日己酉
坊州思臣府左果毅都尉暢善威墓誌開元九年辛酉十一月甲辰朔六日
蘇州常熟縣令孝子郭思謨墓誌開元九年十一月甲辰朔十七日庚申
王達墓誌開元九年辛酉十一月甲辰朔十七日庚申
處士韓德墓誌開元九年辛酉十一月甲辰朔廿九日壬申
上柱國夏侯法寶墓誌開元九年辛酉十一月甲辰朔廿九日壬申
青州長史長孫安墓誌開元九年辛酉十一月
故人荀懷節墓誌開元九年辛酉十二月甲戌朔十三日景戌
上柱國李景祥墓誌開元九年辛酉十二月甲戌十七日庚寅
撿校太子左贊善大夫李文獎墓誌開元九年十二月□戌朔廿三日景申
曹州冤句縣令李敬瑜墓誌開元九年十二月廿九日
將作監中□署丞趙懷挹墓誌開元十年壬戌二月癸酉朔十二日甲申
隨州刺史源杲墓誌開元十年三月一日

河南府陸渾縣令李瑱墓誌開元十年三月十三日

并州清源縣令張妻蕭墓誌開元十年五月廿一日

綏州别駕劉君夫人張氏墓誌開元十年五月廿六日

大聖真觀楊法師生墓銘開元十年壬戌五月既望。袁暉撰

邢州栢仁縣丞郭承亨墓誌開元十年歲在閹茂八月庚子朔三日壬寅。沈尤撰

申屠公墓誌開元十年壬戌九月己巳朔十六日甲申

左羽林軍長上果毅都尉董虔運墓誌並蓋開元十年九月廿九日。隸書

寇公次女墓誌開元十載歲□□月建丑日庚子

亡宫八品墓誌開元□年二月十九日

滕王府記室參軍田嵩墓誌並蓋開元十一年正月廿八日

贈荆州大都督崔公夫人杜氏墓誌開元十一年癸亥正月丁卯朔卅日景申

左衛寶泉府左果毅都尉董守貞墓誌開元十一年二月一日

鄭州管城縣令楊君妻李夫人墓誌並蓋開元十一年癸亥二月丁酉朔六日壬寅

下管令康威墓誌開元十一年癸亥二月十三日己酉

曹州寃句縣令李敬瑜墓誌開元十一年二月十三日。此乃其夫人魏氏誌

廣州都督府長史朱公妻許氏墓誌開元十一年二月十三日

衛尉卿司馬君夫人盧氏墓誌開元十一年癸亥二月丁酉朔十三日己酉

宋州虞城縣令樊晉客墓誌並蓋開元十一年四月廿一日

雍君墓誌開元十一年四月乙未朔廿六日庚申

太子僕寺丞王君夫人李氏墓誌開元十一年癸亥四月乙□朔廿六日庚申

珪禪師塔記開元十一年癸亥七月

潞州黎城縣令孔珪墓誌開元十一年七月十九日

京苑總監茹守福墓誌開元十一年八月有九日

河陽縣丞麗夷遠妻李氏墓誌開元十一年癸亥十月朔惟癸巳五日丁酉。毋煚撰

清河郡公崔泰之墓誌開元十一年癸亥十月癸巳朔五日丁酉。崔沔文，李迪隸書

定州鼓城縣令王玄起墓誌開元十一年十月十日改葬

王君夫人贊皇郡太君李氏墓誌並蓋開元十一年十月十日。杜昆吾撰

雲中郡夫人阿那氏墓誌開元十一年十月癸巳朔十日壬寅

兗州博城縣丞楊璿墓誌開元十一年十月十七日。敬弘亮撰

冀州堂陽縣尉楊瓊墓誌開元十一年十月十七日。徐大亨撰

并州陽曲主簿張敞墓誌開元十一年十月十七日
朱守臣夫人高氏墓誌開元十一年十月廿五日
鄉貢明經寇釗墓誌開元十一年十月廿七日終。缺下一石
曹氏譙郡夫人墓誌開元十一年十一月廿三日
肥鄉縣丞田靈芝墓誌並蓋開元十一年無月日
同州華池府别將李琦墓誌開元十二年正月廿一日
守内侍上柱國高延福墓誌開元十二年甲子正月壬戌朔廿一日壬午。孫翌撰
吏部常選夏侯君前妻樊後妻董合葬墓誌開元十二年正月廿四日
錦州刺史趙潔墓誌開元拾貳年歲在甲子貳月辛卯朔壹日辛卯。行書
江州都昌縣令鄭承光墓誌開元十二年甲子四月庚寅朔八日丁酉。鄭虔撰
閬州司馬鄧賓墓誌開元十二年四月廿日。齊幹撰
攝右衛郎將横野軍副使樊庭觀墓誌開元十二年甲子歲五月己未朔二日庚申。宋務静撰
薛王府國令張嘉福墓誌開元十二年五月十一日卒
右金吾衛翊衛宋君夫人墓誌並蓋開元十二年五月十四日
徐州録事參軍王君夫人崔氏墓誌開元十二年甲子夏壬寅

唐昭女端墓誌並蓋開元十二年六月廿六日

潞州刺史李懷讓墓誌開元十二年甲子八月戊子朔廿七日甲寅

太子中舍人王無競墓誌開元十二年甲子十月丁亥朔廿三日。此誌二石，前一石佚。孫逖撰，見文苑英華

净業法師靈塔銘開元十二年甲子十月廿五日。畢彦雄文

右領軍衛八諫府隊副郭馮德墓誌開元十二年甲子十一月丁巳朔十六日□□

吴善墓誌並蓋開元十二年十一月廿六日

左衛嬀泉府左果毅都尉陳秀墓誌開元十二年甲子十一月丁巳朔廿六日壬午

雍州明堂縣丞紀茂重墓誌開元十二年甲子十一月丁巳朔廿八日甲申

敷城公李誕墓誌開元十二年甲子十一月丁巳朔廿八日甲申

夫人張氏墓誌並蓋開元十二年十一月廿八日

吉州長史匹婁思墓誌開元十二年十二月五日

莊州都督李敬墓誌開元十二年十二月十一日

趙思忠墓誌開元十二年閏十二月二十一日

高守墓誌開元十二年閏十二月廿七日

左領軍衛郎將裴沙墓誌開元十三年正月廿五日

司農寺太倉丞劉慎墓誌開元十三年甲子四月七日
河南府新安縣丞崔公墓誌開元十三年四月廿三日。宋華撰
尹伏生塔銘開元十三年四月廿六日
楚州刺史鄧公夫人王氏墓誌開元十三年乙丑五月廿七日己酉
登州司倉杜濟墓誌開元十三年七月四日
都總監丞張公夫人吉氏墓誌開元十三年七月廿一日
德州司倉鄭元璲墓誌開元十三年九月既望。韋良嗣製
湖州刺史朱崇慶墓誌並蓋開元十三年九月十七日
王待徵墓誌開元十三年十月廿三日
太子舍人敬昭道墓誌開元十三年乙丑十一月廿二日壬寅
國子進士寇堮墓誌開元十四年正月丙申。父泚撰
京兆府長安縣尉柴君妻盧氏誌文開元十四年丙寅正月十二日辛卯
薛君夫人裴氏墓誌開元十四年景寅二月廿三日
劉夫人墓誌開元十四年景寅五月己卯朔十九日景申
潭州衡山縣令鄭戎墓誌並蓋開元十四年五月十九日

八品亡宫墓誌開元十四年六月十有四日庚申

右監門衛大將軍父李公吴興郡太夫人何墓誌開元十四年景寅六月丁未朔十五日辛酉。行書

朔方軍總管青山縣男李信墓誌開元十四年六月廿四日

七品亡宫墓誌開元十四年九月廿二日

宋州虞城縣令李昕墓誌開元十四年景寅十一月庚子朔八日壬午。庚子乃乙亥之誤

右威衛將軍董懷義墓誌開元十四年景寅十一月乙亥朔十日甲申

沁州安樂府别將張詮墓誌開元十四年十一月十日

太子賓客陳憲墓誌開元十四年景寅十一月乙亥朔十六日庚寅。隸書

衛尉卿張公夫人郭氏墓誌開元十四年十一月廿六日卒。葬年泐

故大德思恒律師墓誌文開元十四年十二月十五日。常□□撰

王曉夫人崔氏墓誌開元十四年十二月十七日

八品亡宫墓誌開元十四年十二月廿三日

京兆府折衝都尉長上内供奉宋莊墓誌開元十五年正月廿四日

七品亡宫墓誌開元十五年正月廿四日

中書主書段萬頃墓誌開元十五年二月六日

并州陽曲縣主簿朱行斌墓誌並蓋開元十五年丁卯二月甲辰朔十六日庚辰
高士朱君信墓誌開元十五年丁卯二月甲辰朔十七日庚辰
大理評事喬崇隱墓誌開元十五年二月廿九日。李系撰
大理正喬君夫人馮氏墓誌開元十五年二月廿九日。李系撰
梁郡喬崇敬墓誌並蓋開元十五年二月廿九日
陪戎校尉太原王勗墓誌開元十五年二月甲辰朔廿九日壬申
故孝廉寇鈞墓誌開元十五年丁卯歲二月甲辰朔廿九日壬申。伯父洋文
朝議郎周君夫人趙氏墓誌開元十五年二月三十日
方律師象塔銘開元十五年三月
袁州參軍事李和墓誌開元十五年六月十三日甲寅
徵士孟俊墓誌開元十五年丁卯七月辛未朔十二日壬午
膚施令于士恭墓誌並蓋開元十五年七月乙酉
寧州豐義縣令鄭温球墓誌開元十五年七月廿七日
汾州崇儒府折衝鄭仁穎墓誌開元十五年七月廿七日。從弟虔撰，張勔書
睦州參軍王公女十八娘銘開元十五年八月九日

郢州司馬盧思莊墓誌開元十五年九月三日
高憲墓誌開元十五年丁卯閏九月十七日
河間邢均墓誌開元十五年丁卯十月庚午朔
平陽郡敬覺墓誌並蓋開元十五年丁卯十月五日
楚州安宜縣令王君夫人劉氏等合葬墓誌開元十五年十月五日。閻玄亮撰
興州司馬王君墓誌開元十五年丁卯十月五日。姚景山撰
蓬州宕渠縣令王思齊墓誌開元十五年十月五日癸酉
豪州定遠縣令楊高仁墓誌開元十五年十月廿三日。崔岑撰，王有志書
崔嚴墓誌開元十五年丁卯十月己巳朔廿八日丙申
崔守約墓誌開元十五年丁卯十月廿八日。韋隱之撰
尚書司勳郎中吉渾墓誌並蓋開元十五年丁卯十一月下旬有八日。唐堯臣撰，書人名泐。有兩側
思恒律師誌文開元十五年十二月十五日。常□□撰
□□翊衛陳思墓誌開元十五年十二月十七日
吉州長史匹婁君夫人靳氏墓誌開元十六年二月五日
卜素墓誌開元十六年三月十三日

燉煌范崇禮墓誌開元十六年七月三日
毛鳳敬墓誌開元十六年戊辰十月癸亥朔八日庚午
鼎州三原縣令盧君夫人辛氏墓誌開元十六年十月廿三日
歙州伏寧縣令龐敬墓誌開元十七年己巳二月辛酉朔廿四日甲申
忻州定襄縣令張楚璋墓誌開元十七年二月廿四日
蘇州嘉興尉談昕墓誌開元十七年四月十三日
孔桃栓墓誌開元十七年四月廿四日
節愍太子□丞賈栖汭墓誌歲次己巳七月己丑朔十四日壬寅終。無葬年。考爲開元十七年
敬節法師塔銘開元十七年七月廿五日終
左衛司戈劉景嗣墓誌開元十七年七月丙寅。是月己丑朔，不能得丙寅，此有誤字
相州城安縣令夫人和斡墓誌開元十七年八月廿六日
處士宋君甘夫人墓誌開元十七年己巳九月一日
右監門衛中郎將高嶸墓誌開元十七年十月十六日。魏承休撰，隸書
郭仵墓誌開元十七年十月十六日癸酉
靖策墓誌開元十七年十月廿八日

商州司馬楊瑊墓誌開元十七年己巳十一月丁亥朔十六日辛丑

寧州羅川府折衝劉龍樹墓誌並蓋開元十七年己巳十一月丁亥朔十六日壬寅

尼法澄墓誌開元十七年十一月廿三日

梁處士墓誌開元十七年己巳十一月丁亥朔廿三日庚□

魏州冠氏縣令崔羨墓誌開元十八年正月廿一日

定州長史李謙墓誌開元十八年庚午四月乙卯朔十六日庚午

潁州汝陰縣令史待賓墓誌開元十八年閏六月廿三日

鍾紹京妻越國夫人許氏墓誌開元十八年庚午九月壬子朔九日庚申

巴州別駕朱庭瑾墓誌開元十八年十月朔四日

兵部常選宋守一墓誌開元十八年十月十六日

忠武將軍劉庭訓墓誌開元十八年十月十六日

栢虔玉墓誌開元十八年庚午十月壬午朔十六日丁酉。撰人名泐

陪戎尉孟頭墓誌開元十八年庚午十月壬午朔廿八日己酉

涇州陰盤縣尉周義墓誌開元十八年庚午十一月戊子朔十日庚申。弟敬友撰，孫良弼書

申州長史劉如璋墓誌開元十八載十一月十日

襄州長史韋麟墓誌開元十八年庚子十一月辛亥二十二日壬申

左領軍衛執戟李佀佀墓誌開元十八年庚午歲十二月廿九日。崔珪璋撰

光禄少卿勃海郡公高徽墓誌開元十八年庚午。次子寬書

河南府洛陽縣録事吕君夫人李氏墓誌開元十九年二月五日

華州鄭縣主簿李景陽墓誌開元十九年辛未二月庚辰朔十七日景申

歙州北野縣尉程逸墓誌開元十九年三月十三日。行書

汝州魯陽府别將胡明期母曹夫人墓誌並蓋開元十九年辛未四月七日己卯。騫國俊撰

監門衛長史皇甫慎墓誌開元十九年四月七日

懷州司户參軍陳氏故賈夫人墓誌開元十九年五月十四日

澧州刺史廣平公夫人楊氏墓誌開元十九年六月十九日

朱氏夫人誌銘開元十九年六月戊寅朔廿日丁酉

趙氏亡子汝南塔記開元十九年八月十三日

監察御史韓公夫人張氏墓誌開元十□年八月廿六日。衛晉撰

撿校上陽宫内作判官房孚墓誌開元十九年辛未十月丙子朔十日乙酉

吏部常選鄭公夫人宋氏墓誌開元十九年十月丙子朔廿二日丁酉

延州都督府士曹參軍事長孫旴墓誌開元十九年辛未十一月廿五日

郭君墓誌開元十九年十一月丙午朔廿七日壬申

薛王傅司馬銓墓誌開元十九年十一月廿七日。張脩文撰，摇寶珪書

贈博州刺史鄭進思墓誌開元十□□□月廿八日

孫節塔誌並蓋開元廿年正月廿九日丙時

安孝臣母米夫人墓誌並蓋開元廿年二月十一日。男孝臣撰，忠臣書

振威副尉張漢墓誌並蓋開元廿年如月十一日甲申

薛王府兵曹參軍王令墓誌並蓋開元廿年二月十二日。陳利見撰，唐逸書

河南府金谷府折衝都尉王崇禮墓誌開元廿年壬申二月甲戌朔十七日庚寅。隸書

栝州遂昌縣令張先墓誌開元廿年涒灘歲如月壬寅。鄭稷撰

萬州司法參軍王韶墓誌並蓋開元廿年三月十二日終。踰月而葬

太夫人太原郭氏墓誌並蓋開元廿年四月十三日。王彦弼撰

吏部常選郭懌墓誌並蓋開元廿年壬申五月十九日

邠王文學趙夏日墓誌開元廿年六月十一日終。無葬日

亡宫八品墓誌開元廿年八月廿日

上柱國趙君墓誌並蓋開元廿年九月二日
潞州長子縣尉王怡墓誌開元廿年壬申九月辛丑朔二日壬寅艮時。雍惟良撰
鄭州刺史源公夫人鄭氏墓誌開元廿年壬申九月辛丑朔二日壬寅。從祖叔父惠津撰
幽州會昌縣令賈元恭墓誌開元二十年九月辛丑朔二日壬寅
益州都督府户曹參軍姚君墓誌開元廿年九月辛丑廿日庚申。鄭乾詞
蒲州桑泉縣丞路惲墓誌開元廿年壬申九月三十日
泗州司馬叔苗善物墓誌開元廿年壬申十一月庚子朔十日己酉。姪延嗣撰
馬師墓誌開元廿年壬申十一月庚子朔廿一日庚申
揚州揚子縣令崔光嗣墓誌開元廿年十一月廿一日
静塞軍司馬杜孚墓誌開元廿年十一月廿一日
祕書丞朱君王夫人墓誌並蓋開元二十年十一月庚子朔二十一日庚申。賀知章纂。隸書
亳州譙縣令梁璵墓誌開元廿一年二月十六日甲申
京兆府渭南縣尉張時譽墓誌開元廿一年三月五日。姪翃述
苑西面副監孝子房惠琳墓誌開元廿一年三月十二日
左羽林軍長史姚重曒墓誌開元廿一年閏三月十七日景申

王公故夫人程氏墓誌開元廿一年四月十三日

冠軍大將軍金城郡公李仁德墓誌開元廿一年四月十三日

唐州別駕王元崇墓誌並蓋開元廿一年癸酉四月丁酉朔十三日己酉

温縣尉房君夫人崔氏墓誌開元廿一年四月十三日。崔鎮撰，哀子寬書

新城府别將張翼墓誌開元廿一年七月十八日。隸書

□王府户曹參軍張㽕妻魏夫人墓誌並蓋開元廿一年七月廿五日

監察御史杜公夫人張氏墓誌開元廿一年八月八日

鄧夫人墓誌開元廿一年十月十日

秀士張點墓誌開元廿一年十月十六日

河南府參軍張軫墓誌開元廿一年十月十六日

鄂州刺史盧翊墓誌開元廿一年十月十六日

襄容城伯盧君夫人李氏墓誌並蓋開元廿一年十月十六日

驍騎尉泉毖墓誌開元廿一年癸酉十月甲午朔十六日己酉。父隱撰

太平公主邑司録事韓思墓誌開元廿一年癸酉十月甲午朔十六日己酉

慈州吕香縣令趙元瓌墓誌開元廿一年十月廿一日

卭州司馬楊瑶墓誌開元廿一年冬十月癸酉十月甲午廿七日庚申

冀州棗强縣令裴同墓誌開元廿一年十月廿七日

歙州司馬許公夫人李肅邕墓誌開元廿一年十月廿八日。陽伯成撰兼書。正書，誌題與銘文隸書

國子司業開休元墓誌開元廿一年十一月九日。郭虚己文

贈祕書監開承簡墓誌並蓋開元廿一年十一月九日。郭虚己文並書

慶王府典軍江璀墓誌開元廿一年十一月甲子朔廿二日乙酉

揚州海陵縣令李貞墓誌開元廿一年癸酉十一月甲子朔廿七日庚寅。郭幹書

孟暉墓誌開元廿二年正月十日

右武衛蒲州永安府左果毅都尉崔澤夫人張氏墓誌開元龍集甲戌正月癸亥朔廿八日庚寅

定州唐縣丞柳正確墓誌開元廿二年三月九日

左千牛衛鎧曹源君夫人薛淑墓誌開元廿二年三月十一日

潞州大都督府參軍事裴肅墓誌開元廿二年三月廿四日。洪孝昌撰

同州河西主簿李君夫人蘇氏墓誌開元廿二年甲戌四月六日丁酉

澤州太行鎮將安孝臣墓誌開元廿二年四月九日

亡宫八品墓誌開元廿二年六月十七日

亡宫三品墓誌開元廿二載七月二日
幽州經畧軍節度副使翟公墓誌開元廿二年甲戌七月十四日
幽州都督府薊縣令張積善墓誌開元廿二年甲戌八月乙丑朔十四日壬寅
吏部常選段貞墓誌開元廿二年八月十四日
贈綿州司馬白義寶墓誌開元廿二年十月十九日薨。無葬年
清夷軍倉曹張休光墓誌並蓋開元廿二年十月廿二日。万俟餘慶撰，張若芬書。隸書
太原縣丞蕭令臣墓誌並蓋開元廿三年二月十日
青州刺史鄭諶墓誌開元廿三年二月廿三日。楊宗撰，元光濟書
右威衛將軍王景耀墓誌開元廿三年二月廿三日
王德倫墓誌開元廿三年二月廿三日
吏部常選夏侯晽墓誌開元廿三年乙亥三月丁巳朔四日庚申
兖州瑕丘縣主簿馬君夫人董氏墓誌開元廿三年三月廿九日乙酉。徐占撰
左監門衛將軍白知禮墓誌開元二十三年三月廿九日
河南府新安縣丞崔諶墓誌開元廿三年四月廿三日。宋華撰
處士武騎尉王羊仁墓誌開元廿三年八月十九日

太子内直監白羡言墓誌開元廿三年八月十有九日

房州刺史魏縣子盧全操墓誌開元二十三年乙亥九月癸丑朔十八日庚午

杭州長史姚珝墓誌開元廿三年十月十五日

滄州司法參軍張文珪墓誌開元廿三年十月廿七日

梁義方墓誌開元廿三年閏十一月三日

趙壽墓誌開元廿三年閏十一月。今但辨十一月壬午□三日，此據匋齋藏石記

亡宫墓誌開元廿四年三月十日

京兆王氏妻清河崔夫人墓誌開元廿四年景子三月廿九日

仙州别駕張仁方墓誌開元廿四年四月十八日終。無葬日

劉秦客楊夫人墓誌開元二十四年乙亥五月庚辰朔十七日丙申

亡宫墓誌開元廿四年六月□五日

大智禪師塔銘開元廿四年七月六日甲申。杜昱撰

慶王府左典軍尹大簡墓誌開元廿四年七月十九日

皇甫賓妻楊氏墓誌開元廿四年八月廿六日

京兆府美原縣尉張昕墓誌開元廿四年景子十月三日己酉

金明縣令張惠則墓誌開元廿四年十月九日

故士邵真及夫人馬氏墓誌並蓋開元廿四年丙子十月丁未朔廿六日壬寅

德州安陵縣令徐令名墓誌開元廿四年龍集丙子十一月七日

開州刺史鄭訢墓誌開元廿四年景子十一月七日

右驍衛翊府左郎將□知感張夫人墓誌開元廿四年建子月廿七日

漢州刺史獨孤炫墓誌開元廿四年景子十一月景子朔廿七日壬寅。季子乘文，孫纘書

杭州鹽官主簿陳敬忠墓誌並蓋開元廿五年丁丑正月廿一日。妄人改鑿開元作開黄

開州録事參軍李昺夫人鄧氏墓誌誌稱昺以開元廿五年正月五日卒，春秋五十七，以其月葬。夫人年八十二卒，其年十一月十四日葬，而無紀年。以二人年齡考之，則夫人殆卒於肅、代二朝間，姑附此。滕少逸撰

泉州龍溪縣尉李君墓誌開元廿五年春王二月廿八日

程冬笋墓誌開元廿五年丁丑四月己未十六日。崔願撰，劉崑書

深州司户參軍武幼範墓誌開元廿五年五月十二日

吏部常選楊侶墓誌並蓋開元廿五年丁丑八月癸卯朔十日壬子

景賢大師身塔石記開元廿五年乙亥八月十二日。羊榆篹，沙門温古書。此記作乙亥年，案乙亥係廿三年，恐誌所書有

誤，茲姑附此

龐氏十二娘之銘開元廿五年八月十二日

三藏無畏不空法師塔記開元廿五年丁丑八月

姚處璡墓誌開元廿五年冬十月廿七日丁卯。胡象文

亡宫墓誌開元廿五年十月廿七日

相州臨漳縣令盧曒墓誌開元廿五年十一月三日

李素墓誌開元廿六年戊寅正月庚午朔十三日壬午

居士李知誌石文開元廿六年正月廿七日

惠隱禪師塔銘開元廿六年戊寅二月六日

元子上妻鄭氏墓誌開元廿六年二月十六日

左領軍衛倉曹參軍李霞墓誌開元廿六年三月廿二日

河南府兵曹何最墓誌廿六年四月十一日。裴汯撰

優婆夷未曾有塔銘開元廿六年五月十五日。杜昱撰並書

河南元氏夫人墓誌開元廿六年五月十七日

忠王府文學王固己墓誌開元廿六年閏八月六日

王忌墓誌開元廿六年戊寅十月乙丑朔廿日甲申

尚書都事夏侯思泰墓誌開元廿六年戊寅十一月甲午朔八日壬寅。女壻申諫臣書

處士張起墓誌開元廿六年十一月十四日

處士苑策張夫人合遷銘開元廿六年戊寅十一月乙未朔十五日己酉

宋祖堪墓誌開元廿六年戊寅十二月甲子朔

代樂王慕容明墓誌開元廿六年戊寅十二月甲子朔七日庚午

尼靈覺塔銘開元廿六年月日泐

吏部常選李敬固朱夫人墓誌開元廿七年己卯正月甲午朔四日。姚再昌撰並書

濟州司户參軍鄭撝墓誌開元廿七年正月廿八日。蔣溢文，寇巒書

楚州鹽城縣令王惠忠墓誌開元廿七年二月廿二日

恒州真定縣丞姚如衡墓誌開元廿七年四月九日

河南府伊闕縣姚府君碣開元廿七年己卯四月壬戌朔廿四日乙酉。刻造象下方

昭成觀大德張尊師墓誌開元廿七年己卯五月壬辰廿三日甲寅

鄂州刺史盧君夫人清河郡君墓誌開元廿七年八月十二日。鄭長裕撰

衛尉寺主簿趙庭墓誌開元廿七年八月辛酉朔廿四日

鄭賓妻博陵崔氏墓誌開元廿七年八月卅日

汴州封邱縣令白知新墓誌並蓋開元廿七年丁卯十月庚申朔十四日癸酉。丁卯當作己卯

通事舍人杜元顥夫人崔氏墓誌開元廿七年己卯十月庚申朔十四日癸酉

天水縣君趙氏墓誌開元廿七年十月十四日

卭州司馬楊公夫人張氏墓誌開元廿七年己卯十月廿五日甲申

常來墓誌開元廿七年己卯十月庚申朔廿五日甲申

台州司倉參軍趙庭秀墓誌開元廿七年己卯十月庚申朔廿六日乙酉

撿校尚書比部員外郎崔玄隱墓誌開元廿七年己卯十月庚申朔廿六日乙酉

潁州潁上縣尉朱歸浦墓誌開元廿七歲十月廿六日

和州歷陽縣主簿張易墓誌開元廿七年己卯十一月庚寅朔廿六日乙卯

岐州司倉參軍房宣墓誌開元廿七年己卯十一月

孝廉李泉墓誌開元廿七年龍集己卯十二月己未朔廿七日乙酉。向遷喬撰

南齊隨郡王曾孫蕭紹遠墓誌開元廿八年庚辰二月己卯。馬巽撰

江州長史趙知慎墓誌開元廿八年三月十六日

滄州清池縣尉張仲臣墓誌並蓋開元廿八年四月十四日

吴真妻席夫人墓誌開元廿八載六月十七日

豫州郾城縣丞張孚墓誌開元廿八年六月十四日終，夫人後公十四日終，不及葬日。姪縡述

尚輦直長崔公夫人鄭氏墓誌開元廿八年庚辰八月乙卯朔十八日壬申

右威衛翊府左郎將康庭蘭墓誌開元廿八年十月十七日。行書

遂州長史張光祐墓誌開元廿八年冬十月甲寅朔廿日癸酉。王利器撰

果毅都尉裴坦墓誌開元廿九年二月廿日

尚書祠部員外郎裴積墓誌開元廿九年辛巳二月癸丑廿日壬申。族叔朏撰兼書

郴州義章縣尉張守珍墓誌開元廿九年辛巳二月癸丑朔廿日壬申。陳衆甫詞，姪孫有隣書

右武衛大將軍啜禄夫人鄭氏墓誌開元廿九年二月廿一日

内給事鄧公夫人王晤空墓誌並蓋開元廿九年辛巳三月壬午朔三日甲申

李珪墓誌並蓋開元廿九年辛巳三月壬午朔廿五日

亳州臨涣縣丞趙瓊琰墓誌開元廿九年春三月。趙翌撰，張明憲書

左監門衛大將軍白知禮墓誌開元辛巳孟夏月末旬有三日。此乃其夫人張氏誌

同州襄城府折衝闞楚徵墓誌開元廿九年閏四月五日

汴州尉氏縣尉楊君夫人源氏墓誌開元廿九年五月廿三日

大洞法師齊國田仙寮墓誌開元廿九年六月甲寅卒。李華銘，盧﨟書
李君夫人嚴氏墓誌開元廿九年七月一日。馬巽撰
忠武將軍豆善富墓誌並蓋開元廿九年八月十八日
相州林慮縣尉邢超墓誌開元廿九年十月八日
汾州長史沈浩豐墓誌開元廿九年十一月十四日
左威衛將軍平陵縣男蘇咸墓誌開元廿九年辛巳十一月廿三日庚午。劉鐘撰，猶子廣文書
右監門衛兵曹參軍張景陽墓誌開元廿九年十一月廿五日。張楚金序，馬巽銘
洛陽録事蔣敏妻張氏墓誌開元廿九年十一月二十六日。閻琪撰
贈博州刺史鄭進思墓誌開元□□年
殘墓誌但存下角。有開元年字，姑坿此
冀州參軍張□本墓誌天寶元年正月廿六日
右威衛兵曹參軍王冷然墓誌天寶元年正月晦。隸書
兗州瑕丘縣令崔君夫人朱氏墓誌天寶元年四月乙亥朔廿三日丁酉
登州司馬趙巨源墓誌並蓋天寶元年四月二十三日
右龍武軍翊府中郎將高德墓誌天寶元年四月廿三日

吏部常選鄭瑨墓誌天寶元年五月十六日
饒州鄱陽縣尉李公女墓誌天寶元年七月四日
左威衛倉曹參軍何簡墓誌並蓋天寶元年七月卅日。妻辛氏撰
上殤姚氏墓誌天寶元年太歲壬午八月壬寅晦
隴西李賓墓誌天寶元年八月廿四日
東京大弘道觀張尊師玄宫誌天寶首歲秋九月廿八日
番禺縣主簿樊君夫人田氏墓誌天寶元年十月乙酉
處士陳君夫人甯氏墓誌天寶元年十月丁酉
袁州别駕苑玄亮墓誌天寶元年十一月十九日。梁普文
長河宰盧公李夫人墓誌天寶元年獻月三日。沙門湛然撰並書
趙郡李君墓誌天寶二年癸未正月壬□朔廿日辛酉。壬□乃辛丑之誤
安化郡馬嶺韋元倩墓誌天寶二年二月廿日
河南府告成縣主簿上谷縣子寇鐈墓誌天寶二年季春之六日。外甥張越撰，堂弟丕書
魯郡乾封縣令徐元隱墓誌天寶二年癸未四月廿一日
絳郡龍門縣尉沈知敏墓誌天寶二年癸未五月己亥朔十壹日己酉。隸書，陳齊卿撰

上柱國司馬元禮並夫人田氏墓誌天寶二年五月廿二日。鄭茬萊撰，李鈞書。夫人田氏遷化於四載四月十六日，以其載八月十七日祔葬

處士范沼及夫人王氏墓誌天寶二年六月廿九日

故王夫人墓誌天寶二年癸未七月十二日己酉。馬昚言撰並書

譙郡司馬王秦客墓誌天寶二年十月廿日

樂安縣尉姚晅墓誌天寶二年癸未十月丙寅朔廿日乙酉。四兄通理撰

洪州高安縣令崔君夫人獨孤氏墓誌並蓋天寶二年十一月二日庚時。長子季梁脩並書。有側

五品孫陳周子墓誌天寶二年癸未十一月十四日

郴州司士參軍王公度墓誌天寶二年仲冬次旬九日終，踰月壬申葬。考是年十二月爲丙寅朔，壬申乃十二月七日

河南府河清縣主簿左光胤墓誌天寶二年歲十二月有七日。張楚金撰，李新書

汝南郡袁君墓誌天寶三載二月廿六日

東平縣君呂夫人墓誌並蓋天寶三載閏二月三日

處士皇甫政墓誌天寶三年閏二月八日

唐州刺史張思鼎墓誌天寶三載閏二月乙未朔越八日壬寅

司農主簿盧友度墓誌天寶三載三月九日。鄭齊敷撰

河東郡寶鼎縣令孔齊參墓誌天寶三載四月廿八日
左春坊録事郭藥師墓誌天寶三載七月十二日。王去奢書
邕府都督陸君夫人元氏墓誌天寶三載八月十二日
左清道率忠武將軍索思禮墓誌天寶三載八月十二日
河南宇文琬墓誌並蓋天寶三載十月廿日。周珍撰，曹惟良書
楊令暉墓誌天寶三載十一月庚申朔十三日壬申
楊君墓記天寶三載甲申十一月庚申朔十三日壬申
河東裴鎬墓誌天寶甲申冬十一月庚申朔卅日
鶴台府果毅馬延徽墓誌天寶乙酉正月己未朔十四日壬申
吏部常選王元墓誌天寶四載乙酉二月己丑朔十四日壬寅
荆王府庫真元景石誌天寶四載二月廿一日。行書。裴眺撰
桂陽郡臨武縣令王訓墓誌並蓋天寶四載二月廿一日
上谷郡司功參軍張肅珪墓誌天寶四載四月廿二日。王襃撰，左光叡書
左龍武軍翊府中郎將李懷墓誌天寶四載四月廿二日。楊坦撰
河南府偃師縣令王君妻鄭氏墓誌天寶四載癸酉六月丁亥朔廿八日甲寅

洪府法曹參軍鄭君夫人万俟氏墓誌天寶四載七月五日辛酉

大奉國寺故上座龕塋記天寶四載歲在作噩九月廿五日。石鎮文，崔英書

通事舍人高備墓誌天寶四載十月十三日。竇蘭撰

太子右庶子劉升墓誌天寶四載十月十三日。行書。李珝撰

江華郡太守和守陽墓誌天寶四載歲在作詻十月乙酉朔十三日丁酉。毛肅然文並書

吏部常選王爽墓誌天寶四載十月二旬有五日

鄴郡太守賀蘭府君夫人李氏墓誌天寶四載十月廿五日。蔣渙撰

盧全壽妻陳氏墓誌並蓋天寶四載乙酉十月乙酉朔廿五日己酉。崔藏曜撰銘，沈脩祐隸書

諸葛明悊夫人韓氏墓誌天寶四載乙酉十月乙酉朔廿五日己酉。此亦終葬同一日

海陵縣丞張俊墓誌天寶四載乙酉十月乙酉朔廿五日己酉。趙惟撰，從姪同晏書

汝陰郡汝陰縣令裴琨墓誌天寶四載十月廿五日。蔣思之撰，嗣子有信書

泗州刺史王同人妻裴夫民誌天寶四載十月廿五日。嗣子渙撰

杜府君墓誌天寶四載乙酉十月乙酉朔廿五日己酉。孫買忲文並書

任城縣男息劉穎墓誌天寶四載歲次作噩十月癸丑。薛蓁撰。行書

苗君墓誌天寶四載乙酉十一月甲寅朔廿日癸酉

陪戎副尉雷詢墓誌並蓋天寶五載降婁次諏訾月

趙郡司户參軍庾若訥墓誌天寶五載二月卅日

密雲郡録事參軍蘇府君吕夫人墓記天寶五載三月三十日

順義郡録事參軍事侯方墓誌天寶五載四月中旬有五日

餘杭郡司户參軍趙仙童墓誌天寶五載八月十六日

浄藏法師身塔銘天寶五載丙丁十月廿六日。丁乃戌之誤

處士寇恭王夫人合葬銘天寶五載景戌閏十月己酉朔一日庚戌。一日乃二日之誤

□陵郡北平縣主簿高亘故李夫人墓誌天寶五年閏十月廿四日

右衛倉曹參軍郭密之妻韋氏墓誌天寶五載丙戌十有一月七日甲申。郭密之撰並書

太子舍人李府君墓誌天寶丙戌歲□□月己酉。尹深源撰

河内郡武德縣令楊岌墓誌天寶六載正月廿六日。崔潛撰

光禄寺大官署令張客墓誌並蓋天寶六載正月廿六日。張芬撰

揚州大都督府揚子縣令崔君夫人盧氏墓誌天寶六年二月庚申

上騎都尉王貞誌銘天寶六載丁亥二月丁未朔廿四庚午

太子詹事源光乘墓誌天寶六載二月癸酉。柳芬撰

流江縣丞朱光宙墓誌並蓋天寶六載丁亥三月六日
右武衛中郎將董昭墓誌並蓋天寶六載三月十四日
元府君夫人來香兒墓誌天寶六載四月四日
張軫及夫人邵氏合祔墓誌天寶六載十月十二日。丁鳳撰
太原府少尹盧明遠墓誌天寶六載十月十九日。崔至撰
振威副尉成公墓誌天寶六載十月廿八日
趙郡李迪墓誌天寶六載丁亥十一月癸酉朔廿五日丁酉
嗣曹王李戢墓誌天寶六載十二月廿日。李庭堅撰，駱從侊書
上黨郡大都督府長史宋遥墓誌並蓋天寶七載正月十一日。宋鼎撰，鄭長裕書
鄭州文安縣尉程思慶墓誌天寶七載三月十二日。薛咸撰，張瑨書
吏部常選潘智昭墓誌天寶七載戊子歲實沈月五日癸卯景時
王夫人墓誌天寶七載五月三日
清河崔石墓誌天寶七載戊子八月己亥朔八日丙午
左威衛左司階王元泰墓誌天寶七載十月十二日。郭懷琰文並書
處士裴君夫人祖氏墓誌天寶七載十月廿三日

延王府户曹丁韶墓誌天寶七載十月廿三日
太原斛斯翹墓誌天寶七載戊子十月戊戌朔廿九日景寅
大慈禪師墓誌並蓋天寶七載十一月甲申十八日
李少府公夫人竇氏墓誌並蓋天寶七載戊子十一月廿四日庚寅。盧沼撰
文安郡文安縣尉王君夫人李氏墓誌天寶七載十一月廿四日。王縉撰
丹陽郡陶府君太原王夫人墓誌天寶七載戊子十一月丁卯卅日景申
王同福並夫人裴氏墓誌天寶七載戊子十一月丁卯朔卅日。息狐子稷撰，息棁書
廣平郡太守冠洋墓誌天寶七載戊子十一月丁卯朔三十日景申。姪女壻賀蘭弼撰，姪填書並篆額
史庭墓誌天寶七載十一月
新定郡遂安縣尉李君夫人崔氏墓誌天寶八載己丑正月景寅朔十一日景子。楊綰述
左金吾衛翊衛兵部常選張孝節墓誌天寶八載己丑三月乙丑朔八日壬申
陳光濟墓誌並蓋天寶八載三月十九日
吏部選彭城劉君妻高娩墓誌天寶八載己丑六月甲午朔九日壬寅
冠軍大將軍薛義墓誌天寶八載七月廿八日
康公夫人翟氏墓誌並蓋天寶八載八月十日

安定郡參軍陸豐妻胡夫人墓誌天寶八載八月十四日
南充郡司馬高琛墓誌並蓋天寶八載八月廿二日。邢宙撰
下殤崔氏墓誌天寶八載己丑九月壬辰朔廿三日辛亥
河南府河陽縣丞陳希望墓誌並蓋天寶八載十月九日。徐浩撰
將作監左校丞吴福將墓誌並蓋天寶八載己丑十一月十一日。周頎撰
國子監丞李濟墓誌天寶八載十一月十八日。劉去奢撰
李韜崔夫人合祔墓誌並蓋天寶八載十二月一日
李經墓誌天寶九載庚寅二月庚申朔一日
譙郡城父縣尉盧復墓誌天寶九載二月十三日。林脊言撰
詹事府司直張椅墓誌天寶庚寅歲二月庚申朔十四日癸酉
西河郡平遥縣尉王君墓誌天寶九載三月十四日
高荆玉墓誌並蓋天寶九載庚寅四月己未朔九日丁卯
靈運禪師塔銘天寶九載四月十五日
新安郡長史竇説墓誌天寶庚寅歲五月廿八日。郭季□文並書
故張夫人崔氏墓誌天寶九載七月廿三日。張恒撰，李封書

新安婺源縣令范仙嶠墓誌天寶九載八月四日
蘇州別駕李公故夫人蔣氏墓誌天寶庚戌八月甲子。庚戌乃庚寅之誤
清河張敖墓誌天寶九載八月廿八日。薛偉撰，崔縝書
西河郡平遥縣尉慕容君夫人源氏墓誌天寶九載八月廿八日
汝州刺史李君夫人韋氏墓誌天寶九載十一月十一日。高益撰，陳絢書
濟南郡禹城縣令李庭訓墓誌天寶九載十一月十七日。子婿杜鎮撰
鄴郡司倉參軍張貞昚墓誌天寶九載十一月十七日。王伯倫撰
隴西李系墓誌天寶九載十一月十七日。栘成撰
涼王府功曹參軍□偃墓誌天寶九載十一月□一日
開方府右果毅都尉李沖墓誌天寶九載十二月六日
東京國子監大學進士李華墓誌天寶九載十二月朔又七日。竇公衡撰
鄴郡安陽縣宰趙佺墓誌天寶十載正月一日。鄭蓁撰
房光庭墓誌天寶十載辛卯三月甲申朔十七日庚子
陪戎副尉崔虞延墓誌天寶十載辛卯三月乙卯朔廿二日丙子
右龍武軍宿衛李獻墓誌天寶十載四月九日

慕容氏女神護師墓誌天寶十載四月十八日
右金吾衛司戈梁令珣墓誌天寶十載歲在單閼四月十八日
潁王府士曹參軍崔君墓誌天寶十載夏五月二日。鄯涉撰
榆林郡都督府長史王承裕墓誌並蓋天寶十載五月二日。張瑗撰，趙少堅書
滎陽郡長史崔湛墓誌並蓋天寶十載八月十日。閻伯璵撰
獻陵使張君夫人郭班墓誌天寶十載八月廿二日
右衛率大明長史楊忠及馮夫人墓誌並蓋天寶十載辛卯八月丁酉廿二日壬申
高道不仕房有非墓誌天寶十年八月廿二日壬申
南兗郡司馬高君夫人杜氏墓誌並蓋天寶十載十月十一日
毛爽墓記訟天寶十載十月十二日卒。無葬日
潞府參軍裴君夫人陽氏墓誌並蓋天寶十載十月廿四日。陽寬撰
長河縣令盧全貞墓誌天寶十載十月廿四日
逸人烏善智墓誌天寶十載辛卯十一月庚辰朔五日甲申
同州馮翊縣丞王鴻祔葬墓誌天寶十載十一月五日
南陽郡臨湍縣尉王志悌墓誌天寶十載十一月五日

孝廉盧憕墓誌天寶十載十一月十一日

濟陰郡參軍崔義邕墓誌天寶十載十一月廿七日

晉陵郡別駕倪彬墓誌天寶十載十二月十一日。隸書

監察御史李君夫人崔氏墓誌天寶十載十二月十二日

順節夫人墓誌天寶壬辰二月壬申。張之緒撰，李湊書

右龍武軍將軍張德墓誌天寶十一載壬辰二月己酉朔廿四日壬申

縉雲郡司馬賈崇璋夫人陸氏墓誌天寶十一載春二月廿四日

金鄉郡君韋氏墓誌天寶十一載閏三月癸酉

蘭陵蕭夫人墓誌天寶十一載五月八日

雲麾將軍齊子墓誌天寶十一載五月十五日

京兆府三原縣尉崔澄墓誌天寶十一載八月十日。行書。□源撰并書

弋陽郡定城尉屈澄墓誌天寶十一載九月三日

張謙墓誌天寶十一載九月卅日。張肅撰

房陵郡太守盧君夫人楊氏墓誌天寶十一載十月廿九日。行書

順義郡録事參軍侯智元妻魯氏墓誌天寶十一載壬辰十一月三日

常君魏夫人合葬銘天寶十一載壬辰十一月甲辰朔十二日乙卯
劉君夫人王光贊墓誌天寶十一載十一月廿七日
澍城劉府君韓夫人墓誌天寶十一載十一月廿七日
房府君夫人耿氏墓誌天寶十二載正月卅日
滎陽郡長史崔君夫人王氏墓誌天寶十二載二月十二日
秦州參軍張璬墓誌天寶十二載二月十二日。張晏撰
高士賈隱并夫人杜氏墓誌天寶十二載癸巳二月廿四日。夫人從姪芳撰
亡妻侯氏墓誌天寶十二載癸巳夏四月壬申。夫車謣撰
滎陽鄭夫人墓誌天寶十二載五月廿日。崔衆甫撰
吴興郡長城縣尉李君夫人裴氏墓誌天寶十二載五月廿六日。鄭㬚撰
潁川郡司户韋元逸夫人李氏墓誌天寶癸巳歲秋八月辛卯越五日丙申
太中大夫張朏墓誌並蓋天寶十二載八月廿六日
高士哲人裴處璡墓誌天寶十二載十月六日
東平郡壽張縣令盧含墓誌天寶十二載十月六日。外甥崔泉撰
河南元舒温墓誌天寶十二載十月十七日

沂州永縣令賈欽惠墓誌天寶十二載戊巳十月戊辰朔十七日甲申。蕭穎士撰，姪棲梧書。「戊巳」乃「癸巳」之誤

雲麾將軍劉感墓誌天寶十二載十月卅日。李震撰，席彬書

處士暴莊墓誌天寶十二載癸巳十月戊辰朔卅日丁酉

汝陰郡司法參軍姚希直墓誌天寶十二載十月卅日。王邕撰

左清道率府録事參軍于公夫人裴氏墓誌天寶十二載十一月五日壬戌。辛稷撰

博陵崔銲墓誌天寶十二載□一月九日

優婆夷段常省墓誌天寶十二載

内侍員外置同正員張公夫人令狐氏墓誌天寶十二載十二月四日

淮南道採訪支使鄭宇墓誌天寶十二載十二月廿四日

襄陽郡襄陽縣令鄭逞墓誌天寶十三載正月廿五日

河南府淇梁府折衝都尉李渙墓誌天寶十三載正月廿五日

蘄縣令□馮墓誌天寶十三載正月廿五日。趙宮撰

太子左贊善大夫裴公夫人李氏墓誌天寶十三載二月十八日。李翼撰并書及篆額

清河張崧墓誌天寶十三載五月壬寅。趙曇撰，褚湊書

栖巖寺故大禪師塔銘天寶十三載甲午六月三日。沙門復珪撰

內侍省內常侍孫志廉墓誌天寶十三載六月八日。申堂搆撰，韓獻之書。行書

左龍武將軍劉玄豹夫人高氏墓誌天寶十三載七月之望。李漸撰

延王府户曹參軍李公妻韋夫人墓誌天寶十三載八月三日

信王府士曹崔傑墓誌天寶十三載十月癸亥朔十二日甲申。蕭倫撰，袁真書

安鄉郡長史黄君夫人劉氏龕銘天寶十三載□月□日。少弟庭玲述

魏郡冠氏縣尉盧招墓誌天寶十三載甲午十一月壬辰朔十八日乙酉。崔祐甫述。側有建中四年八月廿七日姪恒祔

題字

原城府别將裴銑墓誌天寶十三載閏十一月十一日

永平府録事參軍盧自省墓誌天寶十三載閏月十一日。房由撰

皇第五孫女墓誌並蓋天寶十三載甲午閏十一月廿九日庚時。張漸撰，劉秦書。行書

臨淮郡録事參軍李訡墓誌天寶十三載閏十一月廿九日

上谷寇公墓誌天寶十三載冬□□三日。外甥張越撰，外甥賀蘭應書

黄君夫人彭城劉氏龕銘天寶十三載。少弟庭玲述

雲麾將軍張安生墓誌天寶十四載二月十二日

河南府鞏洛府折衝都尉崔智墓誌天寶十四載二月十六日

龍溪郡太守梁令直墓誌天寶十四載三月一日。郭懷玹撰兼書
武部常選韋瓊墓誌並蓋天寶十四載五月十三日。范朝撰
内長入供奉張毗羅墓誌並蓋天寶十四載十一月十七日
左衛馬邑郡尚德府折衝都尉張希古墓誌天寶十五載景申四月甲申朔二日。行書，田潁書
武部常選劉智墓誌天寶十五載五月甲寅朔十九日壬申
盧君夫人崔氏墓誌並蓋天寶十□載九月十七日
洛交郡長史趙懷璡墓誌天寶十六載九月季旬之二日
河南府壽安縣尉明希晉墓誌至德二載十一月十日。楊諤撰
武德縣令楊君夫人秦氏墓誌乾元元年二月卅日。盧良金撰
河南慕容府君墓誌乾元元年三月十三日
吉州刺史李昊墓誌乾元元年丙戌八月庚子朔廿一日庚申
思道法師墓誌並蓋乾元元年十二月二日
兖州鄒縣尉盧仲容墓誌乾元二年二月十二日。徐崐撰
左衛騎曹參軍崔夐墓誌乾元二年七月十八日。裴穎述
濮州録事參軍陳公夫人李氏墓誌並蓋乾元二年十月十六日

忻州司馬柳君墓誌乾元二年十二月廿九日

聖武觀女道士馬凌虚墓誌僞燕聖武元年正月廿二日。李史魚撰，劉太和書。當唐至德元年

盧氏女子殁後記僞燕聖武元年丙申三月六日

左中候内閑廐長上上騎都尉陳君墓誌僞燕聖武元年五月十三日。陳亢文

渤海李徵君墓誌僞燕聖武元年十二月五日。王良輔撰，外甥胡混書。左行

杭州司户呼延君夫人張氏墓誌僞燕聖武二年二月廿四日

徐懷隱墓誌僞燕聖武二年十月十六日

長孫氏夫人陰堂文僞燕聖武二年十月十七日。左行

宋文博墓誌僞燕順天二年七月九日。當乾元二年

□光墓誌僞燕順天二年庚子十月戊午朔十三日庚午

齊州禹城縣令李君夫人崔氏墓誌僞燕順天二年十一月十日

大理寺丞司馬望墓誌僞燕顯聖元年六月十九日。鄭齊冉撰，柴闞書。當上元二年

太常寺主簿孫君墓誌僞燕顯聖二年壬寅七月十三日

段公夫人常氏墓誌不著僞燕年號，但稱七月廿一日終，其年十一月廿一日殯。行書

處仕杜欽墓誌僞燕年號改鑿，但存「日己酉」三字

内侍省内侍伯劉奉芝墓誌上元二年辛丑正月丁亥十一日丁酉。行書。趙昂撰，從姪秦書

右金吾郎將馬君夫人令狐氏墓誌上元二年七月廿二日終，元年建子月廿一日葬。是年秋改建子月爲歲首，以十一月爲寶應元年

張琛墓誌寶應元年壬申二月庚午朔四日癸酉。壬申歲及庚午朔均不合

苗仁亮墓誌寶應元年壬寅十月景午朔廿八日癸酉

邠州蜯川府長史焦璀墓誌寶應元年壬寅十二月景午朔廿七日庚辛。庚辛乃壬申之誤。考是年改建子爲歲首，及建巳月又改用寅正，故是年凡十四月。此誌之十二月乃用建子爲首月，苗仁亮之十月乃用建寅爲首月

定州刺史程公殘誌石改作明人誌文，首存「寅冬十二月廿五日」字。考《舊唐書·程日華傳》，知此爲日華父元皓誌。元皓卒于寶應元年壬寅，立石當在其後，姑附此

□君及夫人何氏殘墓誌有「天寶末」字，殆在肅宗時，姑附此

京兆府美原縣丞元復業墓誌廣德元年八月十四日。陳栩撰。行書

左金吾大將軍王公夫人趙氏誌文廣德二年甲辰五月丁酉朔三日己亥

東平郡鉅野縣令李璀墓誌永泰元祀十二月九日。韋應物撰

左相許國公陳希烈墓誌永泰二年秋七月甲寅朔十三日景辰。行書

鄭守訥墓誌永泰二年景午十一月癸丑朔八日

兵部常選王君殘墓誌大曆元年歲在敦牂六月廿一日卒

辛庭墓誌大曆元年丙午十二月十七日

光禄卿王訓墓誌大曆二年八月七日。嗣澤王潓撰並書

古衍禪師墓誌大曆三年五月五日

張禪師墓誌大曆三年八月十九日

鄆州司户參軍李睦墓誌大曆三年十一月十日

北海郡守江夏李邕墓誌大曆三年十一月廿日。族子昂撰

晉州刺史李良金墓誌大曆三年十一月廿六日

攝楚州長史元貞墓誌大曆四年七月八日

竇公夫人崔氏墓誌並蓋大曆四年十月乙未朔廿日甲寅。季父祐甫述。行書

魏州冠氏縣尉盧君夫人崔氏墓誌大曆四年己酉十一月乙丑廿日甲申

左武衛郎將元君夫人鄭氏墓誌大曆四年十一月廿一日。鄭淚撰

瀛州樂壽縣丞李湍墓誌並蓋大曆己酉十二月甲寅。邵説撰

李處子墓誌並蓋大曆四年。内兄崔陽元撰

濮州雷澤縣令郭邕墓誌大曆四年。季弟湜撰。有書人，名泐

蘇州別駕李公夫人蔣氏墓誌庚戌歲八月甲子。考爲大曆五年

大理評事王晉俗墓誌大曆六年辛亥五月乙未。崔儒撰。隸書

同光禪師塔銘大曆六年辛亥六月景辰朔廿七日壬午。郭湜撰，大德靈迅書

河南府新安縣令張炅墓誌大曆六年辛亥八月甲寅朔十九日壬申。孫子壻李繫撰

洛陽賈夫人墓誌大曆六年八月十九日

曹州成武縣丞崔文脩改葬墓誌大曆六年辛亥八月甲寅朔廿九日壬午

衢州別駕王守質墓誌大曆六年辛亥十月廿一日。張造撰

智悟律上人墓誌大曆六年十一月廿日。裴適時撰

相州成安縣主簿張倜墓誌大曆□年周十月十九日。子壻李繫撰。似是六年，姑附此，待考

鄂州永興縣主簿張願墓誌大曆八年閏十有一月十九日。外生趙植述

吏部常選張顔墓誌大曆八年癸丑閏十有一月十九日。外生趙植述。隸書

太常寺丞張銳墓誌大曆九年甲寅三月四日癸卯。錢庭篠撰，父愲書

衢州司士參軍李濤墓誌並蓋大曆九年四月廿日。獨孤及撰

郭嚴墓誌並蓋大曆九年十一月廿五日

郭公季女阿獮墓誌大曆九年十一月廿五日
右千牛衛大將軍蘇日榮妻武氏墓誌大曆十年二月九日
尼如願律師墓誌大曆十年七月十八日。沙門飛錫撰，秦昊書
崔昭墓誌大曆十年乙卯十月辛酉朔廿四日甲申
高士楊崇墓誌大曆十年乙卯
左金吾衛大將軍高如詮墓誌大曆十一年二月廿四日
試光禄卿曹閏國墓誌大曆十一年八月壬戌朔六日丁卯
恒王府典軍王景秀墓誌大曆十一年丙辰八月丙辰朔廿九日甲戌
衛州新鄉縣令王希晏墓誌大曆十二年八月。行書
京兆府藍田縣丞竇公夫人楊瑩墓誌並蓋大曆十二年十一月廿二日。丁翥撰
上柱國北海璩崇胤墓誌大曆十二年歲次降婁十有一月廿四日壬申
李夫人獨孤氏墓誌並蓋大曆十二年□月十七日
比丘心印記大曆十三年戊午正月戊申廿七日甲戌
汝州司馬李華墓誌大曆十三年二月十九日。堂内弟郭霸撰
大安國寺蕭和上墓誌大曆十三年三月十四日。沙門飛錫撰

太子賓客崔沔墓誌並蓋大曆十三年戊午四月丁丑朔八日甲申。隸書。李邕撰，徐珙書。有陰

崔沔妻太原郡王氏墓誌大曆十三年四月丁丑朔八日甲申。崔沔撰，元至書。在沔誌蓋之陰

祕書省著作佐郎崔衆甫墓誌大曆十三年戊午四月丁丑朔八日甲申。從父弟祐甫撰。凡二石

崔渾夫人盧氏墓誌大曆十三年戊午四月丁丑朔九日乙酉

尚書工部郎中寇錫墓誌大曆十三年戊午四月丁丑朔廿七日癸卯。崔祐甫撰，姪京書

殿中監李國清墓誌並蓋大曆十三年戊午四月丁丑朔廿七日癸卯

贈祕書少監李休墓誌大曆十三年戊午七月十七日庚申

衢州司士參軍李濤墓誌大曆十三年七月廿三日。梁肅撰

金城郡王辛公妻隴西郡夫人墓誌大曆十三年七月廿四日。獨孤愐撰，韓秀實隸書

信王府士曹崔傑墓誌大曆十三年十月癸亥朔十三日甲申。蕭倫撰，袁真書。癸亥乃癸酉之誤

攝魏州魏縣令崔夷甫墓誌大曆十三年戊午十月癸酉朔廿五日丁酉。從父弟祐甫述

隴西郡李嘉珍墓誌大曆十三年戊午十月癸酉朔廿五日丁酉

賀州長史趙君妻裴夫人墓誌大曆十三年十一月七日。李老彭撰

許州司户參軍郭瑶墓誌大曆十三年戊子建子月十七日。從兄從志撰并書

安東都護郯國公高震墓誌大曆十三年十一月廿四日丙寅。楊憖撰

郭雲墓誌大曆十三年十一月癸卯朔卅日壬申
河南府洛陽縣尉竇寓墓誌大曆十四年八月廿三日
蕭俱興墓誌大曆十五年正月丁卯朔十六日壬午
明承先夫人李氏墓誌大曆十五年正月十八日
殿中侍御史張翔墓誌建中元年二月十四日。獨孤良弼撰，女壻獨孤愿書
郴州刺史張翃墓誌建中元年二月十四日。嗣子士源奉述
宣州宣城縣尉李君夫人賈嬪墓誌建中二年三月廿三日
清河房有非汲郡尚夫人墓誌建中二年辛酉十月丙戌朔廿四日己酉
崔府君諱禮弟進葬誌建□二年十月三十日
鴻臚少卿陽濟故夫人劉氏墓誌建中二年十一月卅日。樊系撰，子壻李幼清書
涇王故妃韋氏墓誌建中三年二月庚申。張周撰
都尉王景詮墓誌建中三年三月廿七日己酉
太常卿張懷實墓誌建中三年四月十八日
贈户部郎中王士林墓誌並蓋建中三年五月廿日。劉常撰
瀛州景城縣主簿彭涚墓誌建中三年十一月。王諫撰

楚州長史源溥墓誌建中四年二月二日。蔣鍒文

僞燕鴻臚卿宋儼墓誌並蓋建中四年癸亥四月丁未朔廿七日癸酉

兵部常選王君及夫人何氏殘誌有「大歷元年六月廿一日」及「建」字。當在建中時

韋和上墓誌興元二年正月十日。魚宗文述

唐君夫人京兆杜氏墓誌貞元元年十月廿四日

夫人京兆杜氏墓誌貞元元年乙丑十一月十七日

絳州聞喜縣令楊君夫人裴氏墓誌並蓋貞元元年十一月十有七日。李衡述

蘇君殘塔誌貞元二年五月六日

梁□城固令渤海封揆墓誌貞元丙寅歲七月戊子朔廿二日己酉。張勸篹并書

嗣曹王妃鄭氏墓誌貞元景寅七月己酉。穆員篹，張勸書

汝州魯山縣丞司馬齊卿墓誌貞元三年二月十七日。劉震述，張文哲書

司馬殘墓誌貞元三年四月一日。分刻二石，前石佚

汝州司户參軍張偭墓誌貞元三年四月十九日。撰人名泐，從姪孫文哲書

河南府汜水縣丞邢倨夫人景氏墓誌貞元三年七月廿一日。邢倨撰

淮南節度討擊副使田侁墓誌並蓋貞元三年八月四日。桑叔文撰，儲彦琛書

源夫人墓誌貞元四年戊辰五月戊申朔十九日景寅。陶戴撰

趙州司法參軍鄭晃墓誌貞元四年八月十五日

詹事府司直孫公夫人李氏墓誌並蓋貞元五年己巳五月廿日辛酉。姪公輔撰并書

朗州武陵縣主簿桑崿墓誌並蓋貞元五年八月廿一日。劉震述

華州下邽縣丞韋公夫人墓誌貞元六年庚子二月廿三日。哀子縝撰並書

桂州刺史樂安縣男孫成墓誌貞元六年五月壬申。史絳撰，姪□否書

左千牛京兆府折衝李公夫人楊氏墓誌貞元六年七月乙丑朔十八日壬午。皇甫翰撰

比丘尼正性墓誌貞元六年十月二日

曹州乘氏縣尉薛懋殘墓誌貞元六年庚午十月癸巳朔廿八日庚申

齊州豐齊縣令程俊墓誌並蓋貞元六年庚午十月癸巳朔廿八日庚申。分刻二石。王顔撰，李同系隸書

江夏李夫人墓誌貞元庚午十月廿八日。猶子覡述

宋州宋城縣尉閻士熊墓誌貞元六年十一月十日。高融撰

尚書兵部侍郎壽春郡公黎幹墓誌貞元庚午十一月廿八日庚寅。宇文邈撰

江夏李岐墓誌貞元六年十一月廿八日。姪鄘述

靈山寺大德禪師塔銘貞元七年正月壬戌。比邱潭行撰

舒州太湖縣丞楊頌墓誌貞元七年四月十九日
法玩禪師塔銘貞元七年十月廿八日。李充撰，馬士瞻書
王府君墓誌並蓋貞元八年二月五日。李宣齊□
都尉張石墓誌貞元八年壬申二月十七日。行書
永州司馬盧嶠墓誌並蓋貞元八年二月癸卯。趙佶撰，李謙書
南陽張公故太夫人王氏墓誌貞元八年三月廿二日。楊自政撰
清河張夫人墓誌貞元八年五月十八日。楊暄撰，劉釗書
扶風郡夫人馮氏墓誌貞元八年十月廿七日。史恒撰
曹州司法參軍李宏墓誌貞元八年十二月十五日景申。弟□文
賈琁墓誌貞元九年正月廿九日
虢州金門府折衝張公夫人王氏墓誌貞元九年癸酉二月廿四日。行書
蔡崇敏墓誌貞元九年癸酉三月七日乙酉。行書
東都安國寺故臨壇大德塔下銘並蓋貞元九年八月癸酉。梁寧撰，姪閱書
永州盧司馬夫人崔氏墓誌並蓋貞元九年癸酉十月三日。子壻再從姪延贄撰
太子左贊善大夫樊涚墓誌貞元九年十月。樊宗師撰

太子司議郎盧寂墓誌貞元九年癸酉十月廿六日。子壻柳寥撰

呂思禮墓誌貞元九年癸酉十二月景午朔廿七日壬午。任皓撰

楚州長史源公夫人蔣氏墓誌並蓋貞元十年甲戌九月辛未朔二日壬申。嗣子晉述

鴻臚少卿張敬詵墓誌貞元十年九月廿四日。薛長孺撰

著作佐郎崔公夫人李氏墓誌貞元十一年乙亥二月己亥朔十一日己酉。契臣述

大理評事鄭公夫人盧氏墓誌十一年乙亥二月己亥朔廿二日庚申。鄭易撰。無紀元，考爲貞元

河南府户曹參軍陳諸墓誌貞元十一年四月十二日

泗州長史田侁及夫人冀氏合祔墓誌並蓋貞元十一年八月廿七日

劉君夫人杜氏墓誌貞元十一年□月九日。劉巨川撰

金州刺史鄭公夫人盧氏墓誌貞元十二年景子三月癸巳朔廿九日辛酉。鄭易撰

鴻臚少卿陽濟墓誌貞元十二年七月十三日。劉長孺撰

餘姚縣令李汲墓誌並蓋貞元十二年十一月廿二日

張君夫人源氏墓誌貞元十三年二月丁巳四日庚申。第三子士堵述並書

監察御史裏行王仲堪墓誌貞元十三年四月六日。族弟叔平述

趙郡李氏幼子墓誌並蓋貞元十三年十一月三日甲申

澤州别駕蔡公太夫人楊氏墓誌貞元十三年丁丑十一月三日。楊令言述
朔方節度十將臧曄墓誌貞元十三年十一月廿一日。楊遂撰
太原王公妻上谷矦氏墓誌貞元十三年十一月廿九日。兄造撰並書
龍華寺尼墓誌貞元十三年十二月十九日。陳叔向撰
虔王傅蘇日榮墓誌貞元十四年八月七日。房次卿撰，嗣子□書
宋州録事參軍魏君墓誌貞元十四年十一月四日
涿州司馬劉建墓誌貞元十四年十二月八日終。無葬日
東平吕君夫人霍氏合祔墓誌貞元十四年戊寅十二月十五日。矦造撰并書
朝散大夫宋遏墓誌並蓋貞元十四年十二月廿七日。行書
京兆府好時縣尉崔篔墓誌貞元十五年二月十日
朝議郎崔契臣墓誌貞元十五年乙卯四月廿日
嗣曹王李皋墓誌並蓋貞元十五年六月甲戌朔廿四日丁酉。樊澤撰，徐瑱書并篆額
嗣曹王妃崔氏墓誌貞元十五年己卯六月甲戌朔廿四日丁酉。張文哲書
河南府河南縣主簿崔程墓誌貞元十五年秋八月甲申。陸復禮述，季弟税書
前衛尉卿張公夫人郭氏墓誌貞元十五年。張滂撰

太原王平墓誌貞元十六年庚辰十月景寅朔十九日甲申。沙門温雅撰
清河郡夫人張氏墓誌貞元十六年。裴同亮撰
京兆府三原縣尉鄭淮墓誌貞元十七年五月。□儒立撰
户部侍郎張滂墓誌貞元十七年九月廿六日。李灞撰，姪孫凝書
河南府密縣丞薛迅墓誌貞元十七年十一月十二日。外甥杜密撰
秦州上邽縣令豆盧君夫人墓誌並蓋辛巳歲十一月十四日。考爲貞元十七年
左衛率府兵曹參軍李進榮墓誌貞元十七年十一月廿六日。沙門靈沼撰並書
處士元襄墓誌貞元十有七祀十一月廿七日。楊必復撰並書
趙郡李氏殤女墓石記貞元十七年十二月三日。李藩記，從父淳書
冀州阜城縣令鄭君墓誌貞元十八年正月四日。行書
故禪大德演公塔銘貞元十八歲次壬午正月廿三日。劉鈞書
清河張氏女殤墓誌貞元十八年正月廿七日
京兆府藍田縣尉孫嬰墓誌並蓋貞元十八年二月九日。第廿姪保衡撰
孫嬰幼女墓誌並蓋貞元十八年二月九日。再從兄保衡撰
夫人張氏墓誌貞元十八年壬午四月丁亥朔十一日丁酉

大理司直柳均靈表貞元壬午秋七月癸酉。外孫李師稷述。左行。二石分刻

麟趾寺法華院律大師墓誌並蓋貞元十八年七月廿二日。姪弁亮等述

雲麾將軍王恒汎墓誌貞元十八年十月二日

相州臨河縣尉張府君墓誌貞元十八年十二月一日。高弘規撰

李氏夫人劉氏墓誌貞元十八年十二月七日。趙南華撰

廣州綏南府別將王公夫人費氏墓誌貞元十九年癸未四月三日。武季元撰

揚府參軍孫公夫人李氏墓誌貞元十九年四月廿二日。再從弟公冑撰

畢游江墓誌貞元十九年七月一日。行書

睦州建德縣尉蔡浩夫人段氏墓誌貞元十九年八月廿四日。趙南華撰

常州司士參軍襲武城伯崔千里墓誌貞元十九年冬十月廿日。孤子恕撰

京兆府涇陽縣主簿王郊墓誌失書年號，但云其年閏十月七日。考爲貞元十九年。嗣澤王潤撰並書

左威衛和州香林府折衝都尉陶君夫人張氏墓誌貞元十九年十一月五日。義姪成公羽撰并書

汴州司倉參軍李頵及夫人張氏墓誌貞元十□年□月□日

台州刺史陳皆墓誌並蓋貞元廿年二月十五日。崔芃項

試殿中監武公夫人裴氏墓誌貞元廿年七月一日

撿校太子賓客范陽縣子盧翊墓誌貞元廿年八月□八日。吕周任述

隴西李君夫人玉田榮氏墓誌貞元廿年十一月廿五日。韋少輯篹

高彦墓誌貞元廿年十二月十三日

張惟及夫人王氏合祔墓誌貞元二十一年乙酉二月辛丑朔廿日庚申。屈貲述并書

處士河南元濬墓誌貞元廿一年三月四日。姪京述，姪章書

滄州魯城縣令劉談墓誌乙酉歲四月廿一日。考爲貞元廿一年。行書

雲麾將軍張詵妻樊氏墓誌永貞元年十月廿日。沙門至咸撰

吴郡朱陽墓誌永貞元年十月廿日

豪郢二州刺史盧沇夫人李氏墓誌永貞元年十月廿日。季弟潔述

桂州臨桂縣令范奕墓誌永貞元年乙酉十一月丙寅朔一日

桂州刺史孫君夫人盧氏墓誌永貞元年十一月五日。甥裴垍撰，第二子保衡書

隴州刺史張道昇墓誌□貞元年冬十一月廿五日庚寅。李伯良撰

嵩岳寺明悟禪師塔銘永貞元年乙酉十二月景申朔九日甲辰。張弘靖述，洪得宗書

左驍衛將軍陳義墓版文永貞元年十二月廿五日庚申。侯銛撰，丘頵書

慶州長史李肅墓誌並蓋永貞元年十二月。從弟茂正撰

崔氏十六女墓誌元和元年正月廿日

太原府參軍蕭鍊墓誌元和元年二月二日。從兄策撰

河南府汜水縣尉魏和墓誌元和元年二月十五日。房寅撰

毛公夫人鄒氏墓誌元和元年丙戌六月癸巳朔廿二日

左武衛中郎將楊擇文墓誌元和元年七月廿九日。張筥撰

裴孝仙墓誌元和元年八月十二日

南陽張夫人墓誌元和元年八月廿五日

裴氏子墓誌元和元年十一月廿六日。于方撰

尼三乘塔銘元和二年二月八日

太原郡宫如玉墓誌元和二年八月五日

許州長葛縣尉鄭君亡室孫氏墓誌元和二年八月十一日。兄保衡撰，弟審象書

爨進墓誌並蓋元和二年八月十七日壬申。嚴時膺撰，趙從義書

太子左贊善大夫高岑墓誌元和二年八月十七日。從姪岳撰

曹乂墓誌元和二年十月十九日。郭璠撰

太原府參軍事苗蕃墓誌元和二年十二月丙寅。韓愈撰

隴西李卅三娘墓誌並蓋元和三年戊子五月十九日
撫州法曹參軍李彙墓誌元和三年七月廿九日。女壻韋謨撰
右領軍衛左果毅都尉樊君殘墓誌元和三年戊子八□
淄州長史知軍州事崔澹墓誌元和四年正月。外孫□嗣之撰
亡妣夫人楊氏墓誌元和四年八月十七日。孤子苗讓撰
山南東道節度右廂步軍使王大劍墓誌並蓋元和四年十月十三日
河南府户曹參軍陳君夫人獨孤氏墓誌並蓋元和四年十月廿四日。陳洑撰
攝樂陵縣令何載墓誌並蓋元和四年十一月庚申。李元渝撰
左威衛丹州通化府折衝都尉袁秀巖墓誌元和五年庚寅二月二日。李播撰
同州長史韋公夫人孫氏墓誌元和五年八月十六日
泗州長史畢君夫人趙氏墓誌元和五年八月廿二日
彭夫人墓誌元和五年九月十二日
雁門郡解進墓誌元和五年十一月十一日
李君太原王夫人墓誌元和六年八月廿八日。白緩撰
太原王守廉墓誌元和六年九月十七日

任氏夫人墓誌元和六年辛卯十月壬戌朔十□□。李仲殷文并書

潁川陳君夫人南氏墓誌元和六年辛卯十一月六日。弟卓篹

右千牛衛長史王公夫人薄氏墓誌並蓋元和六年十一月十二日。杜師義撰，姪弘乂書

夫人尹氏墓誌□和七年五月廿五日。史羣撰，趙□書。和上泐一字不知爲元和抑大和，姑附此

苻載亡妻李氏墓誌並蓋元和七年八月十日。苻載述并書

夫人邊氏墓誌元和七年八月廿八日。沙門文咬述并書

滑州白馬縣令孫起墓誌並蓋元和七年十二月十二日。第二十姪保衡撰

河陽節度左馬軍虞候秦士寧墓誌元和八年癸巳二月廿五日

劉通及張夫人墓誌並蓋元和八年十月十八日丁酉

殿中侍御史李虛中墓誌並蓋元和八年十月戌申。韓愈篹，盧禮源書

徐清墓誌元和八年癸巳十月庚辰卅日己酉

左千牛衛長史高承金合祔墓誌元和八年十一月十二日庚申。李説復撰并書

文貞公曾孫穀城縣令張曛墓誌元和八年十一月廿三日。崔歸美撰，屈賁書

□□和尚塔銘元和八年十二月廿六日。姪潾文書

絳州曲沃縣令鄭君夫人趙氏墓誌元和九年五月三日。盧載撰

臨洮軍副將陳志清墓誌元和九年甲午六月。步佐□撰。行書
大理評事李翹墓誌元和九年七月廿一日。嗣子正卿撰
亡妻清河崔氏墓誌元和九年七月廿八日。裴簡撰
唐州長史劉密夫人崔氏墓誌並蓋元和九年十月六日
洪州都督府武寧縣令于季文墓誌元和九年十月□九日。李素規撰
河中府寶鼎縣令李方乂墓誌元和九年十一月十七日。再從弟虞仲撰
會善寺惠海塔銘元和十年乙未三月庚辰朔二日癸酉。李師直撰
太常卿劉府君韓夫人合祔墓誌元和十年四月八日
左金吾衛大將軍劉府君韓夫人合祔墓誌元和十年四月八日。張傳禮撰。左行
宣州司功參軍魏邈墓誌元和乙未四月八日己酉。息孤子匡贊自撰兼書。行書
東都安國寺比丘尼劉大德墓誌元和十年七月十三日。弟陟撰
河南府密縣丞薛君夫人河南元氏墓誌元和十年乙未八月己亥四日壬寅。外生杜密撰，外生孫杜景立書
撿校太子賓客臧協亡妻向夫人墓誌並蓋元和十年十月十二日。張季平述
絳州刺史鄭敬墓誌元和十一年景申二月丁酉朔十三日己酉。季弟易述
贈特進左衛大將軍李輔光墓誌元和十一年四月廿五日。崔元略撰，巨雅書

易州高陽軍馬軍都知兵馬使石默啜墓誌元和十一祀八月廿四日。行書

崔泰之妻李氏墓誌元和十一年八月廿七日。裴譔述，嚴湛書

鄭氏嫡長殤墓誌元和十一年景申八月甲午朔廿七日庚申。易□撰

處士崔黄左墓誌元和十一年八月廿七日。裴譔撰，嚴湛書

上柱國申屠輝光墓誌元和十一年十一月廿四日。景邈撰，男軫書

試太常寺奉禮郎李繼墓誌元和十一年十一月庚寅。親弟紳撰

李岸及夫人徐氏合葬墓誌元和十一年丙申十一月廿九日

處士元公夫人崔氏墓誌元和十二年二月四日。外弟李彧述

崔公後夫人竇氏墓誌元和十二年閏五月十三日。王衆仲撰，寇立書

譙郡永城縣令李崗墓誌元和十二年六月廿有四日

隴西李君夫人盧氏墓誌並蓋元和十二年六月廿七日。從祖叔卓撰

權氏殤子墓誌元和十二年七月壬寅

崔府君夫人鄭氏合祔墓誌元和十二年七月既望。外甥鄭涵撰

鄉貢進士盧君夫人崔煴墓誌元和丁酉歲七月十六日。盧雄撰

邕州刺史張士陵墓誌元和十二年八月三日。弟士階述，姪承慶書

國子祭酒楊寧墓誌元和丁酉八月壬申。錢徽撰，孔敏行録
秦愛夫人王氏墓誌元和十二年九月廿三日
隴西李君夫人石氏墓誌元和十二年九月廿四日。崔晟撰
趙氏夫人宗氏墓誌元和十二年九月廿九日。李實撰
沙彌僧蔣氏子墓誌元和十二年九月廿九日。王高述
鄭滑節度十將孟維墓誌元和十二年十月五日。第三子儉書
太原王府君墓誌元和丁酉十月五日。王禮賢撰，耿元裝書
田意真墓誌元和十二年十二月五日。李杲撰。行書
宮闈令西門大夫墓誌元和十三年七月廿日壬寅。從姪元佑上
李仍叔四歲女德孫墓誌元和十三年戊戌七月癸未朔廿七日己酉。仍叔撰
禮花寺韋和尚墓誌元和戊戌七月丁酉。從父弟同翊撰
河南府福昌縣丞李君故夫人劉氏墓誌元和戊戌八月十五日。從姪三復撰
興國寺大德憲超墓誌元和十三年戊戌十月辛亥廿日庚午。沙門玄應撰并書
右金吾衛倉曹參軍鄭公夫人李氏墓誌元和己亥二月十八日。許康佐撰
知薊州漁陽縣事李弘亮墓誌元和十四年二月廿四日。彭蕃撰

相州彭城郡蕭録公合祔墓誌並蓋元和十四年三月廿五日。周佩撰

鄭氏季妹墓誌元和十四年五月景申。堂兄羣述

太原豐川府折衝都尉王守廉墓誌元和十四年十月廿八日。行書

冀王府右親事典軍邵才志墓誌元和十四年己亥十一月十六日。從姪仲方撰，魏瓊書

太子洗馬崔載墓誌元和十四年十一月十六日。成表微撰

沂州長史崔崿張夫人合祔墓誌元和十四年十一月廿二日

河東裴氏女墓誌元和十四年己亥十二月九日癸丑。柳宗禮書

李洽墓誌並蓋元和十五年正月廿四日

滎陽鄭氏男墓誌元和庚子歲閏正月廿九日。季弟纁述

趙氏夫人墓誌元和十五年二月十二日。顧方肅撰

陳州司兵參軍鄭憬墓誌元和十五年庚子四月壬申朔十九日庚寅

祕書省著作郎韋端玄堂誌元和十五年庚子五月一日。第四子紓撰并書

處士高平郡曹琳墓誌元和十五年七月九日。李邵南書

楚州寶應縣丞韓恒墓誌元和十五年九月三日

大理評事盧倜墓誌元和十五年庚子九月十日。隸書。嗣子字泰撰

廣平郡宋氏夫人墓誌元和十五年九月廿二日。沙門齊諸撰
太原王佺夫人李氏合祔墓誌元和十五年十月十日。撰文人杜并
處士崔偃墓誌元和十五年十月十六日。從父弟倰撰
潭州湘潭縣尉崔倚墓誌元和十五年十月十六日。從父弟倰撰
弓君并夫人郭氏墓誌並蓋元和十五年十月廿七日
鳳州司倉參軍司馬君夫人孫氏墓誌元和十五年十一月廿二日。賈中立撰
撫王府功曹參軍俱海墓誌並蓋長慶元年二月廿三日。愚谷子梁匡堯述。行書
彭城劉夫人墓誌並蓋長慶元年五月廿五日。孤子齊同撰，楊損書
蘇君夫人盧氏墓誌長慶元年辛丑十一月九日。趙博齊撰
安南都護李象古墓誌長慶元年十一月九日。王仲周撰
宋州單父縣尉李公招葬墓誌長慶元年十一月九日。李縫撰
魏氏繼室范陽盧氏墓誌長慶元年十一月廿七日
袁州宜春縣尉李君墓誌長慶二年壬寅五月七日。子壻王玄同撰，孤子居貞書
洛陽縣尉王師正夫人房氏墓誌並蓋長慶二年八月十四日。王師正撰
崔府君墓誌長慶二年九月十五日卒。不書葬日

襄州節度押衙卜璀墓誌長慶二年壬寅十一月丁巳朔□□日壬申。盧子政撰

貞士南陽曲系夫人蔡氏墓誌長慶二祀壬寅十二月廿日。孫正言述

范氏女阿九墓誌並蓋長慶三年四月十三日。鄮述

張氏亡女墓誌長慶三年九月廿二日。父士階撰

太常寺太祝盧直墓誌長慶三年十月廿二日。堂兄方撰

光祿寺丞譙郡能政墓誌長慶三年十二月十日。李退思撰，趙齊卿書

太常寺奉禮郎董幵墓誌文長慶三年癸卯十二月廿九日。陽鹵撰

新鄭縣尉董君墓誌長慶三年癸卯十二月廿九日

光祿卿致仕崔廷墓誌長慶四年甲辰二月十六日景申。從孫咸撰

顏永墓誌長慶四年甲辰二月辛巳朔廿九日己酉。李德芳述

嶺南觀察支使崔恕墓誌甲辰八月七日。書勢在中唐以後，長慶四年、中和四年皆值甲辰，姑坿此。崔瑺撰，李玄同書

試殿中監□君夫人諸葛氏墓誌長慶四年甲辰十一月。行書

試太子賓客程皓墓誌並蓋長慶五年正月七日。謝休文述

左金吾衛兵曹參軍胡泰墓誌寶曆元年二月己亥朔廿八日壬寅。薛蒙撰。後有會昌四年甲子閏七月壬子朔十日辛

王端墓誌寶曆元祀二月廿八日

左清道率府率杜日榮墓誌寶曆元年四月十二日

田氏夫人墓誌寶曆元年四月廿七日

鉅鹿魏仲俛墓誌寶曆元年五月六日。盧奭撰，李邵南書

黄岡縣丞陳君夫人諸葛氏墓誌寶曆元年六月十二日。鄭抱一述，孤子康書

鄉貢進士盧子鶩墓誌寶曆元年八月二日。鄭紳撰

石忠政墓誌□□元年八月九日。年號泐，當是寶曆

沈朝專誌寶曆元年八月十日

并州竹馬府折衝都尉解君夫人張氏墓文寶曆元年九月三日。行書

左金吾衛郎將諸葛澄墓誌寶曆元年辛巳九月辛未十五日乙酉。韓宬撰

郭府君二夫人墓誌寶曆初年十一月廿五日

李氏故解夫人墓誌寶曆二年正月廿九日。趙南華撰並書

福建都團練押衙何洪墓誌寶曆二年景午八月景申朔十九日。鄭瑀撰

鳳翔節度押衙楊贍墓誌寶曆二年八月廿五日。任唐詡撰

試太僕寺丞王敬仲墓誌寶曆丙午歲十月廿七日。盧德明撰

高府君墓誌寶曆二年丙午十一月甲子朔七日庚午

昭義節度衙前先鋒兵馬使鄭仲連墓誌寶曆二年景午十一月七日。方蘧撰

猗氏縣主簿盧公夫人崔氏墓誌寶曆二年十一月九日。盧商撰

武騎尉何允墓誌大和元年五月廿五日卒。無葬日。沙門□一撰

福先寺廣宣律師墓誌大和元年八月五日。崔章撰，崔罕書

臨晉縣令李鼎墓誌大和元年九月一日。從弟行方撰

韋行素墓誌大和元年十月八日。崔周冕撰

向府君墓誌大和二年戊申二月丁巳朔十六日壬寅

汝州長史崔公夫人李氏墓誌大和二年二月十六日。崔耿撰，次男杭書

知内侍省事邠國公梁守謙墓誌大和二年二月二十三日。雷景中撰并書

桂州刺史劉栖楚墓誌並蓋大和丁未歲薨其祀越來歲夏五月十二日。李逢吉撰，李仲京書。蓋陰有李仲京附記七行

知鹽鐵福建院事王師正墓誌並蓋大和二年十月十四日。李踵撰

殤子鄭行者墓誌並蓋大和二年十一月八日。父肅記

楊氏墓誌大和三年七月十三日終。無葬日

汭王府諮議參軍張侔墓誌並蓋大和三年十月廿三日。盧從儉撰，韓逵隸書

滑州司法參軍盧初墓誌大和三年己酉十月廿六日。李公撰，堂姪商記
澧州刺史盧昂墓誌大和三年己酉十月廿六日。孫商撰并書
太原府文水縣尉裴誼墓誌大和三年十二月九日。弟簡述
滑州瑶臺觀女真徐氏墓誌大和己酉十二月二十日。李德裕撰。隸書
蘇州司户參軍王遜墓誌大和四年庚戌二月廿七日壬申。宋肅撰
夫人京兆杜氏墓誌大和四年九月廿九日。杜師顔述。行書
高誠墓誌大和四年十月一日
吴達墓誌大和四年十月廿日辛酉。寇同撰
泗州司倉參軍劉茂貞墓誌大和四年十月廿日。盧樅撰，内兄弘慶書
左神策軍護軍中尉副使劉公夫人楊氏墓誌並蓋大和四年十月廿九日。魏則之撰　李約書
亳州録事參軍任倯墓誌大和四年十二月六日。李師可撰
洺州司兵姚君夫人李氏墓誌並蓋大和五年辛亥二月庚子朔廿七日丙申
東都留守崔弘禮墓誌大和五年四月己巳二十八日丙申。王璠撰，權璩書
揚州海陵縣令劉尚賓夫人盧氏墓誌大和五年八月十四日。孤弟潤撰
李氏殘墓誌年月泐，中有「大和辛亥」字，姑附此

太常寺太祝盧君妻崔夫人墓誌大和六年正月廿六日。親弟讜撰

太常寺協律郎扶風馬君墓誌大和六年二月二十一日。趙倅撰，男檮書

幽州節度衙前兵馬使王公夫人李氏墓誌大和六年五月八日。劉礎撰並書

冀州阜城縣令鄭湪夫人崔氏墓誌大和六年壬子七月七日。王球撰

唐州刺史劉密墓誌並蓋大和六年七月十六日

左千牛衛長史杭君夫人陳氏墓誌並蓋大和六年十月廿六日。程度撰，吕貞固書

聚慶墓誌大和六年青龍在壬子十月廿六日。諸葛𠔃撰

大理司直辛幼昌墓誌大和七年三月廿七日。姑射處士眭昝撰

智空法師塔銘大和七年八月十五日。王申伯撰，田復書

尚書比部郎中李蟾墓誌大和七年閏七月乙卯朔七日辛酉。崔栯撰

同州司兵參軍杜行方墓誌大和七年十一月甲寅。姨弟鄭漸撰，堂弟述甫書

安定梁春墓誌大和七年十一月甲寅

河南府登封縣令崔蕃墓誌大和七年癸丑十一月八日。趙□□書

殿中監致仕王翼墓誌大和八年正月廿日。盧蕃撰，仲儒書

幽州節度押衙高公玄堂銘大和八年歲在攝提格二月三日。崔沂□書

故太原王氏夫人墓誌大和八年二月十五日。鄭當撰並書

隴西郡李琮墓誌大和八年二月十五日。昔耘撰，兄璵書

茂州刺史竇季餘墓誌大和八年三月十九日庚午。高証述，渾書

平盧軍討擊副使劉逸墓誌大和八年四月廿五日。趙商述

渤海嚴氏墓誌大和八年夏五月辛亥朔四日甲寅。田聿撰并書

劉君殘墓誌大和八年五月十一日

太原王振墓誌並蓋大和八年甲寅八月己卯朔廿四日壬寅。陳鉞撰

太府寺主簿楊迥墓誌大和八年甲寅八月己卯朔廿四日壬寅。賈文度撰，弟逌書

鄂州永興縣尉周著墓誌大和八年甲寅十一月丁未朔八日甲寅。侯璉撰

清河郡崔勗墓誌大和八年仲冬十四日。行書

内侍省内侍伯朱公夫人趙氏墓誌並蓋大和八年十一月十四日。崔鍔撰

田少直墓誌大和八年甲寅十一月廿日景寅。郭夷簡撰

田万昇墓誌大和八年十一月廿日

陪戎副尉楊弘慶墓誌大和八年十一月廿四日。行書

楚州兵曹參軍劉崟墓誌大和八年十一月廿六日。景琁撰

河南府虞鄉縣尉李翼墓誌大和九年乙卯正月十五日辛酉。武公緒撰

宣州旌德縣尉李紳墓誌並蓋大和九年二月廿二日

國子監禮記博士趙公墓誌大和九年四月十日乙酉。袁都撰

滎陽鄭氏女墓誌大和九年四月十日。從父兄紀撰，從父兄縝書

天威軍正將杜公夫人李氏墓誌大和九年四月十日。李遇撰。行書

山南東道節度押衙楊孝直墓誌大和九年四月廿五日。潘聿撰

右威衛沁州延儁府折衝都尉魏叔元墓誌大和九年乙卯七月卅日。李庭書并文

越州會稽縣尉崔公夫人鄭氏墓誌大和九年乙卯八月三日丙子。崔氏堂姪棹文

平盧軍節度押衙劉公夫人辛氏墓誌大和九年十月七日。苑可長撰

呂媛墓誌大和九年仲冬朔

京兆杜夫人墓誌並蓋大和九年乙卯十一日廿九日。杜寶符撰，裴澣書

陝州硤石縣令侯績墓誌大和九年十二月十一日。劉軻撰

左清道率府兵曹參軍崔洧墓誌開成元年仲春甲申。堂姪耿撰，堂姪倬書

王從政墓誌開成元年丙辰三月三日。劉可記撰

京兆府押衙李彥崇墓誌並蓋開成元年六月卅日

撫州司馬馮君夫人吴氏陰堂誌開成元年景辰十月建亥十三日己酉。吴士範撰

孫君夫人程氏墓誌開成元年丙辰十一月一日。趙軺撰

河南府士曹參軍黎燧墓誌開成二年二月乙未朔廿日。第七姪埴撰，鄭瑶書

趙郡李氏弟十七女銘記並蓋開成二年六月廿二日。兄彖書

彭城劉公制墓誌開成二年八月廿九日。□挺夫述。兩側有買地券

處士太原王修本墓誌開成二年十月。韋釐撰

崔夫人墓誌開成三年四月丁酉。桂休源撰

處士潁川陳汭墓誌開成三年四月廿二日。弟湘撰

博陵崔氏夫人李君墳所誌文開成三年戊午七月既晦乙酉。李紳撰

左金吾衛録事參軍崔慎經夫人李氏墓誌開成三年十月十三日移殯。崔重撰

邢州南和縣令崔涣墓誌並蓋開成戊午十月十九日癸卯。姪孫倬撰，公乘鋭書

衛公夫人高氏墓誌開成三年十月十九日

程夫人墓誌開成三年□月二十五日

張儁夫人墓誌開成三年十一月七日。殷仲□撰

商州上洛縣主簿孔望回墓誌開成三年戊午十一月十八日。韋成素撰，賀直方書

雲麾將軍耿君夫人元氏墓誌並蓋開成四年四月十日

李司徒亡女墓誌開成四年五月十六日。徐備撰

大遍覺法師墓誌開成四年五月十六日。劉軻撰，沙門建初書

大慈恩寺大法師基公塔銘開成四年五月十六日。李弘慶撰，沙門建初書

左春坊太子典膳郎衛君夫人輔氏墓誌開成四年八月廿七日。王項撰

楊澄及夫人墓誌開成四年戊午。撰人名泐

銀州長史李公夫人周氏墓誌開成五祀正月十九日。崔元□撰

右神策軍正將陳士揀墓誌並蓋開成五年正月十九日。班潯撰

馮瑱墓誌開成五年二月二日。吴嗣之撰

太原王希玩墓誌開成五年二月七日。從弟元嗣述

王侍御夫人張氏墓誌開成五年庚申二月十三日庚申。弟凖撰

鄉貢進士陳宣魯墓誌並蓋開成五年四月廿一日。兄脩古撰

張氏女墓誌並蓋開成五年五月九日。兄塗述并書

頓邱李公劉氏夫人墓誌開成五祀庚申七月廿三日。曹賓商撰

徐處士故朱夫人墓誌開成五年九月廿四日。行書

隴州防禦判官崔揆母林氏墓誌並蓋開成五年十一月十二日
王屋山女道士柳尊師真宫誌開成五年十一月廿日。李敬彝撰
滑州白馬縣令孫君夫人李氏遷祔誌並蓋開成庚申十一月廿四日。嗣子景商撰并書
山南東道節度總管趙公夫人夏侯氏墓誌並蓋開成五年十一月癸酉朔廿四日甲申。唐正辭撰
殿中侍御史盧伯卿墓誌開成五年庚申十一月三十日。再從弟慤撰
光州刺史李潘墓誌開成五年十二月廿四日。親兄恭仁撰，蕭子真書
滎陽毛夫人墓誌開成六年正月十日。楊知玄撰，吕造書
太子通事舍人趙君夫人張氏玄堂記開成六年辛酉首春中旬有九日辛卯。猶子元戣述
陳少公亡太夫人蔣氏墓誌會昌元年二月十三日甲寅。吕貞儉撰
太原府參軍苗君夫人河南縣太君玄堂誌會昌元年辛酉七月己巳二十九日丁酉。孤子愔撰，孤子惲書
張正則夫人李氏祔葬墓誌並蓋會昌元年辛酉十月丁卯朔七日癸酉。嗣子知實撰
左金吾衛大將軍蘇恩夫人盧氏墓誌會昌元年辛酉十月丁卯朔七日癸酉改葬。外老舅趙博齊撰
處士太原王方徹墓誌會昌元年十月十三日。程恭己撰
明州刺史韋塤墓誌會昌元年十月廿四日。陸洿撰，李宣晦書
河南府司録參軍李璆墓誌會昌元年十一月廿四日。崔璵撰，裴僧書

汝州司馬孫審象墓誌會昌元年十二月七日。第卅三姪簡撰

滑州白馬縣令孫君繼夫人裴氏墓誌會昌元年十二月廿五日。第九姪孫瑴撰

聖真觀觀主鄭尊師誌銘並蓋會昌二年正月廿五日庚申。道士蘇玄賞撰

處士楊公弼墓誌會昌二年七月十三日。史翶撰

河南府河清縣丞曲元縝墓誌會昌二年八月廿三日。盧希顔撰并書

宋州碭山縣令鄭君墓誌會昌二年十月卅日。宋黄撰並書

處士張從古墓誌會昌三年二月十三日壬申。鄭或撰

趙公夫人河内張氏墓誌會昌三年五月廿六日。沈櫓撰，安子書

平陽賈政墓誌並蓋會昌三年八月廿八日。趙軺述

京兆杜氏夫人墓誌會昌癸亥歲仲秋月。楊宇述并書

亡妻天水秦氏夫人墓誌會昌三年十一月十二日。馮履仁撰

晉昌唐氏女墓誌並蓋會昌四年二月十九日。叔師禮撰

河中府參軍劉伏墓誌會□甲子四月甲寅五日戊午

亳州永城縣丞胡宗約夫人楊氏墓誌會昌四年閏七月十日。徐備撰，胡竦書

右金吾衛兵曹參軍胡泰墓誌會昌四年甲子閏七月壬子朔十日辛酉。薛蒙撰

常州武進縣尉王君夫人蘇氏墓誌會昌四年八月七日終。無葬日。姪讓撰，姪謝書

彭城劉夫人墓誌會昌四年九月四日。史貢撰

太原王氏夫人墓誌會昌四年十月六日。冢子侯粲撰，王從廉書

京兆韋承誨妻邢氏墓誌會昌四年十月十八日。父恂撰

綿州刺史李正卿墓誌會昌四年十二月十九日。李褒撰，竇存辭書

韋敏妻李氏墓誌會昌五年乙丑正月廿四日

柳氏長殤女墓誌會昌五年六月廿一日。兄仲郢撰

北平田在卞墓誌會昌五年乙丑八月廿一日

宣功參軍魏邈夫人趙氏墓誌會昌五年十一月廿三日。王儔撰

明州刺史韋塤夫人温氏墓誌會昌六年六月二日。孝弟瑄撰，孝弟珽書

集玉府司馬朱府君冉氏夫人墓誌會昌六年丙寅八月廿七日。侯諤撰，韋□書

湖州武康縣主簿衛君景初墓誌會昌六年十月五日。增撰

竇氏夫人李氏墓誌會昌六年十一月九日。盧瓌書。左行

祕書省校書郎崔隋妻趙夫人墓誌會昌六年景寅十一月十六日。崔隋撰

閭邱氏夫人墓誌會昌六年丙寅十二月廿有三日

米氏女墓誌文多漫滅尚存會昌六年字姑附此
琅邪王惲墓誌會昌七年正月廿四日。朱藩修，玨書
京兆府涇陽縣尉盧踐言墓誌會昌七年丁卯歲閏三月景寅朔七日壬申。從兄懿撰
夫人趙郡李氏墓誌大中元年二月十八日。韋邈撰
河陽縣丞崔公夫人李氏墓誌並蓋大中元年三月十三日
河陽軍節度押衙張亮墓誌大中元年七月十九日。上官蒙撰
曹君夫人樊氏墓誌大中元年丁卯七月廿一日。殷仲宣撰
清河府君夫人成氏墓誌大中元年七月廿七日。林向撰
劉舉墓誌大中元年八月廿一日
東都留守崔公小女墓誌並蓋大中元年九月十日
進士趙珪墓誌大中元年丁卯九月十四日
左衛大將軍契苾公妻何氏墓誌大中元年丁卯十月癸巳朔二日甲午。韋遇撰
處士朱君臧氏夫人墓誌大中元年丁卯十月五日。侯謂撰
淄川軍事押衙張公佐墓誌並蓋大中元年十月十七日。李全交撰
滑州匡城縣尉崔君夫人劉氏墓誌大中元年十月廿八日。崔陟撰

顧崇□墓誌並蓋大中元年十一月廿三日

中山郡郎氏夫人墓誌並蓋大中二年正月廿四日。賈暄撰，俞弘禮書

吴郡朱夫人墓誌大中二年七月四日

周文遂専誌大中二年十月廿九日

韋夫人張氏墓誌大中二年十一月十六日

右威衛沁州延儁府别將魏仲連墓誌大中三年二月十一日。薛承彪撰

劉處士夫人梁氏墓誌大中三年十一月十六日。左行

陝州大都督府左司馬寇章墓誌大中四年正月乙酉。崔耿撰，韓隋書

内侍省内府局丞王守琦墓誌大中四年正月廿三日。劉景夫述

夫人盧氏墓誌大中四年四月一日。彌孫李寬中撰

鄉貢進士劉宣墓誌大中肆年柒月壹日

左内率府兵曹參軍李君墓誌大中四年八月廿日。陳圓撰，孫莫章書

忠武軍節度兵馬使朱萱墓誌大中歲庚午秋九月八日壬午。宋玕撰。夫人以大中十三年十月合祔

内莊宅使都句官張汶墓誌大中四年十月五日。暢曈撰

太子舍人翟君夫人墓誌大中四年十月五日

蘇州長洲縣令孫君夫人張氏墓誌大中四年十月十七日。親姪湏撰并書
内五坊使押衙安珍墓誌大中四年庚午十月乙巳朔廿日甲子
范陽郡盧氏墓誌大中四年庚午十月廿八日。王兹撰
巴州刺史張信墓誌大中四年十一月廿日。姪淇篹
處士范義墓誌大中四年十一月廿二日。郭翊撰
潁川陳蘭英墓誌大中四年十二月十一日。劉知微記
淮西行營糧料使句撿官□從慶墓誌大中四年十二月十七日
成都府司録參軍劉繼墓誌大中四年十二月廿九日。徐有章撰
内侍省内僕局丞李從証墓誌大中五年正月廿三日。尹震鐸撰，杜言書
亡妻平昌孟氏墓誌大中五年正月。楊瓌撰并書
光禄苗卿家人吴孝恭墓誌大中五年四月廿七日
工部尚書致仕樂安縣男孫公乂墓誌大中五年七月三日癸酉。馮牢撰
南安郡夫人贈才人仇氏墓誌大中五年八月四日。御製，朱玘書
撿校太子賓客張季戎墓誌大中五年十月十一日。李蜀撰
隴西郡夫人李氏墓誌大中五年十月二十三日。杜行修撰，曲璘書

國子助教楊宇墓誌大中五年辛未十一月二日庚午。兄牢述

太原王氏墓誌大中五年辛未十一月二日

尚書刑部員外郎余公夫人方氏墓誌並蓋大中五年十一月庚午。懽寔撰

江陵府江陵縣尉崔芑合祔墓誌大中六年二月十七日。堂姪倬撰，堂姪校書

尚書刑部郎中盧就墓誌大中六年二月二十三日。畢諴撰，長男喬書

樂安孫廿九女墓誌大中六年五月廿四日。兄景商書

董氏内表弟墓誌大中六稔壬辰歲當涒灘六月十九日。鄒敦愿撰

魏博節度別奏劉公夫人郭氏墓誌大中六年閏七月九日。行書

滎陽縣君鄭夫人墓誌大中六年閏七月廿日。盧壼撰

萬夫人墓誌並蓋大中六年壬申十二月十三日

茅山燕洞宫大洞鍊師劉致柔墓誌大中壬申歲十二月。李衛公文，男燁記

潁上縣令李公度墓誌大中七年正月十八日。薛耽撰

東都留守宴設使朱敬之妻盧夫人墓誌大中七年癸酉四月十有三日

耿光晟墓誌大中七年四月十三日

歸仁晦故兒母支氏墓誌大中七年七月一日

盧鄯幼女姚婆墓誌大中七年七月十三日。盧鄯記

左金吾衛長史魏弘章墓誌大中七年七月廿日。夏侯湘撰

鄆州壽張縣尉李珪墓誌大中七年七月廿日。高璩撰，堂弟行書

忠武軍節度押衙華公妻張夫人墓誌大中七年十月十三日。吕慎微撰，韓師復書

天平軍左廂營田兵馬使鄭恭楚墓誌大中七年十二月四日。康思齊撰

滎陽鄭夫人墓誌大中八年二月二十九日。盧知宗撰并書

河南府登封縣令沈師黄墓誌大中八年甲戌八月十八日庚午。仲兄中黄撰，仲弟佐黄書

洪府君夫人張氏墓誌大中八年十一月四日

□談英兼夫人劉氏合祔墓誌大中八年十一月廿一日

國子助教盧當墓誌大中九年二月十一日。外兄鄭勃撰，表甥盧岫書

趙君故董氏王氏二夫人合祔墓誌大中九年二月十七日

殿中少監苗弘本墓誌並蓋大中乙亥歲閏四月廿五日。姪恪撰，姪博書

下邳郡林夫人墓誌大中九年五月十五日。褚符撰

江夏李氏室女墓誌大中九年六月十三日。從祖兄駧撰並書

大理評事孫公妻李氏墓誌乙亥歲七月廿五日。考爲大中九年。再從姪球撰，再從姪紓書

丹州刺史楊乾光墓誌大中九年八月廿四日。劉袒撰，烏次安書

安定張氏亡女墓誌並蓋大中九年十月廿六日。父勤撰，仲弟存休書

潁州潁上縣令李君夫人鄭氏墓誌大中九年□月十七日

盧氏夫人墓誌并蓋大中九年十月廿六日。劉袒撰，烏次安書

盧氏夫人墓誌鄭嗣恭撰

尚書户部郎中韓袒自爲墓誌大中九年十二月十五日

劉氏太原縣君霍夫人墓誌大中十年正月廿九日。周遇撰

中散大夫祕書監致仕吕讓墓誌大中十年四月十三日。長男焕撰，第四男炫書

臨濮縣令李公夫人姚氏墓誌並蓋大中十年丙子四月廿三日乙未。從子潛撰并書

滎陽鄭氏女墓誌大中十年四月廿五日

鄉貢三傳支詢墓誌大中十年五月十八日。滕綬撰

殿中監支成墓誌大中十年五月十八日。朱賀撰

鄂州司士參軍支叔向墓誌並蓋大中十年五月十八日。丁居立撰

江州尋陽縣丞支光墓誌並蓋大中十年五月十八日。朱賀撰

鴻臚卿致仕支公孫女墓誌並蓋大中十年五月。豆盧洮撰

河南壽安縣令高瀚墓誌大中十年五月廿四日。弟湜撰

萬年縣尉李晝墓誌大中十年六月。再從叔庾撰并書

平陽賈從贄墓誌並蓋大中十年七月一日。張弘慶撰

梁國劉府君墓誌大中十年十月十二日。楊指篆并書

清河張再清墓誌大中十年十月廿日。行書

左武衛兵曹參軍李公墓誌大中十年十月廿四日。張元贇撰并書

鄆州刺史孫景商墓誌並蓋大中十年十月廿七日。蔣伸撰，長子備書

鄭恕己墓誌大中十年十一月九日

潁川陳夫人墓誌大中十年十一月廿一日。王頓撰

河中府寶鼎縣令李君夫人鄭氏墓誌並蓋大中十年十一月廿七日。親外生裴瓚纂

御史中丞汀州刺史孫瑝墓誌並蓋大中十年十二月五日。李都撰，李倍書。誌蓋陰有附記，李就述

南鄭縣丞馬攸墓誌並蓋大中十一年二月廿二日。蕭鼎篆

盧氏故崔夫人墓誌大中丁丑四月戊辰廿有七日甲午。盧緘撰，季弟渾書

幽州大都督府兵曹參軍陳立行墓誌皇唐甲子四周歲在丁丑四月甲戌没，越月景申葬。考大中十一年爲甲子四周，四月爲戊辰朔，景申爲四月廿九日，誌作越月，誤。李儉撰，于全益書

鄉貢進士李耽墓誌大中十一年丁丑五月丁酉朔廿四日庚申。親兄業撰

劉蜕先妣姚夫人權葬石表並蓋大中十一年五月庚申。李坤書

太子賓客陳諭墓誌大中十一年八月六日

衡州耒陽縣尉李述墓誌大中十一年八月十四日。鄭希範撰

康叔卿夫人傅氏墓誌大中十一年十一月二十五日

邵州鄭使君墓誌大中十一年十一月廿六日。王式纂，從弟塤書

泗州司倉參軍劉君夫人張氏墓誌大中十一年十一月廿六日。嗣子航撰

樂安縣侯孫簡墓誌大中十一年十一月廿六日。令狐綯撰，第五男紓書

鄭恒及夫人崔氏合祔墓誌大中十二年廿七日。秦貫纂

盧宏並夫人崔氏墓誌大中十二年二月二十七日。鄭球撰。隸書

大理司直沈中黄墓誌大中十二年戊寅四月十五日。季弟佐黄撰，姪州來書

荆州刺史陸君夫人王氏墓誌並蓋大中十二年戊寅五月六日。劉曾撰

巢州仙遊縣長官張君及魏夫人墓誌大中戊寅七月庚申朔廿五日甲申。猶子漢璋撰

太原郡王夫人墓誌大中十三年己卯四月丁亥朔三日己酉

尼廣惠塔銘大中十三年六月十八日。令狐專撰

京兆韋夫人墓誌並蓋大中十三年八月廿日。孫徽撰，叔孫綠書

河南府鞏洛府折衝都尉張昱墓誌大中十三年十月三日

信州玉山縣令盧公則墓誌並蓋大中十三年冬十月十二日甲午。內表兄鄭慤撰

蓋紹墓誌大中十三年己卯十月癸未朔十八日庚子

鄭州武原縣尉丁佑及于夫人墓誌大中十三年十月廿七日

鄉貢進士燉煌張審文墓誌大中十三年十一月二十一日。李倣撰，兄審理書

趙郡李燁亡妻鄭氏墓誌大中十三年己卯十二月十五日

隴西郡李元墓誌大中十三年十二月十五日。行書

李大使夫人曲氏墓誌大中十三年十二月十五日。魏□撰

洛陽縣尉孫嗣初妻韋夫人墓誌大中十四年二月廿七日。三從姪紓撰，哀子鄭九書

內寺伯袁公夫人王氏墓誌大中十四年四月五日。王孟諸撰

左武衛兵曹孫筥墓誌大中十四年五月十一日。姪紓撰

韋君夫人高陽齊氏墓誌大中十四年孟冬廿一日。季弟孝曾撰

鄉貢進士鄭堡墓誌大中十四年十月廿一日。兄迪撰

王氏殤女墓誌並蓋咸通季夏翌月十八日。七言韻語

宣州宣城縣尉盧宏並夫人崔氏墓誌咸通二載三月廿八日。鄭融撰
隴西李氏長女墓誌咸通二年四月二日。長兄夢龜奉處分撰并書
中書舍人裴公夫人彭氏墓誌咸通二年四月廿八日。長子蟾撰
博陵崔氏中殤亡女墓誌咸通二年五月十日
泗州下邳縣尉鄭君夫人崔氏墓誌咸通二年五月十七日。季弟瓌撰
宋州碭山縣令鄭君夫人盧氏墓誌咸通二年五月廿三日。崔居晦撰
鄭州陽武縣尉張勍墓誌咸通二年八月七日。劉徽撰並書
中胤並夫人施氏墓誌咸通二年十月九日
長殤男子韓勒潭墓誌咸通二年十月廿一日。韓乂撰
撿校太子賓客張君夫人翟氏墓誌咸通二年十一月二日。陳汀撰
秀士楊晧墓誌咸通二年十一月十四日。親叔壇撰并書
扶風馬惟良同夫人王氏合祔墓誌咸通三年正月七日
范陽盧夫人墓誌咸通三年正月十六日。夫李璋撰
彬縣尉趙郡李曤墓誌咸通三年正月廿八日。從弟濬撰
揚州揚子縣主簿盧粨墓誌咸通三年壬午。鄭瑝撰。左行

支公女練師墓誌咸通三年十月八日。季弟謨撰

琅邪□公夫人崔氏墓誌並蓋咸通三年十月八日。田石撰

處士刺史趙璜墓誌咸通三年十月景申十四日。兄璘撰

荆州同節度副使嚴籌墓誌並蓋咸通三年壬午十月丙申朔廿六日辛酉。杜嚴撰

李一娘子墓誌咸通三年十二月廿六日。張之美撰

盧榮墓誌咸通四年三月廿三日乙酉

榮王府長史程脩己墓誌並蓋咸通四年四月十七日。温憲撰，男進思書

揚州海陵縣丞張觀墓誌咸通癸未四月廿三日。李瓌撰

邢州刺史李肱兒母大儀墓誌咸通四年六月五日。李肱撰

幽州節度隨使押衙王公夫人張氏墓誌咸通四年七月十三日。李玄中撰，哀子弘泰書

隴西李府君墓誌咸通五年二月十三日。馬郁撰

長安尉楊籌女母王氏墓誌咸通甲午年月四日

嚴密墓誌咸通五年八月中旬八日。王兹撰

鄂岳都團練判官太原王公墓誌咸通五年十月廿日。盧庠撰

天雄軍節度九軍都知兵馬使張諒墓誌五年甲申十一月十九日。盧兼撰，李慶復書。當是咸通

許公夫人戴氏墓誌咸通六年夏四月二十日。左行
故妓人清河張氏墓誌咸通六年乙酉四月二十日。李從質文并書
孫君夫人于氏墓誌咸通六年五月十六日。孫備撰
鄧瑫墓誌並蓋咸通六年七月廿七日
河南陽翟縣尉崔君夫人鄭氏墓誌咸通六年冬十月甲寅。崔暐撰并書
東都北衙右羽林軍副使魏儔墓誌咸通六年十月廿二日。義弟李球撰
處士王仲建墓誌乙酉十月己酉朔廿二日庚午。張魏賓撰兼書。即咸通六年
慈州太守謝觀夫人隴西縣君墓誌咸通六年十一月八日。長男承昭述
少府過訥墓誌咸通六年十一月。杜去疾撰
崔氏子媒兒墓誌咸通七年正月五日。長堂兄蕘記
譙郡姜夫人墓誌咸通七年二月丁未朔二十日丙寅。李坦撰
湯君專誌咸通七年三月八日
蘇州崑山縣令孫嗣初墓誌咸通七年七月卅日。弟奭撰，男阿陀書
徐州功曹参軍劉仕偁墓誌咸通八年正月廿五日。張元勿撰并書
孫虬側室杜氏墓誌並蓋咸通八年四月十日。孫玩述，任體仁書

尚書比部郎中令狐紞墓誌並蓋咸通八年八月六日。堂姪澄撰，堂姪詢書

祕書省祕書郎李君夫人宇文氏墓誌咸通丁亥八月壬申。李彬撰，楚封書

潞州涉縣主簿李同墓誌咸通八年八月廿四日

慈州刺史謝觀墓誌咸通八年八月廿四日。自製文

祕書省歐陽正字夫人謝氏墓誌咸通九年七月十二日。長兄承昭述

留守兵馬使魏涿墓誌咸通九年戊子七月十八日。郝乘撰，李誠書

撿校太子詹事魏君夫人張氏墓誌咸通九年七月十八日。李球撰

登州刺史孫方紹墓誌並蓋咸通九年八月十一日。長男鄴撰，姪郢書

孫虬第二女墓誌咸通九祀八月二十三日

河南府陽翟縣尉崔公夫人鄭氏合祔墓誌咸通戊子歲建亥月十三日癸酉。季弟曄撰，從父弟脣書

御史大夫李君夫人太原王氏墓誌咸通九年十月六日。王成則撰，劉師易書

華州衙前兵馬使魏虔威墓誌並蓋咸通九年戊子歲十一月八日。郝乘撰

滎陽鄭君及夫人孫氏墓誌咸通九年仲冬月有八日。徐彦桐述

内莊宅使劉遵禮墓誌咸通九年十一月八日。劉瞻撰，崔筠書

辛仲方王夫人合祔墓誌並蓋咸通九年閏十二月一日

聖真觀郭尊師墓誌咸通十年四月十六日。劉言撰，趙用光書

中州刺史崔君側室樊氏墓誌咸通己丑歲七月二十八日。張玄暉撰

隴西李公夫人范陽張氏墓誌並蓋咸通十年十一月一日。王□撰

公都殘墓誌咸通十一年二月廿四日

戎處士故夫人墓誌咸通十一年三月廿一日。王頗述

東海徐氏墓誌咸通十一年庚寅五月壬子朔廿七日戊寅。嗣子孟兄崔紹孫撰

韋氏小女子豸娘墓誌並蓋咸通十一年六月六日

幽州隨使押衙王公晟夫人張氏墓誌咸通十一年八月四日。許舟文

孟州司馬孫君墓誌咸通十一年八月廿二日。第二弟徽撰，第五弟網書

洛陽縣尉孫備墓誌並蓋天子受英武至仁號之年秋八月。考爲咸通十一年。再從兄瑝撰，弟孤子儲書

鄉貢進士張曄墓誌咸通十一年十一月十二日。李夷遇撰

光州刺史李府君博陵崔夫人玄堂誌並蓋咸通十一年冬十有二月五日壬午。姪贍撰並書

汝南郡殷君梁夫人合祔墓誌咸通十一年十二月廿九日

丹州刺史楊君夫人烏氏墓誌咸通十二年正月十四日。長子坦篹并刺血書

鹽鐵河陰院巡官劉思友墓誌咸通十二年二月十四日。楊去甚撰

蔡儒墓誌咸通十二年辛卯三月丁未朔卅日丙子
唐州楊使君第四女墓誌咸通十二年五月廿七日。仲兄安期撰并書
曹公及夫人石氏合祔墓誌咸通十二年七月十一日。張可行撰
太子司議郎李璩墓誌咸通十二年八月十一日。堂姪士隱撰，堂猶子陲書
大德曉方靈塔記咸通十二年辛卯閏八月甲辰朔十三日丙辰。郎肅記，采思倫書
李氏夫人紇干氏墓誌咸通十二年十月十八日。父濬撰
南陽樊駰墓誌咸通辛卯歲十月十二日。王鉟撰，徐珙書
趙郡李氏女墓誌咸通十二年十一月廿四日。兄莊撰，賀昭書
御史中丞孫鍠墓誌咸通十二年十二月五日。李都撰，李倍書
御史中丞樂安孫君長女墓誌咸通十二年十二月五日。親兄孤子杲撰，堂兄鐃書
苗景符墓中哀詞咸通辛卯歲十二月十三日。長兄義符撰兼書
趙郡李氏女墓誌咸通十二年十二月十九日。季弟尚夷撰
河南縣尉李瑄別室張氏墓誌並蓋咸通十三年正月十四日。李瑄撰
汝州臨汝縣令崔紓墓誌咸通十四年癸巳二月丙申朔十九日甲寅。堂弟延輝撰
孫虯妻裴夫人墓誌咸通十四年二月二十五日。孫緯撰，親姪巖書

河南府户曹參軍賈洮墓誌並蓋咸通十四年八月廿八日。季弟涉述，表生顧紹孫書
嬀瀛莫三州刺史閻好問墓誌咸通十四年仲秋廿八日。姪周彦敍
故清河張氏墓誌咸通十四年癸巳十月壬辰二十四日乙卯。崔膺撰並書
魏王府參軍李纓妻楊夫人墓誌咸通十四年癸巳十一月廿三日。纓自撰
來佐本及夫人常氏次夫人郭氏墓誌並蓋咸通癸巳□□月廿九日
隴西李氏墓誌甲午二月七日。韋厚撰。即咸通十五年
鄠縣丞張君妻中山劉氏墓誌並蓋咸通十五年閏四月十四日。姪紹仁撰
楚州盱眙縣令鄭濆墓誌咸通甲午歲十月十五日。張玄晏撰
孫氏女子墓誌咸通十五年十月十八日。季父偓述
左拾遺孔紓墓誌咸通十五年。鄭仁表撰并書
殘墓誌存咸通及己酉朔等字姑附此
處州刺史趙君妻蘇氏墓誌乾符元年十二月廿七日。堂舅李澹撰，趙軫書
劉氏幼子阿延墓誌乾符二年乙未四月廿四日
劉氏室女定師墓誌乾符二年八月廿八日。劉從周記
北海范氏夫人墓誌並蓋乾符二年十月六日。張承光撰

蔡州司馬郭宣墓誌並蓋乾符二年十一月五日。謝珉撰，夏廷珪書

蔚州司馬博陵崔璘墓誌乾符三年二月十八日。崔閱撰并書。誌側刻乾符四年四月改葬誌，外孫劉峻書

河南府壽安縣令高君夫人崔縝墓誌乾符三年二月二十四日。高湜撰，次子衍兒書

劍南東川節度副使支訢妻鄭氏墓誌乾符三年五月十四日。仲兄謨撰

盧氏夫人墓誌乾符三年景申八月乙巳朔十六日庚申。楊知退撰，楊知言書

鳳翔節度副使楊思立墓誌乾符丙申九月乙亥朔十日甲申。長兄知退撰，仲父弟篆書

河南録事趙虔章墓誌乾符三年九月廿日。孫溶撰，姚紃書

居士天水趙府君墓誌並蓋年月泐，《古誌石華》著録時尚有「丙申七月」字，黄氏考爲乾符三年。申昈述

隴西牛延宗墓誌乾符四年五月九日

鄉貢學究李顓墓誌並蓋乾符四年七月十日。裴璆撰

趙郡李夫人墓誌乾符四載八月二十八日。第二弟陲撰並書

壽州司馬崔植墓誌乾符五年四月廿六日。長子鶚述

盧氏室女樂娘墓誌乾符五年五月十九日

濟陽蔡君夫人張氏墓誌乾符五年十月八日。周祁述

昌黎韓綬墓誌乾符五年戊戌十月癸亥朔廿三日乙酉。趙均撰

楊公女子書墓誌乾符五年十月二十八日

上谷成君信墓誌乾符五年十一月

耿君夫人王氏合祔墓誌乾符六年二月二十四日。王□撰并書

左武衛兵曹參軍劉君夫人王氏墓誌乾符六年二月廿四日。楊去甚撰

□夫人殘墓誌乾符六年□亥四月庚□七日丁酉

西川少尹支訥墓誌乾符六年五月廿五日。吴廷隱撰

郭全豐及宋氏夫人墓誌乾符六年閏十月十一日

金城郡申屠君夫人賀氏墓誌乾符六年十一月五日

比丘尼善悟塔銘并蓋廣明元年庚子秋七月癸卯九日辛酉

張周抗何夫人祔葬墓誌廣明元年庚子十月辛巳朔五日乙酉

宣州南陵縣尉張師儒墓誌廣明元年庚子十月辛巳朔五日乙酉。蔡德章撰，男溥書

宣武軍節度押衙柳延宗墓誌廣明元年十月十四日。薛纁撰并書

長水縣丞孫幼實墓誌並蓋廣明元年十月二十日。親兄徽撰并書篆

太常寺協律郎□頊墓誌廣明辛酉九月廿八日□酉。舒燁撰

幽州節度要籍祖君夫人楊氏墓誌中和元年十一月八日。徐膠撰，族從白書

王府君墓誌中和二年二月廿四日
宣節校尉范寓墓誌中和二年十一月乙巳朔廿八日丙申。田緙述
幽州隨使節度押衙敬延祚墓誌中和三年二月十一日。張賓述
河間邢君同龐氏夫人合祔墓誌中和三年九月廿二日。李永文
幽州節度衙前兵馬使張君墓誌並蓋中和三年癸卯十月二十有二日。劉定辭述并書
虢州盧氏縣令盧彰太夫人戴氏墓誌中和四年十月廿二日。盧陟述
北海戚高墓誌中和三年癸卯十月甲午朔廿七日庚申。布衣趙玭
張武及夫人韓氏墓誌中和四年甲辰十一月戊午朔十五日壬申
王文進墓誌光啓二年十一月廿七日
張氏殯誌光啓四年戊申三月戊戌朔十二已酉。附血統譜
□州大都督府長史□公墓誌存「文德元年」字
會稽孔君墓誌大順元年八月七日
王夫人殘墓誌年號缺，但存「庚戌二月廿七」字，黄虎癡考爲大順元年，姑附此
楊公夫人李氏墓誌並蓋大順二年正月十七日。李貽厚撰并書
清河郡張氏夫人墓誌景福元年壬子十二月辛未朔二十日庚寅。夫孫珣紀

魏國太夫人劉氏墓誌景福二年八月七日。侯濬川撰

先妣董夫人墓誌並蓋乾寧元年甲寅十一月己未朔十二日庚午

清河郡張宰及夫人路氏合祔墓誌乾寧二年乙卯七月甲寅朔廿九日壬子

内樞密使吴承泌墓誌乾寧二年十一月二十日。裴庭裕撰，閻湘書

右拾遺崔巇夫人鄭氏合祔墓誌並蓋乾寧五年八月六日。親舅李冉撰，再房兄德雍書

王琮祫祔墓誌天祐十三年丙子二月丙戌朔五日庚寅

南陽郡張宗諫墓誌天祐十三年丙子四月乙酉朔日

孟弘敏及夫人李氏合祔墓誌天祐十八年二月十五日。盧泳撰

秦府君墓誌天祐十九年壬午正月壬□朔十五日丙申

相王府隊正段公墓誌年號泐，存「二年十一月十九日」字

處士李端墓誌□□八年正月廿五日。妄人改唐爲魏，改刻正始大和年號，以書迹斷之當在初唐

劉府君張夫人殘墓誌並蓋年號泐，但存「十四日」三字。劉澤撰

河南元君夫人張氏墓誌無年月，但稱其年十一月四日。唐欽撰

隴西李光曾墓誌年號泐，但存「八月十一日」字。陳諗撰並書

殘墓誌年號泐，但存「卯朔四日庚午」字。「夫人字文氏」字尚可見

定州義武軍節度隨使□楚墓誌年月全泐

右金吾衛倉曹參軍鄭魯墓誌十一月四日。盧弘宣撰

右武衛兵曹參軍何叔平夫人劉氏墓誌年月全泐。梁旿撰并書

□陽縣令□君墓誌十□年十月廿六日

京兆三原縣尉鄭維墓誌年月泐，但存「五月」字。郭儒立撰

秦州上邽縣令豆盧府君夫人魏氏墓誌辛巳歲十一月四日

范陽盧君妻澹氏墓誌年月俱損。澹轔撰，翟□書

□君墓誌紀年泐，但存「十一月丙寅葬」字。□邁撰

潤州句容縣尉褚峯墓誌年號泐，但存歲二月戊戌喪，癸卯窆。崔周楨撰，齊孝□書

歐陽瑛夫人裴氏殘墓誌年月俱損。白季隨撰

義武軍隨使劉君殘墓誌年月俱泐

居士趙君墓誌年月俱泐

左金吾衛大將軍□公殘墓誌年月俱泐

沙彌清真塔銘年月俱泐。沙門季良撰兼書

瑯琊王氏夫人殘墓誌年月俱泐

□□言殘墓誌年月俱泐，僅存十行
殘墓誌年言俱損，存「彦彰謬親儒墨」云云
又年月俱損，存「遂使影謝蘭帷」云云
平原華公妻清河張夫人墓誌不書年月。吴慎微撰，韓師復書
撿校太子賓客爾朱逵墓誌不記年號，但云其年五月六日卒，十一日葬。程彦矩撰
蓬州刺史孫讜墓誌不記年號，但云其年五月五日終，七月三十日葬。弟徽撰，弟棨書
清河崔詹墓誌不記年號，但云其年六月廿八日卒，十一月七日葬。王懽撰，親姪延美書
張氏亡女墓誌無誌銘，無年月，但有哭亡女詩五律二首
亡宫八品誌文不記年月
亡宫八品墓誌不記年月
湖南觀察使清河崔公墓誌蓋誌佚。篆書
范夫人殘墓誌蓋篆書。誌佚
濟南郡□公誌銘蓋
封生墓誌蓋
趙君墓誌蓋

路府君墓誌蓋
僞燕楊府君誌蓋
任君墓誌蓋篆書
張君夫人墓誌蓋篆書
趙府君墓誌蓋篆書
高府君墓誌蓋篆書
處士張君銘蓋篆書
朱府君墓誌蓋篆書
朱府君墓誌銘
北平封府君墓誌蓋篆書
胡府君墓誌蓋篆書

墓誌徵存目録卷四

後梁

穆徵君改葬合祔墓誌並蓋開平四年十月十七日。張峭撰

武順軍討擊副使紀豐夫人牛氏合祔墓誌並蓋開平四年十一月四日。量鵬撰

樂安孫公贍墓誌並蓋乾化二年壬申歲冬十一月四日

唐劉君夫人侯氏墓誌壬申歲。當梁乾化二年

韓君夫人王氏墓誌乾化三年十月二日。顔子逢撰

明州軍事押衙充句押官王彦回墓誌乾化五年閏二月二十九日。蔣鑒玄撰。行書

佑國軍節度押衙國礪誌銘乾化五年乙亥七月庚申朔廿五日甲申

惠光和尚葬記乾化五年乙亥十月八日。王温書

宋州觀察支使賈君墓誌貞明元年五月十二日。妻弟鄭山甫撰

滑州左先鋒馬軍都指揮使宋鐸墓誌貞明四年七月廿六日

匡國軍節度守許州刺史謝彦璋墓誌貞明六年庚辰十一月十五日。張崇吉撰

撿校刑部尚書糦德充墓誌貞明六年十二月十三日庚午。伏琛撰，吴仲舉書

左藏庫使蕭符墓誌龍德癸未年八月一日。從叔蘧撰，孤子處謙書

清河崔崇素墓誌並蓋龍德二年十一月二十日。外兄李專美撰

會稽鍾公墓誌存「四月十九日」字

後唐

左驍衛大將軍王璠墓誌同光二年十一月二十六日。李瑶撰

贈尚書左僕射吴府君夫人曹氏墓誌同光三年乙酉正月甲午朔二十二日乙卯。崔匡撰，弟光業書

鈞大德塔銘同光四年丙戌三月壬辰朔十六日壬申。虚受撰

守尚書工部侍郎孫拙墓誌並蓋天成二年二月十五日。王騫撰，孤子書書

前峽州司馬張稹墓誌天成二年丁亥十一月壬子朔。

清河郡君張氏墓誌天成三年戊子十一月壬申朔十三日甲申。匡習撰並書

左千牛衛將軍韓公墓誌天成四年十月十五日故。無葬日。周渥撰

東南招討副使西方鄴墓誌天成四年十月十八日。王豹撰，王汭書
撿校太保左金吾衛上將軍毛璋墓誌長興元年庚寅十一月七日。劉羽撰，王勳己書
昭義節度使相國毛公夫人李氏墓誌長興四年八月十日。張師古撰，葉嶢書
河南府長水縣令王禹墓誌長興四年癸巳十一月十八日。李鶩撰并書
冀州刺史商在吉墓誌清泰二年乙未三月二十日
渤海縣太君高氏墓誌清泰三年丙申九月丁亥朔四日庚寅。李慎儀撰，孫子郭僧奉命書

後晉

撿校太保右金吾衛上將軍羅周敬墓誌天福丁酉歲十月六日。殷鵬撰并書
原武縣令王公墓誌天福四年十月十七日。强道撰
商州長史梁瓌墓誌天福五年三月十八日。李芝撰，李□□書
孫思暢墓誌天福五年庚子十一月十一日
隴西李氏夫人墓誌天福五年庚子十一月二十三日。胡熙載撰
博陵崔氏夫人墓誌天福六年十一月十六日。顥至撰，姪女壻王鏻書
蔡州刺史汝南郡伯周令武墓誌天福七年壬寅八月九日。張廷撝撰

慶州刺史撿校太傅張明墓誌天福八年癸卯正月六日。門吏丁拙撰并書

太子左庶子蔡君墓誌天福八年正月十一日。李匡堯撰

行滄州刺史王廷胤墓誌開運二年四月十四日。蘇畋撰

李府君夫人墓誌開運三年二月十一日

隴西郡夫人關氏墓誌不記年號，但云八月二十二日。楊敏昇撰，僧惠進書

朝散大夫石昂殘墓誌年月泐

後漢

鴻臚少卿撿校兵部尚書□令圖墓誌乾祐元年正月二十二日。紇干德覃撰，張光撝書

撿校尚書左僕射邢紹聞墓誌乾祐三年四月十八日。王允成撰

晉司農卿河間縣男邢德昭墓誌乾祐三年四月十八日。王成允撰

後周

故僕射王進威墓誌廣順元年辛亥九月庚申朔十三日壬申

漢張鄴及夫人劉氏祫祔墓誌廣順元年辛亥十月庚寅朔十二日辛丑

鳳翔節度行軍司馬馬從徽墓誌廣順二年八月二日乙酉。王覃撰

護國軍節度行軍司馬安重遇墓誌顯德元年十一月八日。歸贊撰

左監門衛將軍劉光贊墓誌甲寅年仲冬二十六日。郭玘撰。即顯德元年

陳晟墓誌顯德元年甲寅十二月辛丑朔廿七日丁卯

單州刺史趙鳳墓誌顯德二年乙卯二月庚子朔四日癸卯。劉德潤撰

北京飛勝五軍都指揮使石公妻元氏合祔墓誌顯德二年三月三日。趙逢撰

彰信軍節度使韓通夫人董氏墓誌顯德二年乙卯九月七日。王玭撰，楚光祚書

田仁訓及夫人王氏墓誌並蓋顯德二年乙卯十二月乙丑朔三日丁卯

權知階州軍州事濮陽矦袁彥進墓誌顯德三年丙辰歲七月辛卯 朔十三日癸卯。韓桂撰，張紹節書

撿校司徒右金吾衛將軍蕭處仁墓誌顯德三年七月廿四日。從姪士明撰，石惟忠書

鳳翔節度使秦王李友謙夫人朱氏墓誌顯德五年戊午正月。許九言上

太子太師致仕宋彥筠墓誌顯德五年戊午十月十一日朔戊子日。高弼撰，高繼昇書

竇禹鈞殘墓誌年月泐

吴

馬軍都指揮使孟璠墓誌天祐十二年乙亥閏二月壬辰

左右拱聖軍統軍撿校太傅李濤妻汪氏墓誌順義四年十二月。書人名泐

潁州刺史王仁遇墓誌大和七年己未八月十日。楊德綸撰

南漢

宫人蘇英墓誌大寶十一年丁卯五月廿五日。陰有畫梅。行書

宋附偶齋

周太尉韓通墓誌建隆元年庚申二月二日壬申。陳保衡撰

右金吾上將軍許國公王守恩墓誌建隆元年二月十四日甲申。楊廷美撰

隴州防禦使郎君夫人劉氏合祔墓誌建隆二年閏三月二十七日

河府堘鹽使諱匡圖墓誌建隆二年十月十六日。男去華記

周衛尉少卿致仕姜知述墓誌建隆三年壬戌十二月二十八日。郭峻撰并書

朱君墓誌建隆四年。以下泐

唐江王乳母尚書杏氏墓誌建隆四年五月十日辛酉。楊弼撰，錢晏書

李府君墓誌乾德元年閏十二月十九日

左武衛中郎將石暎墓誌無年號，但書「甲子四月庚午」，黄虎癡定爲乾德二年。朱仲武撰并書

長安縣君始平馮氏墓誌乾德乙丑歲二月七日

恒農楊光贊墓誌乾德四年孟夏月十八日終。宋白撰

撿校尚書左僕射蔡徽墓誌乾德五年丁卯八月丁巳朔十八日甲申

晉度支郎中牛知讓墓誌開寶三年十月五日

鄧州淅川縣令牛宗諫墓誌並蓋開寶三年十月五日

梁贈尚書左僕射牛孝恭墓誌開寶三載十月五日

守國子四門助教馬測墓誌開寶三年十月十七日。衛濆撰

撿校户部尚書閻光度墓誌己巳明年十二月二十三日。張德林述，尹昭速書。考爲開寶三年

鄭州衙内指揮使安崇禮墓誌開寶四年十月二十三日。李象撰

太尉濮陽公吴廷祚墓誌開寶五年二月二十三日。宋瑺撰

左驍衛上將軍苻彦琳墓誌開寶壬申十一月丁巳朔十六日壬申。妄人改鑿爲黄武五年

資教大師卵塔記開寶六年癸酉十月辛巳朔二十七日己酉

仇公殘墓誌有「開寶八年」及「當年四月十三日卜葬」字

和州刺史孫漢筠墓誌開寶八年五月一日。張賀撰

權知揚州軍府事張秉墓誌太平興國三祀七月二十六日

馮繼業妻墓誌太平興國八年五月五日。宋白撰。新拓馮名及撰人名均剷去

清河郡夫人張氏墓誌太平興國九年二月十五日。趙永撰，外孫壻柳丕書

磁州刺史藥繼能墓誌並蓋太平興國九年甲申四月一日辛巳朔二日壬午。姪男永圖撰

□榮墓誌雍熙二年乙酉八月癸酉朔七日己卯

張敬德墓誌雍熙二年乙酉十月辛丑朔九日己酉

前許州臨潁縣令祖仲宣墓誌端拱元年戊子十月甲寅朔八日辛酉。左貞撰

太師尚書令兼中書令錢忠懿王墓誌端拱二年正月十五日。慎知禮撰，秦守良書

温仁朗墓誌淳化元年十二月一日。魏庠撰，張幹書

河中府猗氏縣主簿魏延福墓誌淳化元年庚寅十二月己丑朔十九日。魏用撰，吴震書

曹州乘氏縣令梁文獻墓誌淳化四年癸巳十一月七日。句中正撰

隴西殘墓誌有「淳化四年歲次癸巳」字。「隴西」二字篆書，似誌蓋

贈太子太師石繼遠墓誌淳化五年七月十一日。趙安仁撰，孫男中立書

知福州軍府事源護墓誌至道記號丙申十一月丁卯朔十八日甲申。楊世英撰，藥爲光書

殿中丞河南源崇墓誌咸平庚子歲丁亥月癸酉日。李乾貞撰，李堯臣書

感德軍節度留後安定郡公安守忠墓誌咸平三年十月三十日。張宗誨撰，吴郢書

蔡州刺史武都郡公苻昭愿墓誌咸平四年八月庚申。陳舜封撰，李仁璲書

主客員外郎直集賢院范貽孫墓誌咸平五年十一月戊申。楊億撰

撿校司空左衛將軍吴元載墓誌並蓋咸平五年十一月二十三日。張舜賓撰

殿中丞張曙墓誌咸平六年三月十二日。魏用撰，楊儼書

臨海郡太君鐔氏墓誌咸平六年十月二十九日。子鼎書

尼審定卯塔銘景德二年九月。沙門紹從書

監西京都鹽院吴元吉墓誌並蓋景德四年正月二十三日。王琛撰，劉惟清書

廣平宋可度墓誌大中祥符紀號十一月魄望日。商敦古撰，相里及書

寄班左侍禁□守吉墓誌大中祥符三年庚戌閏二月己卯四日甲寅。姪男宗古撰并書

贈大理寺丞李筠墓誌天禧四年庚申十二月丁丑朔十四日庚寅。孫簡撰

尚書户部郎中張郁墓誌天禧四年閏十二月二十七日。嚴儒撰。行書

左班殿直宋文質墓誌天禧五年十月初七日。蔡宗道撰，李天錫書

彭城貢士劉旦墓誌天聖初十一月六日。行書

曹王府隊正韓傑墓誌天聖二年十月十二日

禮賓副使趙承遵夫人苻氏墓誌天聖五年七月己酉。章得象撰，李孝章書

汝州兵馬都監吳昭明墓誌並蓋天聖十年十一月壬申。張伯玉撰，王積中書

監門衛將軍晌承苻墓誌明道三年三月十三日。范隱之撰，王載書

尚書營田員外郎焦宗古墓誌景祐元年季春二十五日。李昭遘撰，王載書

左千牛衛將軍衛君夫人高平縣君墓誌寶元二年八月十三日。李之才撰

衛廷諤妻徐夫人墓誌寶元二年八月十三日。李之才撰

贈大理寺丞蔡元卿墓誌元卿天禧二年四月十八日終，夫人後二十年卒，當在寶元初，姑附此。劉槩撰，張擇賓書

左領軍衛大將軍樂安侯趙承遵墓誌康定二年辛巳五月丙寅。吳育撰，馮熙書

守司農少卿分司西京王貽慶墓誌康定二年十一月二十六日。陳經撰，李元卿書

中山劉拯墓誌慶曆八年十月八日

中山劉再思墓誌慶曆八年十月八日。王復撰，姪齊書

閤門祗候劉永墓誌慶曆八年十月八日。茹孝撰，臧師錫書

屯田員外郎吴君夫人杜氏墓誌皇祐三年十月初七日。孤執中文，外孫侯紹復書
奉寧軍節度推官文彦若墓誌皇祐三年十月七日乙酉。張劵撰
何文永誌幢皇祐三年十月七日。段希元書。前刻佛頂尊勝陀羅尼呪
撿校太子賓客魏處約墓誌嘉祐三年十二月戊申。吕夏卿撰，男孝孫書
尚書司門員外郎任孚墓誌嘉祐五年十月十八日。盧震撰
右侍禁焦宗説墓誌嘉祐七年二月二十四日。李昭文撰，王辨書
焦君夫人張氏墓誌嘉祐七年二月二十四日。郭甫撰，王辨書
焦公夫人薛氏墓誌嘉祐壬寅歲仲春月二十四日壬寅朔。薛通撰，王辨書
韓愷墓誌嘉祐七年十一月二十九日。叔祖琦撰并書
試將作監主簿姜諤墓誌嘉祐八年。史原撰并書
彭城劉氏墓誌嘉祐八年十月三十日。秦翔撰，張策書
魏陽郡申氏墓誌治平元年九月十一日。李藩撰，田經書
尚書屯田郎中姚奭妻河南米氏墓誌治平三年正月廿七日。姚奭撰
知懷州武陟縣事何令孫墓誌治平三年七月九日。姚奭撰，尹材書
太常博士張奕墓誌治平丙午十月初三日。馬仲甫撰，吕希道書

郭損之墓誌治平四年丁未歲五月戊寅朔甲申日。李寔撰，賈敏之書

長兄劉景墓誌熙寧二年二月初六日。弟光撰并書

安平縣君崔氏夫人墓誌熙寧二年冬十一月癸酉。張吉甫撰，張曜書

贈左屯衛大將軍魏侯夫人玉城縣主墓誌熙寧二年閏十一月十五日。蘇畋撰，男孝明書

清逸處士魏閑墓誌並蓋熙寧二年閏十一月庚申。司馬光撰，張宏書

韓恬墓誌熙寧四年二月二十八日。叔祖琦撰，弟跂書

左都押衙蘇文思墓誌並蓋熙寧四年辛亥十月二十二日癸酉。王沂撰，子壻張維新書

尚書祠部郎中趙宗道墓誌熙寧四年十一月四日。韓琦撰，李中師書

度支郎中姚君夫人米氏墓誌熙寧五年五月初六日。次男煥撰并書

度支郎中姚君妻李氏墓誌熙寧五年五月六日。男輝撰并書丹

尚書户部侍郎任顓墓誌熙寧五年十一月二十七日。祖無擇撰，李中師書，陳知儉篆蓋

尚書禮部郎中祖士衡墓誌熙寧五年十有二月十日。姪無擇撰，邵雍書並篆蓋

韓魏公墓誌熙寧八年□□月二日。陳薦撰，宋敏求書

史夫人墓誌並蓋熙寧十年九月庚申。胡志忠撰，姚原古書

三班奉職宋世昌墓誌元豐元年正月二十七日。張起撰，弟世隆書

劉君夫人樂氏墓誌元豐元年二月十五日。表兄陸經撰，兄樂涣書
故夫人吴氏墓誌元豐元年閏二月二日。楊仲寧撰并書
舒氏冢婦李氏墓誌元豐元年十二月二十一日。張端撰，王森書
内殿崇班撿校太子賓客舒公墓誌元豐元年十二月二十一日。姪之翰紀實書丹
沂州刺史趙仲伋墓誌元豐二年五日戊寅。蔡確撰，張隆書
趙仲伋夫人劉氏墓誌元豐三年三月癸酉。章惇撰，黄傑書
太常寺太祝石祖方墓誌元豐三年九月十三日。王夬撰，范澄書
東坡乳母任採蓮墓誌元豐三年十月壬午
劉大郎四郎墓碣元豐四年七月十二日
南陽縣君宇文氏墓誌元豐七年十二月十九日。吴執中撰，侯宗質書
夫人吴氏墓誌元祐元年閏二月二日。楊仲宏撰并書
亡妻夫人劉氏墓誌元祐改元五月十六日。范子修撰
李昇枕記元祐改歲六月四日。劉彦題
平昌蓋震墓誌元祐二年十月初七日。郭諶撰，郭□書
尚書虞部員外郎王鎡墓誌元祐二年十有一月初一日。張起撰并書

安武軍節度使武莊郝公夫人朱氏墓誌元祐三年十一月初七日。李嬰譔并書

前知懷州武陟縣事何君夫人墓誌元祐四年九月十七日。嗣子何中行撰并行書

陳氏重葬父母及弟十郎並新婦墓誌元祐五年庚午十二月戊子三十日庚寅。孫男操、次孫抃、男陳靖記

夫人燕氏墓誌元祐六年閏八月十六日。楊維撰，蘇寶臣書

知文州吴賁墓誌元祐七年八月初九日

壽昌縣令邵君墓誌元祐八年七月十四日

太常少卿石輅墓誌元祐八年十月十七日。杜純撰，晁補之書

河南王君元老墓誌元祐八年十月辛酉

右班殿直朱勣墓誌元祐八年十月十七日。楊畏撰，姪敦復書

濮陽郡吴府君墓誌元祐八年十二月廿九日

知普州軍州兼管内勸農事劉乙墓誌元祐九年四月二十六日。李誼伯撰，楚潛書

太原郡王定墓銘記元祐年七月廿五日。有陰

懷州司法參軍范君墓誌紹聖元年五月二日。李師直撰并書

宜春縣主趙氏墓誌紹聖二年五月八日。李昭玘撰，男恭叔書

六宅副使太原王甫墓誌紹聖二年八月二十一日。陳振撰，崔材書

保大軍節度推官苻補之墓誌紹聖二年十一月庚申。姪世功記

樂平郡君趙氏墓誌紹聖二年。李昭玘撰，男恭叔書

定州觀察判官仇公著墓誌紹聖三年十月□酉日。柳子文撰，王同老書

韓翼肖墓誌紹聖三年十二月己未。向濤撰并書

韓詔母艾夫人墓誌紹聖三年十二月初三日。韓治撰，王東珣書

韓海僧墓誌紹聖三年十二月三日。韓忠彦撰并書

朝請郎致仕慕容伯才遺戒紹聖四年丁□二月。王森書，王宲編次

保大軍節度推官苻君妻王夫人墓誌紹聖四年丁丑九月十六日。姪世功恭記

慶成軍使韓宗厚墓誌紹聖四年九月廿二日。朱光裔撰，杜紘書

興國縣君李氏夫人墓誌紹聖四年九月二十二日。林自撰，王吉甫書

仁壽縣君蘇氏墓誌紹聖四年十月十四日。劉次莊撰并書

朝奉郎直龍圖閣游師雄墓誌紹聖四年十月丁酉。張舜民撰，邵鯱書

段擇墓誌紹聖五年五月十三日

寶文閣待制韓宗道墓誌元符二年七月十四日。曾肇撰，趙挺之書

故夫人席氏墓誌元符元年七月二十三日卒，以今年三月葬，殆在二三年，姑坿二年後。吴儀撰，樂温書

苻公墓誌元符三年庚辰四月初一日丁酉。張仲容誌

洛陽王寀墓誌元符三年庚辰十一月初十日。李堯文撰并書

璩君墓誌元符三年十二月癸巳

河南成延年墓誌崇寧元年三月癸酉。張羽撰

朱守信墓誌並蓋崇寧元年十二月二十三日。劉砮撰，孝男仲言書

遂寧郡君趙氏墓誌崇寧三年十月初二日。張璉撰，苻世表書

供備庫副使苻守誠墓誌並蓋崇寧四年正月十三日。蔡天輔撰，王萬書

泗州軍事判官邵公輔墓誌並蓋崇寧四年七月二十五日。董詢撰，王琪書。有畫象

朝散大夫趙士宇妻王氏墓誌大觀元年三月二十九日。鄭居中撰，梁安世書

西頭供奉官趙宣墓誌並蓋大觀元年九月初七日庚寅。温堯文撰，李康彦書

進士尹楫墓誌大觀元年九月庚寅。姪焞撰并書

仁和縣君王氏墓誌大觀元年九月初七日。許巨卿撰并書

南陽宗忱墓誌大觀元年冬閏月壬寅

尚書倉部員外郎王仲原墓誌大觀二年七月十三日。許光疑撰，賈炎書

韓僖母時氏墓誌大觀三年十一月二十日。楊信功撰并書

知鎮戎軍事郭景脩墓誌大觀四年閏八月戊申。王允中撰，趙令高書
朝請郎致仕范煇墓誌大觀四年庚寅十一月初八日。兄埴撰，兄坦書
右侍禁宋元孫墓誌大觀四年十一月八日。張克涣撰並書
巴州司户參軍范子舟墓誌大觀四年十一月初八日。陳述之撰，范坦書
尹公夫人福昌縣君陳氏墓誌政和元年四月甲午。楊畏題
承務郎錢愲墓誌政和元年四月丙申。陳恬撰，馬珚書并篆蓋
錢愲夫人向氏墓誌政和元年四月丙申。馬永稽撰并書
韓僖母時氏遷葬記政和二年七月五日。子僖記
錢盄墓誌政和壬辰十二月十九日
錢旦墓誌政和二年十二月十九日
楊龍圖公夫人恭氏墓誌政和三年七月乙酉
西京左藏庫副使姜逵墓誌政和三年十一月初七日。謝敞撰，趙師里書
秀容縣君墓誌政和四年七月十二日。張植撰，張勸書
王士英墓誌政和四年十月己酉。李彝撰，宋元常書
高平范氏墓誌政和四年孟冬己酉。李彝撰，宋元常書

夫人吴氏墓誌政和四年十一月癸酉。韓粹彦撰並行書

鄜延路兵馬鈐轄許咸亨墓誌政和六年四月二十一日。韓容撰，王子久書

贈右屯衛將軍許安國墓誌政和六年四月二十一日。韓容撰，王子久書

趙和墓誌政和六年八月丙寅。裴公輔撰并書

陳氏之殤墓誌政和七年四月十二日。兄寧之誌

陳明叟墓誌政和七年二月十一日卒，後六十有一日葬。叔宜之撰

李遠墓誌政和七年七月二十三日。胡松年撰，綦執禮書

安定胡和叔墓誌政和七年十二月壬午。孟瓚撰，趙不已書

孺人王氏墓誌政和八年九月初五日。劉唐允撰，王皐書

趙琢墓誌政和四年越四年閏月五日。即政和八年

三川散人魏宜墓誌政和八年閏九月十二日。魏介題，富直柔書

左藏庫副使杜宗象墓誌並蓋重和二年二月十四日。從姪公力撰并書

族姬趙氏墓誌宣和元年四月二十七日壬寅。吴恕撰，張湜書

提轄開封居養院游師孟墓誌宣和元年六月十五日。段誨撰

通判寧州軍州游安民墓誌宣和元年六月十五日。朱維撰，楊祖仁書，王子武篆蓋

韓母劉氏墓誌宣和元年九月十七日。韓治撰
忠翊郎苻佾墓誌宣和二年六月初三日
保寧縣男恭人孫氏墓誌宣和四年三月十四日。李錞撰，吕好問書
武德大夫致仕苻世表墓誌並蓋宣和四年九月二十九日。許光弼撰，趙仲檝書
王魯翁墓誌宣和四年九月庚申。李侁撰，子劭書
平陽府汾西縣主簿李章墓誌宣和四年十一月十一日。霍□撰，王公弼書
天慶禪院住持達大師塔記宣和五年二月十五日
神山縣令王安裔墓誌宣和六年閏三月二十三日乙時
施宗慶墓表宣和七年九月二十二日。宋佾詞，郭紹高書
韓嵒墓表宣和□年五月十三日。伯祖紹記
故夫人趙氏墓誌無年月。晁詠之撰并書。葬洛陽，當在北宋，故坿此
常君殘墓誌年月泐，存「七月十二日」字
楊夫人權厝誌□□七年六月
韓悦道墓誌蓋篆書
南安仇公墓誌蓋篆書

龍圖閣學士劉公墓誌蓋篆書。以上諸石皆出洛陽，故附北宋末

焦公墓誌蓋篆書

南宋

簽書樞密院事曹輔墓誌建炎二年十二月丙辰。楊時撰，陳淵書

居士吴積中妻許氏墓誌建炎三年己酉九月癸酉

僞齊孟邦雄墓誌阜昌四年正月。李杲卿撰，李肅書

廣南東路轉運判官田積中墓誌紹興六年正月初五日。徐僉撰，王傑書

楚國太夫人周氏墓誌紹興廿九年二月庚申。康執權撰

左朝議大夫李撰埋銘紹興戊辰十二月十六日庚午。男鑄記

和州防禦使楊從儀墓誌乾道五年三月甲申。袁勃撰，李昌謌書

權欽州靈山縣主簿張顯祖埋銘淳熙三年十一月廿日

平江府都監趙不沴墓誌淳熙九年二月初一日。楊興宗撰并書

孺人潘氏殘墓誌嘉定壬申十一月十四日

免解進士李杞墓誌嘉定十有三年六月二十四日壬午。杜枏述

黄州判官從政魏玠壙誌嘉定十七年三月庚申。男汝礪撰，張一新填諱
宗諭陳萬卿墓誌紹定己丑正月庚寅日。孤岳誌
户曹潘子儀墓誌紹定壬辰閏月庚申
孺人劉氏墓誌紹定壬辰閏月庚申。潘景伯撰并書
林鍾大妣鮑氏墓誌淳祐壬子十一月丁酉改葬。戴□撰。有陰
十進士衛毅夫壙記淳祐元年八月初五日
知縣宣義朱君墓誌咸淳乙丑九月丙申朔。李億撰，趙櫄夫書
宣教余公孺人張氏墓誌咸淳己巳九月二十三日。張文虎撰并書

遼

僧智辛塔記應曆二年壬子十月甲申朔廿五日戊□。張明撰
順義軍節院使張正嵩墓誌乾亨三年十一月八日。趙衡撰
彭城郡王劉繼文墓誌乾亨三年辛巳十一月乙未朔十五日己酉。沙門文秀撰并書
内客省使韓瑜墓誌並蓋乾亨九年辛卯十月丙寅朔八日癸酉。郝雲撰
嵓州刺史王隣墓誌統和二十四年十一月一日

贈撿校太師王説墓誌統和二十六年戊申八月己丑朔二十日戊申。夫人以太平七年丁卯四月辛未朔二十日甲午祔葬

程延超墓誌太平二年九月二十三日

上京户部使馮從順墓誌並蓋太平三年歲次癸亥十月辛酉朔十三日癸酉甲時。宋復圭撰

晉國公主中京提轄使宋匡世墓誌太平六年三月七日。外甥王景運撰

聖宗皇帝哀册太平十一年十一月甲戌朔二十一日甲午。張儉奉勅撰

張哥墓誌重熙四年十一月乙巳朔己酉日閉

宣徽南院使韓椅墓誌並蓋重熙六年二月十七日。李萬撰，商隱書

濟州刺史張思忠墓誌重熙八年二月壬戌朔十七日。柴德基撰，第三男可英書

聖宗欽愛皇后哀册清寧四年五月四日癸酉

平州觀察判官王用□墓誌大康二年八月二十五日。温如撰

聖宗仁德皇后哀册太康七年辛酉十月甲寅朔八日辛酉

孫法師遺行銘大安六年季春八日。僧即祁撰，釋見□筆

上京鹽鐵副使鄭恪墓誌大安六年十月。李謙貞撰，劉航書

尚書職方郎中孟有孚墓誌壽昌二年六月十五日。宗弟初撰

相國賈師訓墓誌並蓋壽昌三年四月十九日甲□。楊□撰

道宗皇帝哀册乾統元年六月庚寅朔二十三日壬子。耶律儼撰
道宗皇帝哀册乾統元年。契丹國書
道宗宣懿皇后哀册乾統元年六月庚寅朔二十三日壬子。張琳撰
道宗宣懿皇后哀册乾統元年。契丹國書
少府少監寧鑒墓誌乾統十年五月二十八日。虞仲文撰
前左都押衙鄭公實録銘記天慶八年戊戌十一月二十二日巽時
興宗仁懿皇后哀册蓋

金

宜州崇義軍節度使王甫墓誌天會七年閏八月廿四日
□□禪師塔記天眷元年臘月十八日。寶印大師法忠記并書
賢公戒師壽塔銘皇統丙寅三月
張行願墓誌天德二年九月甲戌朔十一日甲申。孫男汝能行書
遠公和尚塔銘貞元二年六月。釋普明撰，僧了性書
高松哥遷葬記貞元三年六月八日

西堂和尚塔銘正隆二年十月一日。道人牛本寂書并撰

東上閤門使時昌國墓誌大定九年十二月五日。蔡珪撰，劉仲愷書

奴哥馬郎君墓碣大定十年十一月八日

崔國華殘墓誌大定十四年□午孟夏。□紳撰，夥粃王瑜書

田裕墳記大定二十年四月

智公靈塔記大定二十年十一月

霸州大城縣令李曄墓誌並蓋大定廿五年二月廿六日巽時

宣武將軍李訓墓幢大定廿六年八月十六日。男子與誌

范氏祖父葬記大定廿八年八月初九日

進義校尉趙儀墓誌大定廿八年戊申十一月壬午朔十一日壬辰。撰人名泐

寶巖大師塔誌大定廿八年戊申庚申月丙午日

英公長老塔銘大定廿九年二月望日。楊訥撰

南京路提刑使王元德墓誌明昌元年孟冬庚寅。吕□□撰，子絃書

程明遠墓誌明昌二年辛亥正月二十四日。劉濤撰

景公長老記明昌二載辛亥五月

□公佐墓誌幢泰和八年七月十五日終。無葬日。張節書并撰
鄭公墓記庚午四月十有三日。乃大安二年
杲公禪師塔銘興定二年九月十五日。樂詵甫撰，僧性英書
奥公僧録塔銘元光二年十二月望。釋方亨撰，徐乂書

元

洪教仙姑李妙清墳記中統元年九月一日
殘墓誌至元廿五年戊子十二月壬子朔初九日庚申
郭公墓誌至元廿六年三月三日。張元述并書。有陰
鮮于光祖墓誌大德戊戌十二月壬寅。周砥撰，趙孟頫書
趙氏葬祖考記大德四年十月下弦
馮君壙記大德七年癸卯二月辛酉。高凝記，蕭㪺書
輝公長老塔銘延祐五年正月二十日
浙東道宣慰使都元帥荅里麻世禮公墓誌泰定元年二月二十八日。焦可撰并書
康君殘壙記有「泰定七年」字。行書

河南張公妻殘墓誌至順三年二月十二日。行書
左都威衛千户騎都尉張進墓誌至順四年春正月五日。朱晉撰並書
萬權墓誌元統三年乙亥九月初五日甲申。孝孫英誌
林峯長老塔銘後至元二年丙子五月日
汲郡唐德墓誌至元三年丁丑三月丁卯。張大有撰，韓惟訥書
亞中大夫韓允直墓誌至元三年丁丑五月二十日
□君墓誌後至元三年十一月二十四日
晉寧李欽嗣墓誌並蓋至元三年丁丑十一月二十四日庚申。孤子撝誌，南宫磻填諱
般陽路總管輕車都尉范楫墓誌至元四年戊寅仲冬下旬四日
金故太尉膠西郡王范成進壙記至元四年戊寅仲冬下旬四日
河間等路都轉運鹽使司副使馮祐墓誌至正二年四月初九日己酉。余貞撰，孟撝行書
嘉興路經歷王敬先墓誌至正五年乙酉七月廿八日。孫琰撰并書
平江路總管莫簡墓誌至正九年春
先考文溪程公壙記至正十年庚寅正月丙辰朔十有五日庚午。孤益誌。隸書
樂善處士顧信自撰壙誌至正十三年九月廿有三日。章元澤填諱